JN294173

効率と公正の経済分析
－企業・開発・環境－

青木玲子・浅子和美［編著］

ミネルヴァ書房

はしがき

　2007年8月15日，一橋大学経済研究所教授の加納悟氏が鬼籍に入られた．本書はその故人を巡ってさまざまに思いを致す趣旨で，生前の加納教授と縁深くお付き合いされていた皆さんに御参集いただき，追悼本として編集したものである．趣旨に賛同され快く参集していただいた方々が多数に上ったために，全体としては2巻本として計画したうちの第2巻にあたる．因みに第1巻にあたるのは，昨年末に同じくミネルヴァ書房から刊行された浅子和美・渡部敏明編著『ファイナンス・景気循環の計量分析』であるが，形式的には2巻は互いに独立した書籍となっている．執筆陣は，第1巻と同様，加納教授が教鞭を執られた横浜国立大学と一橋大学での同僚，学部・大学院でのゼミ生，そして数々の研究会等を通じて邂逅・醸成された研究仲間であり，加納教授よりも年配にあたる研究者から研究者人生をスタートしたばかりの気鋭の若手学者と，まさに多士済々である．

　本書に収録された論文は，加納教授の専門であられた数理統計学や計量経済学とは，一見するだけでは接点がない分野になろう．数理統計の理論研究としては，データ集計に問題がある場合のプロビットモデルの推計法，回帰分析において区間推定の幅を狭める一般理論，非正規性の下での統計解析，いくつかの時系列統計モデル分析，非線形質的データにおけるカルマンフィルター推計，サーヴェイデータと整合的な計量モデル構築，サンプリング理論，統計データの匿名化などについて論文を書かれてきた．しかし，加納教授にとっては，あくまでもそれらの研究は計量分析上の分析手法（テクニック）を提供するものであり，実際にどの分野のデータ解析に適用するのかの選択においては，別次元の興味を持っておられたと考えられる．換言するならば，加納教授が興味を持たれた分野は融通無碍であり，本書の各章との接点も思わぬところで（すなわち，実は至る所で）確認されよう．

　加納教授はもともと工学研究科出身であられるが，最初に奉職された横浜国立大学経済学部で，毎週のように学外者を呼んだ経済学のセミナーがあり，それに出席しているうちに，いつの間にか経済学の発想になじむようになったと

述懐されていたことがある．しかも，経済学の研究者が多数所属し，各分野ごとに独自のセミナーシリーズが並走する大学と異なり，唯一のセミナーシリーズに経済学系教員全員が参加する建て前だったことから，年月を重ねるうちに自然に経済学のほとんどの分野に精通されることとなった．

実際，加納教授が"進出"され，単著ないし共著者として論文を遺された経済学研究の分野は幅広く，第1巻に収録したバブル，オプションといったファイナンス・金融工学分野はいうに及ばず，景気循環，労働市場，土地市場，金融政策，インフレ期待，投資関数といった諸分野で独創的な業績を遺された．専門はマクロ経済学といっても僭称・偽称にはならないほどである．実際，私も共著者の一人として絡んでいるが，『マクロ経済学』（新世社）の教科書も刊行されているし，またある国家試験でのマクロ経済学分野の出題者の一人であられたと仄聞している．

環境経済学や開発経済学にも興味を示され，1970年代に，若くしてエネルギー効率指標の在り方について論じ，2000年代にはダルエスサラームにおける所得分布に関心を示された（これら二つの論文は，本書のタイトルの源流にも通じる）．ダルエスサラームとはタンザニア最大の都市であり，かつての首都．実は，本書でも，企画当初は，2001年の一橋大学経済研究所の紀要『経済研究』第52巻所収の安居信之氏との共著論文「ダルエスサラームにおける生活水準と不平等度の経年変化」をアップデイトし収録することや，最悪の場合でも論文をそのまま転載することも考えたが，諸々の事情で最終的に取り止めた経緯がある．加納教授が開発問題に強い関心を持つに至ったのには，世界銀行との連携で横浜国立大学に設置された「インフラストラクチュア管理学コース」や，同じく国税庁と連携して始まった「公共政策租税コース」で，発展途上国からの留学生に親身の面倒をみていたことが大きいと思われ，その姿勢は，一橋大学での積極的な途上国からの留学生や客員研究員の受け入れにも受け継がれていた．

私は一度，加納教授とボルネオ島のコタキナバルにあるマレーシア大学のサバ校を訪れたことがある．加納教授が同校の参与ないし外部評価役的な立場にあり，年に1，2回視察に出かけられる際に同行させていただいたのであるが，豊かな自然を背景にしつつも，経済発展とともに環境に負荷がかかる現実を直視しておられたことが，まざまざと思い起こされる．加納教授が学生時代に一人で旅されたというシベリア鉄道，英国ケンブリッジ大学での在外研究時代に

訪問されたモロッコ等の西アフリカ，そしてタンザニアと，おそらく同様の眼で経済発展の表面と裏面を直視されてきたに違いない．そうして加納教授の研究上の，あるいは人生そのものの座標軸が出来上がったと忖度される．良い意味で根が深いのである．

さて，本書の刊行にあたっては，浅子和美が研究代表者を務め，第1巻の編者の渡部敏明一橋大学教授と生前の加納教授自身も分担研究者であった，平成18-22年度科学研究費補助金基盤研究（S）「景気循環・経済成長の総合研究——景気判断モデルの構築と日本経済の実証分析」（課題番号＝18103001）の研究助成の恩恵を受けた．また，青木玲子教授が研究分担者を務める，平成22-26年度科学研究費補助金特別推進研究「世代間問題の経済分析：さらなる深化と飛躍」（課題番号＝22000001，研究代表者＝高山憲之（財）年金シニアプラン総合研究機構研究主幹）からも支援を受けた．ここに慎んで記してお礼申し上げたい．

ミネルヴァ書房の水野安奈さんには，第1巻同様，本書刊行の意義を理解していただき，その全過程において全面的にお世話になった．お陰様で，加納教授が逝去されてから4年を過ぎてしまったが，ここに無事全2巻本の出版に至ったことは，誠に嬉しくもあり，また編者の端くれとして待ち望んだ秘かにほっと安堵する瞬間でもあった．天国の加納さん，第1巻に引き続き本書を捧げますので，こちらにも学問的な評価を下してください．

2012年初春

編者を代表して

浅子　和美

効率と公正の経済分析
―――企業・開発・環境―――

目　次

は し が き

序　章　本書の構成と概要 …………………………… 青木玲子・浅子和美 … 1
　　1　企業システムと効率性（第Ⅰ部）　2
　　2　企業統治と市場・マクロ経済（第Ⅱ部）　3
　　3　所得移転と効率性・公正性（第Ⅲ部）　4
　　4　開発と環境（第Ⅳ部）　5

第Ⅰ部　企業システムと効率性

第1章　ユーザーと機械の分業と協業 ………………… 奥野正寛・渡邊泰典 … 11
　　　　——製品使用のコーディネーション・システム
　　1　はじめに　11
　　2　システムとコーディネート　14
　　3　人間の限定合理性と製品システムの硬直性　19
　　4　標準化と機能　25
　　5　製品の内部動作　33
　　6　おわりに　43

第2章　企業の生産性分布と産業特性 ………………… 若杉隆平・田中鮎夢 … 47
　　1　はじめに　47
　　2　先行研究　48
　　3　データ　49
　　4　推定方法　53
　　5　生産性分布と産業特性　55
　　6　おわりに　58

第3章　製造システムの国際比較 ……………………………………… 松井美樹 … 61
　　1　はじめに　61
　　2　分析枠組みと仮説　63
　　3　調査方法とデータ　65
　　4　分析に用いる変数　67
　　5　分析結果　75
　　6　おわりに　79

第Ⅱ部　企業統治と市場・マクロ経済

第4章　証券市場とM&A市場 ……………………… 矢野誠・小松原崇史 … 85
　　　　――市場高質化へのルールのあり方
- 1　はじめに　85
- 2　市場とルール　86
- 3　「商品」としての企業の特殊性とルール　88
- 4　証券市場と情報開示のルール　90
- 5　経営者の被信任義務の明確化とM&A市場　94
- 6　おわりに　98

第5章　経済危機下での経営再建 ………………… 福田慎一・粕谷宗久 … 101
　　　　――2000年代前半の日本の経験
- 1　はじめに　101
- 2　真の「問題企業」とは？――理論的整理　105
- 3　事業継続が望ましい「債務超過企業」が復活できない理由　106
- 4　「問題企業」のその後　107
- 5　イベント・スタディー　115
- 6　推計結果　118
- 7　金融支援の意義　123
- 8　おわりに　125

第6章　日本の長期停滞と「弱い企業統治」のマクロ経済学 ……村瀬英彰 … 127
- 1　はじめに――「弱い企業統治」のマクロ経済学　127
- 2　「弱い企業統治」をもたらした要因　143
- 3　モデル　147
- 4　財政・金融政策の効果　160
- 5　おわりに――「市場（供給）vs. マクロ政策（需要）」論争を超えて　163

第Ⅲ部　所得移転と効率性・公正性

第7章　ドメイン投票方式と所得再分配 ……………………………青木玲子 … 173
- 1　はじめに　173
- 2　最適以下の出生率と賦課式社会保障　175
- 3　家族政策と出生率　177
- 4　有権者の高齢化問題　181

5　ドメイン投票方式の効果　183
　　6　おわりに　187

第8章　世代間利他性と所得移転 …………………………………… 秋山太郎 … 191
　　1　はじめに　191
　　2　問題の設定と予備的考察　193
　　3　均衡概念　195
　　4　動学的均衡とギフト　197
　　5　おわりに　202

第9章　Roscaと社会資本 ………………………………… 藪下史郎・和島隆典 … 207
　　1　はじめに　207
　　2　不完全市場，耐久財購入とRosca　208
　　3　Rosca期間とその持続性——B-C-Lモデル　215
　　4　Roscaからの排除と持続性　218
　　5　社会的資本と制裁費用　224
　　6　おわりに　230

第IV部　開発と環境

第10章　景観利益の保護に関する訴訟と新たな住環境対策について
　　　　　——プット・オプション履行義務付き開発許可制度の提案
　　　　　…………………………………… 山崎福寿・瀬下博之・原野啓 … 235
　　1　はじめに　235
　　2　コース的交渉の限界——国立景観訴訟を例として　236
　　3　プット・オプション履行義務付き開発許可制度　245
　　4　適用可能性　247
　　5　おわりに　250

第11章　経済開発に果たす国際プロジェクトファイナンスの役割 … 山上秀文 … 253
　　1　はじめに　253
　　2　国際プロジェクトの基本構成と官民連携　253
　　3　国際プロジェクトファイナンスの推移　256
　　4　アジア・インフラ・デット・ファンド構想　259
　　5　公的部門によるレベニューボンド（事業別歳入債）　262
　　6　おわりに——経済開発における効率と公正　264

第12章　日本・中国・韓国の経済構造変化と CO_2 排出量
　　　　──日中韓国際産業連関分析に基づく CO_2 国際収支
　　　　……長谷部勇一・藤川学・シュレスタ，ナゲンドラ・金丹・陳延天… 267
　　1　はじめに　267
　　2　モデルと分析方法　268
　　3　データセット　275
　　4　実証結果　277
　　5　おわりに──今後の課題　294

第13章　中国の低炭素社会の未来像に関する計量経済分析…………李志東… 299
　　1　はじめに──低炭素社会を目指し始めた中国　299
　　2　中国 3E-Model の概要　300
　　3　2030 年の低炭素社会に関する展望　307
　　4　おわりに──低炭素社会に向けた取り組みと日本への示唆　321

索　引

序　章
本書の構成と概要

青木玲子・浅子和美

　本書は『効率と公正の経済分析——企業・開発・環境』と題されているように，資源配分・所得分配をめぐる論文集であり，とくに企業活動や企業パフォーマンスに焦点を当てた考察を行う．全体は4部13章構成になっており，第Ⅰ部から第Ⅲ部はそれぞれ三つの章，第Ⅳ部は四つの章から成り立つ．この序章では，本書全体の理解に資するために，あらかじめそれらの概要を記す．

　第Ⅰ部「企業システムと効率性」は，生産性や競争力など企業の好業績や効率性をもたらす要因に関して，それらの源泉や現状を考察する三つの章から構成される．それぞれの章では，「製品アーキテクチャ」，「企業の異質性」，「製造システム」といった鍵となる分析概念を中心に，理論的考察の展開やファクト・ファインディング，仮説検定の実証分析を行う．

　第Ⅰ部が企業パフォーマンスに関しての，いわば個別企業・ミクロレベルでの考察であるのに対し，第Ⅱ部「企業統治と市場・マクロ経済」は，産業・市場・マクロレベルの各段階での企業行動を考察するものであり，第Ⅰ部とは補完的な考察になる．すなわち，第Ⅱ部では，「市場高質化」，「経済危機下」，「日本の長期停滞」といった企業環境での企業行動に焦点を当て，それと産業・市場・マクロ経済とのフィードバックが考察対象になる．

　第Ⅲ部「所得移転と効率性・公正性」では，資源配分の効率性と公正性を考察する．厚生経済学の基本定理が示すように，「一定の条件」下では，完全競争による市場経済でパレート最適な資源配分が達成される．第Ⅲ部では，この「一定の条件」下からは外れる三つのケースにおいて，所得分配の公正性について考察する．これらのケースは，親が子の世代の代理となる「ドメイン投票方式」，子供から親への利他的行動の存在，そして回転貯蓄信用組合（Rosca, Rotating Savings and Credit Association）による資源配分のケースである．

　第Ⅳ部「開発と環境」では，市場メカニズム下では「市場の失敗」がもたら

されてしまう分野を対象とし，望まれる政策対応を議論する．具体的には，「景観利益の保護」，「国際プロジェクトファイナンス」といった「開発」関連のテーマ，および日本と中国のCO_2排出をめぐっての「国際産業連関分析」，「計量経済モデルによるシミュレーション分析」といった数量的分析による，地球温暖化の現状・行方など二つの「環境」関連のテーマが考察対象となる．

1　企業システムと効率性（第Ⅰ部）

　第1章「ユーザーと機械の分業と協業――製品使用のコーディネーション・システム」（奥野正寛・渡邊泰典）では，「製品アーキテクチャ」という概念を提起し，製品の内部構造の設計やユーザーによる製品の使用を，一つの「コーディネーション・システム」として捉え，文脈依存型に行動する人間が，機械的・電子的に作動する製品をどう操作できるかを考察する．そのためには製品を構成する多数の部品間のコーディネーションが必要になるが，それには三つの仕組みがある．(1)ユーザー自身による事後的な外部操作，(2)部品の事前すりあわせと製品の作りこみによる部品相互干渉の回避，(3)コンピュータを使った部品間コーディネーションの中央自動制御である．また，コンピュータの中央制御方法の開発にも，(a)制御プログラム自体を部品とすり合わせて開発する「組み込みシステム」と，(b)事前に制御プログラムの概要を公開し，整合的に動作する部品を事後的に開発して，コーディネーションを実現する「オープン・アーキテクチャ」がありうる．

　第2章「企業の生産性分布と産業特性」（若杉隆平・田中鮎夢）は，企業の異質性に注目する．2000年以降，近年の国際貿易の理論・実証研究では，企業が生産性において異質であり，輸出や直接投資（FDI）といった国際化においても，それらに付随する費用を補うだけの高い生産性をもつ企業のみが国際化しうる，とのファクト・ファインディングが得られている．しかし，企業の生産性における異質性が産業間でどのように異なるのか，そしてそのことをどのように計測すべきかといった課題に関しては，十分な研究が行われていない．本章では，(1)企業の生産性が異質であること，(2)輸出やFDIを行う企業の生産性が高いこと，(3)生産性において異質な企業の分布がパレート分布で近似できること，(4)異質性の程度は産業間で異なり，この産業特性はパレート分布のパラメータによって比較できることなどを，日本の製造企業を対象とした実証

分析によって示す．

　第3章「製造システムの国際比較」(松井美樹) では，グローバルな競争下にある8ヶ国の製造企業を対象として，さまざまな製造実践活動と競争力指標との正準相関分析に基づき，製造パフォーマンスの決定要因に関する仮説検証を行う．総体的には，人的資源管理，品質マネジメント，TPM，JIT生産，SCM，技術開発，製造戦略は競争力と正の関係をもつが，新製品開発が製造力に及ぼす影響は小さい．ただし，製造実践活動と競争力との関係は国によって異なったパターンを示す．競争力の最も重要な決定要因は，フィンランドでは技術開発，ドイツでは製造戦略，品質マネジメント，人的資源管理，イタリアでは新製品開発，JIT生産，TPM，日本では品質マネジメント，JIT生産，TPM，SCMである．日本や韓国の市場で競争力を保持するためには，製造企業は生産マネジメントのすべての領域に目配りをする統合的視点が必要になる．

2　企業統治と市場・マクロ経済 (第Ⅱ部)

　第4章「証券市場とM&A市場——市場高質化へのルールのあり方」(矢野誠・小松原崇史) では，証券市場やM&A市場など企業を「商品」とする市場を，どのようにすれば高質化できるかを考える．高質な市場を形成するためには，適切な市場のルールの設定が重要である．とくに，企業を「商品」とする市場は，企業の「商品」としての特殊性ゆえに，一般の商品を取引する市場とは別のルールを必要とする．証券市場には，企業の情報を開示し，内部情報取引を禁止するためのルールが必要である．また，M&A市場には，経営者の意思決定と所有者の意思決定をバランスするためのルールが必要である．本章では，証券市場やM&A市場に関するアメリカのルールを検討し，今後の日本で必要なルールのあり方を考える．

　第5章「経済危機下での経営再建——2000年代前半の日本の経験」(福田慎一・粕谷宗久) では，2000年代前半の景気回復過程 (第14循環の拡張期) において，なぜ「問題企業」の多くが復活したのかをイベント・スタディーで考察する．経済危機が続く昨今では，深刻な危機からいかに回復するかは世界各国で大きな政策課題となっており，2000年代前半から半ばにかけての日本の経験は，有益な示唆をもつ．本章では，2001年当時に「問題企業」と分類されていた

企業群について，イベント後，企業価値がどのように変化していったかを，株価の超過収益率（アブノーマル・リターン）を使って考察する．この際，一般株主に対して減資が行われたか否かによって二つのグループに分けると，減資が行われなかったグループでは，他社との業務提携やスポンサー企業の金融支援が大きな影響を与えていたのに対し，減資が行われたグループでは，銀行の金融支援と他社との経営統合が大きな影響を与えていた．ただし，優良企業との提携・経営統合は復活に効果的であったが，「問題企業」同士の提携・経営統合は逆に復活を遅らせる傾向が観察された．金融機関やスポンサー企業による支援では，借り手企業自身によるリストラや経営構造改革が十分と判断された場合に行われ，金融支援がリストラクチャリングのクレビリビティのシグナルとなって機能した．すなわち，本章の分析結果からは，日本経済が回復する過程で，幸運な外的要因だけでなく，企業の経営努力や政策対応が「問題企業」が復活するうえで効果的であったのであり，危機からの回復には，必要なものと無駄なものを適切に選別するメリハリのついたリストラが重要であったといえよう．

第6章「日本の長期停滞と『弱い企業統治』のマクロ経済学」（村瀬英彰）は，日本の長期停滞に注目する．この長期停滞の発生原因をめぐっては，長らく論争が続いてきた．しかし，停滞の過程で発生したさまざまな現象を，同時にもたらすような原因の特定化は行われていない．本章の考察においては，新たな視点として，日本における銀行統治の衰退と資本市場統治の未成熟が生んだ「弱い企業統治」が，暗黙の資本課税として働き資産選択における「資本から貨幣への代替」を進めた点に，停滞の原因を求めている．そして，最適化主体からなるマクロ経済モデルを用いて，このような資産選択の歪みが，実質成長率の低下，貯蓄率の低下，マーシャルのkの上昇，ゼロ名目金利，需要管理政策の非有効性といった現象を同時にもたらすことを理論的に示す．

3　所得移転と効率性・公正性（第Ⅲ部）

第7章「ドメイン投票方式と所得再分配」（青木玲子）では，次世代に代わって親が代理投票する「ドメイン投票方式」が所得再分配に及ぼす効果を考察する．出生率の低下と次世代への資源分配不足の事実にもかかわらず，国政の中心は，年金や医療といった高年齢層中心の政策から政策転換ができない．その

原因として，有権者の年齢構造が考えられる．有権者の46%が55歳以上（平成22年度国勢調査）であるのに対して，次世代（20歳未満）は，日本では有権者の0%である．政策の硬直状態を打開するには，人口変化に伴った選挙制度改革が必要である．次世代に投票権を与え，親が代理投票する「ドメイン投票方式」では，親と子供の票の合計は全体の約36%になり，35%を占める55歳以上の有権者の票と拮抗することになる．これによって，次世代への資源投入が期待されることになる．

第8章「世代間利他性と所得移転」（秋山太郎）では，子供から親への所得移転について，理論的な考察を試みる．東アジア諸国においては，子供から親への所得移転はかなり一般的な現象である．しかしながら，子供が親に対して利他性を持つ経済においても，一般的には，子供から親への所得移転が実際に生じるとは限らないことが知られている．本章では，世代重複モデルに子から親への利他性を導入したモデルについて，定常マルコフ均衡を分析することにより，子から親への所得移転を分析する．その結果，子供から親への所得移転が生じる均衡と生じない均衡が，ともに存在しうることになる．すなわち，ある経済において子供から親への所得移転が行われるかどうかは，どのような均衡が選択されているのかにも依存し，社会の慣習・規範が重要な役割を果たす可能性があることが示される．

第9章「Roscaと社会資本」（藪下史郎・和島隆典）では，Roscaの経済的意義とその制度としての持続性について，理論的に考察する．まず，不完全市場でのRoscaの存在意義を探ると，個人の効用が通常消費だけに依存するモデルでは，市場の不完全性のみではRoscaの存在理由とはならないことが示される．また，耐久財の獲得を目的とするRoscaでは，加入者のすべての事前的効用を向上させうることが分かる．次いで，Roscaの掛け金不払いの可能性について考察し，掛け金不払いに対する制裁としてRoscaからの排除を課すだけでは持続性が保証されないことが示される．最後に，Rosca構成員間に社会的資本が存在する場合を考察し，その持続性との関係が考察される．

4　開発と環境（第Ⅳ部）

第10章「景観利益の保護に関する訴訟と新たな住環境対策について——プット・オプション履行義務付き開発許可制度の提案」（山崎福寿・瀬下博之・原野啓）

では，住環境対策として「プットオプションの履行義務を開発業者に負わせる」新しい制度を提案する．マンション開発に伴う外部不経済を内部化する方法は，規制による解決が一般的であるが，コースの定理が示すような民事的解決が可能ならば，より効率的な結果が実現されよう．本章では，東京都国立市で起きたマンション紛争に関する実証分析の結果を紹介し，それに基づいて，この制度が適用された場合の景観紛争への影響を考察する．結果において，この制度は，規制や裁判よりも，わずかな負担で問題が解決できた可能性がある．住宅地におけるブランド価値のように，規制では有効な保護が困難な場合，この制度が優れた規制手法となり得ることが明らかになる．

第11章「経済開発に果たす国際プロジェクトファイナンスの役割」(山上秀文)では，アジア・インフラ・デット・ファンド構想や公的部門によるレベニューボンド（事業別歳入債）などのケーススタディを交えつつ，経済開発における効率と社会公正を確保するために果たす，国際プロジェクトファイナンスの役割を考察する．開発途上国では国内の民間企業や民間金融セクターが未成熟である．そのために，市場機能による経済開発における効率性追求がしばしば困難となり，政府部門に経済開発事業（プロジェクト）の優先順位決定とその資金調達が委ねられ，結果として，効率性，公正性がともに確保されない結末となることも多い．本章では，民間企業セクターや金融市場が脆弱ながら育ちつつある東アジアなどの開発途上国の経済開発を対象とし，新しい国際金融市場において銀行融資市場と債券市場の融合が進むとの展望のもとで，民間銀行の強い関与を前提とする．そして官民連携（Public-Private Partnerships, PPP）により，効率性と社会公正を満たすプロジェクトを推進し，中長期的には当該事業を通じて開発途上国への技術移転効果を有する国際プロジェクトファイナンスについて考察するが，この際，これまでの活用実績と将来の役割に焦点を当てる．

第12章「日本・中国・韓国の経済構造変化とCO_2排出量——日中韓国際産業連関分析に基づくCO_2国際収支」(長谷部勇一・藤川学・シュレスタ，ナゲンドラ・金丹・陳延天)では，貿易財の生産に伴って発生する輸入先でのCO_2排出量を全体として含める方法を明らかにしたうえで，1995年，2000年，2005年の日本・中国・韓国の国際産業連関表を用いて，CO_2排出量の変化と国際的依存関係の実証分析を行う．グローバルな環境問題を議論するためには，ある一国の環境負荷だけではなく，貿易を通じた環境負荷の国際的移転に注目する

ことが必要になる．特に，排出削減義務を有する国から有さない国へ排出源が移転するカーボンリーケージを考慮する場合，貿易を通じた環境負荷量を数量的に分析することは重要な意味をもつ．近年の COP では，CO_2 削減目標をめぐっての先進国と新興国・途上国の対立が激しいが，各国の CO_2 排出量をどのようにとらえるのか，何が公正な基準であるのかを検討する上でも，カーボンリーケージは重要になる．本章の分析結果からは，CO_2 排出国際収支バランスに関して，日本は一貫して赤字国であり，他国に CO_2 排出を「押し付け」ていること，ただし近年はその傾向は縮小していることが示される．中国は黒字国であるが，その黒字幅は大幅に縮小しており，先進国に対しては CO_2 排出を「肩代わり」しているものの，他国に対しては「押し付け」ている関係が出始めていることを明らかにする．

第 13 章「中国の低炭素社会の未来像に関する計量経済分析」（李志東）では，計量経済モデルを用いて，中国における 2030 年までの経済，エネルギー，環境に関するシミュレーション分析を実施し，低炭素社会に向けた問題検出と対策検討を行うとともに，日中協力のあり方について検討する．世界は低炭素競争の時代に入り，中国も例外ではない．中国政府は，GDP 当たり CO_2 排出量を 2020 年に 2005 年比で 40〜45％ 削減する自主行動目標を国際公約として国連に提出し，議会と結束して，低炭素社会の実現を目指し始めた．本章の分析からは，2020 年の自主行動目標の達成，2025 年ごろの CO_2 排出量のピークアウトが可能であり，そのためには低炭素システムの整備が不可欠であることが示され，その際に，日中協力が両国にとって互恵になるとの結論も得られる．

第Ⅰ部　企業システムと効率性

第1章
ユーザーと機械の分業と協業*
――製品使用のコーディネーション・システム――

奥野正寛・渡邊泰典

1 はじめに

　歴史を振り返ったとき人間の活動は，量的にも質的にも急速な拡大を遂げてきた．人類が誕生したとき，人は家族単位でしか行動していなかった．しかし，狩猟採集や農耕活動を通じてグループや村落での共同活動が起こり，さらに工業化や交通手段の発達に伴って，都市から国家，さらには地球全体へとその協力行動の規模を広げてきた．

　人間活動も，利用する道具や器械の発達や，また人力から家畜・風水力へ，さらに電力・原子力へという動力の高度化につれて，急激に高度化してきた．人類の進歩と共に技術知識が獲得・蓄積され，それがさらに一層高度な技術知識の開発を促してきたからである．その行き着いた先が，現代の電子技術とデジタル処理を基礎にする情報処理技術である．

　このような人類の発展過程は，膨大な数の人間が，個人としてあるいは企業などの組織を通じて，複雑に相互依存する現代社会を生み出した．同時に，技術知識の深化と共に，人間の道具や機械への依存関係はより一層，深化・複雑化してきた．それは機械や動力を使うことで，人間の外部環境への適応能力がより一層高まるからである．

---

*）本章は奥野・渡邊［2006］を基に，奥野の単独責任で抜本的に改訂したものである．奥野・渡邊［2006］はその多くを，2004-05年度に東京大学大学院経済学研究科で行われた「アーキテクチャ理論研究会」における中尾政之，藤本隆宏，安藤晴彦，中馬宏之，池田信夫の各氏の報告と研究会における議論に負っている．また本章をまとめる上で，滝澤弘和，柳川範之，鶴光太郎，木村友二の各氏から貴重な助言とコメントを頂いた．これらの方々と研究会のメンバーに心から感謝したい．なお，本章は，21世紀COE東京大学ものづくり経営研究センター，および独立行政法人経済産業研究所「製品・工程アーキテクチャの産業論に関する理論的・実証的研究」プロジェクトにおける研究成果を基にしている．

このような事情を背景に，多数の人間が相互に関連し合う社会も，人間が利用する機械や情報処理システムも，ますます複雑化している．複雑化に伴って，社会やシステムはメンバーや部品のコーディネーションという問題に直面する．膨大な数の人間で共同して作業を行うためには，あるいは多数の部品パーツが連携して動作するためには，

- 全体が直面している外部環境や個々のメンバー（部品）が行っている作業がどのようなものかという情報をお互いに共有し，
- 全体として整合的で，しかも外部環境にできるだけ有効に対処できる作業を決定し，
- それを各メンバー（部品）に指示・実行させなければならない．

　人間や社会が採用してきた複雑化への対応が分業と協力の組み合わせである．複雑に関連し合っている関係を単純で標準化された作業に分解して，個々のメンバーや部品が扱える範囲を限定する．他方，限定された作業同士の関係自体を標準化して，メンバー同士や部品同士が協力しコーディネートしやすくする．問題を分割することで各人が技術的に特化しやすく，また競争が活発化することでシステム全体のパフォーマンスを高めるという効果も生じる．実際に歴史を振り返ってみれば，

複雑化した問題を分割する
↓
技術が発展する
↓
個別問題が再び複雑化する

という流れを繰り返しながら，社会・経済的な発展が生じてきたことは明らかである．
　このような分業による協業は，複雑性への対処という意味で歴史的に非常に有効だった．しかし，近年の情報化技術の発展や技術の高度化，社会・産業の規模は，この分業と協業の組み合わせをさらに一段とレベルアップさせたのではないだろうか．

このことをわれわれは，人間と機械の協業と製品アーキテクチャという概念を通じて考えてみたい．Baldwin and Clark [2000] を契機に注目されるようになった製品アーキテクチャという概念は実は，製品の内部構造の設計やユーザーによる製品の使用を，一つの「コーディネーション・システム」として捉えているからである．

藤本[2003]に従えば，製品設計の基本特性としての製品アーキテクチャとは，

・どのようにして製品を構成部品や工程に分割し，
・そこに製品機能を配分し，
・必要となる部品間・工程間のインターフェースをいかに設計・調整するか，

に関する基本的な設計思想である．そこには，多数の部品から構成される製品内部をどうコーディネートするか，という問題が背後にある．

他方，ユーザーによる製品の使用は，他の社会システムと異なって，それを操作するユーザー以外，意思を持った部品が存在しない．インセンティブやモティベーションの問題を捨象できるという意味で，製品とその使用は，考えうるもっとも単純な，しかし社会にとって重要なコーディネーション・システムである．

製品の使用を考える場合，ユーザーである人間は帰納的な思考を基に文脈依存型の行動をする．逆に，機械的・電子的な製品自体は，定型化された情報の論理的ですばやい処理にその威力を発揮する．マニュアル化さえできれば，機械的・電子的仕組みは高い能力を発揮するが，予測しなかった事態が起こり多数の部品が相互干渉し始めると，それを解決する能力を持たない．その場合こそ，ユーザーである人間の大局的な視点からの経験に基づいた判断が威力を発揮する．奥野・滝澤・渡邊 [2007] で詳細を述べたように，人間と機械的・電子的仕組みは補完的であり，両者の比較優位を生かしつつ，複雑なコーディネーション問題を解決する仕組みが求められる．

本章で我々が主張するのは，次の点である．

・暗黙知を使いながら文脈依存型に行動する人間が，機械的・電子的仕組みで動く製品を操作するには，人間の命令を製品が分かる言葉に翻訳する必要がある．

- そのためには，ユーザーが製品の操作命令を出せるよう，製品機能を明確化する必要がある．またユーザーからの機能別命令を機械部品が理解できるよう，機械語のコード体系を作り，機能別命令との対応関係を明確化する必要がある．
- とはいえそれだけでは，製品を構成する部品間のコーディネーションは困難である．部品間のコーディネーションを行う仕組みには，次の三つがある．
　—ユーザー自身による事後的な外部操作，
　—部品の事前すり合わせと製品の作りこみによる部品相互干渉の回避，
　—コンピュータを使った部品間コーディネーションの中央自動制御．
- コンピュータの中央制御にも二つの異なる方法がある．
　—組み込みシステムでは，制御プログラム自体を部品とすり合わせて開発する．
　—オープン・アーキテクチャでは，事前に制御プログラムの概要を公開し，整合的に動作する部品を事後的に開発して，コーディネーションを実現する．

　以下では，コーディネーション・システムとは何か，人間の文脈型思考とは何か，製品の機能とは何か，人間と製品のコーディネーションにはどんな仕組みがあるか，などを鍵概念として，これらの点を分析してみたい．

2　システムとコーディネート

2.1　コーディネーションシステムとは何か

　コンピュータや自動車，あるいは企業組織や企業ネットワークを例に挙げるまでもなく，さまざまな製品・企業システムの複雑化や多様化には目を見張るものがある．

　近年の情報通信技術の発展は，システムが，従来の基準を超えた量の情報を取り扱うことを可能にした．こうした情報通信技術を用いることで，システムを取り囲む環境についての膨大な情報を，システムの運営に反映させることが可能になったのである．しかも，これらの技術を用いて機械的・電子的なシステム運営を行えば，人間が直接行うよりはるかに迅速かつ正確に，システムを

運営することが可能である．

　他方，システムが望ましい結果を得るためには，システムを取り巻く不確実性（環境情報）が変化するにしたがって，システムを構成する様々な構成要素（組織であれば組織のメンバー・エージェント，製品であればなんらかの部品）をコーディネートすることが必要になる．しかし，環境情報は多様であり，また急速に変化する．しかも先述したように，情報通信技術の発達によって，我々は以前よりも膨大な量の情報を利用することが可能となっている．

2.1.1　機械と人間

　その際，いくら進歩した情報通信技術であっても，ソフトを書き換え，マニュアルを変更しない限り，これら急激で複雑な環境変化には対応できない．言い換えれば，システムを究極的にコントロールする主体はあくまでも限定合理的な人間でしかない．

　ところで確かに，硬直的な規則に縛られつつ，迅速・正確な処理が可能な情報通信技術や機械工学的な技術と異なって，人間は，錯綜する事態を認識し，弾力的な対応を行うことが可能である．しかし同時に，人間も限定合理的であり，膨大な情報を必要な時間内に，正確に認識し，適切に処理することは実質的に不可能である．

　したがって，システムが人間にとってコントロール可能であるためには，

- この人間の持つ，「複雑・錯綜した事態を大局的視点から把握し，弾力的に対処できる」という能力と，
- 電子的・機械的な仕組みが持つ，「事前に設計された硬直的な規則の枠内であれば，きわめて迅速・正確に情報処理を行い，必要な対応を行うことが可能である」という能力を，

どのように組み合わせることが望ましいか，という点が重要な問題となる．

　要するに，人間と（電気・電子的な仕組みや情報処理システムを含む）機械は，それぞれ異なる比較優位を持っており，システムをうまく機能させるためには，両者の間の補完性を生かすことが必要である．他方，人間と機械では異なる原理で動いているから，その間の命令伝達や情報処理の仕組みをうまく作る必要もある．したがって，人間と機械の間で，必要な作業をどのように分業させる

か，その際，どのような情報伝達の仕組みによってお互いの補完性を高めるのかが，問われることになる．

2.1.2 システムとは何か

このような視点からは，モジュール化やすり合わせといった，システムをコントロールするいくつかの標準的な仕組みを統一的に理解するための理論的枠組みを提供することが必要だろう．本章は，そのための一つの試みである．

それにはまず，システムとは何か，という認識を共有しておく必要がある．

本章では，異なる機能を分担する多数の構成要素や部品から構成され，しかもそれらの要素間・部品間の動作のコーディネーションが，全体のパフォーマンスに重要な役割を果たす組織や製品を，「システム」と呼ぶ．その意味で，既に述べたように，製品設計チームや企業組織，それぞれが部品生産・組立・販売を担当する企業グループ，産学官のネットワーク，社会や経済システム全体など，さまざまなレベルのシステムを考えることが可能である．

とはいえ，それではあまりにも焦点が絞りきれない．そこで以下では，「一人のユーザーが使用する製品システム」に分析の対象を絞ることにする．

具体的には，システムを構成する構成要素（部品・パーツ）が，「意思を持たない」ために，それらの「インセンティブ」を考えないですむ場合を取り出して議論したい．もちろん，構成要素の意思やインセンティブは組織構造の決定にあたっては極めて重要だが，それらを捨象することでかえって，コーディネーション問題を純粋な形で抽出できると考えるからである．

2.2 コーディネーション問題

抽象的に定義すれば，本章で考えるコーディネーション問題は，次のような要素から構成される．

2.2.1 要素部品

製品は，膨大な数の部品から成立している．ある製品に含まれる部品のインデックスの集合を $N=\{1, 2,..., n\}$ で表し，i 番目の部品の動作（状態）を $x_i \in X_i$ で表そう．X_i は，部品 i が取れる可能な動作（状態）の集合を表している．

製品全体の動作（状況）とは，各部品がどんな動作を取っているかをすべて

記述したもの，つまり，部品動作のプロフィール $\mathbf{X} = (x_i)_{i \in N} \in \times_{i \in N} X_i \equiv X$ で表される．製品は，部品動作のプロフィールを変更することによって，製品全体の動作を変えるのである．

逆にユーザーは，与えられた製品が許す範囲内で，自分が望むような動作を製品に選択させることができる．従って以下では，ユーザーが特定の部品動作のプロフィール $\mathbf{X} = (x_i)_{i \in N}$ を選択することを，ユーザーが製品を動作させるという．

2.2.2 製品

ユーザーが製品を動作させられるのは，製品が許す範囲内であると述べたのは，製品の物理的特徴には違いがあるからである．同じ目的のために設計された，良く似た製品同士であっても，その内部構造は異なる．

一つの製品（product）は $\pi = (N, X)$ で表され，別の製品は $\pi' = (N', X')$ で表される．$\pi = (N, X)$ の方が $\pi' = (N', X')$ より多くの部品で成り立っていれば，$N \supset N'$ である．また，$\pi = (N, X)$ と $\pi' = (N', X')$ には共通の部品が使われていない，つまり，$N \cap N' = \emptyset$ という場合もあるだろう．

また，二つの製品が同時に使っている部品 $i \in N \cap N'$ であっても，$\pi = (N, X)$ の方が $\pi' = (N', X')$ よりもより多くの部品を使っているため，$X_i \supset X_i'$ であり，X_i の方が X_i' より多様な値を取ることも可能かも知れない．

2.2.3 外部環境

ユーザーとユーザーが使用する製品は，さまざまな不確実性を含む外部環境の中に置かれている．外部環境によって，ユーザーが製品にどのようなパフォーマンス（機能）を実現させたいか，そのために製品全体がどのようなコーディネーションを必要とするかが決まることになる．以下，ユーザーと製品が直面している不確実性を，$\omega \in \Omega$ で表し，これらの不確実性が起こる確率を，$p: \Omega \to \mathbb{R}_+$ で表そう．つまり，$p(\omega) \in [0, 1]$ が ω が起こる確率（密度）である．

2.2.4 動作関数

外部環境を認識するのはユーザーであり，製品を操作するのもユーザーである．したがって，製品が動くのは，ユーザーが認識した外部環境ごとに，どのように各部品の動作状態を実現するかにかかっている．他方，ユーザーが製品

を操作すると，複数の要素部品が自動的に連携して作動することもある．この場合，ユーザーは，製品を構成するすべての部品を直接操作する必要はない．ユーザーが比較的単純な操作をするだけで，各個別部品が複雑に連携し合って動作することが可能になる．

ユーザーの操作によって動く部分と，ユーザーの操作に伴って製品内部で自動的に部品がコーディネートされる部分を含めて，ユーザーが外部環境を認識し，それに従って製品を操作するという関係を，動作関数（operation function）$\phi(\cdot|\pi): \Omega \to X$ で表そう．

つまり，ユーザーが製品を操作するという行為を以下では，ユーザーが認識した外部環境が $\omega \in \Omega$ のとき，部品状態を $\phi(\omega|\pi) \in X$ にするというルールとして表す．

すでに述べたように，

- 動作関数 ϕ の一部は，ユーザーの命令（以下，外部操作と呼ぼう）そのものであり，
- 残りは，ユーザーの命令に従って製品内部でそれが処理される自動的な流れ（以下，内部動作と呼ぼう）を示す．

ある製品とその使用をコーディネーション・システムとして捉えるということは，ユーザーが操作することで，製品を構成する各部品の動作がどう変わるか，それによって各要素部品がどうコーディネートされるかを考えることに他ならない．

したがって，単に部品のインデックスと各部品が取りうる状態の集合のペアである物理的な製品 $\pi = (N, X)$ だけでなく，動作関数のうち内部動作を含めて考えれば，ユーザーの操作によって物理的な製品全体がどう動作するかということまで含んだ概念として，製品を定義できる．以下では，製品という言葉で，どんな物理的製品がどんな内部動作関数を持っているのかを表そう．

2.2.5 製品が生み出す利得

製品の物理的特性 $\pi = (N, X)$ が決まり，それがおかれた環境 $\omega \in \Omega$ が与えられたとしよう．その際，どんな部品動作のプロフィール $\mathbf{x} \in X$ が実現されるかによって，ユーザーが獲得する製品からの利得 $v(\cdot|\pi): X \times \Omega \to \mathbb{R}$ が決ま

る．つまり，不確実性 $\omega \in \Omega$ が与えられ，製品の動作が $\mathbf{x} \in X$ であるときに，製品 $\pi = (N, X)$ が生み出す利得（付加価値）は，$v(\mathbf{x}, \omega|\pi) \in \mathbb{R}$ である．

さらに（外部操作と内部動作の双方を含む）動作関数 $\phi(\cdot|\pi): \Omega \to X$ が与えられれば，製品が実現する付加価値の期待値が決まる．具体的にそれは，

$$V(\pi, \phi(\cdot|\pi)) = Ev(\phi(\omega|\pi), \omega|\pi)) = \int_{\omega \in \Omega} v(\phi(\omega|\pi), \omega|\pi) p(\omega) d\omega$$

として定義できることになる．

2.2.6 最善解

最後に，与えられた製品の物理特性を最大限に生かすことが可能な場合，つまり最善の動作関数を定義しておこう．ユーザーが全知全能の能力を持っており，他方，製品側の各部品要素が，ユーザーの命令に弾力的かつ正確・迅速に対応できるなら，ユーザーが選択する動作関数は最善のものになり，製品 $\pi = (N, X)$ はその性能を完全に発揮できる．この動作関数を，π の最善（first best）解と呼ぶ．

それは，与えられた外部環境 $\omega \in \Omega$ ごとに，

$$\phi^*(\omega|\pi) = \arg\max_{\mathbf{x} \in X} v(\mathbf{x}, \omega|\pi)$$

として定義される．最善の動作 $x^*(\omega|\pi)$ を選ぶことである．最善解を常に選ぶことができれば，ユーザーは製品 $\pi = (N, X)$ を使うことで，

$$V^*(\pi) = Ev(\phi^*(\omega|\pi), \omega|\pi) = \int_{\omega \in \Omega} v(\phi^*(\omega|\pi), \omega|\pi) p(\omega) d\omega$$

を実現できる．

3　人間の限定合理性と製品システムの硬直性

しかし，現実の人間は全知全能の神ではない．ユーザーは限定合理的な存在でしかなく，様々な限界を持っている．他方，製品の各部品要素も，ユーザー側の命令の意図を適切に判断し，それに正確・迅速に対応するような知性を備えていない．各部品要素にできるのは，設計者が設計した仕様に従って，ユーザーの命令を，いわば「マニュアル」通りに実行することでしかない．

そこで，このような人間と製品システムが適切な形で分業・協力することに

よって，システムの利得（付加価値）を高めたいと言うことになる．では，ユーザーである人間と，機械あるいは情報処理システムである製品とは，それぞれどんな欠点（限界）と利点（特徴）を持ち，どんな形で補完し合うことが望ましいだろうか．

このことを，ユーザーが製品を操作する際のプロセスを分解することによって，検討してみよう．製品を操作するためには

(1) 外部環境の認知
(2) 認知した外部環境に対し，適切な製品の動作状態を決定
(3) 実際に製品を操作

という，少なくとも3段階の意思決定プロセスを経る必要がある．

このそれぞれを実現するためには，いくつもの制約がある．以下ではそれらを，人間の認知・意思決定プロセスにまつわる問題と製品内部にまつわる問題とに分割して検討しよう．

3.1 製品システムの硬直性
3.1.1 部品動作の相互依存と操作に必要な技術的・専門的知識

ユーザーが製品を操作する（与えられた外部環境の中で適切な動作状態を選択する）ためには，各部品要素がどんな役割を果たし，それらがどのように相互依存しているかを知らなければならない．

例えば，自動車が高速でカーブを曲がるとき，このスピードでは危険だとユーザーが判断すれば，車を減速させたいと思う．そのためにユーザーが直接，個々の部品の状態を調整するならば，例えば，エンジンの回転数を減らすことが必要になる．そのためには，エンジンへのガソリン供給速度を下げ，ガソリンの量が減れば混合比を保つために燃焼室への空気の供給量も調整する必要がある．エンジンの回転数が減ればスピードが下がり，ラジエーターの放熱効果が減退する．放っておけばオーバーヒートするから，ファンの回転数を上げてラジエーターを冷やす必要がある．そのためには，必要な電力をバッテリーから供給してやらなければならない．

このように，製品を直接コントロールするためには，各部品がどんな役割を果たしており，一つの部品を調整すると，それに伴って別の部品をどう調整し

なければならないか，などの技術的・専門的知識を，ユーザーが持っていなければならない．また，人間が思考し，個々の操作を行うためには時間が必要である．従って，これらの作業を一瞬で行うことは，人間であるユーザーには無理がある．

そのため，製品が複雑化すればするほど，ユーザーが製品全体を細部まで操作することは困難になる．それは，製品の複雑化に伴って，技術的・専門的知識の必要量が増加し，一つの部品の調整に伴う連携作業も増え，それら全体を操作するための作業量や作業時間が増えるからである．

3.1.2 正確な動作と硬直性

他方，製品を構成する各部品は，機械や電子情報によって制御されるから，命令に対して正確に対応し誤りが少ない．また，電気反応や電子情報で制御されれば，操作に必要な時間も一瞬ですむ．それだけ，製品全体の信頼性が高まることになる．また部品同士の相互連関をあらかじめ計算し，ユーザーが特定部品の動作を変更した場合に備えて，関連部品の動作を機械的・自動的に調整する仕組みを内蔵させておくことも望ましい．例えば，エンジンの回転数に比例してガソリン供給を自動的に変化させるというように．

しかし，それらが可能なのは，あらかじめ用意された命令に対する反応（マニュアル化された動作）や，あらかじめ準備された部品間の動作調整（コーディネーション）を通じて行うしかない．このようなマニュアル化や自動化は，同時に製品を硬直化させかねない．エンジン回転数とガソリン供給を自動連動にしたために，山道でエンジンの回転数が落ちたときまで，ガソリン供給が減ってしまっては元も子もない．また，あまり頻繁に発生するとは考えられない事態の対処を，機械や電子制御に任せると，そのために必要な要素部品の数を増やし，製品を無用に複雑化させかねない．機械や電子制御に依存しすぎることもまた，製品の弾力性を失わせ，コストを高めてしまうのである．

3.1.3 予想しなかった事態への対応

あらかじめ予想できなかったり，予想しなかった事態が起きた場合，どんな高度な製品も，ユーザーの適切な対処なしにはうまく機能しない．めったに起こらないからと，機械や電子制御を準備しておかなかった場合も，同じである．このような場合，その場の状況を見渡して，経験や直感を生かした自発的

(spontaneous) な判断をユーザーに求めることが必要になる．

過度に機械的・電子的制御に依存させたり，むやみに厳格な部品間連動の仕組みを作るより，ある程度弾力的な対応の可能性を残しておき，予想しなかった事態には，ユーザーである人間に大局的な判断をさせ，経験や学習に裏打ちされた自発的な対応に任せたほうが良いということでもある．

3.1.4 製品の複雑化と部品の相互干渉

さらに重要なことは，製品が複雑化するにつれ部品が思わぬ形で相互干渉し，製品の適切な作動が損なわれることである．製品が複雑化すればするほど，どこまでを機械や電子制御に任せ，どこからをユーザーの判断に任せるかの区別が重要になる．

3.2 文脈依存型の認知

では，機械や電子制御に細部を任せ，大局的な判断だけをユーザーに任せればよいのだろうか．おそらく答えはノーである．正確ではあるが硬直的な機械や電子制御と，経験と反復学習で学んだ認識・対処能力を持つユーザー（人間）との間の連携作業には，それなりのインターフェースが必要になるからである．そこで次に，人間であるユーザーの認識・対処能力は，どんな特徴を持っているのかを検討しよう．

3.2.1 文脈依存型認知

外部環境には大きな不確実性が付きまとうだけでなく，それ自体が頻繁に変動する．そのため，ユーザーが製品使用から最適な結果を得るためには，外部環境が大きく変化しない，短時間のうちに製品操作を終了させなくてはならない．他方，外部環境を認知し製品操作につなげるためには，大量の情報を収集し，適切に処理し，必要な動作を各部品に命令・伝達する必要がある．

3.2.2 人間の認識パターン

もし人間の認識能力が，外部環境を物理的・論理的に整理するようにできていれば，人間の認識をそのまま情報として流すことで，機械も理解できるだろう．しかし，人間が外部環境を認識する仕方は，経験や学習によって学んだ帰納的な整理による．人間の認識や思考は，いわば文脈依存型であると共に，形

式知だけでなく暗黙知にも依存する．

　例えば，自動車の運転を例にとろう．ユーザーにとって，自動車という製品を的確に操作するためには，現在の走行速度，エンジンの回転数，ラジエーターの温度，道路の傾斜，路面の滑りやすさ，道路の照明，ヘッドランプの光度など，さまざまな外部（および製品内部の）情報を知らなければならない．しかしユーザーである人間は，これらの情報群を，個々の変数に分解して論理的・物理的に認識するわけではない．エンジン回転数 1,870 rpm，ラジエーター温度 95.8℃，ヘッドライト光度 12,450 カンデラなどと認識しながら，自動車を運転する人がいるだろうか．

3.2.3　不確実性のパティション
　むしろ人間が認識するのは，「今は夜である（したがって，路面は暗く，道路の照明とヘッドランプがたよりである）」，「雨が降っている」，「下り坂にしてはスピードが出ている」といった，パターンによる認識である．このことを以下では，外部環境という不確実性を，

・個々の要素 $\omega \in \Omega$ として理解するのではなく，

「夜である」という属性を持った ω の部分集合 P_{night}，「雨が降っている」という属性を持った ω の部分集合 P_{night} というように，

・特定のパターン（これを，以下では「パティション」と呼ぶ）ごとに Ω の部分集合に含まれる事態が発生したと理解する．

　言い換えれば，人間は，

・個々の不確実性それ自体（つまり，$\omega \in \Omega$）を認識するのではなく，
・いま直面している不確実性（$\omega \in \Omega$）が，
　　―不確実性全体（Ω）を分割したあるパティション（partition）を構成する一つの（Ω の）部分集合（$P \in \mathcal{P}$）に含まれる，
　　―つまり，$\omega \in P \in \mathcal{P}$ である，
　ことを認識するのだ，と考える．

人間が認識するパティションは一つではない．したがって，人間が認識するのは，いま直面している不確実性は，それぞれのパティションの中のどの部分集合に属しているかという形で認識すると考える．具体的な例を挙げるのが一番分かりやすいだろう．

例えば，いま人間が認識するパティションを，

$$\mathcal{P}_{weather} = \{P_{rain}, P_{cloudy}, P_{sunny}\}$$
$$\mathcal{P}_{time} = \{P_{morning}, P_{afternoon}, P_{evening}, P_{night}\}$$
$$\mathcal{P}_{slope} = \{P_{up}, P_{flat}, P_{down}\}$$

の三つだとしよう．このとき，人間がある $\omega \in \Omega$ に直面しても，それは例えば，

$$\omega \in P_{rain} \cap P_{evening} \cap P_{down}$$

として，つまり「雨が降っている夕方に，下り坂を」運転しているのだ，と認識する．

このような考え方は決して目新しいものではない．多くの識者が，人間の行動は「文脈依存型」だと指摘してきた．パティション $\mathcal{P}$ とパティションを構成する Ω の部分集合 $P \in \mathcal{P}$ とは，まさに，「天気が晴れである」とか「道が急カーブしている」といった文脈を意味している．

3.2.4 文脈依存型な意思決定——形式知と暗黙知

ところで，「人間が外部環境を認識するのは文脈依存型である」ということだけならば，人間が機械を操作することに対する本質的な障害にはならない．なぜなら，人間の認識パターン自体を，機械にも認識させれば良いからである．言い換えれば，各パティション $\mathcal{P}$ の特定の集合 $P \in \mathcal{P}$ に直面する場合には，機械が特定の動作 $x(P)$ をとる，という動作関数を指定してやれば良いからである．

しかし，人間の認識する文脈どおりに機械にも認識させることは，困難な場合が多い．同様に，人間の認識パターンに従いつつ，人間を介さずに機械を操作することも困難な場合が多い．人間の認識パターンは，しばしば形式知ではなく，暗黙知によって規定されているからである．暗黙知とは，3.2.1 の定義に従えば，「機械が認識できるような論理的・抽象的な形では定義できない」Ω のパティション $\mathcal{P}$ に他ならない．人間の認識を規定するパティションは，

多くの場合，経験や反復学習を通じて形成された，帰納的に定義されたパティションだからである．

3.3 第3節のまとめ
以上をまとめると，次のような事情が明らかになる．

- ユーザーは，人間であるという本質のために，暗黙知で定義される場合を含めて，文脈依存型でしか事態を認識し，製品を操作できない．
- しかし，機械的や電子的な部品から構成される製品を機能させるためには，製品が理解できる言語で情報を伝達・命令しなければならない．
- したがって，製品は，形式知だけでなく，「暗黙知でも定義される文脈依存型の（人間の）言語」を，「各構成要素や部品がとるべき動作を指定する（機械の）言語」へと変換する機能を内包せねばならない．
- そのためには，文脈依存型言語から機械語へと切り替わるポイントを，製品という概念の境界として考える必要がある．それが，動作関数が，ユーザーが操作する外部操作関数と，ユーザーの命令を製品内部で自動的に処理する手順である内部動作関数に分けられる理由である．
- また，ユーザーが認識・理解する各文脈を機械語に翻訳するためには，文脈を機械である製品が理解できるよう，製品の機能と定義することが必要になる．

以下では節を改めて，これらを製品の「動作要因の標準化」という視点から検討したい．

4 標準化と機能

4.1 製品の開発・設計
新たな製品の開発作業を考えてみよう．新たな要素部品を組み込むことで製品の性能を向上させることも重要である．しかし本章の視点からさらに重要なのは，

- ユーザーが操作しやすい製品の仕組みを作ることである．

そのために必要なのは，ユーザーが製品を操作する場合の認識パターン，つまり「ユーザーがどのように外部環境を仕分けているか」を，製品の動作と関連付けて理解することである．製品を開発し，作業システムを設計する際に，しばしば「作業の標準化」が大事だと言われる．以下では，この作業を「動作要因の標準化」という角度から検討する．

4.2　動作要因の標準化

すでに述べたように，ユーザーが外部環境を仕分ける仕方（外部環境 Ω のパティションの仕方）は人間の言語に依存しており，機械語に基づいた論理的・抽象的な外部環境の仕分け方とは異なる．しかし，製品を設計するエンジニアが持つ知識の多くは，部品の物理的・電子的特性とその規則だから，最初に作られる製品の多くは機械語型の仕分けを前提に作られている．

4.2.1　ユーザーと製品の使い方

それにもかかわらず，作られた製品を使うのは人間だから，機械語型の製品を人間に使いやすい製品に改善していくためには，ユーザーが既存の製品をどう使いこなしているかを知ることが重要である．2.2.4におけるわれわれの定義を使えば，ユーザー自身の外部操作と製品に組み込まれた内部動作の双方を含む「動作関数」ϕ を通じて，ユーザーである人間が，外部環境に応じて製品をどう使いこなしているかを調べることである．これらの事例を分析することを通じて，人間が操作しやすく，正確でスムーズな内部動作を行える仕組みを作り出すことが可能になる．

4.2.2　内部動作関数からの機能概念の導出

例えば，ブレーキという概念が存在していない場合を考えてみよう．この場合でも，自動車を操作する際，「高速で急カーブを回る」，「道路上に障害物がある」，「下り坂で停車しようとする」といった外部環境では，どんな製品でもどんなユーザーでも，急激にタイヤの回転数を減らそうとすることが分かる．このような事例を集めていけば，車を安全に運転するには，運転には「急激に自動車を減速する」という機能が必要なことがわかる．

他方，どんな場合に「急激に減速するか」を機械語で定義することは，実は困難な作業である．時速60キロで半径50メートルのカーブを曲がる場合と，

時速50キロで半径60メートルのカーブを曲がる場合の違いや,それが雨が降っていることでどう変わるか,昼か夜かでどう変わるかなどを,機械語で叙述することは困難だからである.

そうならば,自動車にはブレーキという,ユーザーが直接命令できる仕組み(ユーザー・インターフェース)を付けることが有効である.こう定義したブレーキは,抽象的な減速という機能を発揮するためのユーザー・インターフェースであり,急激な減速が空気ブレーキによるかディスク・ブレーキによるかには依存しないし,それ自身がフットペダルの形状をしている必要もない.

逆に,ブレーキというユーザー・インターフェースが作られることでユーザーの自動車操作が容易になるのは,「高速で急カーブを回る」という文脈では,減速という機能を発揮すれば良い,そのためにはブレーキというユーザー・インターフェースを操作すれば良いという,ユーザーによる文脈依存型の操作が可能になるからである.

4.2.3 参考事例と動作要因

誤解を避けるために,4.2.2 で述べたことを,少し抽象的に定義しておこう.

説明を容易にするために,同じような文脈の中で使われている既存の製品がいくつかあり,その使われ方を参考にしながら,新たな製品を開発する場合を考える.既存の製品は n 種類あり,それらを $(\pi^1, \ldots, \pi^n)$ としよう.また,各製品 π^j の使われ方(動作関数)は m_j 種類あり,それらを $(\phi^{j1}, \ldots, \phi^{jm_j})$ としよう.したがって,新たな製品開発のために使える参考事例は $M = \sum_{j=1}^{n} m_j$ 種類ある.

次に,既存の製品 $\pi^j = (N^j, X^j)$ を固定して,その動作関数のひとつ $\phi^{jk} : \Omega \to X^j$(つまり,ユーザー k の製品 π^j の使い方)と,この製品の部品のインデックスのうちのある部分集合 $N_f \subset N$ を取り出してみる.この動作関数 ϕ^{jk} の下で,その部分集合 N_f に属する部品状態のプロフィールが特定の値 $\bar{x}_f = (x_i^j)_{i \in N_f}$ をとる外部環境の集合(Ω の部分集合)を定義することを考えよう.この集合を以下 $\bar{x}_f$ の動作要因と呼ぶ.

ユーザー k と彼の $\bar{x}_f$ の使い方 ϕ^{jk} からなる事例 (j, k) で,π^j が状態 $\bar{x}_f$ を取る動作要因は,

$$P_f(\bar{x}_f | \pi^j, \phi^{jk}) = \left\{ \omega \in \Omega \,\middle|\, \phi^{jk}_\ell(\omega) = \bar{x}_\ell, \forall\, \ell \in N_f \right\} \subset \Omega$$

と定義される．4.2.2の例を使えば，f とは「急速に自動車を減速する」という機能であり，$\bar{x}_f$ とは，自動車という製品 π^j のうち，ブレーキに関連する部分集合 N_f によって製品 π^j が急激な減速操作を行っている状態で，そのような操作をユーザー k が行う動作要因として，「高速で急カーブを曲がる」，「道路上に障害物がある」などのパターンに合致する状態が，不確実性の集合 $P_f(\bar{x}_f | \pi^j, \phi^{jk})$ として同定されるわけである．

4.3　事例の収集と機能の導出

　もちろん動作要因は，特定のユーザー k の癖や行動パターンにも依存する．したがって，同じ製品でもユーザーが異なれば，同じ動作をとる状況は異なりうる．とはいえ，異なるユーザー間でも動作要因が共通で，同じ動作をとる状況が同じである場合も多い．もしそうなら，ユーザーを超えて，ある製品の動作 x_f の共通した動作要因が，例えば，

$$P_f(\bar{x}_f | \pi^i) = \bigcap_k P_f(\bar{x}_f | \pi^i, \phi^{jk}) \subset \Omega$$

として同定されるだろう．この場合，動作要因 $P_f(\bar{x}_f | \pi^i)$ に対応する製品の具体的動作 $\bar{x}_f$ には，人間が製品を操作するのに必要な，普遍的な性質が存在すると考えられる．

　また製品が異なれば，空気ブレーキの空気圧が高まるのと，ディスクブレーキのディスクが締まるというように，動作が異なっていても動作要因は共通しているかもしれない．

　この場合，二つの製品 $\pi^j = (N^j, X^j)$ と $\pi^{j'} = (N^{j'}, X^{j'})$ について，それぞれ適当な部品の組み合わせ N_{f^j} と $N_{f^{j'}}$ がある．もし，それらの部品の集合が取りうる状態の組み合わせについて，$P_{f^j}(\bar{x}_{f^j} | \pi^j) = P_{f^{j'}}(\bar{x}_{f^{j'}} | \pi^{j'})$ ならば，二つの製品 π^j と $\pi^{j'}$ には共通した動作要因があることになる．これは，個々の製品を越えて，人間がこの種の製品に共通して持って欲しいと思う普遍的な動作である．このようにして，製品の機能という概念が作られる[1]．

　特に，製品がうまく機能しなかった事例を集め，その場合にユーザーがどんな動作を行ったか，それらに共通な動作要因は何かを検討することも有益だろう．例えば，自動車事故が起きた事例の中から，「エンジンの回転数を落とす」

という動作の共通動作要因として,「下り坂のカーブ」,「高速で運転中」,「人が飛び出した」などの外部環境が挙げられるなら,急減速するという機能が製品にとって重要だということが分かる.

4.4 機能概念の転換──動作要因から製品操作言語へ
4.4.1 動作要因と製品のパフォーマンス

事例の標準化を通じて機能が定義されるなら,それは次の二つの性質を満たす.

・機能とは,外部環境(ユーザーが直面する不確実性)Ω を,動作要因に従って分割することである.例えば,ブレーキをかけるという機能 f とは,外部環境を「急にストップしたい」,「スピードダウンしたい」,「どちらも必要ない」といった動作要因に分割すること,つまり Ω を,

$$\mathcal{P}_f = \{P_{stop}, P_{slowdown}, P_{no}\}$$

とパティションすることである.なお,このパティションの一つの要素 F_i が 4.3 で定義した $P_f(\overline{x}_f \mid \pi^i)$ に相当すると考えてよい.

・他方,機能とは単に動作要因を同定することだけではなく,それに伴って製品が実現すべきパフォーマンスも指定する.つまり,$P_{stop} \subset \Omega$ という外部環境が起こったときに,自動車をできるだけ早く,安定な姿勢のまま停止状態に移行させることを要求している.それがスムースに早くできればできるほど,製品全体のパフォーマンス(ユーザーにとっての使い勝手)が高まる,という認識も,機能の定義には含まれている.

4.4.2 機能の標準化

こうして作られた機能のインデックスの集合を,$\mathbb{F}$ で表そう.ユーザーは,各機能 $f \in \mathbb{F}$ について,それをどのような状態,どのような水準,どのよう

---

1) いうまでもなく,機能の概念が生まれるのは,事例からの帰納によるだけではない.技術者が製品を作る際に演繹的に機能を定義する場合もあるだろうし,こういうときにこういう形で動く製品を作って欲しいというユーザーの希望から機能が作られることもある.それにもかかわらず,ユーザーの経験から帰納的に機能が定義されることを強調したのは,そうすることで,文脈型で行動するユーザーが,機械語で作動する製品を操作する際の問題点がより明確になるからである.

な質で実行してほしい，という命令をシステムに伝えたい．この，各機能 $f \in \mathbb{F}$ 別に，製品がどのようなパフォーマンス（機能の作動状態，作動水準，作動品質）を示すべきかという命令を，パラメータ a_f で表そう．具体的にいえば，$\omega \in P_{stop} \subset \mathcal{P}_f$，つまり「道路上に障害物がある」という外部環境に直面したユーザーが，「ブレーキを操作して自動車を急停止させる」という命令 $a_f \in A_f$ を製品に伝達する，というわけである．

製品機能の標準化とは，機能のインデックス $\mathbb{F}$ と各機能の性能を表すパラメータ $f \in \mathbb{F}$ の内容（製品が持つ当該機能の動作についての具体的内容）$a_f \in A_f$ を，文脈型の範囲内でできるだけ明確に定義することに他ならない．その結果，製品側は，ユーザーによって選択された機能命令（例えば，自動車を急減速する，直進性を保つ）を実行し，製品の機能別パフォーマンス，$\mathbf{a} = (a_f)_{f \in \mathbb{F}} \in \times_{f \in \mathbb{F}} A_f = \mathcal{A}$ として実現することになる．

4.4.3 ユーザーの機能評価

この結果，ユーザーにとってある製品の動作とは，その製品が「さまざまな動作命令を与えたときに，具体的にどのような製品の機能別パフォーマンスが得られるか」として意識される．このことを，台所のさまざまな炊事用品を使って炊事作業をするという例を使って，具体的に説明してみよう．

もちろん炊事作業は単一製品の使用ではない．しかし主婦が包丁，まな板，鍋，フライパンなど，さまざまな道具を使って行う作業システムだという意味で，製品使用を考える上でいろいろな示唆を与える．特に，同じ材料と同じ道具を使いまわしながら，「焼く」，「炒める」，「煮る」，「揚げる」，「蒸す」など，様々な機能を実現する仕組みである．

いま主婦が，エビに衣をつけて，小鍋に入れた油で揚げることで，エビフライを作ることを考えてみよう．そのために主婦は，家族の食欲，付け合わせ，コンロの火力，室温・湿度などの外部環境を考慮しつつ，エビの数と衣の量，鍋を使うかフライパンを使うか，油の量や火加減の調節など，各部品の物理的状態を決定する．外部環境に合わせて適切な揚げ方を実現するわけである．

とはいえ，できたエビフライの評価も文脈型に行われる．たとえば主婦は「エビに火が十分通っているか」，「パリッと揚がっているか」，「素材の香りは残っているか」など，物理的状態とは異なる文脈型で，自分の炊事操作を評価する．機能という文脈を通じて製品を操作するのだから，操作通りの動作が実現した

かどうかの評価も文脈型に行われるわけである．
　つまり，主婦は炊事システムの物理的状態

　　x = (小鍋，200cc の油，180℃，3 分間熱する)

を操作するが，それが実現する炊事のパフォーマンスは

　　a = (火が通っている，パリッと揚がっている，香りが残っている)

などの文脈型で評価される．
　同じことは製品使用一般に当てはまる．2.2.5 と 2.2.6 で定義したユーザーによる製品 x の動作評価は，「外部環境からみた各部品の物理的動作 x」の評価 $v(\mathbf{x}, \omega|\pi)$ という，人間にとっては実行困難な作業である．むしろ普通のユーザーは，外部環境からみた製品機能のパフォーマンス（a）の評価 $\hat{v}(\mathbf{a}, \omega|\pi)$ という，人間にも実行が容易な作業を通じて，製品を操作する．こうしてユーザーは，与えられた外部環境（製品の動作要因）の下で適切な製品の物理的な動作状態を実行させ，その結果を評価するという，限定合理的で文脈依存型の人間には実現困難な課題から解放される．代わりに行われる作業は，与えられた外部環境の下で適切な製品機能を実行させ，そのパフォーマンスを評価するという，人間にも処理可能な意思決定問題に他ならない．機械ではない人間が操作・評価しやすい「機能」という言語を使うことで，人間というユーザーにとって，製品操作と製品の動作評価の両者が共に容易になるのである．

4.5　ユーザーの操作関数
4.5.1　文脈型操作関数
　台所の炊事作業のような例外を除き，パソコンなどの製品を操作する場合，文脈型で行動するユーザーが操作するのは，製品の内部状態を直接操作するのではなく，「製品の諸機能を特定の水準（状態）に制御する」という命令を製品に伝えているのだと考えられる．
　製品を操作しているユーザーにとって，文脈型の認識とは，与えられた外部環境が $\times_f \mathcal{P}_f$ のどれに対応しているかという認識である．上で述べた外部環境とは，ユーザーにとっては実は $\times_f \mathcal{P}_f$ として認識されており，個々の外部環境 ω が，文脈の中でどこに位置するのかが，$\omega \in P \subset \times_f \mathcal{P}_f$ という形で認識される．他方，製品に与える命令は，製品がそれぞれの機能 $f \in \mathbb{F}$ を，ど

んな状態に a_f に保ちたいかという情報である.

したがって, ユーザーが製品を操作する場合, その関係は, 次のように定義されるユーザーの文脈型操作関数 (user operation function) で表されることになる.

$$\phi : \times_f \mathcal{P}_f \to \times_{f \in F} A_f = \mathcal{A}$$

4.5.2 外部操作と内部動作

言い換えると, ユーザーによる製品 π の操作とは,

- ユーザーが, 自分の外部環境の認識を背景に, 製品機能 $\mathbf{a} = (a_f)_{f \in F} \in A$ を操作する, というユーザーの文脈型操作 ϕ と,
- ユーザーが与えた製品機能の実行命令 $\mathbf{a} \in \mathcal{A}$ を基に, 製品が内包する機械的仕組みやコンピュータ・プログラムに従って各部品の動作 $\mathbf{x} = (x_i)_{i \in N} \in X$ が決まるという, 製品の内部動作関数 $\rho(\cdot | \pi) : \mathcal{A} \to X$,

の連携によって行われる.

この製品操作の結果として決まる製品の物理的状態 $\mathbf{x} \in X$ は, 与えられた外部環境 ω と相まって, (ユーザーが命令した機能状態 $\mathbf{a} \in \mathcal{A}$ と一致するとは限らない) 事後的な機能状態 $\bar{\mathbf{a}} \in \mathcal{A}$ を生み出すことになる. つまり, ユーザーが与えた「製品機能を $\mathbf{a} \in \mathcal{A}$ にせよ」という命令を基に, 製品は内部動作を $\mathbf{x} = \rho(\mathbf{a}|\pi)$ に設定する. 結果として, 製品機能 $\bar{\mathbf{a}} = \xi(\mathbf{x}, \omega|\pi)$ が実現する. $\mathbf{a} \in \mathcal{A}$ を実現せよというユーザーの製品操作が, $\bar{\mathbf{a}} = \xi(\rho(\mathbf{a}|\pi), \omega|\pi)$ という機能を実現させる, というわけである. 文脈型に行動するユーザーは, この製品操作と外部環境が生み出した新たな製品状態 $\bar{\mathbf{a}}$ を見た上で, 必要な場合には改めて当初の外部操作命令 $\mathbf{a}$ とは異なる外部操作 $\mathbf{a}'$ を入力することになる. それはさらに新たな異なる製品機能の状態を生み出し, それがさらにユーザーの新たな異なる外部操作を生むかもしれない.

このようなプロセスを経て, ユーザーは製品に対する評価をより普遍的な尺度から見ることができるようになる. 既に述べたように, 我々が出発したのは, 特定の製品 π が特定の不確実性 $\omega \in \Omega$ の下で特定の動作状態 $\mathbf{x} \in X$ を取ることを, 特定のユーザー k がどう評価するかを表す, 主観的な評価関数

$v^k = (\mathbf{x}, \omega|\pi)$ だった.しかし,機能のパフォーマンスベクトル $\mathbf{a} \in \mathcal{A}$ を媒介することで,ユーザーの製品に対する評価は,製品の物理的状態 $\mathbf{X}$ そのものではなく,製品機能のパフォーマンス $\mathbf{a}$ を介した評価 $\hat{v} = (\mathbf{a}, \omega|\pi)$ として定義されることになる.製品の物理的状況と文脈的に理解された外部環境を総合的に評価するという人間にとって困難な評価作業から,製品機能のパフォーマンスと文脈型の外部環境を総合評価するという,人間的な評価作業が可能になるのである.

4.6　第4節のまとめ

以上,第4節で述べたことを簡単にまとめると,次のようになる.

・ユーザーは,文脈依存型でしか製品を操作できない.ユーザーはまた,製品操作の多くを,経験によって帰納的に学習する.
・ユーザーが操作しやすい製品を開発するには,ユーザーが共通して同じ操作を行う環境を識別することで,製品が持つべき機能を同定することが望ましい.
・その意味で製品は,製品機能を基にして機能が発揮すべき製品動作が決まる.製品機能は外部環境ではなく,製品動作を意味している.
・この製品動作に反映された機能という概念(製品を文脈的に操作するための言語)を介して,ユーザーの命令が機械・電子部品に伝達・処理される.
・製品は,ユーザーからの命令を内部動作関数によって部品の物理的状態の変更に置き換える.ユーザーは,こうして実現された製品の物理的状態の変化を製品機能のパフォーマンスの変化として読み取り,さらなる製品操作を行う.その意味で通常,ユーザーと製品の間の情報伝達は,製品機能という言語を通じて行われる.

5　製品の内部動作

5.1　ユーザーと機械のインターフェース

以上のように,ユーザーは文脈型に行動し,機能を介して製品を操作する.では製品の内部操作は,どのようになされているのだろうか.

5.1.1 インターフェースと内部制御

そもそも製品は論理的・物理的・電子的に制御されるから，機能という概念を通じた(文脈型言語で定義された)命令をそのままでは理解できない．したがって，製品はまず第一に，入力される機能別の命令を基に，対応する適切な状態に移行できるよう，物理的・電子的に定義される機械語に翻訳する仕組みを持たなければならない．人間であるユーザーと機械である製品の間のインターフェースが必要なのである．

第二に，製品のほとんどは部品の集まりである．したがって，製品は，インターフェースによって機械語に翻訳された命令を，製品を構成する各部品に伝達・処理し，部品の動作をコーディネートする仕組みが必要である．以下，これを，製品の内部制御関数と呼ぼう．

製品の内部動作はこのように，ユーザーの機能別命令を機械語に翻訳するインターフェースと，機械語の命令を実行する内部制御関数の連携作業と理解できる．以下この理解を基にしつつ，製品のあり方（アーキテクチャ）を検討する．

5.1.2 機械語

製品の側からみた場合，製品が適切な形で機能し，各部分ごとの動きを適切にコーディネートするためには，物理的に操作する部分には（歯車の回転や電力といった）物理的な形で，電子的に操作する部分には（デジタル・コードなどの）電子情報によって命令が伝達され，お互いの動作自体に関する情報交換がなされなければならない．

電子的な仕組みの場合，これらの命令や情報の記述形態は普通，プログラム（program）とコード（code）と呼ばれる．以下では物理的な仕組みの場合も含めて，製品が内部処理のために情報を記述するコード体系を C で表そう．いったん，命令や情報が C で記述されれば，ユーザーとは独立に，部品への情報伝達や部品間のコーディネーションを，内部で物理的・電子的に処理できるというわけである．

5.1.3 人間言語の機械語への翻訳

5.1.3.1 インターフェース

ユーザーが入力する操作命令は，文脈依存型の機能別命令という形で行われる．したがって，製品が適切な形で機能するためには，

・ユーザーの命令を製品が理解可能なコード C に翻訳し,物理的・電子的に理解可能な命令に置き換えること[2]

が必要である.以下ではこの仕組みを,インターフェース $\tau(\cdot|\pi): \mathcal{A} \to C$ と定義しよう.つまり,ユーザーが入力した機能別の命令 $\mathbf{a} \in \times_{f \in \mathbb{F}} A_f \equiv \mathcal{A}$ を,製品側が理解可能な言語 $\mathbf{c} = \tau(\mathbf{a}|\pi) \in C$ に置き換える仕組みである.

5.1.3.2 内部制御関数

製品 π は,ユーザーの命令が機械語に翻訳され,$\tau(\mathbf{a}|\pi) \in C$ という機械語の命令を受け取る事によって,初めて機械的・電子的に動作することが出来る.その詳細は以下で検討することにして,まずはその仕組みを抽象的に,製品の内部制御関数 $\zeta(\cdot|\pi): C \to \mathbf{X}$ と定義しよう.今まで述べてきた製品の**内部動作関数** $\rho(\cdot|\pi)$ とは,インターフェースと製品の内部制御関数の組み合わせ $\rho(\mathbf{a}|\pi) = \zeta(\tau(\mathbf{a}|\pi)|\pi)$ と表される.

5.1.4 ユーザーによる製品操作の全体像

我々が出発したのは,ユーザーによる製品 π の使用が,動作関数 $\phi(\cdot|\pi): \Omega \to \mathbf{X}$ によって表されること.動作関数 ϕ は,ユーザーによる外部操作($\psi: \times_i \mathcal{P}_i \to \mathcal{A}$)と,製品内部の内部動作 $\rho(\cdot|\pi): \mathcal{A} \to \mathbf{X}$ に分解できることである.以上をさらに分解すると,前者はユーザーによる文脈型認識とユーザーによる機能別操作に,後者はインターフェースと内部制御関数になる.本章を読み進める上で便利なよう,以下にそれらをまとめておこう.

---

[2] その典型が,機能別に入力されるユーザーの命令を,機械的・電子的動作命令に置き換える仕組みとしてのインターフェースである.例えば,自動車のステアリング・ウィール,ブレーキ,アクセルなど,あるいはパソコンのキーボードやマウス,GUI などである.

$$\text{ユーザーの}\atop\text{外部操作}\ (\phi) = \begin{cases} \text{外部環境と製品機能} \\ \text{外部環境の文脈型整理} \\ \text{製品機能の命令} \end{cases}$$

ユーザーの認識 $(\omega, f) \in \Omega \times \mathbb{F}$
⇓
機能別操作 $\cap_{f \in \mathbb{F}} P_f \subset \times_{f \in \mathbb{F}} \mathcal{P}_f$
⇓
$\mathbf{a} = (a_f)_{f \in \mathbb{F}} \in \mathcal{A}$
⇓
ユーザーから製品へ
⇓

$$\text{製品}(\pi)\atop\text{の内部動作} \atop (\rho(\cdot|\pi))\ = \begin{cases} \text{入力された製品機能} \\ \text{機械語による命令} \\ \text{物理的動作状態} \\ \text{実現された製品機能} \end{cases}$$

$\mathbf{a} = (a_f)_{f \in \mathbb{F}} \in \mathcal{A}$
インターフェース
$(\tau(\cdot|\pi))$
⇓
$c \in C$
内部制御関数
$(\zeta(\cdot|\pi))$
⇓
$\mathbf{x} \in \mathbf{X}$
製品機能の発現
$(\xi(\cdot, \omega|\pi))$
⇓
$\bar{\mathbf{a}} = (\bar{a}_f)_{f \in \mathbb{F}} \in \mathcal{A}$

　次に考えるべき問題は製品の内部動作，特に入力された機能命令がどんな製品機能の発現に結びつくかという点である．以下，この点を考えてみよう．

5.2　部品と部品間のコーディネーション
5.2.1　意図した制御命令
　ところで製品の動作を考える場合，部品間のコーディネーションが鍵である．そこで以下では，製品 π を構成している部品の集合を $\mathbb{M}$ で表そう[3]．部品 $m \in \mathbb{M}$ の動作状態を x_m とし，部品 m 以外の残りの動作を $\mathbf{X}_{-m} \equiv (x_n)_{n \neq m}$ とすると，製品 π 全体の動作状態は $\mathbf{X} \equiv (x_m, \mathbf{X}_{-m})$ と表される．

　部品間のコーディネーション問題が発生するのは，部品に対する制御命令はあくまで設計上の意図した命令でしかなく，それが必ずしも常に実現されるとは限らないためである．この点をより明確にするために以下では，内部制御関

---

3) ただし，ここでいう部品とは必ずしも，モジュール型アーキテクチャを構成する部品モジュールであることを意味しない．モジュール型アーキテクチャの意味については改めて検討することにして，以下では部品とは単に，製品を構成する一つのコンポーネント，あるいはその集まりという意味である．

数を製品設計者が意図した部品別制御命令 $\zeta_m(\cdot|\pi):C \to X_m$ として定義しよう。したがって，

- 実際にユーザーからの機能別命令 ($\mathbf{a}$) が製品のインターフェースによって機械語の命令 ($c = \tau(\mathbf{a}|\pi)$) に翻訳されると，
- 部品 $m \in \mathbb{M}$ に，部品動作 $x_m = \zeta_m(\mathbf{c}|\pi)$ を取るようにという命令が下される．

$\zeta_m(\cdot|\pi)$ は，製品 π が物理的・機械的に制御される自転車のような仕組みなら，ペダルとブレーキの操作 $\mathbf{a}$ で車輪 $m \in \mathbb{M}$ の回転数 x_m をコントロールする仕組みを表し，パソコンのような電子的に制御される仕組みなら，機械語 $\mathbf{c} \in C$ に翻訳されたユーザーの操作命令に従って，各部品に動作を指示する電子プログラムだと考えることができる．

5.2.2　意図せざる相互干渉

ところで，こうした命令が下されたからといって，部品 m が必ず動作 x_m を実現できるとは限らない．たとえば，パソコンで大規模計算を行うプログラムを実行させるためには，CPU やメモリーなど様々な部品を意図したとおりに実行させるプログラム $\zeta(\cdot|\pi)$ が必要である．しかし現実にプログラムを動かすとしばしば，ハードディスクの駆動モーターやデバイス自身の動作によって予想外の発熱が起こる．それが当該部品やその他の部品に意図せざる物理的・電子的影響を与え，結果として，これらの製品自体の誤作動を引き起こす．意図せざる部品間の相互干渉が起こり，意図された制御とは異なった制御 $\zeta(\cdot|\pi,\omega)$ が実現するというわけである．製品が使用されている外部環境 (ω) が，砂漠の熱砂の上といった厳しいものであれば，誤作動も増えるかもしれない．

5.2.3　部品間相互干渉と実現される製品動作

このことを少し抽象的に述べてみよう．いま製品開発者が，二つの部品 (A, B) だけから構成される製品 π を開発すること，しかも特定の状況で，製品が発揮する機能とユーザーの外部操作を念頭に，製品に内部動作 (x_A, x_B) を取らせるような内部制御を設計しようとしているとしよう．開発者は当初，数学的・工学的な知識を使って，各部品 $i = A, B$ の動作が $x_i = \zeta_i(\mathbf{c})$ となるように内部制御プログラムを設計するだろう．

しかし二つの部品が相互干渉する場合，部品 A の動作は部品 B の動作に

よって予期せざる影響を受ける．このため機械語の命令 c を与えたときの部品 A の動作は $x_A = \zeta_A(c)$ ではなく，$x'_A = \zeta'_A(c, x_B) \neq x_A$ に変化する．他方，部品 A の動作に影響されるため，部品 B の動作は $x_B = \zeta_B(c)$ の代わりに $x'_B = \zeta'_B(c, x_A) \neq x_B$ になる．さらにこれらを受け，それぞれの部品 $i = A, B$ の動作は $x_i = \zeta'_i(c, x_j)$ ではなく，$x''_i = \zeta''_i(c, x'_j) \neq x'_j$ に変化する．……この相互干渉と調整プロセスが行き着く先を $\bar{\zeta}(c) = (\bar{X}_A, \bar{X}_B)$ と書こう．

この相互干渉の結果 $\bar{\zeta}(c) = (\bar{\zeta}_i(c))_{i \in N}$ は一般に，意図された内部動作 $\zeta(c) = (\zeta_i(c))_{i \in N}$ とは大きく異なる．場合によっては部品が壊れたり，動作を停止してしまうことさえあるかもしれない．以下，内部制御命令が生み出す相互干渉が行き着いた先での製品の内部動作を $\bar{X} = \bar{\zeta}(c|\pi)$ で，またそれが実現する機能を $\bar{a} = \zeta(\bar{X}, \omega|\pi)$ で表そう．

5.2.4 部品コーディネーションの仕組み

部品間相互干渉の本質は，それが新しい製品を開発する過程で発生するために，開発の初期段階では予測ができず，経験的・帰納的にしか理解できない点にある．こう考えれば，相互干渉を解決し部品をコーディネートする仕組みとして，基本的に三つの方法があることが明らかだろう．

(a) 相互干渉を許し，ユーザー自身の事後的な外部操作によって解決する，
(b) 製品の開発過程で部品間の相互干渉を学習し，部品のすり合わせと製品の作りこみで解決する，
(c) 製品内部に部品の中央制御の仕組みを導入し，製品操作によって起こる部品の相互干渉をリアルタイムで制御する．

5.2.4.1 ユーザーの外部操作

ユーザー自身の事後的な外部操作の典型は，主婦の台所仕事である．たとえば野菜を煮る場合，水の量と加熱の程度，具材の量と調理時間は相互に影響する．主婦は自分で火加減や調理時間を調整することで，相互干渉を事後調節する．実現された製品機能 $\bar{a}$ を見て，新たな製品機能 a' を命令するわけである．

5.2.4.2 すり合わせと作りこみ

製品の開発過程で部品間の相互干渉を経験的・帰納的に学習し，それを基に部品をすり合わせ，製品を作りこむことで，意図通りに機能する製品を開発する作業がすり合わせと作りこみである．経験と学習で部品の内部動作 $\zeta_m(\cdot|\pi)$ を改良し，製品 π として作りこむことで，意図した製品動作が実際に実現するような，つまり $\bar{\zeta}(\cdot|\pi) = \zeta(\cdot|\pi)$ となるような製品を開発するわけである．結果として，製品のコーディネーション問題は事前に解決され，ユーザーの製品使用の段階では部品の相互干渉は回避される．優れて経験と勘，職人技などを必要とするこの作業が，日本企業の強みであることは良く知られている．

5.2.4.3 部品の中央制御

部品の中央制御の典型が，コンピュータ制御製品である．例えばアンチロック・ブレーキ・システム（ABS）を考えてみよう．自動車のブレーキはタイヤと路面の摩擦力を使い，タイヤの回転速度を減少させることで自動車を減速させる仕組みである．しかし急ブレーキをかけたり路面が濡れていたりすると，摩擦力が働かず，タイヤがロックして路面をスリップしてしまう．その結果，ステアリング操作ができなくなり，横滑りや横転など事故の原因になる．この場合，ユーザーの外部操作が可能である．具体的には，タイヤが滑り始めたらブレーキを少し緩め，再び踏み込むという作業を繰り返す（ポンピング・ブレーキ）ことで，スリップを避けられる．この作業をコンピュータ操作を使って自動化したのが，ABS である．

ABS は，ブレーキ・ディスク，制御装置，回転センサーによって構成される．ブレーキ・ペダルを踏むと制御装置を通じてブレーキ・ディスクが作動し，タイヤの回転速度が減速する．タイヤの回転速度は回転センサーによってモニターされており，ブレーキ・ロックが起こりタイヤの減速スピードが設定を上回ると，それが制御装置に伝えられ，自動的にブレーキが緩和されブレーキ・ロックから回復する．復帰するとタイヤの回転速度が回復するので，制御装置は再びディスクを作動させる，というわけである．

抽象的に述べれば，中央制御の仕組みとは部品動作をモニターする部品動作監視関数と，それを基に新たな部品動作を指示する中央制御プログラムの連携によって，部品動作をリアルタイムでコーディネートする仕組みである．ここで部品動作監視関数とは，各部品 $m \in \mathbb{M}$ が実現する部品動作 $\bar{x}_m$ を監視し，

それを中央制御プログラム $0 \in \mathbb{M}$ に伝達する仕組みである．中央制御プログラム $\zeta^0(\cdot|\pi)$ は，機械語に翻訳されたユーザーからの機能命令 $\mathbf{c} \in C$ と監視関数から送られる実現した製品動作 $\overline{\mathbf{x}}$ を基に，各部品 $m \in \mathbb{M}$ に次の内部動作 $x_m = \zeta_m^0(\mathbf{c}, \overline{\mathbf{x}}|\pi)$ を指示する仕組みである．

5.3 オープン・アーキテクチャとしての中央制御
5.3.1 コンピュータによる中央制御

ここまで我々は，部品間のコーディネーションの仕組みとしての「すり合わせ・作りこみ」と「中央制御」を，明確に異なるものとして扱ってきた．確かに，コンピュータを使った中央制御なら，奥野・滝澤・渡邊［2007］で述べたように，クロック信号で各部品の制御をシンクロナイズすると共に，コンピュータ・プログラムによるデジタル処理により精密で間違いのない部品間コーディネーションが可能になる．しかし，いくら実現した部品動作をセンサーで監視できても，コンピュータ・プログラムで部品間コーディネーションを行うには，起こり得る部品動作を把握してそれに対処した部品操作命令を，あらかじめプログラムに書き込んでおかなければならない．その意味で中央制御の仕組みとは，経験と学習で可能になる部品間のすり合わせと製品の作りこみという作業を，中央制御を行うコンピュータ・プログラムに凝縮しているに過ぎない，ともいえる．部品の中央制御とは，いわば電子プログラム内部ですり合わせ・作りこみを行っているというわけである．

ただ，中央制御型製品の極致ともいえるパーソナル・コンピュータの場合を例にすれば，中央制御型の仕組みはもう少し深い意味合いを持っている．パソコンの中央制御の仕組みはCPUやO/Sであり，それがアプリケーション・ソフトや（デバイス・ドライバーと共に）ハードウェアを制御している．しかし製品開発という視点から見ると，与えられたアプリケーション・ソフトやハードウェアなどの部品を制御するためにCPUやO/Sが開発されるのではない．むしろ逆に，CPUやO/Sがあるために，それに合わせたソフトウェアやハードウェアが開発されるという側面も見落とせない．このことはとりわけ，PC/AT互換機のようなオープン・アーキテクチャの場合に顕著である．

5.3.2 製品アーキテクチャとオープン・アーキテクチャ

この点を理解するためにまず，藤本［2003］やUlrich and Eppinger［2003］

の定義を踏まえつつ，製品アーキテクチャという概念を，次の三つの組み合わせとして定義しよう[4]．

- 製品が果たす機能のインデックスとその潜在的パフォーマンスの集合 ($\mathbb{F}$, $\mathcal{A}$) と，
- 製品の外部操作のあり方 ϕ，および
- 部品のコーディネーションの仕方を，外部操作，すり合わせ，内部制御のいずれかとして，定めること．

このように定めた製品アーキテクチャのうち，次の性質を満たすものがオープン・アーキテクチャである．

- 各部品に製品機能を配分すること，つまり，各部品 $m \in \mathbb{M}$ が果たすべき機能 $\mathbb{F}_m$ とそれらの機能が果たすべき内容 $\mathcal{A}_m \equiv (A_f)_{f \in \mathbb{F}_m}$ [5]を定めること，
- 部品間コーディネーションの仕組みとして中央制御を採用し，その具体的内容である部品動作監視関数と中央制御プログラムを定めること，
- 部品への機能配分と中央制御の仕組みを，関係者に広く公開し，一定期間コミットすること．

つまりオープン・アーキテクチャとは，中央制御型の製品アーキテクチャの一種であり，部品動作関数と中央制御プログラムからなる中央制御の仕組みを，広く社会に公開し一定期間コミットするという製品開発の仕組みである．このように社会に公開しても，中央制御プログラムの細部や部品モジュールの内部構造はブラックボックスとして秘密にされる．このようにプログラムや内部構造がカプセル化されることで，逆に次に述べるような，ユーザーに使いやすく，部品開発が容易な製品群ができあがる．

5.3.2.1 ユーザーの使いやすさ

- 異なる部品モジュールを使った製品でも，ユーザーは，同じことをしたければ同じ命令を発すれば良い[6]．他方，異なる部品モジュールも，ユーザー

---

[4] 製品アーキテクチャとオープンアーキテクチャの概念については，奥野・滝澤・渡邊 [2007] も参照せよ．
[5] Ulrich and Eppinger [2003] が定義する，モジュール型アーキテクチャの部品モジュールである．

からの同じ命令に対して同じ機能を発現する．
- このため，異なる部品モジュールもお互いに代替可能であり，また，部品モジュールを異なるものに組み替えることで，製品自体の多様化が容易になる．

5.3.2.2 生産や部品開発のしやすさ
- どんな機械語がどの機能に対応するかが公開されているから，他の機能を担当する部品モジュールの開発と独立に，誰でも新しく部品モジュールを開発することが可能である．
- 部品モジュールや製品の生産が誰でも容易に行えるから，それだけ競争が激化し質が改善し価格が低下する．
- 機能を新しい形で組み合わせることで，誰でも新しい製品や新しい部品モジュールを開発できる．

5.3.3　オープン・アーキテクチャと組み込みシステム

　この意味で，中央制御型の製品アーキテクチャには，組み込みシステムのようなクローズドなものと，PC/AT互換機のようなオープン・アーキテクチャに基づくものがあるといえる．組み込みシステムとは，特定の機能を実現するために，家電や自動車などの様々な機械や機器に組み込まれるコンピュータ・システムのことである．組み込みシステムのほとんどは，社内あるいは系列ネットワーク内という限定された関係者だけで，部品開発と同時に，中央制御プログラムや部品動作監視関数（センサー部品）の開発が行われる．この意味で，組み込みシステムの中央制御の開発は，部品開発と同時にすり合わせ型で行われると考えて良いだろう．

　この点は，中央制御の仕組みを公開し，部品（PC/AT互換機の場合ならアプリケーション・ソフトやハードウェア）の開発が自立分散的に行われるオープン・アーキテクチャと対照的である．とはいえ，オープン・アーキテクチャという製品アーキテクチャが全面的に使われる製品例は，まだそれほど多くはない．

---

6) ユーザー・インターフェースが違えば異なる操作が必要になる．しかし，マウス操作の何が，キーボード操作の何に対応するかという文脈さえ分かれば，ユーザーは容易にそれらを乗り換えられる．

5.4 第5節のまとめ

以上，第5節で述べたことを簡潔にまとめると次のようになる．

- 製品の内部動作は，インターフェースと内部制御に分かれる．インターフェースとは，文脈型でなされたユーザーの製品操作命令を機械語に翻訳することであり，内部制御とは，機械語で発令された命令を基に各部品の動作を制御することである．
- 内部制御の設計通りに部品が動かず，結果として部品間の相互干渉が起こることがある．このとき，部品や製品全体に不具合が発生し，意図した動作が実現しない．
- 部品の相互干渉を克服し，部品間のコーディネーションを行う仕組みとして，ユーザーによる外部操作，事前のすり合わせと作りこみ，コンピュータによる中央制御，の三つがある．
- 中央制御の仕組みとは，部品動作を監視するセンサーと部品のコーディネーションを行う中央制御プログラムを使って，部品間のコーディネーションをリアルタイムで処理する仕組みである．
- コンピュータによる中央制御には，すり合わせの一種と解釈できる組み込み型システムのような仕組みと，中央制御の仕組み自体を公開し，一定期間コミットすることで，それと整合的に動作する部品群が自立分散的に開発されることを待つオープン・アーキテクチャの仕組みがある．

6 おわりに

本章では，ユーザーが製品を使用するという一つのコーディネーション・システムを例にとり，暗黙知に依存しつつ文脈型に行動する人間と，形式知を基に物理的・電子的処理によって作動する機械との，分業と協業の関係を検討した．両者が協力すればその補完性は高く生み出す付加価値は大きいが，両者がコーディネートするのは容易ではない．我々は機能という概念を鍵として，両者の協業がどう作り出されるのかを検討した．

その際，ユーザーが文脈型の機能という概念を通じて製品を操作するため，物理法則で動作する部品はしばしば相互干渉する．部品間の相互干渉を回避し，製品全体のコーディネーションを確保する仕組みとして，本章では三つの異な

る方法を提示した．これに関連して，次の点を注意しておきたい．(a)外部制御，(b)すり合わせと作りこみ，(c)中央制御という部品間コーディネーションの三つの方法はお互いに排他的なわけではない．むしろ実は，ほとんどの製品がこれらを方法を同時に使っている．例えば，中央制御の典型と考えられるパソコンでも，部品の一つであるプリンターは，ユーザーが紙を補給しインク・カートリッジを取り替えることを前提としている．とはいえ情報処理技術の進歩とネット社会の発展を背景に，部品のコーディネーションの仕方は，(a)から(b)へ，(b)から(c)へと着実に変化していることも事実である．

最後に，アーキテクチャとは何かということについて補足しておこう．本章の冒頭で引用した藤本［2006］，Fujimoto［2007］や Ulrich［1995］では，機能と部品モジュールの関係や部品間のインターフェースの重要性が強調されている．しかし，我々は本章においてアーキテクチャを，システムを構成する部品間のコーディネーションの仕組みとして定義し，機能と部品の対応関係よりもむしろどのようにシステムを外部環境に合わせるかという調整プロセスの重要性を提起した．このような見方は我々だけの特殊なものではない．例えばAoki［2001］は，特に企業組織が市場のコーディネーションを代替するという側面に注目し，組織メンバーの「行動をコーディネートするために，組織参加者が彼らのあいだで情報の収集，伝達，利用（意思決定），蓄積を組織する仕方は，多様でありうる」(p.107) として，その組織が置かれている環境に応じて組織アーキテクチャが様々に変わりうると議論している．このように，どんなアーキテクチャを選択するかという問題は，どのようにコーディネーションを行うかという問題と深く関連している．

本章ではアーキテクチャとは何かを分析するための枠組を提示し，製品アーキテクチャの定義を明確化することで，そこから導かれる性質を述べた．しかし，このような製品アーキテクチャをコーディネーション・システムとして捉え分析する試みはまだ緒についたばかりである．藤本［2005］に述べられている，製品アーキテクチャと組織アーキテクチャの相性など，さらなる研究が望まれる．奥野・滝澤・柳川・渡邊［2010］はそのような試みの一つと位置付けられる．

参考文献

Aoki, Masahiko [2001] *Toward a comparative Institutional Analysis*: The MIT Press.

（青木昌彦著，滝澤弘和・谷口和弘訳［2001］『比較制度分析へ向けて』NTT 出版）
Baldwin, Carliss Y. and Kim B. Clark [2000] *Design Rules*, Vol. 1 : The MIT Press.
Fujimoto, Takahiro [2007] "Architecture-Based Comparative Advantage-A Design Information View of Manufacturing", Volume 4, No.1, pp. 55-112.
Ulrich, K. T. [1995] "The Role of Product Architecture in the Manufacturing Firm", *Research Policy*, Vol. 24, pp. 419-440.
Ulrich, Kkarl T. and Steven D. Eppinger [2003] *Product Design and Development*, 3rd edition, McGraw Hill International.
奥野正寛・滝澤弘和・渡邊泰典［2007］「人工物の複雑化と製品アーキテクチャ」,『経済学論集』, 第 73 巻 3 号, pp. 103-129.
奥野正寛・滝澤弘和・柳川範之・渡邊泰典［2010］「組織におけるコミュニケーションとコーディネーション」,『経済学論集』, 第 75 巻 4 号, pp.23-44.
奥野正寛・渡邊泰典［2006］「コーディネーション・システムとしての製品アーキテクチャ」, CIRJE Discussion Paper Series J-149, 東京大学日本経済国際共同研究センター．
藤本隆宏［2003］『能力構築競争――日本の自動車産業はなぜ強いのか』, 中央公論社．
藤本隆宏［2006］「アーキテクチャの比較優位に関する一考察」, 後藤晃・児玉俊洋編『日本のイノベーションシステム』, 東京大学出版会, pp. 199-228.

第2章
企業の生産性分布と産業特性

若杉隆平・田中鮎夢

1 はじめに

　輸出やFDIを通して海外に財を供給している企業が，少数の生産性の高い企業であるとの定型化された事実を説明するために，Melitz [2003] をはじめとする国際貿易の理論では，企業の生産性が同一産業内においても均質ではないことを仮定している．こうした企業間での生産性の異質性（heterogeneity）に関して，Helpman *et al.* [2004] は生産性に関する企業分布にパレート分布という特定の分布を仮定して，理論分析を行い，生産性の高さが企業の国際化（輸出，海外生産）を決定するとの理論予測を支持する実証結果を示している．他方，Bernard *et al.* [2003] は一般化フレシェット分布（Frechet distribution）を仮定して理論分析を行っている．両分布は，生産性の高い企業が少数である事実と整合的な分布として選択されている点で共通している．

　企業の国際化を理解するうえで，その背後にある企業の生産性の分布にどのような特徴があるかを明らかにすることには，大きな意義があるといえる．理論面では，Ederington and McCalman [2008] のように，企業の生産性の異質性そのものを内生的に導き出そうとする試みがある．また，実証面では，Axtell [2001] や Helpman *et al.* [2004] が，パレート分布を用いて，アメリカ企業の規模分布の分析を行っている．一方，日本企業の生産性と国際化に関する研究はあるが，生産性の分布にまで立ち入って分析した研究は筆者が知る限り見当たらない．本章は，日本の製造業に属する企業データを用いて，日本企業の国際化と生産性の分布とがどのように関係するのかを実証的に明らかにすることを目的とする．

　本章の構成は以下の通りである．まず，第2節では，関連する先行研究を展

望する．第3節では，本章が用いる日本企業のデータを概観する．第4節では，日本企業の生産性をパレート分布に当てはめる上での理論的フレームワークを述べる．第5節では，パレート分布に当てはめることから得られる生産性と国際化に関する日本企業の特徴を示す．第6節では，要約と結論を述べる．

2 先行研究

　Melitz［2003］以降の最近の国際貿易理論は，企業の異質性に注目している点に特徴がある．Melitz［2003］をはじめとする多くの研究では，企業の生産性が同一産業内においても異なると仮定している．各企業は自社の生産性に応じて，異なる国際化戦略をとることになる．国際化するには固定費用が必要であると仮定されているからである．Melitz［2003］は生産性の高い企業のみが，輸出の固定費用をまかない，輸出を行うことができることを示している．また，Helpman et al.［2004］は，FDIの固定費用は輸出の固定費用よりも十分に大きいと仮定し，多国籍企業（FDI企業）は，輸出のみを行う企業よりも生産的であることを示した．

　企業間で異質である生産性に関する企業の分布を特定化することも多い．Bernard et al.［2003］は一般化フレチェット分布（Frechet distribution）を仮定しているが，Helpman et al.［2004］をはじめとする多くの研究が，企業の生産性がパレート分布（Pareto distribution）に従うと仮定している．パレート分布が仮定されることが多いが，両者の性質は似ている．

　このように，生産性の分布を特定化するのには理由がある．企業が国際化する場合には，それに伴う固定費用をまかなうだけの利益をもたらす生産性の高さ（生産性閾値）を超える生産性を有することが必要となる．特定の分布を仮定することで，生産性の閾値をモデルの外生変数で表現することが可能になり，関心のある変数の平均値や集計値を求めることが可能となる．例えば，Helpman et al.［2004］は，パレート分布を仮定することにより，輸出売上高の集計値とFDIによる海外売上高の集計値を求めている．また，Antras and Helpman［2004］も同じくパレート分布を仮定することにより，産業内における全企業数に占めるFDI企業数の割合を導き出している．

　分布を特定化する際には，その分布が実際のデータに合致するか否か検討しなければならない．なぜなら，特定の分布を仮定する利点がある一方で，その

仮定が妥当でなければ，理論モデルの結論も維持できなくなる恐れがあるからである．そのため，この分野ではじめてパレート分布を仮定した Helpman et al. [2004] は，ヨーロッパの製造業の企業レベルデータを用いて，現実の企業の売上の分布がパレート分布に従うことを確認している．アメリカ企業については，Axtell [2001] が，様々な企業規模の指標がパレート分布に従うことを明らかにしている．

しかし，日本では，企業の国際化と生産性の分布との関係について，パレート分布を仮定することが適切であるか否かに関する研究は見当たらない．そこで，本章は，先行研究において最も使われることの多いパレート分布をとりあげ，生産性における日本企業の異質性と国際化モードとの関係に，パレート分布を仮定することが重要であるか否かを明らかにしたい．

3　データ

本節では日本企業の生産性の分布をパレート分布に当てはめて分析するに先立って，用いるデータについて述べておく．第一に日本企業の輸出額と雇用者数の分布，第二に生産性の分布をとりあげる．本章で用いるデータは『企業活動基本調査』（経済産業省）から得た製造業の企業レベルデータである．『企業活動基本調査』は従業員数50人以上かつ資本金3000万円以上の企業を対象としている．そのため，従業員数50人未満または資本金3000万円未満の規模の企業は含まれていないことに注意が必要であるが，全数調査であることに利点がある．

図2-1は，2005年の日本の輸出額と雇用者数の累積分布を示したものである．横軸には，輸出額を基準として，輸出を行っていない企業も含めて大きい企業から順に左から並べたときの順位を示している．縦軸には，輸出額と雇用者数の累積の百分率を示している．図の中央の45度線は，1社当たりの輸出額と雇用者数が企業の規模にかかわらず一定である場合を示している．この45度線から上方に乖離すると，上位輸出企業ほど輸出額と雇用者数が大きいことになる．

図2-1から，まず，上位輸出企業に大きく輸出額が集中していることが見て取れる．上位40%の企業が標本中の日本の輸出額のほぼすべてを占有している．また，同じく上位40%の企業が雇用者の80%ほどを雇用していることが分かる．

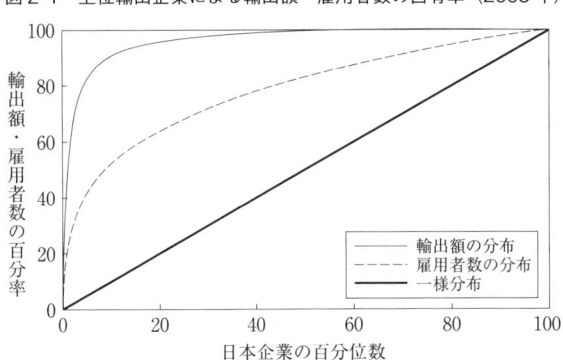

図 2-1 上位輸出企業による輸出額・雇用者数の占有率（2005 年）

(注) 横軸には左から輸出額の多い順に企業を並べている．縦軸には，累積輸出額・累積雇用者数の百分率をとっている．中央の直線から乖離するほど，上位輸出企業に，輸出額・雇用者数が集中していることを示す．
(出所) 若杉編 ［2011］第 1 章，p. 6，図 1-1.

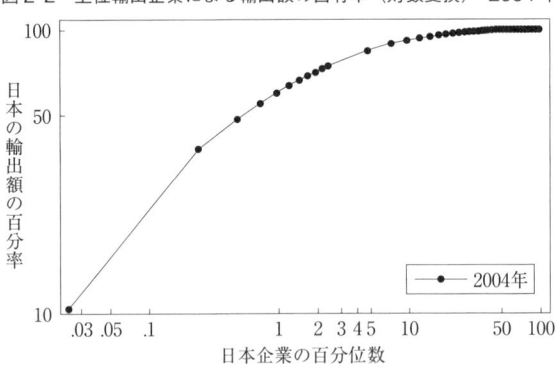

図 2-2 上位輸出企業による輸出額の占有率（対数変換）：2004 年

(注) 横軸には左から輸出額の多い順に企業を並べている．縦軸には，累積輸出額の百分率をとっている．曲線が上に位置するほど，上位輸出企業に輸出額が集中していることを示す．
(出所) 若杉編 ［2011］第 1 章，p. 7，図 1-2.

輸出額よりも雇用者数の方が集中の程度は低い．しかし，いずれにしても上位輸出企業ほど多くの輸出額を占め，多くの従業員を雇用していることは明らかである．

図2-2は，さらに輸出額の集中の程度をより詳細に分析するために，横軸と縦軸を対数変換して，輸出額の累積分布を表示したものである．本図から，輸出額の上位1%の企業が，実に50%以上の輸出額を占有していることが分かる．輸出額は上位輸出企業に極端に集中しているといえる．

第二に，日本企業の生産性の分布を検討する．図2-3は，輸出とFDIの実施状況によって企業を四つに分けて，企業の全要素生産性（TFP）の対数値の分布を描いたものである[1]．ここでは，企業を以下の四つのいずれかに分類している．

1. 「非国際化企業」：輸出もFDIも行わない企業
2. 「輸出企業（非FDI）」：輸出は行っているがFDIは行っていない企業
3. 「FDI企業（非輸出）」：FDIは行っているが輸出は行っていない企業
4. 「輸出・FDI企業」：輸出とFDIの両方を行っている企業

図2-3からは，輸出もFDIも行っていない非国際化企業の生産性が最も低く，輸出とFDIの両方を行っている輸出・FDI企業の生産性が最も高いことが分かる．FDIを行っていない輸出企業（非FDI）と輸出を行っていないFDI企業（非輸出）の生産性の分布は，非国際化企業と輸出・FDI企業の両者の中間に位置している．つまり，輸出もFDIも行っていない非国際化企業よりも輸出のみを行っている企業の方が生産的であり，輸出のみを行っている企業よりも輸出・FDIを行っている企業の方が生産的である．これらの結果は，輸出を行っていないFDI企業を除けば，非国際化企業よりも輸出企業がより生産的であり，輸出企業よりも多国籍企業の方が生産的であるという Helpman et al. [2004] の理論予測と整合的である．

図2-3からは，日本企業のTFPは概ね対数正規分布に従っているかのように観察される．が，図2-3において，横軸のTFPが対数値で表示されている

---

[1] TFPは，『企業活動基本調査』の調査対象企業に関して，Olley and Pakes [1996] の方法によって算出したものである．

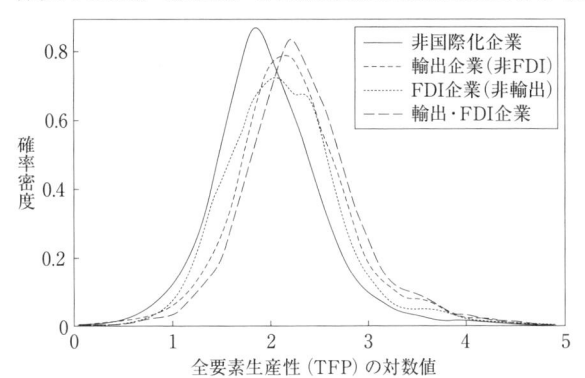

図 2-3　日本の FDI 企業・輸出企業・非国際化企業の全要素生産性の分布（2005 年）

（注）TFP の推定は Olley-Pakes 法による．グラフは非国際化企業，輸出企業（非 FDI），FDI 企業（非輸出），輸出・FDI 企業それぞれの TFP の分布を示している．
（出所）若杉編 [2011]，第 1 章，p. 20，図 1-5.

ので，生産性の高い値はより縮小されて表示される．そのため，生産性が対数正規分布に従うということは，生産性の高い企業が相対的に少ないということを意味している．

Axtell [2001] は，本来，パレート分布に従うにもかかわらず，標本によっては対数正規分布に従うかのように見える場合があることを指摘する．すなわち，企業規模にかかわらず回収率の高い標本の場合には，企業規模はパレート分布に従うが，小規模な企業において回収率が低い標本の場合，企業規模は対数正規分布に従うように見えてしまう．こうした Axtell [2001] の指摘を踏まえれば，『企業活動基本調査』も，小規模な企業の回収率が低く疎になっている[2]ために，生産性が対数正規分布に従うように見えるものの，実際には日本企業の生産性はパレート分布に従っている可能性がある．次節以降では，生産性の分布がパレート分布に従うか否かについて検証する．

---

2) 企業規模別の回収率が記載されている『平成 19 年経済産業省企業活動基本調査報告書』によれば，「企業活動基本調査」の有効回答回収率は，従業者数 50 ～ 99 人規模の企業で 78.5%，100 ～ 199 人規模の企業で 85.3%，200 ～ 299 人規模の企業で 85.7%，300 ～ 499 人規模の企業で 88.4%，500 ～ 999 人規模の企業で 88.6%，1000 人以上の企業で 90.5% であり，企業規模の小さい企業ほど回収率が低い傾向にあることが分かる．

4 推定方法

パレート分布を描くためには，パレート分布の形状パラメータ k と企業が参入するときの閾値を導出することが必要である．本節では，その導出方法について述べる．

4.1 パレート分布の形状──パレートの k と参入の閾値

生産性 φ がパレート分布に従うとする．つまり，生産性 φ の累積分布関数は，

$$F(\varphi) = 1 - \left(\frac{b}{\varphi}\right)^k \tag{2.1}$$

で与えられる．ここで b は，パレート分布における最小値である．Helpman et al. [2004] の理論モデルにおいては，b は参入の閾値 φ_D よりも小さく，実際には観察されない．ここでは，現実の生産性分布を対象とするため，b は参入の閾値 φ_D である（$\varphi_D = b$）．(2.1) 式を変形すると，

$$1 - F(\varphi) = \left(\frac{b}{\varphi}\right)^k \tag{2.2}$$

と書き直せる．この (2.2) 式の対数をとると，

$$\ln(1 - F(\varphi)) = k\ln(b) - k\ln(\varphi) \tag{2.3}$$

となる．ここで，全要素生産性（φ）の値とその累積分布関数の値 $F(\varphi)$ は既知である．そこで，(2.3) 式の左辺を全要素生産性（φ）の対数値に回帰することができる．その結果が次式のように表せるとする．

$$\ln(1 - F(\varphi)) = \hat{\alpha} + \hat{\beta}\ln(\varphi) + \hat{e} \tag{2.4}$$

ここで，$\hat{e}$ は残差を示す．このとき次の関係

$$-\hat{\beta} \xrightarrow{p} k \tag{2.5}$$

が成り立つ（Norman and Balakrishnan [1994]，Mayer and Ottaviano [2007]）．つまり，$-\hat{\beta}$ は，パレートの k の一致推定量である．また，パレート分布の最

小値の推定値 $\hat{b}$ の対数値は

$$\ln(\hat{b}) = \frac{\hat{\alpha}}{\hat{k}}$$

から得る．そのため，参入の閾値，つまりパレート分布の最小値の推定値 $\hat{b}$ は，

$$\hat{b} = \exp\left(\frac{\hat{\alpha}}{\hat{k}}\right) \tag{2.6}$$

として求めることができる．

いま得られたパレートの k の推定値と $\hat{k}$ 最小値の推定値 $\hat{b}$ を，パレート分布の密度関数：

$$f(\varphi) = kb\varphi^{-k-1}$$

に代入すれば，各生産性に対応するパレート分布の密度 $f(\varphi)$ の推定値が求められる．

4.2 輸出と FDI の閾値

次に，(2.6) 式で得られる企業の参入の閾値をもとに，企業が輸出するときの閾値と FDI によって現地生産するときの閾値を求める方法について述べる．閾値を求める方法としては，二つがある．第一の方法は，観察される非国際化企業，輸出企業，多国籍企業の生産性の最小値を閾値と見なすものである．Yeaple [2009] は，アメリカの多国籍企業の実証研究において，FDI の閾値として，多国籍企業の生産性の最小値を用いている．ただし，Del Gatto *et al.* [2006] は，生産性の最小値は閾値の最尤推定量ではあるが，観察されるマイクロデータには極端な外れ値が存在するために，信頼できる方法ではないと述べている．Yeaple [2009] は生産性の 5% 値を代替的な閾値として推定を行い，推定結果の頑健性を確認している．

第二は，パレート分布の性質を用いて閾値を求める方法である．一般にパレート分布においては，確率変数 x の平均は，

$$E(x) = \frac{kb}{k-1}$$

と表せる．この式にパレートの k の推定値 $\overline{k}$ と生産性の平均値を代入すれば，

第2章　企業の生産性分布と産業特性　　　　　　　　　　　　　55

閾値を求めることができる．まず，第一に，輸出の閾値をこえる企業——つまり輸出企業と多国籍企業両方——の生産性の平均値 $\overline{\varphi}_X$：

$$\overline{\varphi}_X = \frac{\sum_{i \in (\Gamma_X \cup \Gamma_I)} \varphi_i}{N_X + N_I}$$

を求める．ここで，i は企業のインデックス，Γ_X は輸出企業の集合，Γ_I は多国籍企業の集合である．また，N_X と N_I はそれぞれ輸出企業数，多国籍企業数を表す．第二に，FDIの閾値をこえる企業——つまり多国籍企業——の生産性の平均値 $\overline{\varphi}_I$：

$$\overline{\varphi}_I = \frac{\sum_{i \in \Gamma_I} \varphi_i}{N_I}$$

を求める．第三に，パレート分布の平均を表す式に $\overline{\varphi}_X$ と $\overline{\varphi}_I$，$\hat{k}$ を代入して，輸出の閾値とFDIの閾値をそれぞれ以下の式から求める．

$$\hat{\varphi}_X = \frac{(\hat{k}-1)\overline{\varphi}_X}{\hat{k}} \tag{2.7}$$

$$\hat{\varphi}_I = \frac{(\hat{k}-1)\overline{\varphi}_I}{\hat{k}} \tag{2.8}$$

5　生産性分布と産業特性

前節で説明した方法によって，日本企業の全要素生産性（TFP）の分布をパレート分布に当てはめて検討を行う．図2-4は，第4節で述べた方法で，各生産性の値に対応するパレート分布の確率密度を求めて示したものである．なお，TFPは，下限（第4節で述べた方法で得た参入の閾値）を1に基準化して表示している．推定されたパレートの k は1.69であり，決定係数は0.85である．

また，図2-4には輸出の閾値とFDIの閾値において垂直な線を示している．輸出の閾値は1.071，FDIの閾値は1.096である．このことは参入に要する生産性よりも輸出に要する生産性は7%以上，FDIに要する生産性は9%以上高いことを示す．ここから，国内でのみ活動する企業に比べて，輸出を行う企業はより高い生産性を求められており，輸出のみを行う企業に比べて，FDIを

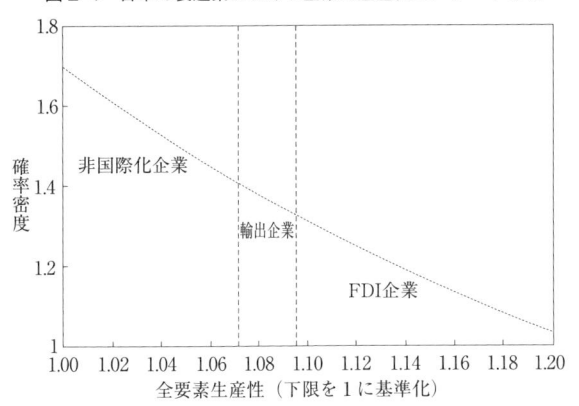

図2-4　日本の製造業における企業の生産性のパレート分布

（注）TFPの分布（日本，2003年）．推定法は，Olley-Pakes法．
（出所）若杉編［2011］第1章，p.27，図1-11．

通じて外国子会社を有している企業はさらにより高い生産性を求められていることが明らかにされる．

次にパレート分布の形状が産業特性をどのように表現するかを検討してみよう．表2-1は，20の産業分類ごとにパレートのkと参入の閾値を，第4節で述べた方法によって求めた結果を示したものである．なお産業ごとの全ての推定で決定係数が0.7を上回っている．パレートのkと参入の閾値は産業により異なることが分かる．

パレートのkと参入の閾値が有する性質をもとに，両者の推計結果から，日本の産業の特性を以下のように示すことができる．

第一に，産業間で企業の生産性の分布が異なることが明示される．パレートのkの大きい分布は平均・分散が小さく，左側の確率密度が高くなっていることから，パレートのkの値が大きい産業ほど生産性が低い企業の割合が大きい．たとえば，「電気機械」では，パレートのkが小さく，産業全体の平均生産性が高く，生産性の高い企業が大きな割合を占めているといえる．一方，「パルプ・紙」，「皮革・皮革製品」，「非鉄金属」産業では，パレートのkが大きく，産業全体の平均生産性は小さく，生産性の低い企業が大きな割合を占めている．このことは，生産性の改善の余地がある企業が少なくないことを予想させる．

第二に，産業間で参入の容易さに差異があることが明らかとなる．参入の閾

表2-1 日本の産業別のパレートの k と参入の閾値

産業	パレートの k	決定係数	参入の閾値
製造業全体	1.80	0.84	3.76
食品	1.90	0.84	3.34
繊維	1.86	0.73	2.98
衣服	2.05	0.87	2.62
製造・木製品	2.02	0.76	3.05
家具	1.81	0.74	2.94
パルプ・紙	2.20	0.85	3.90
出版・印刷	1.82	0.86	4.17
皮革・皮革製品	2.30	0.94	3.78
ゴム製品	2.19	0.85	3.83
化学	1.90	0.87	5.32
石油・石炭・プラスチック	2.12	0.83	3.91
窯業・土石	2.16	0.81	4.08
鉄鋼	1.87	0.72	3.88
非鉄金属	2.23	0.82	4.02
金属製品	1.90	0.70	3.40
一般機械	1.88	0.79	3.96
電気機械	1.47	0.85	3.89
輸送機械	2.03	0.76	4.01
精密機械	1.94	0.80	3.67
その他製造業	1.77	0.88	3.89

(出所) 若杉編 [2011], 第1章, p. 29, 表1-11.
(注) 対象とする企業は, 従業員数50人以上の製造業の企業である (日本, 2002年). TFPの推定はOlley and Pakes法による. k の値が大きいほど, 生産性が低い企業が大きな割合で存在し, 潜在的な輸出可能性が残されていることを意味する.

値を超える生産性を有していなければ, 企業はその産業に新規参入できないから, 参入の閾値の小さい産業ほど参入が容易である. たとえば,「化学」産業においては, 参入の閾値は5.32であり, 他産業に比較して相対的に参入が困難な産業であるといえる. 一方で,「衣服」産業の参入の閾値は2.62であり, 参入が相対的に容易な産業であるといえる. Helpman et al. [2004] は, 市場の規模が大きく, 国内生産の固定費用が小さい産業ほど, 参入の閾値は小さくなり, 参入が容易であることを指摘する. これを踏まえれば, 例えば,「化学」産業は,「衣服」産業に比べて, 市場の規模が小さい, あるいは国内生産の固定費用が高いといった要因によって, 参入が困難な産業であると解釈される.

6 おわりに

Melitz [2003] をはじめとする最近の国際貿易の理論は，企業の生産性の異質性を仮定し，生産性の高い企業のみが輸出を行えることを示している．Helpman *et al.* [2004] によれば，FDI を通じて外国子会社を設立し外国現地生産を行えるのは，輸出企業よりもさらに生産性の高い企業であることを示している．Helpman *et al.* [2004] を始めとして，企業の生産性がパレート分布に従うと仮定する研究は多い．パレート分布は，生産性の高い企業が少数であるという事実と整合的な右裾の長い分布であるからである．

本章は，日本企業の輸出と FDI の選択行動の背後にある生産性に関する企業の分布について，パレート分布を仮定することが適切か否かについて分析を行った．企業レベルデータを用いた実証分析の結果は，日本企業の生産性の分布が先行の理論予測に従い，パレート分布に当てはめうることを示した．このことは，日本企業においても米欧と同様に，生産性の高い企業が少数であるとの現実と一致する．

また，本章は，産業間で生産性の分散の指標 k や参入の閾値が異なることを明らかにした．生産性の分散において産業間に差異があることは，生産性の高い企業が全企業に占める割合が産業によって異なることを示唆している．さらに，国内市場に参入するときの生産性閾値が産業によって異なることは，閾値を決定する市場規模や国内生産の固定費用が産業によって異なることを意味している．これらの結果は，パレート分布の形状によって産業特性を表現することができることを意味する．さらに，こうした結果は，企業の国際化の決定が，企業の生産性だけでなく産業特性をも反映したものであることを示唆する．

参考文献

Antràs, Pol and Elhanan Helpman. [2004] "Global Sourcing." *Journal of Political Economy*, 112(3), pp. 552-580.

Axtell, Robert L. [2001] "Zipf Distribution of U.S. Firm Sizes." *Science*, 293, pp. 1818-1820.

Bernard, Andrew B., Jonathan Eaton, J. Bradford Jensen and Samuel Kortum. [2003] "Plants and Productivity in International Trade." *American Economic Review*, 93, pp. 268-1291.

Del Gatto, Massimo, Giordano Mion and Gianmarco I.P. Ottaviano. [2006] "Trade

Integration, Firm Selection and the Costs of Non-Europe." *CEPR Discussion Paper*, No. 5730.

Ederington, Josh and Phillip McCalman. [2008] "Endogenous Firm Heterogeneity and the Dynamics of Trade Liberalization." *Journal of International Economics*, 74, pp. 422-440.

Helpman, Elhanan, Marc J. Melitz and Stephen Ross Yeaple. [2004] "Export Versus FDI with Heterogeneous Firms." *American Economic Review*, 94(1), pp. 300-316.

Mayer, Thierry and Gianmarco I.P. Ottaviano. [2007] The Happy Few: The Internationalisation of European Firms. Bruegel Blueprint Series.

Melitz, Marc J. [2003] "The Impact of Trade on Intra-Industry Reallocations and Aggregate Industry Productivity." *Econometrica*, 71(6), pp. 1695-1725.

Norman L. Johnson, Samuel Kotz, and N. Balakrishnan. [1994] Continuous Univariate Distributions, Volume 1, 2nd Edition, Wiley.

Olley, G. Steven and Ariel Pakes. [1996] "The Dynamics of Productivity in the Telecommunications Equipment Industry." *Econometrica*, 64(6), pp. 1263-1297.

Yeaple, Stephen Ross. [2009] "Firm Heterogeneity and the Structure of U.S. Multinational Activity." *Journal of International Economics*, 78(2), pp. 206-215.

若杉隆平編 [2011] 『現代日本企業の国際化――パネルデータ分析』岩波書店.

第3章
製造システムの国際比較[*]

松井美樹

1 はじめに

　歴史，文化，思想，経済システム等の違いを反映し，生産システムやオペレーション戦略にも国や地域の間でしばしば顕著な差異が見られる．国や地域に固有な生産システムとして，例えば，わが国の自動車産業ではジャスト・イン・タイム（JIT）生産の確立が 1960 年頃から模索され，米国では同時期に MRP (Material Requirement Planning，資材所要量計画) を中心とした生産システムが発展してきた．ドイツでは科学知識と職人の技能に基づく高付加価値生産システムを追求する伝統があり，イタリアでは中小企業の密なネットワークによる生産システムが特徴的である．もちろん，それぞれの国や地域の中で生産システムは企業毎に多少とも異なることは当然であるが，本章では国や地域の間の相違点に焦点を当て，なぜ異なる生産システムが追求されるのかを説明することを主たる目的とする．そのため，生産システムと競争パフォーマンスとの関連性について国際比較を行う．

　生産システムの発展方向には前述のように国毎の相違がある一方，共通する部分もある．JIT 生産と MRP は，必要なものを必要なときに必要な量だけ作るという基本的目的を共有している．これを実現するためのアプローチが需要主導型の pull システムか，あるいは計画主導型の push システムかという点に相違があるが，Hopp and Spearman [2000] が提案した CONWIP (CONstant Work In Process) システムは pull システムの変種で，その pull システムの一

---

[*] 本章の一部は日本学術振興会の科学研究費補助金（基盤研究 (B)，課題番号 22330112）の支援を受けた．記して感謝したい．

種とも見なせるが，pull システムと push システムの混合型とも言える．JIT 生産をいくらか拡張した lean 生産という概念が Womack, Jones, and Roos [1990] によって提唱されると，JIT 生産の基本的な考え方が欧米だけでなく，韓国や南米の製造企業にも浸透してきている．Schonberger [1986] が World Class Manufacturing という名のもとに主として日本の製造企業で取材した優れた実践活動を紹介すると，欧米企業の中でもそれらを積極的に導入しようという企業が次々と現れ，JIT や Kaizen，TQC をはじめ，日本生まれの概念が一定の市民権を得るようになっている．

日本で発展した TQC (Total Quality Control) あるいは TQM (Total Quality Management) も米国で近年ブームとなった Six Sigma も，改善と prevention 指向の品質マネジメントを目指す点は共通で，用いる統計手法も酷似している．ただし，動機づけ要因として TQC では自主的な小集団活動と改善活動が用いられるのに対し，Six Sigma では個人レベルのランキングとプロジェクトが重要視される．近年，製造業において競争力を高めてきている韓国企業は米国および日本で発展した生産システムの優れた点を取り入れ，それらを融合して独自の生産システムを構築している．したがって，いくつかの側面では韓国企業と日本企業の生産システムには共通点が存在し，また，別の側面では韓国企業と米国企業の生産システムにも類似点が見出せるという可能性もある．

製造企業の実践活動や戦略行動が競争パフォーマンスに及ぼす影響に関する既存研究は数多くあるが，これらに共通する結論を敢えてあげれば，競争パフォーマンスの決定要因は産業，期間，戦略目標，地域によって異なるということであろう．本章では，国や地域の違いが競争パフォーマンスの決定要因にいかなる効果を及ぼすかに焦点を当て，高業績製造企業の要件における国毎の相違点と共通点を明らかにする．

そのために，具体的には以下のような方法論を用いる．まず，生産システムの特徴を人的資源管理，品質マネジメント，JIT 生産，TPM (Total Productive Maintenance)，サプライチェーン・マネジメント (SCM)，技術開発，新製品開発，製造戦略の八つの領域から捉え，領域毎にいくつかの尺度を用いて詳細な要素や実践活動，その基礎となる思想等を測定するとともに，それらを統合して八つのスーパー尺度を構築する．これらの尺度と競争パフォーマンスとの関係性を分析することにより，競争力の高い生産システムの特徴づけが可能となる．さらに，この分析を異なる国や地域毎に行い，その違いを比較検討する．

ただし，個々の測定尺度に関する国際比較は行わない．国の文化や国民性の違いから，個々の測定尺度を比較して意義のある結論を導くことは容易ではないからである．本章で用いるデータは，High Performance Manufacturing（HPM）に関する国際共同研究プロジェクトの一環として，質問調査票を用いて先進工業国に立地する製造事業所から2002年以降に収集されたもの一部である．具体的には，米国，アジア地域から日本と韓国，欧州地域からドイツ，オーストリア，イタリア，スウェーデン，フィンランドの製造企業を対象としている．

従来，オペレーションズ・マネジメントは数理モデルを用いた理論研究によって発展してきたが，この領域における実証分析方法論を論じた Flynn, Sakakibara, Schroeder, Bates and Flynn [1990] を一つの契機として，1990年代以降，本格的な実証研究の成果が報告されるようになった．その結果，生産オペレーションに関わる実践活動や戦略志向を把握するための信頼性および妥当性の高い構成概念，さらにパフォーマンス評価尺度が確立され，製造業だけではなくサービス分野においても，これらの構成概念とパフォーマンス評価尺度の関連性が検討されてきている．世界中に点在する製造拠点から調査データを収集する目的で国際共同研究グループもいくつか組織されているが，標本の大きさ等の問題から，国際比較研究については限られたものしか発表されていない．競争パフォーマンスの決定要因に関する国際比較は大変興味深い研究トピックであるが，既存文献の数はわずかに過ぎない．本章はこのギャップを多少なりとも埋めようとする試みである．

以下の節では，高業績製造企業の分析枠組みと研究仮説を提案した後，分析に用いる測定尺度やパフォーマンス評価尺度，データ収集方法を説明し，主要な分析結果を提示する．最後に，本章の限界と将来の研究方向を示唆しつつ，結論を纏める．

2 分析枠組みと仮説

まず，製造企業の競争パフォーマンスがどのように決定されるのかを評価するための分析枠組みを提示する．ここでは，以下の四つの主要構成要素を考える．

(1) コミュニケーションや労務管理を中心とする組織インフラストラクチャ

としての人的資源マネジメント．
(2) JIT生産，TOC（Theory of Constraints），品質マネジメント，TPM，生産情報システム，SCM等から構成される生産オペレーションのためのコア・システム．
(3) 新製品開発，技術開発，製造戦略等の中長期戦略．
(4) これらによって決定づけられる競争パフォーマンス．

これらの関係性を一般的に表したものが図3-1である．最初のブロックが人的資源管理であり，中段の生産オペレーションのコア・システム（品質マネジメント，TPM，JIT生産，SCM等）のブロックと事業ドメインや製品，技術に関する中長期戦略のブロックを支える組織インフラストラクチャを表している．2番目の生産オペレーションのコア・システムは，コストや品質，納期といった基本目的を達成するために，製造企業内およびサプライチェーン全体にわたって在庫，生産計画，資材フローと情報フローを掌る役割を担う．一方，中長期戦略は製造企業とサプライチェーン全体の柔軟性を高めるための新製品開発や技術開発を中心とする戦略的意思決定を意味し，生産オペレーションのコ

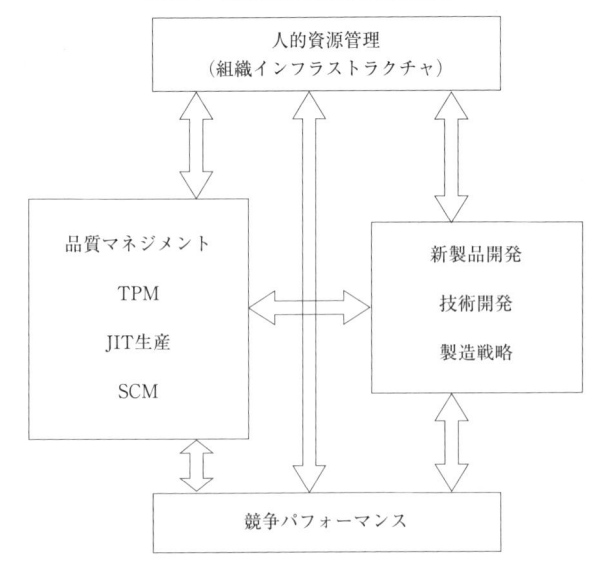

図3-1 高業績製造企業の分析枠組み

ア・システムと密接な相互作用をもつ．これらの三つのブロックが最後のブロックである競争パフォーマンスに直接，あるいは間接の影響を及ぼすことが想定される．

本章では，とりわけ競争パフォーマンスの決定構造に焦点を当て，人的資源管理，品質マネジメント，TPM, JIT 生産，SCM，新製品開発，技術開発，製造戦略が競争パフォーマンスに及ぼす影響について，実証的かつ比較論的に検討する．ここで，競争パフォーマンスも多次元にわたっており，各実践活動は少なくとも一つの次元に対して影響を及ぼすものと見なされる．また，ある実践活動は競争パフォーマンスのある側面を支援する一方，他の実践活動は競争パフォーマンスの別の側面を向上させる効果を持つといったことが想定される．このことは，競争パフォーマンスの決定要因に関する国際比較に対して重要なインプリケーションを持つ．国あるいは地域が置かれた環境はそれぞれ特異であるから，競争パフォーマンスの決定要因も国や地域毎に相当程度異なるかもしれない．例えば，日本における競争力の源泉は組織インフラストラクチャとそれに支えられた品質マネジメント，JIT 生産，TPM 等のコア・システムであるのに対し，欧米においては新製品開発や技術開発等の戦略的決定が重要であることがしばしば指摘されている．以上より，本章で検討する仮説は以下の四つである．

[仮説1] 人的資源管理は製造事業所の競争パフォーマンス向上に貢献する．
[仮説2] 品質マネジメント，TPM, JIT 生産，SCM は製造事業所の競争パフォーマンス向上に貢献する．
[仮説3] 新製品開発，技術開発，製造戦略は製造事業所の競争パフォーマンス向上に貢献する．
[仮説4] 競争力の決定要因は国や地域により異なる．より具体的には，日本にお＋ける競争力決定要因は組織インフラストラクチャとコア・システムであり，欧米は中長期戦略である．

3 調査方法とデータ

以下の分析で用いるデータは，HPM に関する国際共同研究グループが製造企業経営に関わる共通の質問項目を作成し，主要先進工業国（日本, 韓国, 米国,

ドイツ，オーストリア，イタリア，スペイン，フィンランド，スウェーデン）に立地する機械，電機，輸送機械の製造事業所を対象に実施した第三ラウンド質問票調査によって，2002年以降に収集されたものである．その質問内容は1990年代に日本，米国，英国，ドイツ，イタリアの5ヶ国を対象に第二ラウンド質問票調査によって収集されたデータを検討して見直しを行うとともに，その間の約10年の間に研究の進展によって生まれた新しい命題や仮説を検証するため新たな質問項目も追加された．2002年初めには英語版の質問項目が確定し，他言語への翻訳を経て，各国で順次，調査が開始された．日本での調査は相対的に早く，フィンランドに続いて，米国とほぼ同時期の2003年末から2004年にかけて収集されたものである．ドイツ，スウェーデン，韓国，イタリア，オーストリアでも2006年までに調査を完了している．世界的水準製造企業については，各種財務指標，主要製品分野の市場占有率，業界関係者からのヒアリング等から総合的に判定された．日本における調査では，前回の第二ラウンド質問票調査の対象企業に再度，回答を依頼したこともあり，協力を得られなかった企業は数社程度であった．また，調査結果のフィードバックの機会を利用して，調査対象となった製造事業所を訪問し，補完的なヒアリングと製造現場の見学を実施した．

　回答者は1事業所当たり19名で，その役職に応じて12種類の異なる質問票が準備された．19名の内訳は，工場長，副工場長，生産技術，生産管理，在庫管理，品質管理，工場経理，情報システム，人事労務，製品開発の各担当者1名，現場監督者4名，直接要員5名である．質問調査票はこれら回答者別に12種類19分冊が用意され，回答者一人当たり約100問の製造事業所における実践活動やパフォーマンスに関する質問項目を含む．財務データ，不良品率等の定量的で客観的な変数については，最も適切な者1名に回答を依頼した．これに対し，定性的で主観的な判断を伴う変数については，MTMM (Multi Trait Multi Method)に基づいて複数の異なる質問項目を複数の回答者に答えてもらうという測定方法を採用した．定性的変数に関する精度の高い測定尺度を得るために，複数の質問項目を用意して信頼性を高めるとともに，複数の回答者に答えてもらうことにより，できる限り偏りを避ける必要がある．多くの場合，質問項目数は5個から8個，回答者数は3名から7名程度である．質問調査票では，ある測定尺度を構成する複数の質問項目はその他の測定尺度を構成する質問項目とともにランダムに並べられている．これらの定性的質問項目は通常

は7点のリッカート尺度により測定される．競争力指標等，一部の質問項目については，5点リッカート尺度を用いているものもある．一般には，7点リッカート尺度の7は測定対象となっているものが高水準であることを表すが，質問項目によっては，正反対に1がその測定対象が高水準にあることを示すという場合もある．このようなリバース尺度によって測定されている質問項目については，回答された数値を8（7点リッカート尺度の場合）あるいは6（5点リッカート尺度の場合）から差し引いてノーマル尺度に変換した後，分析を行う必要がある．なお，現場監督者と直接要員向けの質問項目はすべて定性的なものであり，その主観的判断によって回答される．

個々の回答者が記入したデータを製造事業所毎に取りまとめ，各測定尺度や変数の算術平均値や標準偏差を計算し，工場レベルのデータベースを作成した．仮説の検証には専ら工場レベルのデータが用いられるが，測定尺度の信頼性と妥当性のテストには個人レベルのデータも活用される．

上記8ヶ国で合計238製造事業所から調査データが収集された．国別では日本が35，韓国が31，米国が29，ドイツが41，オーストリアが21，イタリアが27，スウェーデンが24，フィンランドが30であり，世界的水準と判断される企業の事業所と無作為抽出によって選ばれた平均的事業所が半々を占める．

第二ラウンド質問票調査によって得られたデータを用いた分析結果を取り纏めたものがSchroeder and Flynn [2001] であり，調査方法についても詳しく紹介されている．第三ラウンドの質問票調査も第二ラウンドと同様の方法論が用いられている．

4 分析に用いる変数

第2節で提示した仮説を検証するため，以下の諸変数ないし構成概念を用いる．それらは製造実践活動の測定尺度，生産マネジメント主要領域のスーパー尺度，パフォーマンス指標の三つの範疇に分類される．

4.1 製造実践活動の測定尺度

第一の変数群は，人的資源管理，品質マネジメント，TPM，JIT生産，SCM，新製品開発，技術開発，製造戦略といった領域の様々な測定尺度から構成される．各測定尺度は，ある特定の実践活動に焦点を当てた，いくつかの

質問項目から成る構成概念である．これらの質問項目については，1＝全く同意しない，2＝同意しない，3＝どちらかと言えば同意しない，4＝どちらとも言えない，5＝どちらかと言えば同意する，6＝同意する，7＝強く同意する，の7点リッカート尺度で回答を得た．当初構築された測定尺度は，人的資源管理が16，品質マネジメントが14，TPMが4，JIT生産が10，SCMが5，新製品開発が9，技術開発が7，製造戦略が14あり，これらの測定尺度の名称は以下の通りである．

1) 人的資源管理
   集権化；協力関係；意思決定の調整；従業員提案制度；コミットメント；事実に基づくマネジメント；フラットな組織構造；従業員の美徳；経営者の経験の幅；多能工；採用と選抜；現場でのコンタクト；小集団問題解決；監督者による相互作用の促進；報酬と製造目標の調整；課業に関わる従業員訓練

2) 品質マネジメント
   5S；継続的改善と学習；顧客フォーカス；顧客の関与；顧客満足；情報フィードバック；全組織的アプローチ；不良の予防；工程管理；プロセス志向；供給業者とのパートナーシップ；供給業者の品質関与；品質に対するトップのリーダーシップ；顧客とのTQM連携

3) TPM
   自律的保全活動；保全サポート；チームによる保全活動；予防保全

4) JIT生産
   日程計画の遵守；設備レイアウト；供給業者からのJIT納品；顧客とのJIT連結；カンバン方式の採用；基準生産計画の反復的平準化；段取り時間の短縮；小ロットサイズ化；生産の同期化；TOC

5) SCM
   事業所活動の調整；需要の安定性；サプライチェーン計画策定；供給業者のリードタイム；供給業者との信頼関係

6) 新製品開発
   顧客関与；新製品コンセプトの組織的コンセンサス；新製品開発への製造部門の関与；製品設計の簡素化；プロジェクトの複雑さ；プロジェクトの優先順序；チームの報酬；チームワークの精神；供給業者の関与

7) 技術開発

効果的な工程実装；乱流的な技術環境；職能間設計取り組み；マスカスタマイゼーション；製品のモジュール化；新製品導入における協力関係；マスカスタマイゼーションのための部品調達アプローチ

8) 製造戦略

職能間統合の達成度；新技術に対する予期的対応；製造戦略の浸透度；産業の競争力の強さ；公式的戦略策定；職能間統合；職能間統合のリーダシップ；長期志向；長期的価値観；競争資源としての製造部門；製造戦略と事業戦略の連動；職能間統合の組織的調整；自前の設備；ユニークな実践活動

HPM 国際共同研究グループによる第三ラウンド調査の個人データセットを用いて，これら構成概念としての測定尺度の信頼性と妥当性をテストする必要がある．それぞれいくつかの分析方法がある (Nunnally [1976]，Flynn *et al.* [1990]) が，ここでは信頼性テストとして測定尺度の内的整合性を表す Cronbach の α 係数，妥当性テストして確証的因子分析を用いた分析方法とその結果の一部を示す．

まず，Cronbach の α 係数は以下の式で与えられる．

$$\alpha = \{p/(p-1)\}\Sigma_{i \neq j}\mathrm{COV}(Y_i, Y_j)/\mathrm{V}(Y_0) = \{p/(p-1)\}\{1-\Sigma\mathrm{V}(Y_j)/\mathrm{V}(Y_0)\}$$

ただし，p は質問項目の数，Y_i ($i=1, 2, 3, ..., p$) は i 番目の質問項目の回答，$Y_0 = \Sigma Y_j$ である．この α が 0.6 未満の場合，信頼性には疑問がある．また，同じ構成概念を再度使用する際には，α の値は 0.7 以上となることが望ましい．一方，構成概念の妥当性のテストには，やはり測定尺度を構成する質問項目の個人レベルデータセットを用いて確証的因子分析を行い，寄与率の高い単一因子が抽出され，すべての質問項目に対する因子負荷量が 0.4 以上であれば，当該測定尺度は妥当なものと判断することができる．当初用意した質問項目で信頼性や妥当性に疑問がある場合，いずれかの質問項目を削除して同じ手続きを繰り返し，最終的な質問項目が決定される．ここでは，残った質問項目の算術平均値を測定尺度の値として用いている．質問項目を削除しても信頼性，あるいは妥当性に関する疑問が残る場合には，その測定尺度に関しては分析の対象から除外する．

以下，JIT 生産に関する四つの測定尺度を例にとって，その質問項目，および 8 ヶ国 238 製造事業所をサンプルとして用いた場合の信頼性と妥当性のテスト結果を示す．これらの質問項目の回答者は生産管理担当者と在庫管理担当者各 1 名，現場監督者 4 名の計 6 名である．各測定尺度に対して用意された質問項目数は 4 個から 7 個で，質問項目番号の後に続く N はノーマル尺度，R はリバース尺度によって測定されることを示す．リバース尺度によって測定されている質問項目については，回答結果を 8 から差し引くことによりノーマル尺度に変換した後，信頼性と妥当性のテストを実施している．測定尺度の名前の後に α 係数，それを構成する質問項目の後にその因子負荷量が示されているが，これらは一連のテストを経て最終的に得られた値である．

4.1.1　日程計画の遵守（α=0.780）

この測定尺度は，短期の生産スケジュールが計画通り実施されているか，そのために，品質上の問題や設備故障等の原因で起こる生産停止による遅れの取り戻しを含め，余裕時間が確保されているかを測定しようとするもので，当初，以下の 7 個の質問項目が用意された．計画通り実施されていることと余裕時間を見込むことは必ずしも同一のものではなく，最初の分析では二つの因子が抽出された．④と⑤の質問項目を順次削除して，信頼性と妥当性において満足できる測定尺度を残り 5 個の質問項目から構成することができた．

① N　毎日の生産スケジュールは通常はこなしている．(0.818)
② N　日程計画は納期時間を遵守できるように無理なく作られている．(0.652)
③ N　通例，日程計画を計画どおり，こなしている．(0.813)
④ N　~~我々の日程計画には機械の故障や予想外の生産停止に対応する時間を組み込んでいる．~~
⑤ N　~~生産遅れを取り戻せるように，日程計画に時間余裕をもたせている．~~
⑥ R　日々，生産計画通りに実施することはできない．(0.659)
⑦ R　我々はいつも日程計画より遅れているように思われる．(0.750)

4.1.2　供給業者からの JIT 納品（α=0.681）

この測定尺度は，プル・システムを通じて各製造事業所の生産システムに供給業者が統合されている程度を測定しようとするもので，当初，以下の 5 個の

質問項目が用意された．最初の信頼性テストでは a の値は 0.7 に達していないが，いずれの質問項目を除いても信頼性の向上は見られないため，すべての質問項目を用いて測定尺度を構成することが適当と判断された．

① N 　我々の供給業者はジャスト・イン・タイム方式で納入してくれる．(0.747)
② N 　ほとんどの供給業者から毎日納品を受けている．(0.676)
③ N 　供給業者から納期通りの納品が受けられる．(0.704)
④ N 　我々の供給業者は引き取り方式（プル・システム）で納品している．(0.603)
⑤ N 　供給業者は資材を頻繁に納品する．(0.581)

4.1.3　カンバン方式の採用（a=0.804）

この測定尺度は，カンバン・システムの物的要素をどの程度取り入れているかを測定しようとするもので，当初，以下の4個の質問項目が用意された．最初の信頼性と妥当性のテストで，これらすべてを用いて測定尺度を構成することが適当と判断された．

① N 　供給業者は発注書ではなく，カンバン付き容器に充填するように供給してくれる．(0.773)
② N 　供給業者はカンバン付き容器で納品し，別の荷姿を用いない．(0.770)
③ N 　生産コントロールではカンバンによる引き取り方式を使用している．(0.816)
④ N 　生産コントロールではカンバン，容器やアンドンを使っている．(0.814)

4.1.4　段取り時間の短縮（a=0.739）

この測定尺度は，JIT 生産を推進するために，段取り時間を短縮させる諸手法を利用しているかを評価するもので，当初，以下の6個の質問項目が用意された．最初の分析では二つの因子が抽出され，リバース尺度で表現されている質問項目⑥はそれをノーマル尺度に変換しても，その他の質問項目とは異なる内容を含んでいることが示唆された．⑥の質問項目を削除して，信頼性と妥当性において満足できる測定尺度を残り5個の質問項目から構成することができ

た.

① N 段取り時間を短くするように鋭意努力している．(0.711)
② N 段取り時間のほとんどは外段取り化して，機械は止めない．(0.639)
③ N 我々の工場では設備の段取り時間が短い．(0.583)
④ N 作業員は時間短縮の要求に応えるように段取りの訓練をしている．(0.761)
⑤ N 工員は段取り時間を減らすように訓練を受けている．(0.796)
⑥ R 我々の段取り時間は絶望的に長いように思われる．

　本章の主たる目的は国際比較を行うことにあるため，8ヶ国238製造事業所をサンプルとして信頼性と妥当性のテストを行った結果から測定尺度を構成することとした．国毎に同様の分析を行った場合，信頼性と妥当性の観点からは，各国で異なる質問項目を使った方がよいと判断される測定尺度がいくつか存在する．しかしながら，同一名称の測定尺度でありながら，使っている質問項目が国毎に違うのでは，国際比較の観点からは望ましいこととは言えない．また，ほとんどの測定尺度については，国毎の違いがあってもスウェーデンを除けばそれほど顕著なものではないことが確認されている．
　信頼性あるいは妥当性のテストをクリアできなかった測定尺度は，以下の10個である．

・SCM
　需要の安定性（α=0.581）；供給業者のリードタイム（α=0.491）
・新製品開発
　製品設計の簡素化（α=0.517）
・技術開発
　乱流的な技術環境（α=0.402）；マスカスタマイゼーションのための部品調達アプローチ（α=0.458）
・製造戦略
　製造戦略の浸透度（α=0.423）；産業の競争力の強さ（α=0.510）；長期志向（α=0.419）；長期的価値観（α=0.547）；職能間統合の組織的調整（α=0.545）

いずれも α 係数の値が 0.6 に達しておらず，信頼性に疑問が残る．これらについては以下の分析では一切使用しない．この結果，生産マネジメントの主要領域別の測定尺度の数が，人的資源管理が 16，品質マネジメントが 14，TPMが 4，JIT 生産が 10，SCM が 3，新製品開発が 8，技術開発が 5，製造戦略が 9 に減少する．また，その他の測定尺度についても信頼性と妥当性に問題が残るスウェーデンの 24 製造事業所については，以下の分析には含まれていない．

4.2 生産マネジメント主要領域のスーパー尺度

第二の変数群であるスーパー尺度が次節の分析では重要な役割を果たす．スーパー尺度とは，複数の測定尺度から構成される総括的な測定尺度であり，生産マネジメントの主要領域毎に以下のスーパー尺度を構築した．括弧内の数字は，スーパー尺度を構成する測定尺度の数を表す．

人的資源管理（15）
品質マネジメント（14）
TPM（4）
JIT 生産（10）
SCM（3）
新製品開発（8）
技術開発（5）
製造戦略（9）

スーパー尺度も測定尺度であるから，その信頼性と妥当性の検証が必要となる．そこで，製造事業所レベルの測定尺度データを用いて，主要領域毎に α 係数を計算し，確証的因子分析を実施したところ，信頼性と妥当性に関する問題が生じたのは人的資源管理のスーパー尺度のみであった．測定尺度「*集権化*」はその他の人的資源管理測定尺度とは別個のものであり，第一因子よりも第二因子との相関が高い．極端に集権化している事業所，あるいは逆に極端に分権化している事業所はほとんどなく，ほとんどが「どちらかと言えば集権的」から「どちらかと言えば分権的」といった回答が大半を占めており，その他の人的資源管理測定尺度との相関も総じて低い．そのため，人的資源管理のスーパー尺度を構成する際にこの*集権化*は除き，残りの 15 個の測定尺度の平均値をもっ

てスーパー尺度の値とした．その他のスーパー尺度については，信頼性と妥当性のテストを通過したすべての測定尺度の平均値をもってそのスコアとした．

4.3 パフォーマンス指標

第三の変数群は業界内の世界の競争企業と比較した競争力指標であり，次節での分析においてスーパー尺度との連関性が議論される．費用，品質，納期，柔軟性といった製造職能にとって重要な目標を網羅するパフォーマンス指標に関して，1＝業界の中で最低水準，2＝平均以下，3＝平均水準，4＝平均以上，5＝業界の中の最高水準の5点リッカート尺度で主観的判断を示すよう各製造事業所の工場長に依頼した．その競争力指標は以下の13個である．

製造単価
製品の品質
予定通りの納品
迅速な納品
製品ミックス変更の柔軟性
数量変更の柔軟性
在庫回転率
サイクルタイム
新製品導入スピード
製品の性能
予定通りの新製品立ち上げ
製品の革新性
顧客支援サービス

様々な客観的なパフォーマンス指標についても各製造事業所から収集された．しかしながら，これらの客観的パフォーマンス指標は各製造事業所の真の競争力を反映しているとは必ずしも言えない．なぜなら，各製造事業所が生産する主要製品が需要パターン，複雑性，生産技術等の点で大きく異なり，それをコントロールすることは事実上不可能であるからである．そのため，ここでは主観的な競争力指標のみを用いることにした．

5 分析結果

　以下，生産に関する実践活動と競争パフォーマンス指標の相関関係について実証分析の結果を示す．分析には統計パッケージソフトのSAS version 9およびSPSS version 14 を使用した．

　まず，仮説 1 から仮説 3 の検証から始めよう．すなわち，製造事業所における主要な実践活動と競争力との関係である．これらはいずれも多変量で構成されるため，その間の関連性を検討するのに最も適当と考えられる手法は正準相関分析である．スウェーデンを除く 7 ヶ国の 214 製造事業所をプールした標本を用い，製造事業所における実践活動から構成された 8 個のスーパー尺度と 13 個の競争力指標との間の正準相関分析の結果が表 3-1 に示されている．これより，*新製品開発*を除くすべてのスーパー尺度が競争力指標に広範な影響を及ぼしていることが分かる．競争力指標の中でもとりわけ数量変更の柔軟性，予定通りの納品，製造単価，予定通りの新製品立ち上げ，サイクルタイム，製品の品質との関連性が高い．また，*製造戦略や人的資源管理*が製造事業所の競争力に幅広くかつ強力に影響を及ぼしているという事実には注意が払われるべきであろう．この影響は *TPM, JIT 生産，SCM, 技術開発，品質マネジメント*等のインパクトを相当程度上回るものとなっている．第一正準相関は 0.61 で特に高い値とは言えないものの，尤度比検定の結果は極めて高い有意性を示している．冗長度指数より，競争力指標の変動の約 11% をスーパー尺度から構成される第一正準変数によって説明することができることが分かる．

　この結果は基本的に仮説 1 から仮説 3 を基本的に支持するものと言える．確かに新製品開発が製造パフォーマンスに与えるインパクトは限られたものであるが，人的資源管理，品質マネジメント，TPM, JIT 生産，SCM, 技術開発，製造戦略は競争力指標と正の相関をもつと結論づけることができる．

　次に，仮説 4 について検証をするため，前の分析で用いた標本を国別，地域別のサブ標本に分割する．地域別の標本としては，東洋（日本と韓国をプールした標本），西洋（オーストリア，フィンランド，ドイツ，イタリア，米国をプールした標本），ドイツ語圏（オーストリア＋ドイツ）の三地域を考慮に入れた．国別標本と地域別標本に対して，同じく製造事業所における実践活動から構成された 8 個のスーパー尺度と 13 個の競争力指標との間の正準相関分析を行った

表3-1 スーパー尺度と競争力指標との関係（プールされた標本）

	第一正準変数
正準相関	0.6086
尤度比	0.3322
有意性	0.0001
冗長性指数：スーパー尺度	0.1524
冗長性指数：パフォーマンス	0.1079
スーパー尺度と競争力指標の正準変数との相関	
人的資源管理	0.4657
品質マネジメント	0.3192
TPM	0.4233
JIT生産	0.4178
SCM	0.3929
新製品開発	0.1879
技術開発	0.3924
製造戦略	0.5526
競争力指標とスーパー尺度の正準変数との相関	
製造単価	0.3662
製品の品質	0.3164
予定通りの納品	0.4179
迅速な納品	0.2769
製品ミックス変更の柔軟性	0.2814
数量変更の柔軟性	0.4657
在庫回転率	0.2997
サイクルタイム	0.3497
新製品導入スピード	0.2838
製品の性能	0.2985
予定通りの新製品立ち上げ	0.3654
製品の革新性	0.2754
顧客支援サービス	0.2239

結果が表3-2である．ただし，標本の大きさに由来する自由度の問題から，オーストリア，韓国，米国の標本については，単独では係数を推定することはできなかった．フィンランドとドイツについては，それぞれの正準相関モデルは有意ではない．フィンランドでは，*技術開発*が競争力，とりわけ在庫回転率，サイクルタイム，製品ミックス変更の柔軟性，新製品導入スピードに対して，*JIT生産，SCM，新製品開発*他に抜きんでた影響を及ぼしているものとみられる．ドイツでは，*製造戦略*，さらには*品質マネジメント，人的資源管理*が予定通りの納品，製造単価，数量変更の柔軟性と連関しているものと見られる．一

方，イタリアでは，*新製品開発*，*JIT生産*，*TPM* が製品の品質と性能，サイクルタイムを改善するための推進力となっている．

　日本の製造事業所に関しては，納期ベースの競争力のために特に重要な実践活動としては，品質マネジメント，JIT生産，TPM，SCMをあげることができよう．しかしながら，その他のスーパー尺度も競争力の第一正準変数と高い相関を示しており，日本市場において競争力を保持するためには，生産マネジメントの主要領域をすべてカバーする統合的な視点が求められるものと解釈される．日本の高業績製造企業はバブル経済の崩壊後，失われたオペレーション上の競争力を回復するために製造オペレーションの基本に戻る一方，協力的なサプライチェーン，革新的新製品，洗練された戦略の計画と実施を組み合わせて，新たなケイパビリティの構築に力を注いできている．この傾向は，韓国の製造事業所を加えた東洋の標本についても同様に見ることができる．東洋の標本については，この統合的アプローチが，数量変更の柔軟性，新製品導入スピード，予定通りの新製品立ち上げ，製造単価，製品ミックス変更の柔軟性，在庫回転率等，より広範な競争力指標に影響を及ぼしていることが注目に値する．

　オーストリアの製造事業所をドイツの製造事業所に追加したドイツ語圏の標本を，ドイツの製造事業所だけから成る標本と比べると，*製造戦略*，*品質マネジメント*，*人的資源管理*の影響にはさほど変化がない一方，*JIT生産*と*SCM*が競争力に及ぼす影響がずっと大きくなっていることが分かる．この結果は，JIT生産とSCM，そしてそれらが競争力向上のために果たす役割に関して，オーストリアとドイツではかなりの差があることを示唆するものと言えよう．

　最後に，西洋の標本については，各国の個性が入り混じった折衷的な結果が見られる．この地域においては，*製造戦略*，*人的資源管理*，*JIT生産*，*SCM*が予定通りの納品，数量変更の柔軟性，サイクルタイム，製品の品質，迅速な納品，製造単価といった競争力指標と相関をもっている．総じて言えば，欧米における戦略ベースの経営スタイルを表すものと解釈することもできよう (Hamel and Prahalad [1994])．

　以上の結果は仮説4を強く支持する結果であり，製造実践活動と競争パフォーマンスとの関係性は国ごとに，あるいは地域ごとに異なるパターンを示すものと結論づけることができる．

表 3-2　スーパー尺度と競争力指標との関係（国別，地域別）

	フィンランド	ドイツ	イタリア	日本	オーストリアドイツ	東洋	西洋
正準相関	1.00	0.81	0.99	0.98	0.74	0.86	0.66
尤度比	0.00	0.01	0.00	0.00	0.06	0.01	0.27
有意性	0.22	0.36	0.06	0.02	0.10	0.01	0.01
冗長性指数：スーパー尺度	0.12	0.07	0.14	0.41	0.13	0.28	0.12
冗長性指数：パフォーマンス	0.10	0.06	0.08	0.16	0.06	0.20	0.09
スーパー尺度と競争力指標の正準変数との相関							
人的資源管理	0.15	0.36	-0.02	0.56	0.34	0.64	0.43
品質マネジメント	0.17	0.37	0.07	0.87	0.37	0.55	0.23
TPM	-0.18	0.16	0.38	0.72	0.27	0.54	0.34
JIT 生産	0.36	0.28	0.56	0.75	0.60	0.56	0.40
SCM	0.35	0.15	-0.20	0.68	0.40	0.45	0.38
新製品開発	0.34	0.11	0.57	0.43	0.23	0.33	0.19
技術開発	0.54	0.16	0.16	0.65	0.28	0.72	0.24
製造戦略	-0.20	0.46	0.16	0.57	0.43	0.62	0.52
競争力指標とスーパー尺度の正準変数との相関							
製造単価	0.20	0.40	0.10	0.09	0.42	0.46	0.31
製品の品質	0.18	0.08	0.52	0.05	0.26	0.36	0.34
予定通りの納品	-0.22	0.44	0.24	0.39	0.41	0.21	0.47
迅速な納品	-0.24	0.28	-0.11	-0.06	0.31	0.16	0.34
製品ミックス変更の柔軟性	0.37	0.19	0.31	0.10	0.19	0.44	0.26
数量変更の柔軟性	-0.20	0.38	-0.07	0.22	0.32	0.71	0.44
在庫回転率	0.66	0.04	0.18	0.13	0.19	0.42	0.23
サイクルタイム	0.38	-0.11	0.46	-0.10	0.12	0.39	0.36
新製品導入スピード	0.36	0.11	0.30	0.09	-0.08	0.60	0.09
製品の性能	0.21	0.02	0.40	-0.25	-0.10	0.27	0.28
予定通りの新製品立ち上げ	0.32	0.10	0.23	0.21	0.08	0.60	0.20
製品の革新性	0.13	-0.05	0.33	-0.12	-0.06	0.30	0.19
顧客支援サービス	-0.14	0.18	-0.06	-0.40	-0.08	0.39	0.04

6 おわりに

本章では，世界的あるいは地域的な競争を念頭に置いたパフォーマンスの決定要因に焦点を当てて，高業績製造企業の分析枠組みと製造パフォーマンスの決定要因に関する四つの仮説を構築した．これらを検証するための道具として，様々な製造実践活動を測定するための複数の質問項目から構成される測定尺度，それらのスーパー尺度，競争力指標を具体的に提案した．2002年以降，工業先進国に立地する製造事業所を対象に収集された調査データを用いて，提案された測定尺度とスーパー尺度の信頼性と妥当性をテストし，分析に利用可能な測定尺度を絞り込んだ．その上で，製造実践活動のスーパー尺度と競争力指標との正準相関分析を用いて，四つの仮説について検討した．その主たる結果は以下のように要約されよう．

① 人的資源管理，品質マネジメント，TPM，JIT生産，SCM，技術開発，製造戦略は競争パフォーマンスと正の関係をもつ．これに対して，新製品開発が製造パフォーマンスに及ぼす影響は小さい．
② 製造実践活動と競争パフォーマンスとの関係は国毎あるいは地域毎に異なったパターンを示す．競争パフォーマンスの最も重要な決定要因は，フィンランドでは技術開発，ドイツでは製造戦略，品質マネジメント，人的資源管理，イタリアでは新製品開発，JIT生産，TPM，日本では品質マネジメント，JIT生産，TPM，SCMである．
③ 日本や韓国の市場で競争力を保持するためには，製造企業は生産マネジメントのすべての領域に目配りをする統合的視点を持たなければならない．

世界市場で持続可能な競争力を保持するため，多くの日本企業は製造実践活動の連携構造と生産マネジメントの異なる領域間のシナジー効果を巧みに利用してそのケイパビリティを蓄積してきている．ここでの分析から，日本の製造企業は事業のリストラやアウトソーシングに明け暮れた後にオペレーションの基本に戻る一方，多種多様な新製品を市場に導入していることが明らかになった．欧米では，各国，各地域それぞれ異なった競争パフォーマンスの決定要因を持っている傾向があり，戦略ベースの経営スタイルが取られているものと解

釈される.

本章の更なる発展方向として, いくつか考慮すべき点がある.

①まず, 提案した分析枠組みでは製造実践活動の間の関係性も描かれており, これらも考慮に入れて, 製造パフォーマンスが規定されるより, 包括的な構造を分析対象とすることが考えられる. 分析手法としては, パス解析や構造方程式モデルがあげられるが, 標本の大きさに関する問題が残る. 今後調査対象となる国が増加すれば, この問題は多少緩和される可能性はある. Flynn et al. [1995], Matsui (2002a, 2002b, 2002c, 2002d). Phan and Matsui (2009, 2010a, 2011) をはじめとして, HPM 国際共同研究に参加している多数の研究者が, 生産マネジメントの特定領域に焦点を当てて, その測定尺度と競争パフォーマンスとの関係性や二つの領域間の関係性について分析を行い, その結果を発表しているが, それらを包括的に捉え直すことも必要であろう.

②同様な調査が 1990 年代にも実施されており, また, 今年度から来年度にかけて同様な調査が計画されているので, それらとの比較も興味深い. このような方向の研究として, 例えば, Matsui [2007] は, 主として 1990 年代の調査データに基づいて日本の製造事業所における JIT 生産の分析を試みているが, 今回の調査結果との比較から顕著な差異が見られるものを指摘している. Phan and Matsui [2010b] は 2000 年代の調査データを用いて類似の分析方法を適用して, 日本の製造事業所だけではなく, 国際比較を行っている. ただし, これらは JIT 生産と競争パフォーマンスの関係性という限定された範囲に留まっている. これをさらに拡大して包括的構造の経時的かつ国際的な比較へと繋げていく努力が求められる.

参考文献

Flynn, B. B., Sakakibara, S., and Schroeder, R. G. [1995] "The interrelationship between JIT and TQM: practices and performance," *Academy of Management Journal*, Vol. 38, No. 5, pp. 1325-1360.

Flynn, B. B., Sakakibara, S., Schroeder, R. G., Bates, K. A., and Flynn, E. J. [1990] "Empirical research methods in operations management," *Journal of Operations Management*, Vol. 9, No. 2, pp. 250-284.

Hamêl, G. and Prahalad, C. K. [1994] *Competing for the Future*, Harvard Business School

Press, Boston.

Hopp, W. L. and Spearman, M. L. [2000] *Factory Physics*, McGraw-Hill/Irwin, New York.

Matsui, Y. [2002a] "Contribution of manufacturing departments to technology development: an empirical analysis for machinery, electrical and electronics, and automobile plants in Japan," *International Journal of Production Economics*, Vol. 80, No. 2, pp. 185-197.

Matsui, Y. [2002b] "An Empirical Analysis of Operations Strategy in Japanese Manufacturing Companies," in Christiansen, J. K. and Boer, H. (eds.) *Operations Management and the New Economy*, Proceedings of the 9th International EurOMA Conference, Department of Operations Management, Copenhagen Business School and Center for Industrial Production, Aalborg University, pp. 893-905.

Matsui, Y. [2002c] "An Empirical Analysis of Quality Management in Japanese Manufacturing Companies," *Decision-Making at the Speed of Light: What is Amiss?* Proceedings of the Seventh Asia-Pacific Decision Sciences Institute Conference, National Institute of Development Administration, pp. 1-18.

Matsui, Y. [2002d] "An Empirical Analysis of Production Information Systems in Japanese Manufacturing Companies," in Takao Terano and Michael D. Myers (eds.), The Next e-What for Business and Communities, *The Sixth Pacific Asia Conference on Information Systems (PACIS2002) Proceedings*, Tokyo, Japan, pp.473-487.

Matsui, Y. [2007] "An Empirical Analysis of Just-in-Time Production in Japanese Manufacturing Companies," *International Journal of Production Economics*, Vol. 108, No. 1-2, pp. 153-164.

Nunnally, J. [1967] Psychometric Theory, McGraw-Hill, New York.

Phan, C. A. and Matsui, Y. [2009] "Effect of Quality Management on Competitive Performance in Manufacturing Companies: *International perspective*," *International Journal of Productivity and Quality Management*, Vol. 4, No. 2, pp. 153-177.

Phan, C. A. and Matsui, Y. [2010a] "Contribution of Quality Management and Just-in-Time Production Practices to Manufacturing Performance," *International Journal of Productivity and Quality Management*, Vol. 6, No. 1, pp. 23-47.

Phan, C. A. and Matsui, Y. [2010b] "Comparative study on the relationship between just-in-time production practices and operational performance in manufacturing plants," *Operations Management Research*, Vol. 3, No. 4, pp. 184-198.

Phan, C. A. and Matsui, Y. [2011] "Relationship between Quality Management Practices and Competitive Performance: Japanese Quality Award Perspective," *Journal of Japanese operations Management & Strategy*（オペレーションズ・マネジメント＆ストラテジー学会論文誌), Vol. 2, No. 1, pp. 16-37.

Schonberger, R. J. [1986] *World Class Manufacturing: The Lessons of Simplicity Applied*, Free Press, New York.

Schroeder, R. G. and Flynn, B. B. [2001] *High Performance Manufacturing: Global*

Perspectives, John Wiley & Sons, New York.
Womack J. P., Jones D. and Roos D. [1990] *The Machine that Changed the World*, Rawson Associates. New York.

第Ⅱ部　企業統治と市場・マクロ経済

第4章
証券市場と M&A 市場*
──市場高質化へのルールのあり方──

矢野誠・小松原崇史

1 はじめに

　本章では，証券市場や M&A 市場など，企業を「商品」とする市場について高質な市場を形成するために必要なルールのあり方を考える．
　現代経済の発展のためには，企業も市場で取引されるべき「商品」だと認識される必要がある．そのような認識がわが国の企業経営に最も欠けているものだろう．ベンチャー起業家であれ，企業内ベンチャーの担当者であれ，企業育成は生産活動の一つであり，その生産物が企業である．「バブル」期以降の日本経済が良好に機能してこなかったのも，第二次世界大戦後，銀行に偏ったいびつな企業金融に頼り，企業を「商品」として取引できる市場の高質化が遅れたことにあると考えられる．
　企業を「商品」として取引するという考え方はわが国の精神風土にはなじまないと考える人もいるだろう．しかし，企業も人間の生産活動を通じて形成されるものである．それを生産物として取引することで有効に活用することが，新しい世紀における日本経済の発展には不可欠だろう．
　以下では，証券市場や M&A 市場のルールのあり方を検討することで，それらの市場を高質化するための道を探ることにしよう．第 2 節では，高質な市場を形成するためには，市場のルールを適切に設定することが重要であることを説明する．第 3 節では，企業を「商品」とする市場が，企業の「商品」とし

---

*）本章の一部は，2005 年 10 月 29 日に成城大学経済研究所で行われた報告の草稿に基づくものである．報告会に出席された皆様に感謝申し上げる．本研究は，慶應義塾大学・京都大学連携グローバル COE プログラム「市場の高質化と市場インフラの総合的設計」および特別推進研究「経済危機と社会インフラの複雑系分析」(23000001) の助成を受けたものである．

ての特殊性ゆえに，一般の商品を取引する市場とは別のルールを必要とすることを示す．第4節でみるように，証券市場には，企業の情報を開示し，内部情報取引を禁止するためのルールが必要である．第5節でみるように，M&A市場には，経営者の意思決定と所有者の意思決定をバランスするためのルールが必要である．

2 市場とルール

矢野［2001, 2005］で述べたように，それぞれの市場には，それら固有の質が存在する[1]．このことは，押し売りや詐欺やまがい物が横行する市場は質が高いとは言えないことを考えると，別に不思議なことではない．競争の質が高ければ，押し売りは発生しない．複数の売り手が競争していて，どの売り手からでも買うことができるような状態では，押し売りは不可能だということである．情報の質が高ければ，詐欺は発生しない．情報の質とは，情報の透明度と言い換えてもよい．透明度が高く，誰もが同じ情報にアクセスできる市場では，詐欺師の出る幕はない．まがい物は質の低い製品ということである．このように考えると，競争の質，情報の質，製品の質が市場の質の重要な決定要因であることが分かる．

これらの要因の中でも，競争は特に重要な位置を占める．市場は競争なしでは機能しえず，競争はルールなしでは成立しえないからである．「競争なしでは市場は機能しえない」というのは経済学の最も基本的な教えの一つであり，詳しい説明は必要としない．他方で，「競争はルールなしでは成立しえない」という点は若干の説明が必要かもしれない．日本語では「競争」とは，「勝負・優劣を互いにきそい争うこと」（広辞苑第5版）と説明されるに過ぎず，競争とルールとの間の関係が明確に意識されることは少ない．経済学の考える競争は，単なる優劣の競い合いではなく，原語にあたる competition に近い意味を

---

[1] 市場の質というのは新しい観点だが，近年，経済学において，市場の質の重要性が指摘されるようになってきている．たとえば，倉澤［2005］は，はしがきにおいて，以下のようにのべている．「さらに最近では，これまでほとんど取り上げられることがなかった，市場の質あるいは競争の質を論じなければ，市場の機能を適切には理解できない，という問題意識も生まれてきた」市場の質の分析の重要性に関しては，樋口［2005］，樋口・児玉・阿部［2005］，出井［2005］，黒川［2005］，池尾［2006］，樋口・山川［2007］，矢野［2009］，吉野・矢野・樋口［2009］などでも指摘されている．

持つ．英語では，competitionとは，「通常，フェアまたは平等なルールまたはそう見えるルールのもとで，他人が獲得しようとするものを同時に獲得しようとする行為や行動」（Webster's Third New International Dictionary［筆者訳］）であるとされる．つまり，みなが認めるようなルールが最初に設定されていなければ競争は成立しえない．

ここで言うルールというのは，個々の人の一挙手一投足を選別的に縛る細則ではなく，誰にでも共通に適用される原則的な規則のことである．運動会に参加する子供たちのそれぞれに対し，個別的に腕の振り方や足の上げ方を規定してしまっては，ダンスや行進はできても，徒競走はできない．競争に不可欠なのは，スタートの合図と同時に走り始めるといった，参加者のすべてに適用される基本的規則である．競争を律するルールはそういうものでなくてはならない．

高質な市場を形成するためには，ルールを適切に設定することが不可欠である．市場とは，誰かが育成するものではなく，自然と生育していくものだからである．政府（特に行政府）の経済政策で市場を育成できると考えるのは，発展途上経済の見方である．先進経済にとっての市場とは，自発的な経済活動をコーディネートする場以外の何ものでもない．自発的経済活動の発揚の場であると言い換えてもよいだろう．自発的な経済活動を政府の経済政策といった恣意的な力によって制御しようとしても，よい結果は望めない．子供を持った経験のある人ならば誰もが，「子供を育てる」ことに力を入れるか，「子供が育つ環境を整える」ことに力を入れるか，考えてみた経験があるに違いない．「育てる」という考えが有効なのは，相手が子供だからである．しかし，たとえ相手が子供でも，「育つ環境」も，誰もが重要と認めるだろう．市場に参加するのは子供ではなく，自発的な意思を持った大人である．そういう人たちの活動をコーディネートする場が市場なのだから，それを育てようと考えても無益なのは明らかである．市場が育つ環境を決定するのがルールであり，制度である．

現実の経済には，競争の質，情報の質，製品の質を担保するためのルールとして，反トラスト法，証券法，知的財産権法，製造物責任法などといった法律が存在する．反トラスト法は市場競争の基本ルールを与える．また，証券法は証券取引における情報の伝達コストの負担責任を定める．さらに，知的財産権法は新しい製品の開発コストの負担の問題にかかわり，製造物責任法は危険を伴う製品の危険回避コストの負担に関わるルールを設定する．

3 「商品」としての企業の特殊性とルール

　21世紀を通じてわが国の経済を成長・発展させていくためには，新しい企業の育成を通じた資本形成が欠かせない．企業の育成は種からリンゴの苗木を育て，それを若木にし，成木に育てた上で，リンゴを収穫し，販売するプロセスに似ている．企業を育てるにしても，リンゴを育てるにしても，それぞれの段階で異なる生産要素と異なる配慮を必要とする．長い時間をかけた後，企業が軌道に乗ったり，果実を収穫できたりして，はじめて「商品」として売ることができることも共通している．

　リンゴの生産活動が一つの産業として拡大していくためには，リンゴに大きな需要が存在しなくてはならない．大きな需要が存在して，はじめてその製品の市場が確立し，その製品の生産が産業として確立する．同様に，企業育成という生産活動が拡大していくためには，証券市場やM&A市場を充実させることが不可欠である．それは，証券市場やM&A市場が企業育成という生産活動の結果として生み出される「商品」，つまり企業そのものを販売する場を提供するからである．

　しかしながら，以下で述べるように，「商品」としての企業には，リンゴのような一般の商品とは異なる特殊性がある．まず，売買の際に必要な情報を買い手に対して容易に受け渡すことができない．また，経営者の存在により企業の所有者が明確でなくなっている．そのため，企業を「商品」として取引する市場を形成するには，第4節以下で述べるような，それらの特殊性を反映したルールが必要となる．

3.1　企業に関する情報は偏在する

　取引対象に関する経済主体間の情報の受け渡しが困難な点は，「商品」としての企業の特に重要な特徴である．リンゴの取引でも，売り手が買い手よりも精度の高い情報を持っている可能性が高い．しかし，情報の受け渡しが容易なので，リンゴの市場では，売り手も買い手も取引対象に関し基本的に同じ情報を共有することができる．精度の低い情報しか持たない人でも，リンゴをよく見て，サンプル（試供品）を一口食べてみれば，どのような品物を取引するかはすぐに分かる．しかし，企業を「商品」として取引する市場では，経済主体

の間の情報の受け渡しはリンゴの市場のように簡単ではない．企業の将来性や信頼性が企業の価値の決定要因だからである．企業の将来性や信頼性に関し，経営者や経営に関わる人々が保有する情報は内部情報と呼ばれ，質，量ともに，一般の投資家に収集可能な情報とは比較にならないものである．そうした内部情報を一般投資家に受け渡すのは，技術的にも，経営戦略的にも困難な場合が多い．

　企業を「商品」として取引する市場で情報が重要なのは，リンゴと異なり，取引対象が非常に高額であり，同じものが同じ売り手と買い手との間で繰り返し取引されるわけではないためでもある．消費者がリンゴを買うような場合，たとえ買い間違えても，比較的安価なので，それほど大きな損害は発生しない．また，同じ売り手と同じ買い手によって繰り返し取引ができる可能性も高いので，長期的には，特定の売り手が提供する商品の質を買い手は比較的正確に知ることができる．だが，企業を「商品」とする場合では，そうはいかない．

3.2　企業の取引では，経営者が代理人として取引にあたる

　「商品」としての企業を特殊なものにする，もう一つの重要な要因は経営者の存在である．経営者は企業の日々の戦略を定め，企業の生産活動を統率する役割を果たす．その結果，企業と経営者との一体性が高まり，株主と経営者の関係が不明確になる傾向が強い．そのため，株主と経営者の制度的な関係を明らかにする必要性が生じる．

　証券市場は，企業を所有する者が，所有権の一部を株式として売却することで，追加的な資金を獲得し，収入を得る場である．追加的資金を得る場としての性格が強いのがベンチャー資本市場であり，収入を得る場としての性格が強いのが株式市場である．所有権の売却を通じて資金や収入が獲得されるという証券市場の基本的性格を考えると，証券市場が成立するためには，企業の所有者は株式の保有者でなくてはならない．「企業は株主だけのものではない」とか，「そこで働く人も含めて，企業に関わる人すべてのものである」とか，「社会全体の財産である」といった主張を耳にすることも少なくない．しかし，それを文字通り受け取るとしたら，企業の所有権を得る約束で資金を投じた人の所有権を否定することを意味する．

　コースの定理が教えるように，私有財産権の確立は市場形成の必要条件である．日照権問題や近隣の騒音のような外部性は，外部性から発生するサービ

に私的財産権が確立していないことに起因する．たとえば騒音が外部不経済と認識されるとしたら，それは人々の間で，音を自由に出す権利を保有するのか，騒音のない生活をする権利を保有するのか，について共通認識が形成されていないためである．そのような場合でも，人々の有する権利の内容を確定し，その権利を人々の間で交換可能にすれば，外部性として生み出されているサービスを取引する市場が形成される．これがコースの定理の最も基本的な含意である．

株主が企業の所有者であることを確認した上で重要なのは，株主と経営者の間の役割分担を明確にすることである．企業の取引がリンゴの取引と異なる最大の点は，所有者と取引の意思決定主体が異なることである．リンゴの例で考えると，所有者の代理としてリンゴを売りに行く人と，買い手の代理として買いに行く人とが取引を行うようなものである．たとえば，M&Aの場合，直接売買に関わるのは，売り手側と買い手側のそれぞれの企業の経営者であり，企業の所有者である株主は直接タッチしない場合が多い．また，所有者よりも重要な情報を代理人が保有するという意味では，中古マンションなどの取引のように，売り手と買い手のそれぞれが不動産会社を立て，仲介してもらう取引に似ている．

所有者よりも重要な情報を持つ代理人が取引を行う場合，一方で，代理人の意思決定を尊重しなくては良い取引を行うことは難しい．所有者が代理人の一挙手一投足を制約したいならば，代理人など立てずに自分で取引に参加すればよい．他方で，代理人が所有者の意思をまったく尊重しなかったならば，代理人取引は成り立たない．

4 証券市場と情報開示のルール

普通の市場は競争のルールを確立することで自然と高質化する傾向が強い．しかし，情報量が大きく異なる主体が参加し，情報の移転が困難な場合，競争に関するルールを確立しただけでは，市場は高質化しにくい．

証券市場は競争のルールを確立しただけでは高質化しにくい市場の最も重要な例である．証券市場を充実させるためには，一般投資家の参加が不可欠である．それが「商品」としての企業への需要の大きさを最終的に決定するからである．同時に，一般投資家の情報量は，「商品」としての企業の取引に携わる

他の経済主体と比べ大幅に小さい．そのような状況では，情報の質の向上なしには，市場の高質化は難しい．

アメリカでは，証券の発行者に対し情報開示を義務付け，企業の内部情報に基づく証券市場での取引を禁止することを通じて，証券市場の高質化が図られている．さらに，2002年には，エンロンなどによる不正会計事件を受けて，サーベンス・オクスリー法が制定され，財務情報の開示の強化および不正会計に対する罰則の強化が目指されている．情報の質の向上のためには，企業会計制度の質的向上が欠かせないからである[2]．

4.1 情報開示により，経営者と一般投資家の情報格差を埋める必要がある

取引に関係する複数の経済主体が異なる量の情報を保有する場合，情報に非対称性があると表現される．一般に取引対象に関して，買い手よりも，売り手のほうが大きな情報を保有する場合が多い．株式の初期公開はその典型的な例である．

イギリスやアメリカの慣習法では，「キャビアト・エンプトア」（買い手よ，注意せよ）という表現に象徴されるように，取引の判断材料に関わる情報は買い手が責任をもって収集するというルールが存在した．この表現は16世紀ごろにはすでに使われていたという記録があり，買い手の側に情報収集責任を課すのが欧米の取引の伝統である．

取引において，情報提供責任を前提とするか，情報収集責任を前提とするかは，コースの理論にある私的財産権のあり方の設定の問題と同じである．どちらをルールとするかが決定できれば，取引対象に関する情報が偏在したとしても，そこから発生する裁定機会を取引主体が利用することで，情報の偏在が解消する可能性が高い．

このような理論が妥当するためには，情報の移転にかかる取引費用が小さくなくてはならない．イギリスやアメリカで買い手の情報収集責任の制度が形成されたのは，取引に関わる係争解決の費用が無視できなかったためだと考えることもできる．売り手の情報提供責任を義務付けた場合，十分な情報開示が行われたか否かに関し，取引の後で争いが発生する可能性が無視できない．買い手の情報収集責任を義務付ければ，そのような争いを避けることができる．

---

[2] 黒川［2005］は，企業会計制度の議論の中で，情報開示と市場の質の向上との関係を指摘している．

アメリカの証券法・証券取引法は，中世以来の伝統である買い手の情報収集責任を売り手の情報提供責任に転換した点で，画期的な法律だといえる．証券市場の場合には，情報の非対称性が深刻で，買い手による情報収集コストが不当に高い可能性がある．情報提供コストの方が情報収集コストより低いというような市場では，情報提供責任に転換する方が望ましい．また，証券の取引においては，一般投資家が企業の内部情報を持つ人よりも情報上，不利な立場に置かれる．情報の開示を義務付けることで，そのような立場の人を保護しようとするのが証券法・証券取引法の理念と言ってよいだろう．

これらの法律のもとで，証券委員会（SEC）が設置され，証券取引におけるルールを定め，ルール違反を取り締まる役割が与えられている．証券法（特に，第17条）と証券取引法（特に，第10条）に基づき，SEC はルール 10b.5 と呼ばれる，以下のような，情報開示に関する基本ルールを定めている．

直接・間接に，
1 他人を騙す仕組み，方法，策術を利用したり，
2 重大な事実に関して虚偽の説明を利用したり，与えられた状況のもとで，誤解をさせるために必要な重大な事実を説明しなかったり，
3 証券の売買に関して，人を騙したり，詐欺を行おうとしたり，行ったりする行為，活動，またはビジネスに従事することは違法である

証券法・証券取引法は証券一般の取引に関する基本ルールを定めたものである．なかでも，一般投資家が参加する株式市場での情報の開示義務を最も広範囲に定めている．他方，一般投資家が参加しないベンチャー・キャピタル市場などにおいては，より限定された範囲での情報開示義務が置かれている．たとえば，株式を公開する企業は SEC に登録して，企業に関する情報を一般に公開しなくてはならない．また，公開企業は SEC に財務資料を定期的に提出し，公開する義務を負う．それに対し，ベンチャー・キャピタル市場では株式の売り手は自社の情報の一般公開は要求されない．

4.2　一般投資家の参加を促すためには内部情報取引の禁止が有効である

ルール 10b.5 に基づき，SEC は株式市場（流通市場）における内部情報取引も禁止している．内部情報取引というのは，企業の内部にいる者が，その立場

を利用して得た情報（内部情報）を使って，株式市場で取引することである[3]．

もともと，20世紀初頭まで，資本形成における株式市場の役割は十分に認識されていなかったと思われる．株式の取引は，たとえば取引価格よりも価格が下落するならば，その株式を買った人にとって，売った人の得とちょうど同額だけの損を意味する．したがって，株式市場での取引は，直接的には，売り手と買い手の間の資金の移動を意味するに過ぎない．市場全体で集計してしまえば，取引の結果として発生するネットの利益はゼロになってしまう．そのため，たとえばケインズは株式市場は無視できるものと想定し，財市場，貨幣市場，社債市場の三つだけが存在するマクロ経済モデルによって貯蓄と投資の関係を分析した．

資本形成における株式市場の役割が無視できるという考え方が支配的ならば，株式の取引はギャンブルと同様なので，内部情報取引の悪影響が重視されなかったとしても不思議ではない．内部情報投資家と（内部情報にアクセスできない）外部情報投資家が同じ株式市場で取引を行えば，明らかに，外部情報投資家が不利な立場に置かれる．玄人（くろうと）と素人（しろうと）が混在する市場では，素人が不利だということである．そういう市場でも，株式取引をギャンブルの場として楽しむ人さえいれば，企業は株式市場から資金を調達することはできる．

20世紀初頭までの経済に関しては，マクロ経済分析には株式市場を無視するという，ケインズ的な見方が妥当であったのかもしれない．株式市場には内部情報投資家とごく限られた範囲の外部情報投資家が参加すれば十分だったのだろう．実際，内部情報を持つ投資家が十分な資金を保有し，存在する投資機会を有効に利用しきれるならば，すべての投資は内部情報に基づいて行われるのが望ましい．内部情報の方が精度が高いので，より正確な投資が行われ，より大きな投資収益が期待できるからである．

しかし，経済が発展すると，内部情報を持ちうる人の資金だけでは間に合わなくなる．その場合には，外部情報しか持たない人から資金を調達する必要が発生する．ラスベガスなどの有名カジノではプロは締め出され，素人だけが楽しめる場を形成する努力が行われているそうである．ラスベガスのカジノは街角のパチンコ店とは比べ物にならない規模を誇っている．そうした規模を維持するためには，多数の人に来てもらう必要がある．そのためには，一般の人に

---

[3] 内部情報取引の資本形成に関する効果の理論分析は矢野［1992, 1995］を参照．

とっての娯楽施設という性格を高める必要があるのだろう．規模が大きくなるにつれ，玄人は締め出し，素人だけが遊べる場を作るということが，たとえ，ギャンブルの場であっても必要になるということである．内部情報取引の禁止は19世紀以来の株式市場の制度を全面的に転換するものであり，その後のアメリカの株式市場の発展に決定的な役割を果たしてきた．

5　経営者の被信任義務の明確化とM&A市場

　資本形成にとってM&A市場は非常に重要な役割を果たす．広い意味では，その役割は普通の市場と同じで，資源の配分と交換利益の分配だと考えてよい．そうした機能を通じて，M&A市場は企業や産業の構造転換を可能にし，企業の価値を明らかにする．

　企業や産業の構造転換機能があるのは，M&Aが生産組織の転換を可能にするためである．アメリカは1980年代に非常に大きなM&Aブームを経験した．当時は，M&Aをマネー・ゲームの風潮として，否定的な目で見る人も少なくなかったことは記憶に新しい．しかし，改めて当時のM&Aブームを考えると，1950年代以来の成長を通じて巨大化し，硬直化したアメリカの企業組織の転換に大きく寄与したと見る方が適切なように思える．1980年代のM&Aブームを通じて，企業の分割や合併，さらには，産業の再編が進んだことが，1990年代から始まるIT革命の基礎を形成したとみることができよう．

　また，M&Aは企業そのものの取引を行うことで，市場における，企業の価値評価を明らかにする機能を持つ．株式市場で株価を公開している企業であっても，いつでも株価が企業の正確な価値を反映しているわけではない．市場における情報の質の程度によっては，株価が企業の価値を正確に示さない場合も多い．株式市場で取引されていない企業であったり，子会社など企業の一部分の価値を正確に知るのは，企業の所有者や経営者にも難しい．そのような状況において，企業の価値評価を行う貴重な機会を提供するのがM&A市場である．

　M&A市場を律するルールのデザインの難しさは，企業の所有者の意思決定と代理人の意思決定とをバランスさせなくてはならない所にある．以下では，この点に関し，アメリカのルールを中心に検討し，今後の日本でのルールのあり方を探ることにしよう[4]．

5.1 ビジネス判断ルール――経営者の通常の経営判断は保護される

アメリカでは，ビジネス判断ルール（business judgment rule）と呼ばれるルールに企業の所有者と経営者の間の意思決定のバランスの基礎が置かれる．ビジネス判断ルールのもとでは，経営者は企業の置かれた状況を知悉し，善意とともに，株主のために最善となるような意思決定を行っているとみなされる．したがって，株主が経営者の経営責任を法的に問うためには，経営者が株主の信任によって発生する一定の法的義務（法的被信任義務，fiduciary duties）に違反することを証明しなくてはならない．つまり，株主が経営責任を法的に問うためには，株主が挙証責任を負う．この意味で，経営者の判断が保護されるということができる．

一般に，経営者は，法的被信任義務として，注意義務（duty of care）と忠実義務（duty of loyalty）を負うとされる．注意義務を一言で言うと，経営者は株主から与えられた職務を細心の注意を払って，一生懸命に遂行する義務を負うということである．忠実義務とは，経営者は株主の利益のためにのみ経営上の意思決定を行い，自らの利益の誘導を図らないという義務である．経営者の法的責任を問うためには，株主は経営者に注意義務や忠実義務違反があったことを証明しなくてはならない．

しばしば指摘されるように，アメリカでは経営者による社外専門家の意見の取り入れが制度的に担保されている．この制度は経営者の法的被信任義務という考え方と並行して発展してきた．取締役会（board of directors）のメンバーに社外取締役を入れたり，企業外の弁護士や公認会計士の意見に基づいた経営を行うといったことが，コーポレート・ガバナンスの一環として制度化されている．その背後には，専門家の意見に基づいて，善意をもって経営判断を行う限り，経営者は注意義務を果たすという裁判所の判断がある．

通常の経営上の意思決定に関しては，経営者と株主の利益が一致する可能性が高い．そのような場合には，ビジネス判断ルールによって経営者の意思決定を保護する妥当性は高いだろう．株主総会による経営者の意思決定のチェックによって，経営者が「企業の置かれた状況を知悉し，善意とともに，株主のために最善となるような意思決定を行う」ことを担保できる可能性が高い．した

---

4) M&A 市場に関する，より詳しい説明は，矢野［2007c］を参照．わが国での M&A に関するルールと事例については，Yano and Komatsubara［2008］を参照．

がって，株主が経営者の責任を追及する際の挙証責任を株主に設定することで最適が達成されると考えて差し支えなさそうである．

5.2 株主・経営者の利害不一致はビジネス判断ルールを制約する

企業／経営者のM&Aに関する意思決定についても，基本的には，ビジネス判断ルールが適用される．つまり，注意義務と忠実義務を経営者が守れば，経営者は経営上の意思決定に関し，追求を免れる．しかし，M&Aにおいては，経営者と株主の利害が対立する場合も少なくない．そのような場合には，挙証責任を株主に置くビジネス判断ルールでは最適な結果が達成される可能性が低い．

アメリカでは1980年代のM&Aブームを受け，株主と経営者の間で利害が対立する可能性の高い特定の状況においては，経営者の行動をチェックする制度が採用された．利害対立が起きるM&A活動としては，

1 敵対的買収に対する経営者の一方的企業防衛策（いわゆるポイズン・ピルなど）の設定，
2 企業を売却する経営者の意思決定，
3 経営者自らによる企業買収のように，経営者が自らの企業の売り手と買い手の立場に同時に立つようなM&A

という三つの状況が想定された．こうした状況での経営者の意思決定にはビジネス判断ルールは適用されず，経営者にも説明責任が課されている．

5.2.1 敵対的買収に対する一方的企業防衛に関するユノカル基準

敵対的買収を想定した一方的な企業防衛策の採用においては，経営者が法的被信任義務を守るという，ビジネス判断ルールが立脚する想定は不適切だとみなされている．企業防衛策の採用においては，経営者は以下に述べる，ユノカル基準と呼ばれる二つの基準をみたす意思決定を行わなくてはならないとされる．

1 経営戦略と経営の実効性を損なう危険が存在するとみなす合理的な理由が存在すること．

2　さらに，採用する企業防衛策が敵対的買収の引き起こす危険に対して適切な範囲にあること．

というのがユノカル基準の内容である．

　企業防衛策の採用に関して株主が経営者の経営責任を問う際には，挙証責任がビジネス判断ルールが定める株主の側から，経営者の側に移行される．経営者は自分の意思決定が第一の基準を満たすことを，善意に基づき，十分な検討を行ったことをもって示さねばならず，第二の基準を満たすことを対策の客観的合理性をもって立証しなくてはならない．

5.2.2　企業売却の際の経営者の責任に関するレブロン・テスト

　企業が売却される場合，経営者の利害と株主の利害は一致しない．経営者の報酬が企業の売却価格と比例するようにあらかじめ設定されるわけではないからである．たとえ比例的に設定するとしても，取り分比率の設定も株主と経営者の間で設定されなくてはならないことを考えると，企業売却から発生する株主の取り分を最大にすることと経営者の報酬を最大化することとは同一ではありえない．つまり，企業売却時には，経営者の利益と株主の利益とが一致しない可能性が高い．

　アメリカでは企業売却の際には，経営者は株主が達成できる最高の価格で企業を販売することが要求される．判例によると，企業販売の際には，「経営者の役割は企業経営ではなく，株主のために，企業売却時の最高の値段で企業を販売する競売人として行動することに転換される」とされている．この制度は，判例が出された事件に由来して，レブロン・テストと呼ばれる．

5.2.3　完全公正性判断

　M&Aに従事する経営者が，同時に，対象企業の売り手の立場にも買い手の立場にも立つような場合に，株主に対する忠実義務を果たすためには，細心の注意を要する．そのような場合において，経営者が株主によって経営責任を問われる際には，裁判所は経営者の意思決定が株主に対して完全に公正なものであったか否かに基づいて，判断を行う．

　完全公正性の判断では，単に取引価格だけでなく，取引の過程，株主に対して提供された情報の内容にわたって，取引が株主に対してフェアであったか否

かが検討される．フェアな価格とは，「資金繰りが可能な最高価格とか，（経営者が）買い手の立場で支払可能な最高の金額というわけではなく，すくなくとも通常の取引では，普通の買い手がフェアだと考える範囲にあり，普通の売り手が受け入れてもよいと考える範囲にある価格である」とされる．

経済学的な立場からは，Yano [2008, 2009] がフェアな価格の定義を与えている．その定義によれば，フェアな価格とは，市場において利潤を正当な方法で獲得できる機会がないような状態において成立している価格のことである．また，矢野 [2007c] は，この定義が上の法律的な定義と同じであることを示している[5]．

6　おわりに

本章では，証券市場や M&A 市場など，企業を「商品」とする市場を高質化するために必要な制度のあり方を考えてきた．その際には，企業の情報開示が重要であることを指摘した．しかし，情報開示以上に本質的なのは，情報分析力である．情報を正確に分析する能力のない市場参加者もいるのだから，情報開示だけでは不十分だという意見を聞くことも少なくない．「情報分析力を持たないお年寄りが株式市場で大損することも多い．情報開示だけでは，そういう人は保護できない」というわけである．

このような見方がもっともらしく見えるとしたら，それは議論の出発点に誤りがあることに気づいていないからである．証券市場にせよ，M&A 市場にせよ，情報分析力を持たない人が参加すべき市場ではない．「情報分析力を持たないお年寄り」は，遊びとしてのギャンブルを楽しもうというのでない限り，株式に手を出すべきではないということである．証券市場も M&A 市場も，買い手の高度な情報分析力に支えられていなくてはならない．そうでなければ，証券市場を基礎とした資本形成は成功しない．「バブル」の時代に日本企業がアメリカで行った不動産投資の多くは失敗に終わったことは記憶に新しい．これなどは情報分析力を持たずに投資を行うべきではないということを示すよい例である．情報分析力は正確な情報にアクセス可能でなくては育ちえない．証

---

5) フェアな価格については，矢野 [2007a, 2007b] も参照．また，Yano [2005, 2006] は，自由参入下の価格競争モデルにおけるフェアな価格の形成を分析している．照山・矢野 [2010]，三好・矢野 [2009] は，フェアな価格という視点から，労働市場の質について分析している．

券市場やM&A市場において，「商品としての企業」の買い手の情報分析力が育っていくためにも，情報開示の制度の確立が望まれる．

参考文献

M. Yano [2005] "Coexistence of Large Firms and Less Efficient Small Firms under Price Competition with Free Entry," *International Journal of Economic Theory*, 1, pp. 167-188, 2005.

M. Yano [2006] "A Price Competition Game under Free Entry," *Economic Theory*, 29, pp. 395-414.

M. Yano [2008] "Competitive Fairness and the Concept of a Fair Price under Delaware Law on M&A," *International Journal of Economic Theory*, 4, pp. 175-190.

M. Yano [2009] "The Foundation of Market Quality Economics," *Japanese Economic Review*, 60, pp. 1-32.

M. Yano and T. Komatsubara [2008] "Law and Economics of M&A Markets," in Makoto Yano, ed., *The Japanese Economy*, Keio University Press.

池尾和人 [2006] 『開発主義の暴走と保身』NTT出版．

倉澤資成 [2005] 『市場競争と市場価格』日本評論社．

黒川行治 [2005] 「市場の質と会計社会の対応」，『會計』第167巻．

照山博司・矢野誠 [2010]「競争上公正性から見た我が国の労働市場の質——正規・非正規労働市場の垣根に関する実証分析」，瀬古美喜・照山博司・山本勲・樋口美雄・慶應-京大連携グローバルCOE編『日本の家計行動のダイナミズム [VI]』慶應義塾大学出版会．

出井文男 [2005] 「書評——「質の時代」のシステム改革」，『三田学会雑誌』第98巻．

樋口美雄 [2005]「慶應義塾家計パネル調査（KHPS）の目的と本書の要約」，樋口美雄・慶應義塾大学経商連携21世紀COE編『日本の家計行動のダイナミズム [I]』慶應義塾大学出版会．

樋口美雄・児玉俊洋・阿部正浩 [2005]『労働市場設計の経済分析』東洋経済新報社．

樋口美雄・山川隆一 [2007]「労働法」，矢野誠編『法と経済学』東京大学出版会．

三好向洋・矢野誠 [2009]「賃金形成から見た日本の労働市場の質について」，樋口美雄・瀬古美喜・照山博司・慶應-京大連携グローバルCOE編『日本の家計行動のダイナミズム[V]』慶應義塾大学出版会．

矢野誠 [1992]「証券市場の制度と規制」，藪下史郎・國府田桂一・秋山太郎編『日本経済』有斐閣．

矢野誠 [1995]「企業金融と資本形成」，倉澤資成・若杉隆平・浅子和美編『構造変化と企業行動』日本評論社．

矢野誠 [2001] 『ミクロ経済学の応用』岩波書店．

矢野誠 [2005] 『「質の時代」のシステム改革』岩波書店．

矢野誠 [2007a]「市場と市場競争のルール」，矢野誠編『法と経済学』東京大学出版会．

矢野誠 [2007b]「競争法」，矢野誠編『法と経済学』東京大学出版会．

矢野誠［2007c］「M&A法」，矢野誠編『法と経済学』東京大学出版会．
矢野誠［2009］「サブプライム金融危機──「市場の質理論」から見た原因と対策」，『経済セミナー』第646-647号．
吉野直行・矢野誠・樋口美雄［2009］『論争！　経済危機の本質を問う』慶應義塾大学出版会．

第5章
経済危機下での経営再建*1) *2)
—— 2000年代前半の日本の経験 ——

福田慎一・粕谷宗久

1 はじめに

世界的金融危機が各国の実体経済に大きなマイナスのインパクトを与えているなか,深刻な不況からいかに回復できるかは,今日,世界各国の共通のテーマとなっている.そうしたなか,長期の経済低迷から試行錯誤の末に回復したわが国の経験に大きな注目が集まっている.わが国は,1990年代から2000年代初頭にかけて,「失われた10年」と呼ばれる経済低迷を経験した.その経済危機からの回復プロセスは,日本企業にとって決して平坦なものではなかった[1].しかし,痛みを伴いながらも,多くの企業は再建に成功し,2002年1月から2007年10月にかけて息の長い景気回復(第14循環の拡張期)を実現した.この過程での日本の経験は,いかにして危機から回復するかに関して有益な示唆をもつと考えられる.

当時の日本経済では,銀行セクターの不良債権問題が回復を遅らせたとする主張は,幅広く受け入れられていた.特に,当時の研究では,経営再建の見込みが乏しい「問題企業」を存続させたことが,経済の回復を遅らせた主要な原因の一つであることが指摘された(たとえば,星[2000, 2006]や櫻川[2002]).

---

*1) 本章をまとめるにあたっては,統計研究会・釧路コンファレンスおよび日本銀行調査統計局における報告会の参加者から有益なコメントをいただいた.特に,指定討論者の細野薫氏(学習院大学)のコメントは有益であった.また,田陽介,野崎政樹,七宮圭の各氏には,資料やデータの整理および推計でお手伝いいただいた.ここに記してお礼を申し上げる.なお,本章の中で示された内容や意見は,日本銀行の公式見解を示すものではない.

*2) 本章の一部は日本学術振興会の科学研究費補助金(基盤研究(B),課題番号22330112)の支援を受けた.記して感謝したい.

1) 当時の日本経済全般の状況に関しては,小川[2003]が詳しい.また,当時の不良債権処理に関しては,花崎・堀内[2006]や鯉渕・福田[2006]を参照のこと.

しかしながら，2002年1月以降の景気回復過程では，日本経済は不良債権問題を急速かつ着実に解決した[2]．それと同時に，日本企業の多くは，その業績を大幅に改善させた．そして，そのなかには，かつて「問題企業」と呼ばれた企業も少なからず含まれていた．

銀行の不良債権比率がピークとなった2001年当時，ビジネス関係の一般誌には「問題企業リスト」なるものが横行した．なかには当時の感覚でも，いささかゴシップ的な報道もあり，その内容の根拠自体が疑わしいものも少なくなかった．しかし，当時，金融機関が経営再建の見込みが乏しい「問題企業」に対して行った「追い貸し」が非効率な企業を延命させ，日本経済全体の効率性を低下させていたとする主張は学界でも一般的であった[3]．「追い貸し」に関する議論は，Dewatripont and Maskin [1995] や Berglöf and Roland [1995] らが論じたいわゆる「ソフト・バジェット問題」とも共通した特徴を持ち，「追い貸し」は非効率な資源配分を生み出すと主張された[4]．Caballero, Hoshi, and Kashyap [2008] は，「問題企業」を「ゾンビ企業」と呼び，「ゾンビ企業」の存在が産業全体に負の外部性を持ち，非ゾンビ企業にマイナスの影響を与えてきたと主張している．

もっとも，当時の「問題企業」が経営再建の見込みが乏しい非効率な企業であったとすると，なぜその大半がその後も存続しているのかを説明することが難しい．実際，かつて「問題企業」と呼ばれた企業で，結果的に法的処理など破綻や上場廃止に追い込まれた企業は必ずしも多くなかった．また，存続した「問題企業」の大半は，その後の景気回復期では業績を改善させた．

本章の目的は，2000年代前半から半ばにかけての景気回復過程（第14循環の拡張期）において，なぜ日本経済で「問題企業」が復活したのかを，株価の超過収益率を使ったイベント・スタディーを行うことで考察することにある．

2）銀行の不良債権比率は，大手行12行（都銀，信託，旧長銀）では，2001年度末のピーク時には8.7％であったが，2006年度末には1.5％へと低下している．また，地銀・第2地銀110行でも，2001年度末の8.1％から2006年度末には4.1％へと低下している．地銀・第2地銀の不良債権処理が若干遅れ気味ではあるが，約5年間で，日本の不良債権問題はおおむね解決の方向に向かったといえる．

3）先行研究では，邦文で杉原・笛田 [2002]，関根・小林・才田 [2003]，小幡・坂井 [2005] らが，また英文で Peek and Rosengren [2005]，Ahearne and Shinada [2005] らが，それぞれ上場企業を対象として「追い貸し」の存在を検証している．また，非上場企業を対象として，Fukuda, Kasuya and Nakajima [2006] や福田・粕谷・赤司 [2008] が「追い貸し」の存在を検証している．

4）日本において「ソフト・バジェット問題」が非効率を生み出したとするケース・スタディーとして，Fukuda and Koibuchi [2006, 2007] がある．

分析に際しての大きな問題は，どの企業が「問題企業」と呼ばれていたのかを判別することである．当時のゴシップ的な報道をベースとして「問題企業」を選択することは，学術的な分析としては好ましいアプローチではない．しかし，その一方で，当時の一般的な感覚を一切無視して，現在利用可能なデータだけから杓子定規に「問題企業」を選択することも，われわれの問題意識にはそぐわない．

そこで，以下の分析では，『金融ビジネス』2001年12月号（pp.18-23）で「問題企業」とされた72社のうち，継続して株価が利用可能な非金融事業法人を考察の対象とする．この記事では，2001年当時の上場企業3,394社のうち，①500億円以上の有利子負債を負い，②株価が額面の3倍以下であり，③直近の配当がゼロである，という三つの基準をすべて満たした企業を，「問題企業」と定義している．基準の選択には恣意性が残るが，当時報道された「問題企業リスト」の中では，比較的客観性が高い基準で選択されたものであるといえる．先行研究でも，星［2006］がCaballero, Hoshi, and Kashyap［2008］の「ゾンビ企業」と比較する形で，これらの「問題企業」を取り上げている．

以下の分析では，「問題企業」と分類されていた企業群について，その後の景気回復過程において，企業価値がどのような要因でどのように変化していったかを，株価の超過収益率（アブノーマル・リターン）を使ったイベント・スタディーで行うことによって推計を行う．イベントの選択は，『日本経済新聞』の記事検索をベースとする．

「問題企業」が復活した要因としては，さまざまな可能性が考えられる．本章の以下の分析では，大別して三つの要因を考察する．第一は，企業自身によるリストラ効果である．人件費の削減や資産の圧縮といったコストカットや一部事業からの撤退が業績を改善させたかどうかが検証される．第二は，企業の経営構造の変化である．なかでも関連会社との業務提携や経営統合に焦点を当てる．第三は，金融機関やスポンサー企業による支援である．債務免除や減資・増資などの金融支援が，「問題企業」の復活をもたらしたのかどうかを検討する．推計期間は，不良債権比率がピークとなった2001年度をはさむ1996年から2006年までの11年間である．

分析では，一般株主に対して減資が行われたかどうかによって企業を二つのグループに分けて，イベント・スタディーを行った．二つのグループのサンプル期間中の株価の推移を見ると，いずれも1996年度から2001年度までは株価

が大幅に下落する傾向にあったが，2002年度から2006年度にかけては株価が大きく反転している．株価の反転は，一般株主への減資が行われず，株価が連続的に推移したグループ1でより顕著で，1996年から2006年までの通期の株価の変化率でも，TPOIXや日経平均の変化率を結果的に上回る企業が少なくなかった．逆に，減資が行われ，株式併合等で株価が非連続的に変化したグループ2では，2002年度から2006年度にかけては株価の反転は見られたが，その回復は限定的なものが少なくなかった．

　分析結果から，減資が行われなかったグループ1では，他社との業務提携やスポンサー企業の金融支援が大きな影響を与えていた．一方，減資が行われたグループ2では，銀行の金融支援と他社との経営統合が大きな影響を与えていた．リストラ効果についてみると，不良資産や過剰人員の削減は「問題企業」が復活する上で効果的であった．ただし，優良資産の切り売りや人件費の削減に関する新聞報道には，株価に有意なインパクトを与えなかったものも少なくなかった．一方，企業の経営構造の変化では，優良企業との提携は復活に効果的であったが，「問題企業」同士の提携は逆に復活を遅らせる傾向が観察された．さらに，金融機関やスポンサー企業による支援では，借り手側からの支援要請ではなく，外部からの積極的な支援が復活を促進する傾向が観察された．

　本章と同様の問題意識で「問題企業」の復活を考察した数少ない先行研究には，中村・福田［2008］やFukuda and Nakamura［2011］がある．そこでは，星やCaballero, Hoshi, and Kashyapで定義された「ゾンビ企業」の概念を拡張することで，「問題企業」がいかなる要因で復活したのかを財務データ等を使ったロジット・モデルを用いて考察している．しかし，分析は年次データにもとづくもので，本章のような日々のニュースに反映されるイベントが企業価値をいかに高めたかの分析は行われていない．

　本章の構成は，以下の通りである．まず，第2節と第3節では「問題企業」に関して理論的な整理を行った後，第4節では本章で検討する「問題企業」のその後を検討する．第5節でイベント・スタディーの推計方法を説明し，第6節で推計結果を示す．最後に第7節では本章の分析に残された課題について検討する．

2 真の「問題企業」とは？──理論的整理

「失われた10年」の日本経済では，金融機関が経営再建の見込みが乏しい企業に対して行った「追い貸し」が非効率な企業を延命させ，日本経済全体の効率性を低下させていたとする主張が幅広くなされた．当時の論調では，事実上の債務超過にある企業を「非効率な企業」と判断する傾向が強かった．しかし，日本経済の将来に対する見通しが悲観的となっていた当時，どの企業が事実上の債務超過であるかの判断は難しかった．

また，仮に債務超過であったとしても，その企業が常に社会的に非効率な企業とは言えない．これは，企業が存続する価値があるかどうかは，現在から将来にかけてどれだけ利益を上げられるかというフォワード・ルッキングな基準に依存するからである．したがって，仮に過去の赤字が累積して事実上債務超過に陥った企業でも，これから清算価値を上回るプラスの利益が見込まれるのであれば，存続することが社会的にはむしろ望ましい．

このことを理解するため，企業が事業を継続することによって現在から将来にかけて生み出される期待利潤の割引現在価値（Π^e）に関して，次のような不等号が成立しているケースを考えよう．

$$D > \Pi^e > L \geq 0 \tag{5.1}$$

ただし，D は既存の負債残高，L は中断したときの清算価値をそれぞれ表す．

この不等号は，事業を継続すれば当該企業はプラスの利潤を期待できるが，期待される利潤は過去の負債をすべて返済できるほど大きくない（すなわち，債務超過である）ことを表している．しかしながら，このような事業をもつ企業は，債務超過であっても，社会的には存続する方が望ましい．これは，事業を中断する場合には既存の資産の清算価値（スクラップ・バリュー）しか回収できないが，事業を継続すればそれよりも大きな価値を利潤として生み出すことができるからである．既存の負債は，事業を継続するか否かに関わらず，サンク（sunk）したものであり，その値は不変である．したがって，プラスの利潤を生み出す事業を継続することは，本来は既存の債務者にとっても望ましいことなのである．

もちろん，債務者にモラルハザードが発生する可能性がある場合，上述の議

論は必ずしも成立しない[5]．たとえば，情報の非対称性が存在するケースでは，貸し手は借り手のプロジェクトが成功したのか失敗したのかを立証できないことが多い．この場合，仮に失敗したと報告する借り手に対して債権放棄に応じるとすると，借り手はプロジェクトが成功した場合でも失敗したと虚偽の報告を貸し手にするインセンティブが生まれる．これは，虚偽の報告をしても実現した成果（output）は不変であるが，報告にもとづく Π^e が条件（5.1）式を満たす場合には債権放棄によって必要返済額は減額してもらえるからである．このため，借り手が虚偽の報告をすることが予想される場合，貸し手は借り手の報告内容に関わらず債権放棄に応じないことが次善（second best）の解決策となる．

しかしながら，バブル崩壊後の日本経済では，多くの債務者が債務超過に陥った主たる原因は，個々の債務者のモラルハザードではなく，マクロ経済の低迷や資産価格の下落であった．したがって，バブル崩壊後の日本経済では，真の「問題企業」であるかどうかは，その企業が債務超過である（すなわち，$D > \Pi^e$）かどうかではなく，継続したときの価値が清算価値を下回っている（すなわち，$\Pi^e > L$）かどうかで判断する方が適切であったと考えられる．

3　事業継続が望ましい「債務超過企業」が復活できない理由

「失われた10年」の日本経済では，景気の低迷が長引くなかで人々の期待形成も悲観的となり，事業の継続によって生み出される期待利潤の割引現在価値（Π^e）を市場は過小評価する傾向にあった．したがって，結果的には誤っていた期待形成のもとで，過小評価でなければ債務超過に陥ることのない企業（すなわち，$\Pi^e > D$ である企業）でさえ，債務超過の状態にある（すなわち，$D > \Pi^e$）と市場でみなされ，事業の継続が困難になることも少なくなかった．しかし，当時の日本経済では，このような当時の悲観的な市場の期待形成に加えて，債権者間の協調の失敗が，事業継続が望ましい「債務超過企業」の復活を遅らせた側面も少なくない．以下では，この理由を簡単にみてみよう．

条件（5.1）式のもとで投資を継続するためには，既存の債権者がその債権を部分的に放棄する必要がある．これは，既存の債権者には優先権があるため，

---

5) このケースを強調する研究としては，Bolton and Scharfstein [1990] がある．

既存の債務者の同意なしにはプロジェクトを継続できないからである.しかし,既存の債権者による債権放棄を伴う場合,投資の継続には再交渉のコストが発生する.特に,既存の債権者が多数存在するケースでは,債権者間の協調は難しく,再交渉が成立しなくなることも多いと考えられる[6].

たとえば,既存の負債残高を D とし,n 人の債権者が均等に請求権を持っている状況を考えてみよう.n 人の債権者が全員再交渉に応じ,均等に債権放棄に同意したとすると,各債権者の損失はそれぞれ $(1/n)(D-\Pi^e)$ となる.しかし,他の債権者が債権放棄に同意する場合,各債権者は自らの優先権を行使することによって債務を全額回収し,損失をゼロとすることができる[7].このため,他の債権者が債権放棄に応じる場合でも,各債権者は自らの債権を放棄しない方が損失を少なくできることになる.このような状況の下では,各債権者が債権放棄に応ずることはますます難しくなり,結果的に再交渉が成立しなくなってしまう可能性が高くなる.

一方,債権者全員が債権放棄に応じない場合,投資プロジェクトは継続されず,各債権者の損失はそれぞれ $(1/n)(D-L)$ となる.条件 (5.1) 式のもとでは,この損失は,明らかに全員が債権放棄に応じた場合の各債権者が被る損失 $(1/n)(D-\Pi^e)$ よりも大きい.しかし,他の債権者が債務放棄に応じず簿価で債権を回収する状況で,一人だけが債権放棄に応じて企業を存続させた場合,その債権者の損失は $D-\Pi^e$ となるだけである.n が十分に大きい限り,これは $(1/n)(D-L)$ より大きい.したがって,他の債権者の行動を所与とする限り,各債権者は債権放棄に応じない方が損失は少なくなり,再交渉が成立しないことによる過剰債務問題が発生する.

4 「問題企業」のその後

4.1 存続の有無

以下の分析では,『金融ビジネス』2001 年 12 月号で「問題企業」とされた 72 社のうち,1996 年から 2006 年までの 11 年間に継続して株価が利用可能な非金融法人 37 社を考察の対象とする.『金融ビジネス』の記事では,2001 年

---

[6] この点は,Bolton and Scharfstein [1996] によって指摘されたものである.
[7] n が小さい場合,優先権の行使は他の債務者の意思決定に影響を与える可能性があるが,ここでは,n が十分に大きいことを暗黙に仮定し,その可能性を排除している.

表 5-1 「問題企業」の存続の有無

業種		業種	
鉱業 A 社	産業再生機構へ	輸送機器 A 社	分社・合併後, 存続
鉱業 B 社	会社分割	機械 B 社	
建設 A 社	2002.3 会社更生法申請	電気機器 A 社	
建設 B 社		電気機器 B 社	
建設 C 社	会社分割	電気機器 C 社	
建設 D 社		機械 C 社	
建設 E 社	他社と合併し, 存続	輸送機器 B 社	
建設 F 社	2002.3 民事更生法申請	輸送機器 C 社	
建設 G 社	他社と合併し, 存続	輸送機器 D 社	
建設 H 社	上場廃止（他社と対等合併）	小売業 A 社	2002.4 民事再生法申請
建設 I 社	2002.7 民事再生法申請	卸売業 A 社	
建設 J 社	会社分割	卸売業 B 社	上場廃止（他社による吸収合併）
建設 K 社	2003.10 民事再生法申請	卸売業 C 社	他社と合併し, 存続
建設 L 社		卸売業 D 社	他社の連結子会社化
建設 M 社	建設事業譲渡	繊維製品 B 社	上場廃止（他社と対等合併）
建設 N 社		卸売業 A 社	上場廃止（他社と対等合併）
建設 O 社	2001.12 民事再生法申請	卸売業 B 社	
建設 P 社		卸売業 C 社	
建設 Q 社	上場廃止（他社と対等合併）	卸売業 D 社	
繊維製品 A 社		卸売業 E 社	
パルプ・紙 A 社	上場廃止（完全子会社化）	卸売業 F 社	上場廃止（完全子会社化）
化学 A 社		小売業 B 社	上場廃止（完全子会社化）
化学 B 社	上場廃止（完全子会社化）	小売業 C 社	上場廃止（完全子会社化）
鉄鋼 A 社	上場廃止（他社と対等合併）	小売業 D 社	産業再生機構へ
鉄鋼 B 社		小売業 E 社	2001.12 民事再生法申請
鉄鋼 C 社		小売業 F 社	2001.9 民事再生法申請
鉄鋼 D 社	他社の持分法適用関連会社となる	その他金融 A 社	伊藤忠が第三者割当増資引受
鉄鋼 E 社		その他金融 B 社	新生銀行と全面提携
鉄鋼 F 社		不動産 A 社	
鉄鋼 G 社	2002.2 会社更生法申請	不動産 B 社	
非鉄金属 A 社		不動産 C 社	産業再生機構へ
非鉄金属 B 社		不動産 D 社	上場廃止（完全子会社化）
非鉄金属 C 社		陸運 A 社	
金属製品 A 社	上場廃止（他社と対等合併）	卸売業 G 社	
金属製品 B 社		卸売業 H 社	
機械 A 社	2001.11 会社更生法申請	卸売業 I 社	

（注）2007 年以降, 建設 L 社（2008 年 10 月）と不動産 B 社（2009 年 2 月）が新たに民事再生法を申請した. また, 卸売業 B 社（2008 年 3 月）と不動産 D 社（2009 年 4 月）が新たに完全子会社され, 上場廃止となった.

12月当時の上場企業3394社（決算期変更した企業などは除く）のうち，①直近の本決算（単独決算ベース）で500億円以上の有利子負債を負い，②2001年9月28日の株価（終値）が額面の3倍以下であり，③直近の本決算（単独決算ベース）で配当がゼロである，という三つの基準をすべて満たした企業を，「問題企業」と定義している．

表5-1は，「問題企業」とされた72社が，その後の景気回復過程でどうなったかを，第14循環の後退期が始まった2007年度末までまとめたものである．まず，会社更生法や民事再生法などによって法的処理を受けた企業は，10社存在する．また，完全子会社化や対等合併によって上場廃止になった企業は，13社あった．上場企業全体の平均と比較すると高い比率である．しかし，2006年末時点では，どちらにも該当しない企業が49社もあり，当時「問題企業」と呼ばれた企業の大半は，法的処理や上場廃止が行われず，存続したことになる[8]．

4.2 株価の推移

表5-2は，株価が継続して取れる各「問題企業」の株価の変化倍率を，(1) 2002年3月末日の終値／1996年1月初日の終値，(2) 2006年12月末日の終値／2002年4月初日の終値，(3) 2006年12月末日の終値／1996年1月初日の終値，をそれぞれ計算することによって示したものである．表の最初の2行では，比較のために，日経平均225種およびTOPIXの変化比率も同時に示してある．株価のデータはすべて，東洋経済の『株価　CD-ROM　2007年版』から採用したもので，株式併合等で一株あたりの株価が非連続的に変化したものに関しては，調整係数をかけて調整してある．ただし，一株あたりの株価が非連続的に変化した企業とそうでない企業では明らかにパフォーマンスが異なるので，表では，一般株主への減資は行われず，株価が連続的に変化したグループ（グループ1）と減資による株式併合が行われた結果，株価に連続性がないグループ（グループ2）の二つのグループに分けて示してある．

まず，最初の列から1996年1月から2002年3月までの変化倍率をみると，いずれのグループでもほぼすべての企業の株価が，日経平均やTOPIXを大幅

---

[8] ただし，2007年末からの景気後退の結果，その後，2008年10月と2009年2月に計2社が新たに民事再生法を申請した．また，2008年3月と2009年4月に計2社が新たに完全子会社化され，上場廃止となった．

表 5-2 「問題企業」の株価の変化（比率）

	96/1-02/3	02/4-06/12	96/1-06/12
日経平均	0.53	1.56	0.84
TOPIX	0.65	1.60	1.03
グループ1			
輸送機器C社	0.14	7.66	1.11
電気機器C社	0.16	2.50	0.40
不動産B社	0.10	1.77	0.18
輸送機器A社	0.14	6.17	0.89
卸売業C社	0.19	1.82	0.37
繊維製品A社	0.25	2.01	0.47
非鉄金属C社	0.27	7.17	1.89
鉄鋼D社	0.15	7.61	1.10
卸売業E社	0.34	3.64	1.18
鉄鋼B社	0.15	10.34	1.57
非鉄金属B社	0.21	3.29	0.67
機械B社	0.23	13.89	3.17
化学A社	0.56	2.49	1.37
卸売業D社	0.33	2.58	0.87
鉄鋼C社	0.14	8.16	1.17
電気機器A社	0.34	2.46	0.82
輸送機器B社	0.27	3.52	0.93
不動産C社	0.11	7.09	0.79
卸売業D社	0.19	2.69	0.50
建設P社	0.10	1.16	0.12
輸送機器D社	0.20	3.79	0.81
鉄鋼E社	0.25	3.85	1.03
非鉄金属A社	0.14	3.47	0.49
卸売業H社	0.26	5.21	1.29
金属製品B社	0.09	2.08	0.19
グループ1平均	0.21	4.66	0.93
グループ2			
小売業D社	0.07	0.87	0.06
電気機器B社	0.39	1.56	0.58
卸売業B社	0.89	1.76	1.44
建設N社	0.03	1.80	0.05
建設G社	0.06	0.67	0.04
建設L社	0.05	0.88	0.04
建設D社	0.07	3.16	0.20
不動産A社	0.14	4.93	0.68
鉄鋼F社	0.08	9.39	0.79
機械C社	0.12	0.85	0.10
建設B社	0.08	1.03	0.08
建設E社	0.06	0.24	0.02
グループ2平均	0.17	2.26	0.34

に下回っていることがわかる．グループ1では1社のみが日経平均を上回っただけで，グループ1の平均では株価がこの期間に約5分の1に下落している．グループ2でも1社のみが日経平均とTOPIXを上回っただけで，グループ2の平均では株価がこの期間に約5分の1以下になっている．この期間は，日経平均が約半分，TOPIXが約3分の2と日本経済全体の株価も大きく低迷した時期であったが，いずれのグループでもほとんどの企業の株価がそれらを大きくしのぐ勢いで下落したことが読み取れる．

次に第2列から2002年4月から2006年12月までの変化比率をみると，グループ1では大多数の企業の株価が，日経平均やTOPIXを大幅に上回っていることがわかる．グループ1では日経平均とTOPIXをともに下回ったのは1社のみで，グループ1の平均では株価がこの期間に4.7倍になっている．この期間は，日経平均とTOPIXがともに約1.6倍になっているが，グループ1の大多数の企業の株価がそれらを大きく上回る勢いで上昇したことが読み取れる．この傾向は，グループ2の企業ではそれほど明確ではなく，この期間に株価が，日経平均やTOPIXを上回った企業は，グループ2では半分程度である．ただし，グループ2でも平均では，日経平均とTOPIXを上回る上昇率になっている．

存続した企業のみを対象としているためサンプル・セレクション・バイアスは存在するが，存続した「問題企業」の多くは結果的にそのマーケットでのパフォーマンスを大幅に改善させていることになる．

4.3 利潤率の変化

表5-3は，同様の企業を対象として，1996年度から2006年度までの11年間，売上高利益率（利益÷売上高）がどのように推移したかを，(1) 営業利益，(2) 経常利益，(3) 税引き前利益に関してそれぞれ見たものである．大半の企業が売上高利益率を，1996年度から2001年度までは減らしている反面，2001年度から2006年度までは逆に増やしている．

2001年度から2006年度までの売上高利益率の増加は，グループ1に属する企業でより顕著で，グループ2の平均では約1.4ポイントの改善にとどまったのに対して，グループ1の平均では約3.7ポイントの改善がみられる．これは，表5-2で示した株価の推移とも整合的である．しかし，1996年度から2001年度までの売上高利益率の下落は，グループ1に属する企業の方がグループ2に属する企業よりも大きい傾向が見られる．特に，営業利益や経常利益を用いた

表 5-3-(1) 売上高利益率の変化：営業利益

	1996年度末から2001年度末	2001年度末から2006年度末	1996年度末から2006年度末
全産業			
全企業	-0.002	0.009	0.008
資本金10億円以上	-0.002	0.017	0.015
資本金1億円以上10億円未満	0.000	0.009	0.009
グループ1			
輸送機器C社	0.017	0.053	0.035
電気機器C社	0.000	-0.028	-0.027
不動産B社	0.001	0.029	0.031
輸送機器A社	-0.041	0.089	0.047
卸売業C社	0.001	0.013	0.014
繊維製品A社	0.011	0.035	0.046
非鉄金属C社	0.012	0.040	0.052
鉄鋼D社	0.035	0.059	0.094
卸売業E社	0.000	0.004	0.004
鉄鋼B社	-0.040	0.189	0.149
非鉄金属B社	0.005	0.018	0.023
機械B社	-0.010	0.041	0.032
化学A社	-0.039	0.050	0.011
卸売業D社	0.002	0.004	0.006
鉄鋼C社	-0.034	0.065	0.032
電気機器A社	0.019	0.020	0.039
輸送機器B社	-0.019	0.024	0.005
不動産C社	-0.013	0.046	0.033
卸売業D社	-0.003	0.018	0.015
建設P社	0.010	-0.012	-0.002
輸送機器D社	0.011	0.016	0.027
鉄鋼E社	0.027	0.067	0.094
非鉄金属A社	-0.007	0.029	0.022
卸売業H社	0.002	0.003	0.006
金属製品B社	-0.017	0.046	0.030
グループ1平均	-0.004	0.037	0.033
グループ2			
小売業D社	0.012	-0.008	0.004
電気機器B社	-0.005	-0.005	-0.010
卸売業B社	-0.004	0.017	0.013
建設N社	-0.011	-0.006	-0.018
建設G社	0.015	-0.011	0.004
建設L社	-0.005	-0.011	-0.016
建設D社	0.015	0.047	0.062
不動産A社	0.052	0.025	0.077
鉄鋼F社	0.032	0.120	0.152
機械C社	-0.030	-0.010	-0.041
建設B社	-0.022	0.001	-0.021
建設E社	0.005	0.011	0.016
グループ2平均	0.004	0.014	0.019

表 5-3-(2) 売上高利益率の変化：経常利益

	1996年度末から2001年度末	2001年度末から2006年度末	1996年度末から2006年度末
全産業			
全企業	0.002	0.014	0.016
資本金10億円以上	0.001	0.025	0.026
資本金1億円以上10億円未満	0.003	0.012	0.015
グループ1			
輸送機器C社	−0.019	0.067	0.048
電気機器C社	−0.006	−0.023	−0.029
不動産B社	−0.010	0.046	0.035
輸送機器A社	−0.043	0.104	0.061
卸売業C社	0.000	0.014	0.014
繊維製品A社	0.010	0.022	0.032
非鉄金属C社	0.008	0.047	0.054
鉄鋼D社	0.026	0.076	0.102
卸売業E社	0.004	0.005	0.009
鉄鋼B社	−0.030	0.232	0.202
非鉄金属B社	0.006	0.022	0.028
機械B社	0.002	0.060	0.061
化学A社	−0.033	0.052	0.019
卸売業D社	0.003	0.005	0.008
鉄鋼C社	−0.029	0.106	0.077
電気機器A社	0.017	0.045	0.063
輸送機器B社	−0.023	0.024	0.000
不動産C社	0.013	0.071	0.084
卸売業D社	−0.001	0.017	0.016
建設P社	0.005	−0.007	−0.002
輸送機器D社	0.002	0.031	0.033
鉄鋼E社	0.017	0.085	0.102
非鉄金属A社	−0.008	0.053	0.045
卸売業H社	0.002	0.004	0.007
金属製品B社	−0.037	0.053	0.016
グループ1平均	−0.005	0.048	0.043
グループ2			
小売業D社	0.008	−0.007	0.001
電気機器B社	−0.014	0.011	−0.003
卸売業B社	−0.012	0.026	0.014
建設N社	−0.003	−0.001	−0.003
建設G社	0.009	0.002	0.011
建設L社	−0.001	−0.006	−0.006
建設D社	0.026	0.058	0.084
不動産A社	0.051	0.035	0.086
鉄鋼F社	0.026	0.136	0.162
機械C社	−0.050	0.004	−0.046
建設B社	−0.022	0.002	−0.020
建設E社	0.001	0.014	0.016
グループ2平均	0.002	0.023	0.025

表 5-3-(3) 売上高利益率の変化：税引き前利益

	1996年度末から2001年度末	2001年度末から2006年度末	1996年度末から2006年度末
全産業			
全企業	−0.011	0.026	0.015
資本金10億円以上	−0.026	0.053	0.028
資本金1億円以上10億円未満	−0.004	0.016	0.012
グループ1			
輸送機器C社	−0.080	0.131	0.051
電気機器C社	−0.067	0.039	−0.029
不動産B社	−0.014	0.048	0.034
輸送機器A社	−0.098	0.163	0.066
卸売業C社	−0.061	0.066	0.005
繊維製品A社	−0.035	0.051	0.016
非鉄金属C社	0.009	0.045	0.054
鉄鋼D社	0.017	0.120	0.138
卸売業E社	0.000	0.009	0.010
鉄鋼B社	−0.163	0.363	0.200
非鉄金属B社	0.026	−0.001	0.025
機械B社	−0.009	0.063	0.055
化学A社	−0.163	0.197	0.034
卸売業D社	0.003	0.004	0.006
鉄鋼C社	−0.072	0.142	0.070
電気機器A社	0.018	0.142	0.160
輸送機器B社	−0.023	0.018	−0.005
不動産C社	−1.455	1.574	0.120
卸売業D社	0.006	0.008	0.014
建設P社	−0.008	−0.004	−0.012
輸送機器D社	−0.029	0.066	0.038
鉄鋼E社	−0.026	0.086	0.060
非鉄金属A社	0.005	0.046	0.051
卸売業H社	−0.025	0.036	0.011
金属製品B社	−0.061	0.164	0.103
グループ1平均	−0.092	0.143	0.051
グループ2			
小売業D社	−0.228	0.268	0.039
電気機器B社	0.028	0.021	0.049
卸売業B社	−0.041	0.054	0.013
建設N社	−0.007	0.018	0.011
建設G社	−0.101	0.110	0.009
建設L社	−0.001	0.001	0.000
建設D社	−0.549	0.614	0.065
不動産A社	−0.007	0.084	0.078
鉄鋼F社	0.002	0.161	0.163
機械C社	−0.044	0.005	−0.039
建設B社	−0.037	0.024	−0.013
建設E社	−0.077	0.069	−0.008
グループ2平均	−0.088	0.119	0.031

場合には，グループ2に属する企業ではこの時期でも逆に利益率が改善している企業も少なくなかった．これは，表5-2で示した株価の推移とは整合的ではない．「失われた10年」の日本経済では，一部の企業の業績悪化が会計上の利益減少として十分に反映されなかった可能性を示唆する結果である．1990年代後半から2000年代初頭における企業パフォーマンスの悪化が，グループ2に属する企業では，営業利益や経常利益に十分反映されていなかったことを示唆するものである．

5 イベント・スタディー

5.1 イベント・スタディーの手順

　本章の主たる目的は，日本経済が回復する過程において，なぜ「問題企業」が復活したのかをイベント・スタディーで考察することである[9]．そこで，以下の分析では，「問題企業」と分類されていた企業群について，その後，企業価値がどのような要因でどのように変化していったかを，株価の超過収益率（アブノーマル・リターン）を使ったイベント・スタディーで行うことによって推計を行う．

　アブノーマル・リターンは，TOPIXを市場ポートフォリオとする1ファクター・モデルにもとづいて計算する．具体的には，日次データを用いて，各企業の株価収益率をTOPIXの変化率と定数項に回帰し，その残差によって各企業のアブノーマル・リターンをイベントごとに計算する．計算の際に用いたイベント・ウインドーは，原則として，イベント日とその前100日間の計101日である[10]．

　「問題企業」が復活した要因としては，さまざまな可能性が考えられる．本章の以下の分析では，大別して三つの要因を考察する．第一は，企業自身によるリストラ効果である．人件費削減や資産の圧縮などのコストカットや一部業務の撤退などリストラが業績を改善させたかどうかが検証される．第二は，企業の経営構造の変化である．なかでも，他の企業との提携や経営統合に焦点を当てる．第三は，金融機関や外部のスポンサー企業による支援である．債務免

---

[9] イベント・スタディーに関しては，たとえば，Campbell, Lo, and MacKinlay［1997］を参照．
[10] 頑健性のチェックのため，イベント・ウインドーからイベント日とその前日を除いて同様の推計も行ったが，以下の結果は本質的には変わらなかった．

除や減資・増資が,「問題企業」の復活をもたらしたのかどうかを検討する.

イベント日の選択は,『日本経済新聞』の報道をベースとする.イベント日を選択する際の手順は,以下の通りである.まず,1996年1月1日から2006年12月31日までの『日本経済新聞』の記事を収録したCD-ROMを使って,分析の対象となる企業名を検索する.ただし,検索された当該企業を取り扱った記事の多くは,企業の再建とは直接関係ないテーマを取り扱ったものである.そこで次に,検索によって得られた記事のうち,上述の三つのタイプの要因に関連した記事を,おもに新聞記事の見出しをベースにピックアップし,分類する.最後に,これら記事のうち,株価の超過収益率がイベント日の前後1日を含めて統計的に有意（10%有意水準）に反応しない場合,ニュース性のないものとして削除し,それ以外をイベント日として採用する.

当該企業の再建に関する新聞記事は膨大である.それらを要因ごとに分類する際に恣意性を伴う可能性があるが,以下では一定の原則で分類した.まず,記事の中には,一つの記事で複数のタイプの企業再建に関して言及するものもあった.しかし,このような記事でも,見出しでは特定のタイプの企業再建にのみ言及しているケースが大半であった.そこで,このような記事に関しては見出しで言及されている企業再建で分類し,見出しで複数のタイプの企業再建に言及している稀な例のみダブル・カウントを行った.

一方,企業再建を取り扱った記事でも,過去の再建事例の解説などニュース性のないものは少なくなかった.これらニュース性のない記事は,新聞記事の見出しが企業再建に関連していても,分類の対象からは除外した.また,仮に企業再建に関連する問題が簡単にふれられていた場合でも,記事の焦点が別にあり,新聞の見出しも企業再建とは無関係のものも散見された.これらの記事も,企業再建の内容に関してあいまいさが目立つことから,分類の対象からは除外した.

5.2 イベントのタイミング

表5-4は,グループ1とグループ2について,期間別・タイプ別に,イベント日の数をそれぞれまとめたものである.グループ1とグループ2のいずれについても,イベント日の数が圧倒的に多いのは2002年である.これは,不良債権比率が2001年3月にピークとなり,それを解決するための本格的な取り組みが2002年を通じて幅広く行われたことを示している.2002年10月30日

表5-4 暦年別のイベント数

	グループ1				
	計	リストラ関連	経営構造関連	金融支援関連	その他
1996年	0	0	0	0	0
1997年	3	0	1	1	1
1998年	2	2	0	0	0
1999年	5	3	1	0	1
2000年	6	3	1	1	1
2001年	7	4	3	0	0
2002年	14	1	7	6	0
上半期	6	0	2	4	0
下半期	8	1	5	2	0
2003年	6	0	1	4	1
2004年	5	1	0	4	0
2005年	0	0	0	0	0
2006年	2	1	0	1	0
合計	50	15	14	17	4

	グループ2				
	計	リストラ関連	経営構造関連	金融支援関連	その他
1996年	1	0	0	1	0
1997年	2	0	0	2	0
1998年	4	0	1	2	1
1999年	1	0	0	1	0
2000年	7	1	2	4	0
2001年	2	0	1	1	0
2002年	16	3	2	11	0
上半期	7	2	2	3	0
下半期	9	1	0	8	0
2003年	4	0	1	3	0
2004年	4	0	1	2	1
2005年	3	0	1	2	0
2006年	2	2	0	0	0
合計	46	6	9	29	2

には，不良債権問題の抜本的解決を目的として「金融再生プログラム（いわゆる竹中プラン）」が公表され，同年12月には金融庁内に金融問題タスクフォースも設立されている．ただし，2002年のイベント日の数は，上半期と下半期がほぼ同数で，これら金融庁での取り組みに先駆けて，「問題企業」では各種の取り組みが行われていたことになる．

　イベント日をタイプ別に見ると，グループ2では，金融支援関連がすべての期間を通じてもっとも多い．これに対して，グループ1では，2001年まではリストラ関連のイベントがもっとも多い．グループ1に属する企業では，人件

費の削減や資産の圧縮などのリストラによって，経営再建がまずは試みられたことを示唆するものである．しかし，グループ1でも，2002年以降は，経営構造や金融支援に関連したイベントが大半となっている．特に，2003年と2004年では，グループ1とグループ2のいずれについても，金融支援関連が大半となっている．本格的な回復過程では，単なるリストラでは不十分で，金融支援が重要であったことを示唆するものである．

　新聞記事を使ったこれらイベント検索の1つの問題点は，ニュースが経済状況が悪いときに多くなる傾向があることである．これは，経済状況が全体として改善しているときには何も追加的なアクションを起こさなくても企業業績が順調に回復しやすいという実態をある意味で反映している．加えて，一般紙の新聞報道といえども，ある意味で他人の不幸を喜ぶゴシップ的なニュースに注目する傾向があるからだともいえる．ただし，われわれのイベント日の暦年別の分布を見ると，2002年に収集している以外は，極端なイベントの偏りが年別には必ずしも見られない．

6　推計結果

6.1　グループ1

　表5-5は，グループ1に属する企業について，そのアブノーマル・リターンに統計的に有意なインパクトを与えたイベントの数を，(1) 10%有意水準および(2) 5%有意水準それぞれについてイベントのタイプ別に示したものである．グループ1に属する企業において，もっとも有意なイベントが多かったのは，「他社との業務提携」である．効果はプラスの場合もマイナスの場合もあったが，プラスのインパクトを与えたイベントの数がマイナスのインパクトを与えたイベントの約2倍であった．他社との業務提携は，平均すると，株価を上昇させるシナジー効果があったといえる．このことは，「業務提携の失敗」のイベントが，マイナスのインパクトを与えていることからもサポートできる．ただし，「他社との業務提携」では，マイナスのインパクトであったイベントも少なからずあり，提携内容が限定的な場合など業務提携のあり方次第では，株価は逆に下落したことが読み取れる．

　グループ1の企業で次に有意なインパクトが多かったイベントは，「他の事業法人からの金融支援」と「一部事業からの撤退」である．グループ1の企業

表5-5 イベントタイプ別のインパクト：グループ1のケース数

(1) 10％有意水準

	計	プラス	マイナス
リストラクチャリング			
a　人件費	2	2	0
b　資産売却	3	2	1
c　aとb両方	2	2	0
d　一部事業から撤退	7	5	2
d′　分社化	1	0	1
経営構造			
e　他社との業務提携	12	8	4
f　他社との業務提携失敗	1	0	1
g　役員受入	1	0	1
金融支援			
h　銀行	3	3	0
i　他の事業法人	7	4	3
j　hとi両方	2	2	0
k　支援要請	1	0	1
l　産業再生機構	3	1	2
m　減資	1	0	1
財務情報その他			
n　赤字公表	1	0	1
o　損失処理	1	0	1
p　利益見通し	1	1	0
q　産業再生法のみ	1	0	1
合計	50	30	20

(2) 5％有意水準

	計	プラス	マイナス
リストラクチャリング			
a　人件費	1	1	0
b　資産売却	2	1	1
c　aとb両方	1	1	0
d　一部事業からの撤退	5	4	1
d′　分社化	1	0	1
経営構造			
e　他社との提携	8	5	3
f　他社との提携失敗	1	0	1
g　役員受入	0	0	0
金融支援			
h　銀行	3	3	0
i　他の事業法人	6	4	2
j　hとi両方	2	2	0
k　支援要請	1	0	1
l　産業再生機構	1	1	0
m　減資	1	0	1
財務情報その他			
n　赤字公表	0	0	0
o　損失処理	1	0	1
p　利益見通し	1	1	0
q　産業再生法のみ	1	0	1
合計	36	23	13

では，事業法人がスポンサー企業として減資や第三者割り当て増資に応ずることによって行う金融支援が，銀行による金融支援よりもむしろ一般的であった．ただ，「他の事業法人からの金融支援」が株価のアブノーマル・リターンに与えたインパクトは，プラスのイベントがやや多いものの，マイナスのイベントも少なくない．スポンサー企業の健全性に疑念がある場合や金融支援が単なる損失処理に限定される場合など，支援企業のタイプや支援のスタンスなどによっては，その効果は異なったといえる．一方，「一部事業からの撤退」は，プラスのインパクトを与えたイベントが大半である．表では統計的に有意な新聞報道のみを取り扱っているため，事業からの撤退に関する報道がなされた日に常に株価が上昇していたわけではないが，不採算な事業からいち早く撤退することがおおむね企業価値を高める上で重要であったといえる．

イベント数はやや少なくなるが，グループ1の企業でプラスのインパクトが大半であったその他のイベントは，「人件費の削減」や「資産売却」によるリストラクチャリングおよび「銀行による金融支援」である．ただし，検索された「人件費の削減」や「資産売却」に関する新聞報道の多くは，アブノーマル・リターンに有意なインパクトを与えていなかったため，表では数としてカウントされていないことは注意を要する．われわれのイベント・スタディーでは，インパクトが報道の前日または当日に有意でない場合には「ニュース性」がないものとしてイベントに含んでいない．これは，新聞報道のなかには市場では既知の情報も少なくなく，その場合，報道の数日前から株価に織り込まれているということを前提としたためである．このような前提が妥当なケースは少なくないと予想されるが，他方では株価に実際に効果が無かった未知のニュースをイベントから排除している可能性は否定できない．

6.2　グループ2（除く小売業D社）

表5-6は，小売業D社を除くグループ2に属する企業について，そのアブノーマル・リターンに統計的に有意なインパクトを与えたイベントの数を，(1) 10%有意水準および (2) 5%有意水準それぞれについてイベントのタイプ別に示したものである[11]．グループ2に属する企業では，「銀行による金融支援」が有意なインパクトを与えたイベント数が圧倒的に多く，その大半でインパクトがプラスであった．これは，グループ1に属する企業では「他の事業法人からの金融支援」がより重要であったのとは対照的である．企業価値の下落がよ

第5章 経済危機下での経営再建　　　121

表5-6　イベントタイプ別のインパクト：グループ2（除く小売D社）のケース

(1) 10％有意水準

	計	プラス	マイナス
リストラクチャリング			
A　人件費	3	3	0
B　資産売却	1	1	0
C　AとB両方	1	0	1
D　事業撤退	1	0	1
経営構造			
E　他社との提携・経営統合	5	5	0
F　合併失敗	2	0	2
G　役員受入	2	2	0
金融支援			
H　銀行	15	14	1
I　他の事業法人	2	2	0
J　HとI両方	0	0	0
K　支援要請	7	2	5
L　減資	4	0	4
M　増資＜除く第三者割り当て）	1	0	1
財務情報			
O　赤字公表	2	0	2
合計	46	29	17

(2) 5％有意水準

	計	プラス	マイナス
リストラクチャリング			
A　人件費	3	3	0
B　資産売却	0	0	0
C　AとB両方	0	0	1
D　事業撤退	1	0	1
経営構造			
E　他社との提携・経営統合	4	4	0
F　合併失敗	2	0	2
G　役員受入	2	2	0
金融支援			
H　銀行	14	13	1
I　他の事業法人	2	2	0
J　HとI両方	0	0	0
K　支援要請	7	2	5
L　減資	4	0	4
M　増資＜除く第三者割り当て）	1	0	1
財務情報			
O　赤字公表	2	0	2
合計	43	26	17

り深刻であったグループ2に属する企業では，主力行による債権放棄を伴う金融支援が，企業価値の回復にはもっとも重要であったといえる．

ただし，銀行による金融支援を借り手企業が要請するだけのニュースは，逆にマイナスのインパクトを与えるものが大半であった．借り手が金融支援を要請するというニュースは，企業の財務内容の悪化が深刻であることの表れであると同時に，要請しても実際に支援を受け入れられるかどうかはその段階では不確実である．マイナスのインパクトは，このような状況を反映したものといえる．

グループ2に属する企業で次に多くの有意なインパクトを与えたイベントは，「他社との提携・経営統合」であり，いずれもプラスのインパクトが観察された．グループ1に属する企業では「他社との業務提携」は提携が業務の一部にとどまるケースが大半であったが，グループ2に属する企業では経営統合・合併が大半であった．本格的な経営統合によるシナジー効果で業界での競争力を高めることが，企業価値を高める上で重要であったといえる．これは，「合併の失敗」に関するイベントがマイナスのインパクトであったことからもサポートされる．

イベント数は相対的に少ないが，グループ2に属する企業でプラスのインパクトを与えたそれ以外のものとしては，「人件費削減」と「役員受入」に関するイベントがある．「人件費削減」に関しては，グループ1に属する企業に対するイベント・スタディーと同様に，インパクトが有意でなかった複数の新聞情報がイベントに含まれていないという留意点が必要であるが，「役員受入」に関するイベントは数少ない新聞報道が有意な正のインパクトを与えていた．メインバンクからの役員受入は，伝統的なメインバンクの企業救済の手段の1つであるが，事例が少ないとはいえ，企業価値の回復に役立ったといえる．

一方，一般株主に対する減資に関するイベントは，すべて株価のアブノーマル・リターンにマイナスのインパクトを与えていた．ただし，減資によって既存の株主の持分が下落するのは当然の帰結であり，このイベントに関しては株

---

11) 小売業D社に関しては，経営再建の問題が世間の注目を浴びたこともあり，イベント数はグループ2の他の企業と比べて飛びぬけて多かった．このため，小売業D社を含めると，グループ2の結果は，小売業D社のイベント数に大きく左右されてしまう．また，小売業D社に関する報道は，複数のイベントが同時に報道される傾向が他の企業よりも多く，イベントの判別も難しかった．このため，以下の分析では，小売業D社を分析対象から外した．

価が下落したからといって，真の企業価値の回復を妨げたとはいえない．

7 金融支援の意義

　前節の分析結果では，イベントが株価にいかなる影響を与えたかを検証した場合，一般株主への減資が行われなかったグループ1では，他社との業務提携やスポンサー企業の金融支援が，また減資が行われたグループ2では，銀行の金融支援と他社との経営統合が大きな影響を与えていた．これらの結果は，金融支援や業務提携・経営統合が「問題企業」が復活する上で有用であると市場は評価していたことを示唆するものである．しかしながら，これらの結果は，リストラや経営構造の改革が企業価値の向上に効果的でないことを必ずしも意味するものではない．なぜなら，多くの場合，スポンサー企業の金融支援や銀行の金融支援の決定は，企業自身によるリストラや経営構造の改革を伴って行われることが大半だからである．

　企業がリストラクチャリングを行う過程で，企業が提示するリストラ案や経営構造の改革案はしばしば不十分なものである．見かけ上の改革案は市場の失望を招き，逆に市場における企業価値の評価を低下させる．したがって，仮にリストラや経営構造の改革が企業価値を高めるとしても，それが市場でポジティブな評価を受けるには，リストラクチャリングの実効性に関してのクレディビリティーが重要となる．

　スポンサー企業の金融支援や銀行の金融支援の決定は，このような実効性に関してのクレディビリティーを高める機能を果たす側面がある．なぜなら，スポンサー企業の金融支援や銀行の金融支援の決定は，企業から提示されたリストラや経営構造の改革案を支援企業あるいは銀行が十分なものであると判断した場合にのみ行われることが多いからである．

　たとえば，表5-7-(1)は，輸送機器C社に対して金融支援が決定される際に発表された「新三カ年計画」の骨子をまとめたものである．2002年10月25日に発表されたこの経営再建計画では，GMや主要5行から金融支援を受けることが具体的に示されている．しかし，それと同時に，資産売却，生産委託，組織のスリム化といったリストラに関する計画や，金融機関からの副社長の受入などガバナンス改革案も具体的に盛り込まれている．金融支援の決定が，これらリストラクチャリングの実行とセットで認められたことを示唆するもので

表 5-7　金融支援決定や要請と同時に発表された再建計画の例

(1) 輸送機器 C 社の経営再建計画「新三カ年計画」骨子（2002 年 10 月 25 日）．
- 2003 年 1 月 1 日付で北米の生産合弁を解消し，合弁相手に持ち株（49％分）を譲渡．
- 自社ブランドの RV を合弁相手に生産委託し，北米での販売を継続．
- GM から OEM で RV を調達．
- GM から代表権を持つ副社長，みずほコーポレート銀行から副社長を受け入れる．
- 11 月 1 日付で組織スリム化，現行 117 部・室から 70 部に．
- 2003 年 3 月期に特別損失 1410 億円を計上，連結最終赤字見通しを 1700 億円に下方修正．
- ポーランド，独，米国にあるディーゼルエンジン関連子会社株式の一部を GM に売却．
- GM が保有する C 社の全株式を消却し，GM を引受先として第三者割当増資 100 億円を実施．
- 主要 5 行に対する債務 1000 億円を株式化．

(2) 建設 D 社の「中期三カ年計画」骨子（2002 年 2 月 21 日）
第一段階：グループ再編
- マンション管理の子会社とマンション賃貸あっせんの子会社の二社を持ち株会社方式で統合，マンション関連サービスの事業会社を新設．
- 建設 D 社本体は公共工事から撤退，「マンション設計・施工」，「都市開発」，「リフォーム」の 3 部門に再編．

第二段階：グループ全体の持ち株会社を設立
- 主力 3 行から支援を受け，1500 億円分の債務を普通株と優先株を使って株式化．
- 保有する不動産の含み損 2000 億円強を処理．連結ベースで 636 億円（2001 年 9 月中間期）に上る欠損金を解消するため，減資も検討．
- 人員は本体，グループ 13 社ともに自然減で 3 年後に 1 割（合計 400 人）を削減，3600 人体制とする．
- 役員報酬なども大幅に抑制，総人件費を 3 年間で 10％減らす．

ある．

　同様のことは，表 5-7-(2) にまとめられている建設 D 社の「中期三カ年計画」骨子にもみられる．この企業は，2002 年 2 月 21 日，主力 3 行に金融支援を要請し，その際，グループ再編とグループ全体の持ち株会社を設立することの 2 段階からなる経営再建計画を発表した．これらはリストラクチャリングの実施を公約することで金融機関から支援を受けようとする試みである．とくに，第二段階の計画は，資産売却，人員削減，役員報酬のカットといった具体的なリストラ案が盛り込まれている．金融支援の決定は，金融機関側がこれらの計画が実効性のあるものであると判断した場合にのみなされるものであり，その意味で，リストラクチャリングのクレディビリティーに関するシグナルを市場に発信する機能を兼ね備えていたといえる．

8 おわりに

本章では,「失われた10年」から日本経済が回復する過程(第14循環の拡張期)において,なぜ「問題企業」の多くが復活したのかを,株価の超過収益率(アブノーマル・リターン)を使ったイベント・スタディーを行うことで考察した.「問題企業」とされた企業の復活には,①リストラ,②経営構造改革,③金融支援,の3要因がいずれも寄与していた.その意味では,日本経済が回復する過程で,幸運な外的要因だけでなく,企業の経営努力や経済政策のあり方が「問題企業」が復活する上で効果的であったといえる.しかし,これら三つの要因がもたらした効果は常にプラスではなく,やり方によっては逆効果の場合も数多く存在した.

本章の分析結果から,日本の経験は,経済危機下での経営再建に関して,反面教師的な面も含めて,有益な含意をもっているといえる.経済危機からの復活には,後ろ向きの改革ではなく,より収益性を高めることを見据えたメリハリをつけた改革が必要である.必要なものと無駄なものを適切に選別し,前者には十分な対価を支払う一方,後者は積極的に整理する,メリハリのついたリストラが重要であったと考えられる.

参考文献

Ahearne, A.G., and N. Shinada. [2005] "Zombie Firms and Economic Stagnation in Japan," *International Economics and Economic Policy*, 2, pp. 363-381.

Berglöf, E., and G. Roland. [1995] "Bank Restructuring and Soft Budget Constraints in Financial Transition," *Journal of the Japanese and International Economics*, 9(4), pp. 354-375.

Bolton, P., and D. Scharfstein. [1990] "A Theory of Predation on Agency Problems in Financial Contracting," *American Economic Review*, 80, pp. 93-106.

Bolton, P., and D. Scharfstein. [1996] "Optimal Debt Structure and the Number of Creditors," *Journal of Political Economy*, 104, pp. 1-25.

Caballero, R., Hoshi, T., and A. Kashyap. [2008] "Zombie Lending and Depresses Restructuring in Japan," *American Economic Review*, 98(5), pp. 1943-1977.

Campbell, John Y., Andrew W. Lo, and A. Craig MacKinlay. [1997] *Econometrics of Financial Markets*, Princeton, Princeton University Press.

Dewatripont, M., and E. Maskin. [1995] "Credit and Efficiency in Centralized and

Decentralized Economies," *Review of Economic Studies*, 62(2), pp. 541-555.
Fukuda, S., and S. Koibuchi. [2006] "The Impacts of "Shock Therapy" under a Banking Crisis: Experiences from Three Large Bank Failures in Japan," *Japanese Economic Review*, 57(2), pp. 232-256.
Fukuda, S., and S. Koibuchi. [2007] "The Impacts of "Shock Therapy" on Large and Small Clients: Experiences from Two Large Bank Failures in Japan," *Pacific-Basin Finance Journal*, 15(5), pp. 434-451.
Fukuda, S., M. Kasuya and J. Nakajima. [2006] "Deteriorating Bank Health and Lending in Japan: Evidence from Unlisted Companies under Financial Distress," *Journal of Asia Pacific Economy*, 11(4), pp. 482-501.
Fukuda, S., and J. Nakamura. [2011] "Why Did "Zombie" Firms Recover in Japan?," *World Economy*, 34(7), pp. 1124-1137.
Peek, J., and E.S. Rosengren. [2005] "Unnatural Selection: Perverse Incentives and the Misallocation of Credit in Japan," *American Economic Review*, 95(4), pp. 1144-1166.
小川一夫［2003］『大不況の経済分析』日本経済新聞社．
小幡績・坂井功治［2005］「メインバンク・ガバナンスと「追い貸し」」，『経済研究』第56巻2号，pp. 149-161.
鯉渕賢・福田慎一［2006］「不良債権と債権放棄――メインバンクの超過負担」，『経済研究』第57巻第2号，pp. 110-120
櫻川昌哉［2002］『金融危機の経済分析』東京大学出版会．
関根敏隆・小林慶一郎・才田友美［2003］「いわゆる「追い貸し」について」，『金融研究』第22巻第1号，pp. 129-156.
杉原茂・笛田郁子［2002］「不良債権と追い貸し」，『日本経済研究』第44号，pp. 63-87.
中村純一・福田慎一［2008］「いわゆる『ゾンビ企業』はいかにして健全化したのか」『経済経営研究』Vol. 29-1，日本政策投資銀行設備投資研究所．
花崎正晴・堀内昭義［2006］「銀行融資中心の金融システムと企業統治――金融自由化によって銀行の機能は脆弱化したか」日本銀行ワーキングペーパーシリーズ No.06-J-07.
福田慎一・粕谷宗久・赤司健太郎［2008］「金融危機下における銀行貸出と生産性――企業別成長会計を使った「追い貸し」の検証」，『経済学論集』第74巻第2号，pp. 40-55.
星岳雄［2000］「なぜ日本は流動性の罠から逃れられないか」，深尾光洋・吉川洋編『ゼロ金利と日本経済』日本経済新聞社，pp. 233-266.
星岳雄［2006］「ゾンビの経済学」，岩本康志・太田誠・二神孝一・松井彰彦編『現代経済学の潮流2006』東洋経済新報社，pp. 41-68.

第6章
日本の長期停滞と「弱い企業統治」のマクロ経済学[*]

村瀬英彰

「労働争議，労働争議」と喧しく労働者が声高に権利を求める時代は，労働の力が弱い労働保護の不在期である．同じように，「株主主権，株主主権」と騒がしく株主が声高に権利を求める時代は，資本の力が弱い企業統治の空白期である．強く装わねばならない者は弱く，弱く装いうる者は強い．

1 はじめに――「弱い企業統治」のマクロ経済学

1.1 長期停滞をめぐる論争

1990年代初頭から続く日本の長期停滞は，その原因と対策をめぐってマクロ経済学上の激しい論争を生んできた．停滞の一つの解釈である有効需要不足説は，短期的な実質成長率の低下を説明する伝統的な解釈であった．しかし，それは20年に及ぶ長期停滞の発生と拡張的な金融・財政政策の期待に反する効果を前にして，次第に説明として不十分なものと見なされるようになった．一方，もう一つの解釈である潜在成長率低下説は，長期間の実質成長率の低下や金融・財政政策の効果の乏しさを説明できる有力な解釈である．しかし，大規模な需要刺激策が行われている下で，経済にデフレ傾向が持続するメカニズムについて需要不足論者から説明を求められた．

---

[*] 本章で議論する「経済主体の権利配分とマクロ経済学」の問題は，1990年代前半，日本の長期停滞の入り口となった不動産バブル崩壊の中で，故加納悟先生との不動産に関する「経済主体の権利配分と資産価格形成」の研究プロセスで着想を得たものである．それから，随分長い時間が経過したが，日本はいまだ停滞の淵に沈んでおり停滞の原因についてすら意見の集約を見ていない．なお，本章のベースとなったいくつかの論文に対する，浅子和美，塩路悦朗，倉澤資成，若杉隆平，福田慎一，櫻川昌哉，宮川努，細野薫，都留康，秋山太郎，榎宜昭，奥村綱雄，井上光太郎，根津永二，永野護，外谷英樹，加納隆の各先生の貴重なコメントに心より感謝申し上げたい．

もっとも，大規模な需要刺激策の下でのデフレ持続は，需要不足論者の中でデフレを需要不足の「原因」として強調する——デフレ期待が需要の将来への先送りをもたらし現在の需要を冷え込ませているとする——論者にも政策立案上の困難をもたらしてきた[1]．デフレを需要不足の「結果」として強調する従来の需要不足論では，需要刺激策の効果が物価などの名目変数の上昇に吸収されなければ（つまり，インフレが起こらなければ），むしろ政策の実物的な景気浮揚効果は大きくなるとさえいえた．しかし，デフレを需要不足の「原因」と考える場合には，デフレ脱却に大規模な需要刺激策が効かないとなると具体的な政策提案が手詰まりになってしまうからである．このため，デフレ原因論は，「過去の需要刺激策が小さすぎた」として，いわゆる「Too little, Too late 論」を主張することが多い．いわば，「薬効がないのは薬量が少ないからだ」という発想で累積的に大規模な政策実行を求めてきたのである．その結果，日銀が将来にわたって大規模な貨幣供給にコミットし，国債の引き受けを含むありとあらゆる資産買取りを行うべきだという議論も生まれている．しかし，いうまでもなく，「薬効がないのは診断が誤っているからだ」ということもありうる．もし，そうならば，誤った診断から導かれた処方箋は，むしろ治療の機会を患者から奪い，日本経済を袋小路に入り込ませてきた可能性がある．

　本章は，こうした日本の長期停滞をめぐる錯綜した論争に登場するいくつかの矛盾を解くために，「弱い企業統治」のマクロ経済学と呼ぶ新たな枠組みを提示する．そして，従来の論争とは別の視点から日本の長期停滞の原因と対策を探ることにする．本章で提示する「弱い企業統治」のマクロ経済学は，所得の各生産要素への事後（生産後）の分配のあり方が家計（あるいはその代理人としての金融機関）のポートフォリオ選択の変化を通じて，成長率や消費性向，貨幣需要，金利などのマクロ変数にいかなる影響を与えるのかを分析する枠組みといえる．とくに，本章の理論は，経済の生産活動の水準は経済の供給サイドの条件のみで決まると考える．この点で，有効需要不足に問題の所在を求め

---

1) 一般論としては，デフレ期待それ自体には需要の現在から将来への先送り効果（「明日になればもっと物価が下がるから今日は財・サービスを買うのをやめておこう」という効果）は必ずしも存在しない．なぜなら，フィッシャー方程式から知られるように，デフレ期待が存在するとき，名目金利もそれに対応して低下しており，先送りのメリットとデメリットが打ち消し合うからである．この点で，需要先送り論は，何らかの形で名目金利の硬直性を想定していることが多い．たとえば，名目金利にゼロ下限が存在するという硬直性によってデフレが恒常的な需要不足，そして長期停滞の原因となるメカニズムについては，Krugman [1998, 2000] を参照されたい．

る理論とは大きく異なっている．その一方で，本章の理論は，貨幣も選択肢に含む家計の「ポートフォリオ選択の歪み」を停滞説明の出発点に置く．この点で，経済の実物サイドのみに焦点を当てる理論とも大きく異なっている．

伝統的なマクロ経済学では，事前（生産前）に市場で決まる要素価格を所与として各企業が生産要素の雇用量を決めるとされてきた．そして，経済全体でみた場合，所与とされる要素価格が要素市場の需給を均衡させる水準に決まっているとするのが新古典派マクロ経済学であり，それが何らかの硬直性のために要素市場の需給を均衡させる水準に決まらず，経済には非自発的失業や遊休資本が残存しているとするのがケインズ経済学であるといえよう．このように，新古典派経済学とケインズ経済学は，「市場メカニズムの有効性」に関して対照的な見方を採っている．しかし，事前に約束された要素価格を所与として生産が行われるとする点では，基本的に「同じ」構造を持っている．

本章では，新古典派経済学とケインズ経済学の「市場メカニズムの有効性（価格の伸縮性）」をめぐる対立は，日本の停滞を考える上で「本質的な問題ではない」という発想の逆転から議論を出発させる．具体的には，不完備契約理論を一般均衡モデルないしマクロ経済モデルに拡張した Caballero and Hammour [1996c, 1998b]，あるいは要素シェア変化の経済成長への影響を分析した Bertola [1993, 1996] の枠組みに従い，要素価格を各生産要素が事後に行う所得分配をめぐる交渉によって決まる変数と考え，分析枠組みを「新古典派・ケインズ」経済学とは異なったものに設定する[2]．

それぞれの生産要素が企業という場で協働生産に入るとき，要素供給はしばしば不可逆的であり関係特殊投資としての性質を持つことが多い．このとき，伝統的なマクロ経済学で想定される完備契約の世界では，事前に要素市場で決まる要素価格を所与として各企業が雇用と生産を行えばよいことに変わりはない．しかし，「弱い企業統治」のマクロ経済学では，要素価格は，契約の不完備性の下，双方独占的な環境の中で「事後に」行われる交渉によって決まる．そして，各生産要素は「事前に」この交渉結果を予想して供給の意思決定を行

---

[2] 利潤率，賃金率などの要素シェアの変化が経済成長に与える効果を分析する研究は，1950年代，60年代の成長論研究では，むしろメイン・ストリームの一つであった．ただし，当時の分析は，経済主体の最適化行動に基づくものではなく，各主体の一定の行動を集計的に表現した「誘導型」のマクロ経済モデルを用いたものであった．代表的な分析としては，Kaldor [1956, 1957] や Pasinetti [1962] を参照されたい．

うと考えるのである.

たとえば，資本提供者（株主）は，自らの資本提供への見返りを事前に確定できない主体である．これは，一つには生産・販売に存在する不確実性によって，それらの実現値が事前に確定できないからである．しかし，もう一つ重要なのは，資本提供への見返りが，経営者や労働者，その他の関係特殊性のある生産要素との間で，事後に行われる所得分配をめぐる交渉の結果に依存するという事実である．そして，交渉結果は，交渉を取り巻く制度配置である情報開示ルール，企業法制，コントロール権市場の活性度などの企業統治メカニズム（より広くは投資家保護のメカニズム）の有効性に大きく左右される．仮に，これらのメカニズムが有効に機能しておらず，資本提供者が「事後に」十分な資本収益を確保できないと予想すれば，彼らの反応は，「事前に」資本提供そのものを縮小するというものになる．不完備契約理論がいうところの「ホールド・アップ」問題の発生である．

このように，「弱い企業統治」のマクロ経済学は，要素価格が事後に変化しうると考える点で，ある意味では価格が「伸縮的過ぎる（固定できない）」ことを問題にしているといえる．しかし，一方で，そのような「伸縮的な」価格が生産要素の効率的な供給を引き出す水準に決定されるとは限らないと考えているのである．

1.2 長期停滞下のマクロ変数の動き

このような視点に立つ本章の「弱い企業統治」のマクロ経済学が，日本の長期停滞を考える上で議論の対象とする観察事実は以下の5点である．

1.2.1 実質成長率の低下

1番目の事実は，実質所得成長率の大幅な低下である．実質国民所得成長率は80年代まで年率4%あまりを維持していた．しかし，そこから下方に大きく屈折し90年代以降はゼロ近辺に留まっている（ただし，2003年以降の小泉改革期には若干の持ち直しが見られる）（図6-1）．

1.2.2 マーシャルのkの上昇

2番目の事実は，マーシャルのkの大幅な上昇である．マーシャルのkは，80年代には安定的に推移していたが，90年代半ばから急激な上昇を示した．

第6章　日本の長期停滞と「弱い企業統治」のマクロ経済学　　　　131

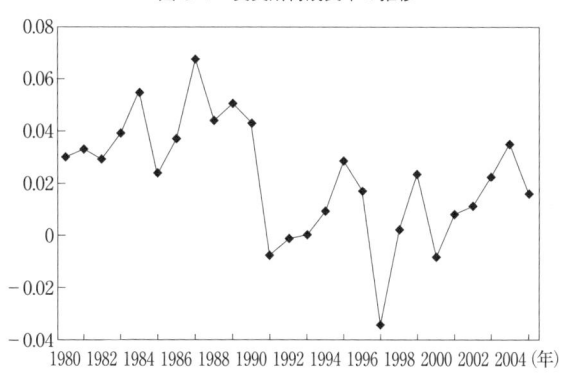

図 6-1　実質所得成長率の推移

(出所) 内閣府「国民経済計算年報」(国民所得：要素費用表示，GDP デフレーター)

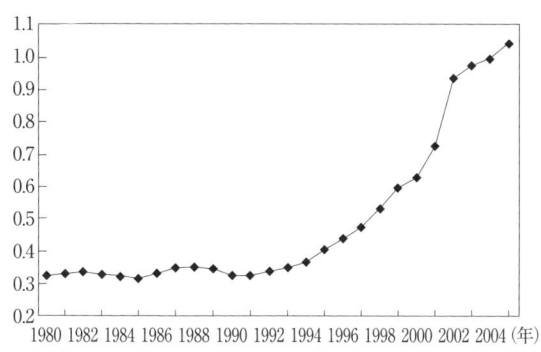

図 6-2　マーシャルの k の推移

(出所) 内閣府「国民経済計算年報」(国民所得：要素費用表示)，日本銀行「金融経済統計月報」(M1).

典型的なものとして狭義のマネーサプライ M1 についてマーシャルの k（対国民所得比）を見ると，80 年代には 30％台半ばで全くといっていいほど変動していない．しかし，90 年代半ばから一貫して上昇し続け，2000 年代には 100％を超えている（図 6-2）[3]．この事実は，90 年代に日本における貯蓄および保有資産の内訳（ポートフォリオ）が大きく変化したことを示している．より具体的には，生産要素である資本から生産に貢献しない（したがって雇用に

---

[3] マネーサプライ統計は，1999 年度に対象金融機関の変更による不連続があるが，本章の目的のためにはごく限られた範囲の誤差に止まるため，図 6-2 では連続的に表示してある．

貢献しない）貨幣へと，その資産蓄積手段を代替するという「貨幣への逃避」が起きたのである[4]．

なお，本章では分析対象として主に貨幣を扱うが，「弱い企業統治」が引き起こす問題の本質は「貨幣への逃避」に限らず，資本以外の様々な資産（国債，金，不動産，石油，農産物，さらには粗悪品を含む証券化商品——レモン）に対する需要が急速に高まり，その価値が急騰するという，いわゆる「バブルの発生」にあることも注意しておきたい．90年代以降は，貨幣需要の高まり（デフレ発生）に加えて，国債需要の高まり（国債価格高止まり），さらにはドルバブル，ユーロバブル，新興国バブル，資源バブル，農産物バブル，そしてサブプライム・モーゲージ問題と次々にバブルが発生してきた．このバブルをめぐる論点は，安易な金融拡張政策の実行——デフレ脱却＝資本という受け皿がないままの貨幣バブル潰し——にも警鐘を鳴らす点であるので，後に再論する[5]．

1.2.3 消費性向の上昇

3番目の事実は，消費性向の大幅な上昇である．消費性向は，80年代まで60％台後半できわめて安定的に推移している．しかし，90年代に入り急激な上昇を示し，90年代後半には70％台後半に到達した（図6-3）．消費性向の上昇については，高齢化の進展（貯蓄率が低いコーホート人口の増大）が原因として挙げられることが多い．しかし同時に，90年代以降の消費性向の上昇は突然かつ急激に進んだため，それを本当に高齢化要因だけで説明してよいか，という疑問も生んできた．さらに，この間，消費の「水準」自体は低迷してきた

---

4) ここで使った「貨幣への逃避」という用語は，その本質において一般に使われる「質への逃避」あるいは「流動性への逃避」と同一のものである．ただし，「質への逃避」や「流動性への逃避」という用語は，一時的に過大な収益リスクや流動性リスクを伴うことになった資産の保有を減らし，安全資産や取引に厚みのある資産の保有を増やす短期的な行動を指し示すことが多い．そのため，本章ではあえて「貨幣への逃避」という別の用語を用いて長期間にわたる資産蓄積手段の代替を表現している．
5) サブプライム・モーゲージ問題の発生以来，「逆選択理論」を援用しながらその発生を「市場の失敗」として喧伝する論調が絶えない．しかし，標準的な「逆選択理論」は，レモン市場の不成立を問題にするのであり，その目を見張る拡大を予測するものではない．あえていえば，市場は不成立という「失敗」を犯すことによって，通常は粗悪品の混ざった品物袋からわれわれを遠ざけてくれるものなのである．そもそも「山は登らなければ降りなくてもよかった」ことを考えると，サブプライム・モーゲージ問題で真に問われるべきは，「なぜ市場が失敗できなかったか」という点にあるといってもよいほどである．理論的には，ファンダメンタルズが0の資産にでも正の価格が付くバブルである．「情報の非対称性」に塗れた資産に高い価格を付けるぐらい何でもなかったというのが事の真相といえるのかもしれない．

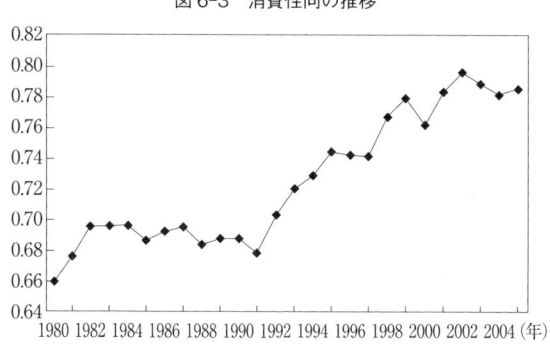

図 6-3 消費性向の推移

(出所) 内閣府「国民経済計算年報」(国民所得:要素費用表示,民間最終消費支出).

こと,各年齢層別の消費性向は非常に高齢の層を除いてほとんど変わっていないことが問題を複雑にした.

しかし,ミクロの消費性向の安定性とマクロの消費性向の上昇という現象は,もともと消費性向の異なる主体間での所得移転を考えればきわめて自然な現象である.なぜなら,そうした所得移転が発生すれば,ミクロの消費性向は変わらなくても,その加重平均であるマクロの消費性向は容易に変化しうるからである.具体的には,消費性向が低い層(勤労者層)から高い層(高齢者層)に所得移転が発生すればマクロの消費性向は上昇する.したがって,こうした見方で重要なのは,なぜそのような移転が発生するかという点にある.本章では,「弱い企業統治」がきわめて自然な形で以上のような所得移転をもたらすことを示し,「消費低迷の中の貯蓄率下落」という逆説的現象に説明を与える.

1.2.4 ゼロ名目金利

4番目の事実は,名目金利のゼロ近辺水準への大幅な下落である(図6-4).フィッシャー方程式によれば,ゼロ名目金利とは,資本保有の収益率(実質金利)と貨幣保有の収益率(期待デフレ率)が等しいことを意味する.したがって,ゼロ名目金利の下では,家計が資本と貨幣を同等ものと見なし,自らのポートフォリオにおいて資本を貨幣に代替することが合理化される.しかし,ここで注意したいのは,こうした家計のポートフォリオの変化がゼロ名目金利を生み出す原因にもなりうるという事実である.なぜならば,そのような家計の行動は,経済全体で貨幣需要を増加させ,それによって引き起こされるデフレを

図 6-4　名目金利の推移

(出所) 日本証券業協会「金融・証券関係諸指標」(10 年物国債利回り).

通じて名目金利の低下を促すからである．この意味で，ゼロ名目金利は，家計の「貨幣への逃避」のミクロ的な原因でもあり，マクロ的な結果でもあるといえる．

1.2.5　資本収益率の低下

5 番目の事実は，「企業統治の弱体化」を示すいくつかの現象に関するものである．一つ目は労働シェアの大幅な上昇である．労働シェアは，90 年代初頭までは 60％台できわめて安定的に推移している．しかし，それ以後急激な上昇を示し 90 年代末には 70％台半ばに到達し，その後 70％ほどに低下したが依然高い水準を保っている（図 6-5）[6]．

この事実は，しばしば 90 年代における資本収益率の急激な低下（「利潤圧縮」）として言及される現象である（橋本 [2002] など）[7]．この現象に対しては，い

---

6) 近年主張される「労働シェア低下論」は，労働シェアの 2000 年代の高水準からの「相対的な」低下を問題としているのであり，その「絶対的な」低下を問題としているのではないことに注意されたい．
7) 脇田 [2005] は，橋本 [2002] が観察した 90 年代の「利潤圧縮」現象は，主として大幅な資本減耗を原因とするものであり，「所得」概念ではなく「生産」概念で定義した労働シェアはより小幅な上昇を見せるにすぎないことを示している．ただし，本章で問題にする資本収益率の低下は，各生産要素の事後の所得分配のあり方に関わる概念であるため，むしろ橋本 [2002] と同じように「所得」概念で定義することが分析の目的に適している．なお，以上の「原因論」とは別に，かつての日本企業の過大な投資の反動としての大幅な資本減耗を除外して報酬のあり方を論じるのは，「責任論」の視点から容認できない（「資本の失敗を労働者も分かち合えというのは非倫理的である」）とする考え方もある．しかし，忘れてはならないのは，こうした「責任論」は，「企業＝資本提供者（株主）」という「強い企業統治」に基づく企業観に立脚しているということである．

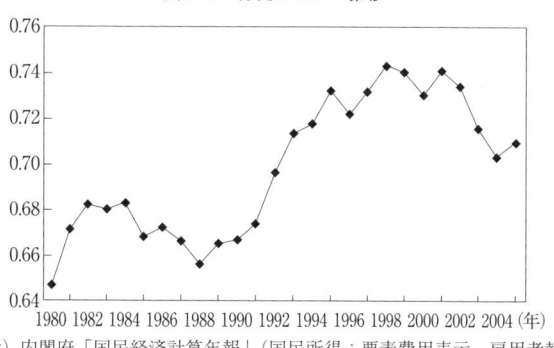

図6-5 労働シェアの推移

(出所) 内閣府「国民経済計算年報」(国民所得:要素費用表示, 雇用者報酬)

くつかの相互に関連する説明がなされている．たとえば，その一つは，経済停滞の中でも持続したケインジアン・タイプの名目賃金の硬直性によって資本収益が圧迫されたとするものである[8]．一般に，賃金硬直性のために労働シェアは不況期に上昇し，好況期には低下する傾向がある．ただし，90年代は長期にわたり賃金「水準」の上昇が低迷したため，こうした循環的傾向は緩和されてもよさそうである．しかし，むしろ現実は反対で，2000年代の小泉改革期まで一貫して上昇トレンドが持続した[9]．もう一つは，長期雇用システムの中で，雇用調整が進まなかったため企業のリストラクチャリングが遅れ資本収益が圧迫されたとするものである．おそらく，現実はこれらの要因が複合して資本収益率の低下が発生したと思われる．しかし，それらのより根源的な原因を探るならば，90年代の日本企業における統治空白（M&Aの脅威など資本市場規律が未成熟なまま起こった銀行コントロールの衰退）という現象に行き当たるといえよう．実際，有効な企業統治メカニズムが機能していれば，それは遅かれ早かれ，「投資家の利益」を守るべく適切な調整を後押ししたはずである．

---

[8] 宮川［2005］は，かつてBruno and Sachs［1985］をはじめとする一連の研究が石油価格高騰のアメリカ経済低迷への影響を分析した「供給ショックの経済学」の枠組みを用い，ケインズ経済学が想定する名目賃金の硬直性が需要サイドではなく資本収益率の低下を通じて供給サイドから経済停滞をもたらす可能性があることを，日本経済の要素価格フロンティアの計測に基づき示している．

[9] 資本収益率の低下が経済成長を阻害するとき，賃金が硬直的であると，そのことが労働シェアの上昇を招き，さらに資本収益率を引き下げるというポジティブ・フィードバックが働く．こうした反転のきっかけがない累積プロセスが，90年代において従来にない要素シェアの一方向へのトレンドを形成したと考えられる．

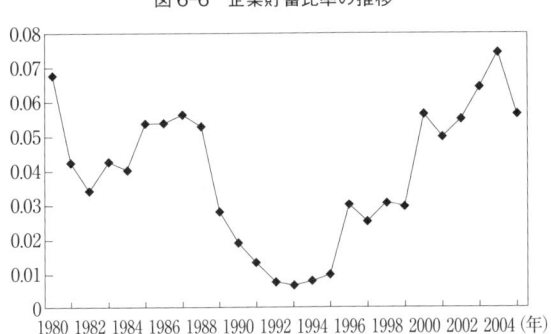

第Ⅱ部　企業統治と市場・マクロ経済

図6-6　企業貯蓄比率の推移

(出所) 内閣府「国民経済計算年報」(国民所得：要素費用表示，非金融法人貯蓄)

この意味で，ケインジアン・タイプの名目硬直性も雇用調整の遅れも「弱い企業統治」がもたらすホールド・アップ問題の現れの一つに過ぎないということもできる．

　二つ目は企業貯蓄の大幅な上昇である．企業貯蓄は，80年代後半に一時的に若干上昇した以外は，90年代前半まで下落し続け国民所得比で1％を割る水準にまで到った．しかし，その後はほぼ一貫した急激な上昇を示し，2000年代には7％台に到る動きを示している(図6-6)．教科書的な議論である「企業ベール観（corporate veil）」によれば，企業貯蓄は家計貯蓄の一つの「置き場所」に過ぎず，企業貯蓄が増大しても資本提供者（株主）の利益が損なわれたことにはならない．しかし，この論理は「企業＝資本提供者（株主）」という，やはり教科書的な議論が適用できなければ成立しないものである．Jensen [1986] や Stulz [1990] がフリー・キャッシュ・フロー問題（あるいは裁量的経営者問題）の名称で示したように，企業貯蓄は，経営者の「帝国建設（empire building）」や雇用維持のための企業規模拡大に用いられてしまいがちなものであり，そのすべてが資本提供者に帰属するものとはいえない．いいかえれば，「弱い企業統治」の下では，「企業≠資本提供者（株主）」であり，企業貯蓄の増大はエージェンシー費用の増大を通じて資本収益率を押し下げるものとなるのである[10]．とくに，「弱い企業統治」のマクロ経済学で，企業貯蓄の問題をエージェンシー問題の現れと見たときに興味深いのは以下の点である．フリー・キャッシュ・フローは，企業レベルで考えたとき，資本提供者（株主）から見て望ましくない企業規模拡大のために用いられる．この意味で，それは企業（経営者）の「過

剰投資」意欲を示すものといえる．しかし同時に，マクロレベルで考えたとき，それは資本収益率を低下させるため，家計のポートフォリオ選択において「貨幣への逃避」を引き起こし，経済全体でみると投資を減少させる．すなわち，「過剰投資意欲下での投資低迷」という逆説的状況をもたらしうるのである[11]．

三つ目は，以上のような「ホールド・アップ問題」，「フリー・キャッシュ・フロー問題」発生の裏面ともいうべき，企業から投資家への利子・配当支払いの大幅な低下である．たとえば，非金融法人企業の利子・配当支払い（対国民所得比）を見ると，それは80年代まで10％台で推移している．しかし，90年代以降急激かつ一方向的な下落を示し，2000年代には6％を下回る水準まで低下している（図6-7）．このような企業から投資家への「払出し」の著しい低下は，第一義的には低金利の持続と企業の借入減少・借入返済を反映している．しかし同時に，この間，配当支払いはほとんど変化せず，それが若干の上昇を見せた小泉改革期においても，その上昇は利子支払いの減少を償うにはあまりにも小さかったことにも注意すべきである．90年代以降，経済停滞が続く中で，労働シェアや企業貯蓄は上昇したが，その反面で「投資家の利益」は過去に例を見ないほど著しく低下してきたのである．この点で，「弱い企業統治」は，暗黙の資本課税（資本から他の生産要素への再分配）としての機能を果してきたともいえよう．

さて，これらの5点の観察事実は，90年代に時を同じくして偶然発生した

---

10) 企業貯蓄と家計貯蓄の同等性を主張する「企業ベール観」は，資本提供者の立場についての考え方であり，その同等性を崩すものとしては「経営者・株主コンフリクト」が問題にされている．これに対して，「経営者・労働者コンフリクト」を重視する立場からは，経営者が賃金として払い出すべき資金を企業貯蓄として蓄えているとの批判も出されている．たとえば，一時期，政治的な話題となった「内部留保」課税論は，こうした考え方を背景に持つ．しかし，企業貯蓄の問題が「経営者・株主コンフリクト」に基づくフリー・キャッシュ・フロー問題であるとき，「企業＝資本提供者（株主）」という古典的な企業観に基づき提案を行うと，労働サイドに立脚したはずの論者が，実は労働者に不利益な提案をしているという逆説的な役割を演じることになる．日本の経営者は労働者と距離が近い存在だろうか，それとも株主と距離が近い存在だろうか．

11) 村瀬［2011］は，フリー・キャッシュ・フロー問題が企業の投資意欲効果と家計のポートフォリオ選択効果の両方を有するモデルを使い，それが問題の軽微な段階は「過剰投資」を引き起こすが，問題が深刻化するにつれ前者の効果を後者の効果が凌駕し，「過少投資」を引き起こすメカニズムを示している．こうした企業貯蓄の持つマクロ経済上の問題点に着眼した研究としては，他にHayashi ［2006］，斎藤［2008］も参照されたい．そこでは，本章と異なり，実物経済（1資産）モデルが想定されている．そのため，ポートフォリオ選択効果は存在せず，フリー・キャッシュ・フロー問題が昂進するにつれて「過剰投資」問題のみが深刻化していく（Ando［2002］，Ando, Christelis, and Miyagawa［2003］も参照）．

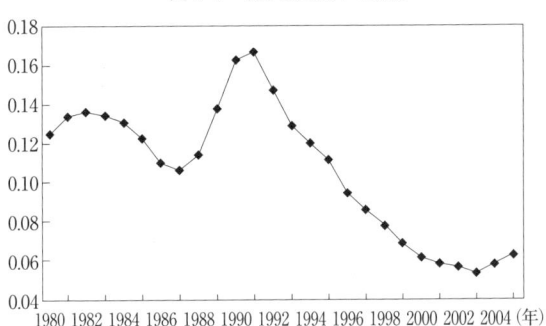

図 6-7 利子配当比率の推移

(出所) 内閣府「国民経済計算年報」(国民所得：要素費用表示，非金融法人利子配当支払).

ものなのだろうか？　それとも偶々にしてはできすぎているのだろうか？本章の目的は，以上で述べた複数の事実を，一つの最適化モデルの中で同時に発生する現象として説明することにある．とくに，「弱い企業統治」がもたらす資本収益率の低下を出発点として，実質成長率の下落，マーシャルのkの上昇，消費性向の上昇，ゼロ名目金利を相互に関連した一連の出来事として説明していく．

1.3　先行研究

本章の分析は，先行するいくつかの研究の流れと関連がある．

1.3.1　供給サイドの重視

まず第一に，本章の長期停滞の説明は，経済の供給サイドに焦点を当てたものであり，そこでは有効需要水準など経済の需要サイドの条件は主要な役割を果たさない．こうした設定は，20年に及ぶ長期停滞の発生と，大規模な需要刺激策の乏しい効果という現実をモデルに反映させるために採用したものである．このような供給サイド重視の分析としては，経済停滞をTFP成長率低下の帰結として説明する潜在成長率低下説の研究がある――代表的なものとしてHayashi and Prescott [2002][12]．ただし，潜在成長率低下説のほとんどは経済

[12) 他に,経済停滞の主要因としてTFP成長率の低下を挙げる説明としては,Cole and Ohanian[1999], Bergoeing, Kehoe, Kehoe, and Soto [2002], Fisher and Hornstein [2002], Chari, Kehoe, and McGratten [2004] も参照されたい.

の実物サイドに焦点を合わせ,経済のマネタリーな側面を捨象している.注目すべき例外は,Hayashi-Prescott モデルを貨幣的成長理論に拡張した Andolfatt [2003] の世代重複モデルである.しかしながら,Andolfatt [2003] のモデルは,外生的に発生する一連の負の供給ショックが,実質成長率の低下をもたらすメカニズムを分析するための外生成長の分析枠組みを採用している.このため,ゼロ名目金利の出現などさまざまな名目変数の決定は視野に入れられているものの,それが経済成長にフィードバックするメカニズムについては分析の対象外になっている[13].

1.3.2 ヨーロッパ諸国の長期停滞

第二に,本章のモデルは,その考え方において,1970 年代,80 年代の大陸ヨーロッパ諸国の経済停滞を説明する労働市場の硬直性モデルと類似性がある.労働市場の歪みを問題とするこの理論では,賃金および雇用調整の制度的硬直化が,投資の停滞やそれに伴う体化された技術進歩の低下を招いたことが主張されている (Bentolila and Bertola [1990], Saint-Paul [1993, 2002a, 2002b], Blanchard [1997, 1998, 2004], Blanchard and Philippon [2004], Caballero and Hammour [1998a] を参照).しかしながら,再びこれら労働市場の歪みに着目するモデルも,経済の実物サイドだけに焦点を合わせたモデルを展開しており,経済のマネタリーな側面を捨象している[14].

1.3.3 途上国の資本逃避

第三に,分析対象は異なるが,本章の議論は,発展途上国における資本逃避の分析と考え方に類似性がある (Alesina and Tabellini [1989], Lucas [1990], Tornell and Velasco [1992], Velasco and Tornell [1991] を参照).とくに,いず

---

13) 世代重複モデルは,Mundell [1963]-Tobin [1965] 効果による,またその極端な形ともいえる Tirole [1985]-Grossman and Yanagawa [1993] のバブル効果による「資本と貨幣の代替」を分析の視野に入れることができる.このため,世代重複モデルでは,何らの名目硬直性を仮定しなくても,実物変数と名目変数の間に相互作用が発生しうる.この点が,世代重複モデルを採用した Andolfatt [2003] と本章のマクロモデルに共通の特徴となっている(本章第4節を参照).

14) Cole and Ohanian [2004], Ebell and Ritschl [2007] は,労働組合に有利な制度変化が労働市場における伸縮的な賃金調整を阻害し,20世紀初頭のアメリカの大恐慌を長引かせる原因となったとの議論を展開している.他に,経済停滞の原因として労働市場の非効率性に着目する議論については Mulligan [2002], Chari, Kehoe, and McGratten [2004], 宮川 [2005], Kobayashi and Inaba [2006] も参照されたい.

れの議論においても，国内資本の弱い保護に対して，投資家が国内資本から他の資産への逃避を行うことが問題とされている．しかし，二つの議論の最大の違いは，途上国の資本逃避では，資産が「外国」通貨へ逃避し国内にインフレをもたらすのに対して，本章では，資産が「自国」通貨へ逃避し国内にデフレをもたらす点である[15]．

1.3.4 不完備契約の一般均衡理論

第四に，本節の冒頭で説明したように，本章で与えられる長期停滞の説明は，いわゆる不完備契約の一般均衡理論に基づくものである．通常，契約の不完備性については，事後の交渉において交渉力が弱い「奪われる」側の生産要素 (appropriated factor) の過少投資――ホールド・アップ問題――が問題とされることが多い (Williamson [1979], Grout [1984], Grossman and Hart [1986] を参照)．しかし，この問題を一般均衡あるいはマクロ経済モデルの中で考えたとき，問題の新たな側面が出現する．すなわち，市場メカニズムが，契約の不完備性により適切な報酬を獲得できない（よって過少供給になり，希少になる）「奪われる」側の生産要素に対して部分的な「補償」を行う（その相対価格を上昇させる）という反応を起こすのである．ただし，この市場の「補償」には，より深刻な副作用が伴う可能性がある．副作用の代表的なものとしては，「奪う」側の生産要素 (appropriating factor) の雇用を節約する効率性の低い技術への転換，「奪う」側の生産要素の過少雇用，そして，その結果としての「奪う」側の生産要素における雇用された「勝者」と雇用されなかった「敗者」の格差拡大などを挙げることができる（これらの契約の不完備性のマクロ的帰結については，先に挙げた Caballero and Hammour [1996c, 1998b] の他，Caballero and Hammour [1996a, 1996b, 1998a], Blanchard [1997], Acemoglu [1998, 2002, 2007]

---

[15] 共に先進諸国で発生した停滞という意味において，今回の日本の長期停滞を分析する際に，2番目に挙げた大陸ヨーロッパの長期停滞に関する膨大な研究があまり参照されなかったのは少々不思議ですらある．おそらく，両地域の雇用制度の違い（アングロ・アメリカン諸国と比較すればむしろ似ているとさえいえるが）だけでなく，日本のケースがデフレを伴ったのに対して，ヨーロッパのケースがそうではなかったという対照性もこの事情に与っているだろう．

[16]「事後」の交渉力が弱い生産要素が何かは，時代や国によって異なる．たとえば，資本・労働関係において，伝統的には交渉力が弱い生産要素は労働であるとされることが多かった (Marx [1867])．しかし，交渉力の弱体化は，生産過程で長期的なコミットメントを必要とする，すなわち「埋没投資」になる資本についても発生しうる (Simons [1944])．事実，現代の「企業ファイナンス論」が扱っている問題の中心は後者の問題である (Hart [1995], Caballero [2007])．

を参照)．たとえば，「事後」の交渉力の弱い生産要素が資本，強い生産要素が労働である場合，これら副作用は，低効率の労働リストラ技術の導入，労働者の失業の増大，内部労働者(正規雇用)と外部労働者(非正規雇用)の格差拡大など，長期停滞下の日本でも観察されたさまざまな非効率性として現れることになる[16]．

　本章のモデルでは，市場が「奪われる」側の生産要素に対して，より効率性の低い逃避先を用意するという機能を発揮してしまうことから副作用が増幅されていく．すなわち，各家計は，資本収益率の低下に直面して「奪われる」資本から「奪われない」貨幣への逃避を行う．この個別家計のミクロ的な行動によって発生する市場メカニズムの調整は，資本保有と貨幣保有の収益率の格差を埋める，いいかえればゼロ名目金利を作り出すという，当初の個別家計のミクロ的な逃避行動を正当化してしまうものとなる．しかしながら，このような自己強化的なポジティブ・フィードバックは，家計のポートフォリオ選択において加速度的に資本からの逃避を進め資本蓄積や資本に体化される技術進歩を抑圧するのである．結局のところ，市場メカニズムは，ミクロ的な「弱い企業統治」という問題に対して，マクロ的に弊害をもたらす「解決策」を用意してしまうことになる[17]．

　さらに，こうした「弱い企業統治」への「解決策」は，本来は資本蓄積をサポートするはずだった金融機関の行動原則の変質も生むことも付言したい．なぜなら，彼らも，顧客の要望に応え「奪われない」資産への投資や「奪われない」資産の創出を収益源と考えるようになるからである．日本の銀行の国債の大量保有や欧米の銀行の証券化商品への傾斜は，こうした金融機関の変質を象徴したものといえる．「生産に寄与しない」バブルへ傾斜する資本主義をジャーナリスティックに「金融資本主義」と呼ぶならば，「奪われない」資産への保

---

17) 本章の議論は，家計の貨幣保有意欲が経済停滞の原因となるという点で，小野 [1992, 2007] で提示された不況動学分析と問題意識の重なりがある．ただし，①小野モデルでは，家計の貨幣保有が無限大になってもその限界効用が正値を維持するという仮定が置かれている．これに対して，本章では，現金制約 (cash-in-advance) モデルを仮定し，貨幣保有が有限の値でその限界効用が 0 になるというより標準的な仮定の下で議論が進められる．②小野モデルでは，貨幣保有によって消費が阻害される．これに対して，本章では貨幣保有と競合するのは投資である．そして，消費については，その成長率は低下するものの消費性向は上昇する (貯蓄率は低下する) という日本の長期停滞において観察された事実が導かれる．こうした違いが生じる根源的理由は，本章のモデルが「貨幣への逃避」という現象の裏に，「貨幣を渡した (高齢者層の) 主体」と「貨幣を受け取った (勤労者層の) 主体」という，異質的主体間の貨幣の受け渡しを明示的に考えているところにある．

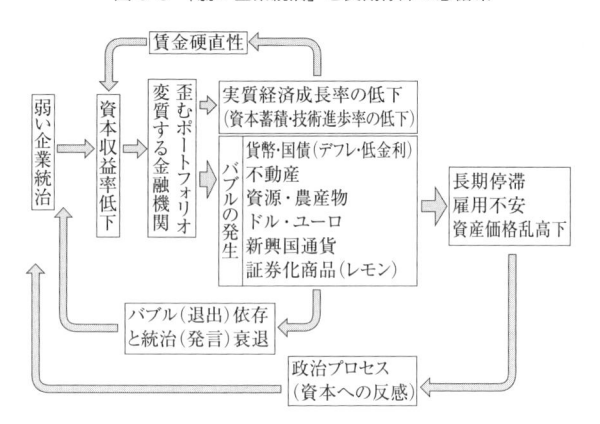

図 6-8 「弱い企業統治」と長期停滞の悪循環

```
              ┌──── 賃金硬直性 ────┐
              ↓                    │
   ┌────┐ ┌────┐ ┌────┐ ┌──────────────────┐
   │弱い│→│資本│→│歪む│→│実質経済成長率の低下│
   │企業│ │収益│ │ポー│ │(資本蓄積・技術進歩 │
   │統治│ │率低│ │トフ│ │率の低下)          │
   │    │ │下  │ │ォリ│ ├──────────────────┤
   └────┘ └────┘ │オ・│ │貨幣・国債(デフレ・ │  ┌────┐
     ↑           │変質│ │低金利)            │  │長期│
     │           │する│ │不動産              │→│停滞│
     │           │金融│ │資源・農産物        │  │雇用│
     │           │機関│ │ドル・ユーロ        │  │不安│
     │           │バブ│ │新興国通貨          │  │資産│
     │           │ルの│ │証券化商品(レモン)  │  │価格│
     │           │発生│ │                    │  │乱高│
     │           └────┘ └──────────────────┘  │下  │
     │              ↑                           └────┘
     │           ┌────────────┐                    │
     └───────────│バブル(退出)依存│                 │
                 │と統治(発言)衰退│                 │
                 └────────────┘                    │
                        ↑      ┌──────────────┐    │
                        └──────│政治プロセス  │←───┘
                               │(資本への反感)│
                               └──────────────┘
```

有欲求が，本質的な富の源泉である生産活動を抑圧し，最終的にバブル破裂により人々から富を「奪う」アイロニーに，「金融資本主義」の問題があるといえるかもしれない．しかし，注意すべきは，その生成原因は，世間でいわれるような「資本の暴走」といったものではなく，むしろ正反対の資本収益率の低下という「資本の弱体化」にあるという点である．リーマン・ショック以後は，いったんはバブルのメニューが貨幣や国債中心のものに縮んだが，2011 年現在，バブルは再びメニューの幅を広げ，世界経済を覆いつつある（「弱い企業統治」のマクロ経済学が問題とする長期停滞の悪循環は図 6-8 に模式化されている）．

　ここで，本章の以下の構成を述べておこう．第 2 節では，「弱い企業統治」が停滞を引き起こすメカニズムを分析するのに先立ち，なぜ 90 年代以降の日本に「弱い企業統治」がもたらされているのか，その原因を検討する．第 3 節では，「弱い企業統治」のマクロ経済学の簡単なモデルを提示する．そして，モデルの解として実質成長率，マーシャルの k，消費性向，および名目金利の導出を行い，企業統治の弱体化がこれらの変数にもたらす効果を分析する．第 4 節では，デフレ脱却策としての大規模な金融・財政政策の問題点を「弱い企業統治」の視点から明らかにする．第 5 節では本章で得られた結果の政策含意をまとめる．

2 「弱い企業統治」をもたらした要因

本節では，90年代以降の日本で「弱い企業統治」が深刻化した原因について議論する．先進国・途上国を問わず「弱い企業統治」の問題は，現代の資本主義国共通の問題であり，「企業ファイナンス論」のほとんどの研究が何らかの形でこの問題に関わっているといってもよい．そうした中，「弱い企業統治」がもたらす影響ではなく，「弱い企業統治」がもたらされる要因についてヒントを与える研究も存在する．以下では，それらの中から，日本の90年代以降に関係が深い論点をピックアップし，それぞれ「短期」，「中期」，「長期」の三つの時間的視野から整理したい．

2.1 「統治なしの収益」——退出への依存と発言の衰退

90年代の日本の停滞を考えるとき，まず頭に浮かぶのが，それに先立つ不動産・株式バブルの発生と崩壊である．バブルと「弱い企業統治」は互いにどのような関係にあるのだろうか．

バブルは，そのファンダメンタルズが0でも保有される資産，すなわち「統治などなくても期待収益が正となる資産」という性質を持っている[18]．このことは，バブル保有が，資本収益率を高めるべく企業統治を強化する必要性を希薄化することを意味している．いいかえれば，バブル保有という資本市場からの退出メカニズム（exit）への依存が始まると，資本収益率を向上させる企業統治における発言メカニズム（voice）の衰退も始まるのである（Hirschman [1970]）．しかし同時に，この事実は，バブルの保有動機が生じたのは資本収益率が低下したからだという，もう一つの事実を考え合わせると非常にアイロニカルである．なぜなら，統治が弱体化するとバブルが発生するからである．いいかえれば，統治弱体化とバブル発生の間にはそれぞれが原因でもあり結果でもあるというポジティブ・フィードバックが働く．この観点から見ると，90年代以降の日本は80年代の不動産・株式バブルがもたらした統治劣化の種を負の遺産として引き継いだだけでなく，それ自身デフレ（貨幣バブル）や価格

---

18) Shleifer and Vishny [1997] は，その「統治なしの金融（financing without governance）」のシナリオの中で，ドミナントな資金提供者の存在，繰り返しゲームにおけるプレーヤーの自律的協調などと並んで，「バブル生成」を，投資家にそうした金融を踏み切らせる大きな要因として挙げている．

が高止まりする国債といった新たなバブルに頼り，統治強化への動機を失うという悪循環に陥ってきたといえるだろう．

2.2 「共有地の悲劇」——会社は誰のものか

すでに強調したように，資本提供者としての株主は，自らの資本提供の見返りを事前に保障されない主体である．したがって，現代の企業は，有効な企業統治メカニズムが存在しない限り，収益の帰属先が不確定な「共有地」状態に陥りかねない組織ということができる．

「共有地」については，資源の採取・利用が過剰になり，その保守・維持が過少になる「共有地の悲劇」の非効率性がよく取り上げられる．しかし，「共有地」問題についてもう一つ重要なのは，そのような非効率性があるにも関わらず，それを取り除くインセンティブがいつも生まれるとは限らないという事実である．なぜなら，「共有地」状態を解消する統治メカニズムの確立には，関係主体の権利の確定や権利の継続的な保護という「公共財」的側面があるからである．この意味で，「私的な」財産権の確立が「公的な」領域の活動であるという逆説は，有効な企業統治メカニズムの確立に関しても当てはまる原則といえる．

90年代までの日本が，不十分な「投資家保護」など企業統治にかかわる公的なバックアップの仕組みを欠いたまま，曲がりなりにも「共有地の悲劇」を回避してこられたのは，以下の二つの代替的メカニズムに負うところが大きいだろう．一つは，大株主・大債権者による統治である．これらドミナントな資金提供者は，資金提供先企業に関する利害関係が大きいため，私的に「公共財」を供給するインセンティブを持つ．もう一つは，企業の所得分配ゲームに参加するプレーヤーの長期固定化に基づく自律的協調の生成である．プレーヤーがこうした固定関係によって長期的視野を維持できれば，プレーヤーの自制的な分配要求（業績悪化時の賃金要求の穏健化，配当要求の自制，金利減免など）が実現される[19]．ただし，これらのメカニズムは，経済に大きなショックが発生

---

[19] 繰り返しゲームにおける自律的協調形成に関しては協調が崩れたときの利得（非協調利得）が低ければ低いほど，むしろそれが脅威となってプレーヤーの協力が促進されるという側面もある．この意味では，非協調状態としての「共有地」が非効率なものであればあるほど望ましいとさえいえる（Halonen [2002] を参照）．1950年代までの所得分配をめぐる激しい労資闘争は，フォーマルな企業統治メカニズムの確立を経ずして「労資協調の時代」に入った日本の労資にとって，決して戻りたくない非協調利得の記憶として機能したであろう．

するなどの環境変化が起こり，ドミナントな資金提供者が苦境に陥り「公共財」の供給負担に耐えられなくなる，長期的な資金関係や固定的な取引関係が維持できなくなり関係主体が長期的視野を失うなどの事態が発生すると崩れてしまう．

近年，「会社は誰のものか」という論争が改めて盛んになったのも，こうした日本企業の代替的統治メカニズムの崩壊によるところが大きい．表面的には「シェアホルダー vs. ステイクホルダー」という形で行われた論争も，本当は「会社は誰のものか」が重要なのではなく，「会社は誰のものかを『明確にすること』」に問題の主眼があったと見るべきである[20]．このような問いが改めて発せられるのも，長期停滞下の日本において「会社が誰のものか明確でないこと」による資産・資源の不活用の非効率性が強く意識されたことの現れと考えられる．2000年代に入り一時活発化した買収ファンドなどによるM&Aは，こうした企業の「共有地」状態を強権的に整理し，自らへの大きな見返りと共に資産の財産権をやや強引ともいえる手法で再定義する作業だったともいえる．しかし，「公的な」バックアップを欠いた（それどころか国民的な反感に晒された）こうした「私的な」財産権整理活動は持続性に乏しく，その退潮とともに日本では「弱い企業統治」の問題が再び深刻化してきているといえるだろう．

2.3 「争議，協調，そして統治」——資本蓄積と余剰労働の解消

最後に，やや長期的視点から「弱い企業統治」が問題化した要因を考えよう．この長期的な要因は，所得分配をめぐって生じうるコンフリクトが資本蓄積の進行に伴い局面転換を経るという事実を反映している．とくに，マクロ的に見た労働供給関数が凸性——水平な余剰労働領域と垂直な新古典派領域，そしてその間に存在する右上がりの領域——を持つことから，成長果実の配分をめぐるコンフリクトに以下の三つの段階が生じやすい[21]．第一段階は，資本蓄積が乏しく，マクロの労働需要関数が労働供給関数と余剰労働領域で交点を結ぶケースである．この場合，資本蓄積が進んでも，市場メカニズムは，その恩恵

---

[20] 理論的に純化された状況では，「会社が誰のものかはっきりしていれば会社は誰のものでも同様の効率的状態が実現する」（コースの定理，Coase [1960]）．
[21] 経済発展における余剰労働の役割とその枯渇による新古典派経済への転換についてはLewis [1954] の二重経済論を，また，資本蓄積に伴う所得分配をめぐるコンフリクトの局面変化については，Somanathan [2002] を参照されたい．

を労働者に賃金上昇の形で十分に還元しない．とくに，余剰労働の存在により，企業にとって労働者の代替が容易なため労働サイドの本来的な交渉力も弱い．こうした時代は，労働者は労働争議などの直接的な団結行動により資本と交渉し，成長果実の分配を獲得するしかないため，「労資対立の時代」になりやすい．第二段階は，資本蓄積がある程度進み，労働需要関数が労働供給関数の右上がりの部分と交点を結ぶケースである．この場合，資本蓄積が進むと，その恩恵は資本提供者のみならず労働者にも賃金上昇の形で還元される．すなわち，労資ともに経済成長をめぐり利害が一致する．このため，分配に関する対立は急速に鎮静化し「労資協調の時代」を迎えやすい[22]．第三段階は，資本蓄積がさらに進み，労働需要関数が労働供給関数の垂直な新古典派領域と交点を結ぶケースである．この場合，資本蓄積が進むと，その恩恵は主として賃金上昇の形で労働者に還元されやすくなる．とくに，余剰労働の解消されたことにより資本サイドの本来的な交渉力が弱くなる．このため，有効な企業統治メカニズムが確立されない限り，労働節約的な技術導入や生産拠点の海外移転，非正規雇用の創出，資本という形態での収益獲得をあきらめたバブル投資など，国内労働需要に対して抑圧的なメカニズムが作用するようになる．いわば，（潜行した形ではあるが）もう一つの「労資対立の時代」が発生するのである．

　日本の地域間人口移動に象徴される農村から都市への労働供給は，1960年代までは経済成長率と強く順相関する（好況期に増大し不況期に減少する）とともに，70年代に入ると急減するという，きわめて特徴的なパターンを示してきた．また，60年代には30％台半ばで横ばいだった労組組織率もちょうど時を同じくして70年代から一貫して下落傾向をたどり，80年代半ばには20％台に入り，その後も下落が続いている．さらに，60年代末からそれまで下落傾向にあった労働シェアも反転上昇し始めるという事実も観察される（南［1992］，吉川［2000］）．こうした複数の事実の発生タイミングの一致からの推測になるが，日本については60年代までが「対立の時代」，70年代から80年代前半が「協調の時代」，その後が「もう一つの対立の時代」といってよいのかもしれない．つまり，80年代前半までは，「統治なしの金融」でも問題が顕在化しなかった

---

[22] こうした労資（あるいは労使）協調を，共生を重視してきた「日本的経営」の優れた部分と賛美する考え方も存在する．しかし，労資対立の急速な鎮静化はどの先進国でも二重経済から新古典派経済への移行期に多かれ少なかれ見られる自然な現象である．このため，それを「日本的経営」に固有かつ永続的な優越性として強調する考え方は誤りであるといえよう．

時代であるのに対して,それ以降は本格的な統治が必要な中で,それを確立してこなかったことが「弱い企業統治」の問題を実体化したのである.

3 モデル

本節では,Diamond [1965] 型の離散時間 2 世代重複モデルを用い,「弱い企業統治」がもたらすマクロ経済への影響を分析する[23].ただし,以下の三つの点で本章のモデルは標準的な Diamond モデルと異なる.①家計には現金制約が課される(Cash-in-advance constraint).②財・サービスの総生産量は蓄積可能な生産要素(資本)に比例する(AK model).③各生産要素(労働と資本)の報酬は競争的な要素市場で決定されるのではなく,経営者・労働者と資本提供者の双方独占的な交渉によって決まる(Ex-post bargaining).とくに,この③の仮定については,交渉結果が,交渉を取り巻く制度配置である情報開示ルール,企業法制,コントロール権市場,いいかえれば企業統治メカニズムの有効性に大きく左右される現実を重視する.具体的には,有効な企業統治がなければ,「ホールド・アップ問題」や「フリー・キャッシュ・フロー問題」の深刻化を通じて資本収益率は押し下げられるとする[24].

3.1 家計

消費財にも資本財にもなる1種類の財を生産する経済を考える.経済には,毎期,若年期と老年期の2期間を生きる人口サイズ1の経済主体が誕生する.各主体は以下の対数効用関数を最大化するとする.

$$u_t = u(c_t^y, c_{t+1}^o) = \ln c_t^y + \beta \ln c_{t+1}^o \tag{6.1}$$

ここで,c_t^y, c_{t+1}^o は,それぞれ t 期に生まれた主体の若年期の実質消費量,老年期の実質消費量である.また,β は1より小さい正の定数であり,主体の

---

[23] 本節のモデルは,Yaari [1965]-Blanchard [1985] 型の連続時間世代重複モデルを用い「弱い企業統治」のマクロ経済への影響を分析した Murase [2009] のモデルを Diamond [1965] 型のモデルに単純化したものである.
[24] このことは,本章のモデルが資本収益を限界原理によって決まる報酬として捉えるのではなく,「差押え可能(pledgeable)」所得として捉えることを意味する.たとえば,有効な情報開示制度が欠如し,資本提供者が企業収益のうち ϕ 部分を把握できないとしよう.このとき,「差し押さえ可能」所得は企業収益のうち $(1-\phi)$ 部分となるため,これが資本収益の上限を与えることになる.

主観的割引率を表している.

　各主体は, 若年期に労働1単位を非弾力的に供給し老年期には労働を供給しない. また, 各主体は若年期に得られた所得を消費と貯蓄に振り分け, 老年期には貯蓄の果実を消費して人生を終える. また, モデルの現実化のため, 以下では家計には一定の現金制約が課されるとする. 現金制約には, さまざまなものを想定しうるが, 以下ではモデル操作が簡単なものとして家計が若年期と老年期の間で貯蓄の一定割合 (ε, ただし, $0<\varepsilon<1$) を貨幣で持ち越さねばならないとした Tirole [1985] の制約を採用することにする[25]. 若年期の予算制約式, 老年期の予算制約式, および現金制約式は, それぞれ以下の (6.2) 式, (6.3) 式, (6.4) 式で表される.

$$w_t + \tau_t = c_t^y + k_{t+1} + \frac{M_{t+1}}{P_t}, \tag{6.2}$$

$$c_{t+1}^o = (1+r_{t+1})k_{t+1} + \frac{M_{t+1}}{P_{t+1}}, \tag{6.3}$$

$$\frac{M_{t+1}}{P_t} \geq \varepsilon(k_{t+1} + \frac{M_{t+1}}{P_t}). \tag{6.4}$$

　ここで, w_t, τ_t は, それぞれ t 期の「実質賃金」および政府からの実質所得移転である (ただし, 本章のモデルにおける「実質賃金」の意味については後で詳しく述べる)[26]. k_{t+1} は $t+1$ 期の実質資本量, r_{t+1} は $t+1$ 期の実質資本収益率(実質金利), M_{t+1} は t 期に生まれた主体の名目貨幣保有量, P_t は t 期の物価水準である. ここでは, 貯蓄は資本と貨幣という二つの蓄積手段を使って行われると仮定し, 家計のポートフォリオ選択を最小限の枠組みで議論する. また, 以下

---

25) Tirole [1985] は, 貨幣のバブルとしての役割を明らかにする分析の中で, 貨幣均衡 (bubbly economy) と非貨幣均衡 (bubbleless economy) の共存という複数均衡問題を解決するためにこの制約を課した. ほかに, 若年期の消費の一定割合を貨幣で購入するとするもの (Artus [1995]), 法的制約により一定量の貨幣 (預金準備) を持たねばならないとするもの (Champ and Freeman [1990]), 老年期の消費の一定割合を貨幣で購入するとするもの (Hahn and Solow [1995]) などがある. 世代重複モデルへの現金制約のさまざまな取り入れ方については, Crettez, Michel, and Wignolle [1999] を参照されたい.
26) 本章では, 議論の本質を失うことなく政府からの所得移転は若年期の主体にのみ支払われると仮定する. 代替的な所得移転のポピュラーな定式化は, 老年期の主体にその蓄積した貨幣に比例して (すなわち利子の形で) 移転を行うというものである. ただし, そのような定式化の場合, 本章のモデルでは貨幣の超中立性が成立し, 金融政策は実物効果を持たなくなる.

の分析の便宜のために，π_{t+1} を $\pi_{t+1}=\dfrac{P_{t+1}-P_t}{P_t}$ で定義される $t+1$ 期の期待インフレ率(完全予見の下でそれは現実のインフレ率でもある)，i_{t+1} を $i_{t+1}=(1+r_{t+1})(1+\pi_{t+1})-1$ で定義される名目金利とする．

さて，(6.2) 式，(6.3) 式，(6.4) 式の制約の下で (6.1) 式の最大化問題を解くと，(6.4) 式が拘束的である (binding) ケースと拘束的でない (non-binding) ケースの場合分けが生じる．以下では，(6.4) 式が拘束的であるケースは家計の貨幣需要が現金制約によって決まることから，それを「Cレジーム」と呼ぶ．また，(6.4) 式が拘束的でないケースは，本来的に収益を生み出さない貨幣が収益を生み出す資本と同等の蓄積手段とみなされる，すなわち貨幣がバブルとして機能する状況を表している (Tirole [1985] および Grossman and Yanagawa [1990])．このため，それを「Bレジーム」と呼ぶ[27]．それぞれのレジームに対応する最適化問題の解は以下のように求められる．

・Cレジーム　($i_{t+1}>0$)

$$c_t^y = \frac{1}{1+\beta}(\mathrm{w}_t + \tau_t), \qquad (6.5)$$

$$c_{t+1}^o = \beta(1+r_{t+1})\left(1-\varepsilon + \frac{\varepsilon}{1+i_{t+1}}\right)c_t^y, \qquad (6.6)$$

$$k_{t+1} = (1-\varepsilon)\beta c_t^y, \; M_{t+1} = \varepsilon\beta P_t c_t^y, \qquad (6.7)$$

・Bレジーム　($i_{t+1}=0$)

$$c_t^y = \frac{1}{1+\beta}(\mathrm{w}_t + \tau_t), \qquad (6.5')$$

$$c_{t+1}^o = \beta(1+r_{t+1})\, c_t^y, \qquad (6.6')$$

$$P_t k_{t+1} + M_{t+1} = \beta P_t c_t^y, \; \varepsilon\beta P_t c_t^y < M_{t+1} < \beta P_t c_t^y. \qquad (6.7')$$

[27] 本章のモデルでは，CレジームとBレジームの間で貨幣の保有動機が異なるものへ(現金制約によって表される取引動機からバブルによって表される投機的動機へ)シフトする．ただし，異なる動機に基づく貨幣需要が常に共存するが，そのウェイトがシフトするとしても本質的な結論は変わらない．こうした異なる貨幣の保有動機の共存を許す代替的なモデルの定式化については，村瀬 [2009] を参照されたい．

3.2 生産と分配

この経済において,生産物の需要は,以下の式の右辺から構成されるとする.

$$y_t = c_t + k_{t+1} - k_t + f_t + \delta k_t. \tag{6.8}$$

ここで,y_t, $c_t(=c_t^y+c_t^o)$, $k_{t+1}-k_t$, f_t は,それぞれ経済全体で集計された t 期の実質生産量,実質消費量,実質粗投資量,実質政府支出量である.また,δ は資本減耗率($0 \leq \delta \leq 1$)である[28].

一方,生産物の供給は,資本と労働の二つの生産要素を用いてなされるとする.本章では,経済全体で集計された実質生産量が実質資本量に比例する AK タイプの生産関数を採用し,内生成長の可能性を考える(労働供給量は,常に1であるため,生産関数には明示されていない).

$$y_t = Ak_t \tag{6.9}$$

ここで,A は正の定数である[29].

3.3 企業統治と要素報酬

不完備契約下での事後の所得分配の効果に着目する本章では,Bertola [1993, 1996] などに従い,資本収益率を外生的に扱うアプローチを採用する.もちろん,現実には資本収益率は外生的なものではなく,このアプローチは収益率に影響を与える要因を背後に有している.とくに,本章で問題にするのは企業統治メカニズムの有効性であり,統治弱体化は「ホールド・アップ問題」および「フリー・キャッシュ・フロー問題」の悪化を通じて資本収益率の低下をもたらすと想定する.具体的には,国民所得 Λk_t (ただし,$\Lambda = A - \delta$) は,労働者,経営者(企業),資本提供者の3者の間で,労働報酬($\phi_1 \Lambda k_t$),フリー・キャッシュ・フロー($\phi_2 \Lambda k_t$),資本報酬($(1-\phi_1-\phi_2)\Lambda k_t$)の3つに分割されるとする.ここで,「強い企業統治」の下で,ϕ_1 および ϕ_2 をそれぞれ Φ (>0) および 0 とす

---

28) c_t は同一時点での消費の合計であり,同一世代のそれではないことに注意されたい.
29) この AK タイプのマクロ生産関数としては,経済全体で集計された実質資本量が外部効果を通じて各企業の労働生産性にプラスの効果を与えると想定する Romer [1986] 型の生産関数を考えることができる.また,Caballero and Hammour [1996c, 1998b] のように,資本・労働比率が一定の生産ユニット(固定係数の生産関数)を想定し,労働が不完全雇用状態にある(ショートサイドが資本である)としても同様のマクロ生産関数が得られる.後者の場合は,モデルは事実上,古典的なハロッド・ドーマーモデルになる(ハロッド・ドーマーモデルは原初的な AK モデルである).

ると，「弱い企業統治」の下で，それらは一般に $\Phi<\phi_1$, $0<\phi_2$, $\phi_1+\phi_2<1$ となる．また，フリー・キャッシュ・フローの使途については，すべてが発生時期に消費されてしまう（pure profit-stealing），あるいはいっさい消費されず，すべてが企業内に貯蓄され資本蓄積に回る（pure empire-building）などの極端なものも想定しうる．しかし，ここでは，それらの中間的な形として，フリー・キャッシュ・フロー使途の内訳は，消費・貯蓄比率，貯蓄中の貨幣・資本比率ともに労働者の消費性向，ポートフォリオ選択と同一であるとして数式の不必要な複雑化を避けることにする[30]．そこで，改めて，$\phi\equiv\phi_1+\phi_2$ というパラメーターを定義し，ϕ を統治弱体化の深刻度を表す指標と考えることにする（以上の定式化から3.1で世代重複モデルの慣例に従い「実質賃金」と呼称したものは，それがフリー・キャッシュ・フローも含んで定義されているという意味で，現実経済ではすべてが労働者の手に渡るものでも，労働者がすべてその配分を決められるものでもないことに留意しておきたい——「実質賃金」の一部は「企業＝裁量的経営者」の手に渡っているのである）．

$$w_t=\phi\Lambda k_t, \quad r_t=(1-\phi)\Lambda \quad （ただし，\Phi<\phi<1）. \tag{6.10}$$

なお，実質金利は，本モデルで外生的に扱う ϕ と Λ のみに依存して決定されるため，以下では実質金利から時点を示す下添え字を落として $r_t=r$ と表記する．

---

[30] この仮定のポイントは，主体が若年期と老年期の2期間を生きる世代重複モデルで，資本提供者である老年期の主体の消費性向は1であり，フリー・キャッシュ・フローからの「消費性向」がそれより小さいとされている点である．この想定の下では，フリー・キャッシュ・フロー問題が深刻化した場合，資本提供者に渡る報酬は減少するため，その一次効果はマクロの消費を減らし資本蓄積を増やす方向に作用する．しかし，それにもかかわらず本章のモデルではマクロでみた資本蓄積が抑圧されうる．こうした一次効果に反する結果が導かれるのは，企業がフリー・キャッシュ・フローを用いて資本蓄積を進めても，それを相殺する以上の「貨幣への逃避」が起これば資本蓄積が阻害されてしまうからである．村瀬[2011]は，フリー・キャッシュ・フローがすべて貯蓄され（「消費性向」が0），そして貯蓄がいっさい貨幣保有に回らず，すべて資本蓄積に回る，すなわち，企業が最大の「過剰投資」意欲を示すという，さらに極端な仮定の下でも，この結論に変更がないことを示している．

3.4 政府の予算制約式

最後に，以下の予算制約式で表される政府の活動を定式化してモデルを閉じよう．

$$\frac{M_{t+1}-M_t}{P_t}=\mu\frac{M_t}{P_t}=\tau_t+f_t \tag{6.11}$$

ここで，μ は名目貨幣残高の成長率を示すパラメーターであり，$\mu\frac{M_t}{P_t}$ は実質値で見た貨幣発行益（シニョレッジ）である．また，以下の分析では，$\tau_t=\theta\mu\frac{M_t}{P_t}$，$f_t=(1-\theta)\mu\frac{M_t}{P_t}$ （ただし，$0\leq\theta\leq1$）とし，政策パラメーターである θ と μ の変化の効果を検討することにする．

3.5 均斉成長経路

以上の準備の下で，経済の均衡経路を記述する動学体系は，それぞれのレジームについて4本の式にまとめることができる．なお，表記の簡略化のため，ここで $m_t=\frac{M_t}{P_t}$ という変数を定義しておく．

・Cレジーム

$$m_t=\frac{\varepsilon\beta\phi\Lambda}{(1+\beta)(1+\mu)-\varepsilon\beta\theta\mu}k_t \tag{6.12}$$

$$k_{t+1}=\frac{\beta\phi\Lambda}{1+\beta}k_t-\left\{1+\frac{1+\beta-\theta\beta}{1+\beta}\mu\right\}m_t \tag{6.13}$$

$$k_{t+1}=(1+\Lambda)k_t-c_t-(1-\theta)\mu m_t \tag{6.14}$$

$$i_{t+1}=\{1+(1-\phi)\Lambda\}(1+\mu)\frac{m_t}{m_{t+1}}-1 \tag{6.15}$$

・Bレジーム

$$m_{t+1}=\{1+(1-\phi)\Lambda\}(1+\mu)m_t \tag{6.12'}$$

$$k_{t+1}=\frac{\beta\phi\Lambda}{1+\beta}k_t-\left\{1+\frac{1+\beta-\theta\beta}{1+\beta}\mu\right\}m_t \tag{6.13'}$$

第6章 日本の長期停滞と「弱い企業統治」のマクロ経済学　　　153

$$k_{t+1}=(1+\Lambda)k_t-c_t-(1-\theta)\mu m_t \tag{6.14'}$$

$$i_{t+1}=0. \tag{6.15'}$$

ここで，$\sigma_t \equiv \dfrac{c_t}{\Lambda k_t}$（消費性向）と $\kappa_t \equiv \dfrac{m_t}{\Lambda k_t}$（マーシャルのk）を定義した上で均斉成長経路の分析へと進もう．均斉成長経路においては，実質産出量，実質資本量，実質消費量，実質貨幣需要量がすべて同率で成長する．このことは，均斉成長経路において消費性向，マーシャルのkが時間を通じて一定であり，均斉成長率も時間を通じて一定となることを意味する．したがって，この一定の均斉成長率を g とすると，

$$1+g=\dfrac{y_{t+1}}{y_t}=\dfrac{k_{t+1}}{k_t}=\dfrac{c_{t+1}}{c_t}=\dfrac{m_{t+1}}{m_t} \tag{6.16}$$

となる．以下，均斉成長経路上の変数から時点を示す下添え字を落として(6.12)式から（6.15）式および（6.12′）式から（6.15′）式を，（6.16）式を使って書き換えると，

$$\kappa = \begin{cases} \dfrac{\varepsilon\beta}{(1+\beta)(1+\mu)-\varepsilon\beta\theta\mu}\phi \equiv \kappa^C & if \quad \phi \leq \phi^* \\ \dfrac{\beta+(1+\beta)(1+\mu)}{(1+\beta)(1+\mu)-\beta\theta\mu}\phi-\dfrac{(1+\beta)(1+\mu)}{(1+\beta)(1+\mu)-\beta\theta\mu}\left(1+\dfrac{1}{\Lambda}\right) \equiv \kappa^B & if \quad \phi > \phi^* \end{cases} \tag{6.12''}$$

$$g = \begin{cases} \dfrac{\beta\Lambda}{1+\beta}\phi - \dfrac{(1+\beta)(1+\mu)-\beta\theta\mu}{1+\beta}\Lambda\kappa^C - 1 \equiv g^C & if \quad \phi \leq \phi^* \\ \{1+(1-\phi)\Lambda\}(1+\mu)-1 \equiv g^B & if \quad \phi > \phi^* \end{cases} \tag{6.13''}$$

$$\sigma = \begin{cases} 1 - \dfrac{g^C}{\Lambda} - (1-\theta)\mu\kappa^C \equiv \sigma^C & if \quad \phi \leq \phi^* \\ 1 - \dfrac{g^B}{\Lambda} - (1-\theta)\mu\kappa^B \equiv \sigma^B & if \quad \phi > \phi^* \end{cases} \tag{6.14''}$$

$$i = \begin{cases} \dfrac{\{1+(1-\phi)\Lambda\}(1+\mu)}{1+g^C} - 1 \equiv i^C & if \quad \phi \leq \phi^* \\ 0 \equiv i^B & if \quad \phi > \phi^* \end{cases} \tag{6.15''}$$

が得られる．ここで，$\phi^* = \dfrac{1+\dfrac{1}{\Lambda}}{1+\dfrac{(1-\varepsilon)\beta}{(1+\beta)(1+\mu)-\varepsilon\beta\theta\mu}}$ であり，$\phi \leq \phi^*$ のケースがCレジーム，$\phi > \phi^*$ のケースがBレジームに対応する．

さて，以下では，以上の四つの式を使って「弱い企業統治」の経済への影響を考えていく．ただし，その前にモデルの基本的な性格も確認しておこう．主体が若年期と老年期の2期間を生きる世代重複モデルでは，若年期の主体が貯蓄を行う主体となり，老年期の主体が貯蓄を取り崩す主体となる．このため，前者の消費性向 $\left(=\dfrac{1}{1+\beta}\right)$ は後者の消費性向（＝1）より低い．したがって，資本収益率が低下すると，消費性向が高い老年期の主体（資本提供者）から消費性向が低い若年期の主体（労働提供者）へと所得が移転し，マクロ的に見た消費性向を低下させる効果が存在する．一方，資本収益率の低下に対応して若年期の主体が貯蓄の内訳（ポートフォリオ）を資本から貨幣にシフトすると，貨幣需要の増大が生む貨幣価値の上昇によって，若年期の主体が老年期の主体から貨幣を受け取る際に，より多くの所得を手離さねばならなくなる．これは若年期の主体から老年期の主体へのより大きな所得移転をもたらすため，マクロ的に見た消費性向を上昇させる効果を生む（いずれの効果においても，若年期，老年期の主体の消費性向自体は変化していないことに注意されたい）．これら反対に作用する二つの効果の相対的な大きさによって，「弱い企業統治」が均斉成長経路にもたらす影響は大きく変化する．

最初に (6.12″) 式を使って，ϕ の上昇に伴う κ の変化について考えよう．ϕ の上昇は貯蓄主体である若年期の主体の資本および貨幣を使った資産蓄積を促進するが，そこで増大した貨幣需要は貨幣価値を上昇させるため κ の上昇を招く．ただし，Cレジーム（$\phi \leq \phi^*$）では，ϕ の上昇によって貨幣需要が増えても，それはたかだか現金制約に対応した部分に留まる．このため，κ の値はさほど増加しない．これに対して，Bレジーム（$\phi > \phi^*$）では，ϕ の上昇によって生じる貯蓄の増加分がすべて貨幣に吸収されるだけでなく，さらに収益率の低くなった資本から貨幣への資産蓄積手段のシフトも発生する．このため，κ の値は大幅に増加する $\left(\dfrac{\partial \kappa^B}{\partial \phi} \gg \dfrac{\partial \kappa^C}{\partial \phi} > 0\right)$．

このように，CレジームからBレジームへの変化に伴い，「弱い企業統治」によってもたらされるマーシャルのkの動きには大きな変化が生じる．この変化が，本章で「貨幣への逃避」と呼んできた蓄積レジームの転換に他ならない．

次に，(6.13″) 式，(6.14″) 式を使って，ϕ の上昇に伴う g および σ の変化について考えよう．なお，(6.14″) 式の σ には $-(1-\theta)\mu\kappa$ 項が付いているが，ϕ の上昇に伴うその変化は常に $-\dfrac{g}{\Lambda}$ と同方向か，反対方向に働く場合でも必ず $-\dfrac{g}{\Lambda}$ の変化より絶対値で見て小さいため，σ の変化は，常に g の変化の符号を変えたものになる点に注意しておきたい．ϕ の上昇に伴う g および σ の変化には，反対に作用する二つの効果が存在している．一つは，ϕ の増加に伴い g の値が増加する効果である．これは，資本収益率が低下すると，消費性向が高い老年期の主体から，消費性向が低い若年期の主体へと所得が移転するため，マクロ的に見た消費性向が低下し資本蓄積が促進されるという anti-Kaldorian 効果である（Uhlig and Yanagawa [1996]，Bertola [1996] を参照）[31]．しかし，もう一つは，ϕ の増加に伴い発生する κ の値の増加が g の値を減少させる効果である．これは，若年期の主体が貯蓄の内訳（ポートフォリオ）を資本から貨幣へシフトさせるのに伴い貨幣需要が増大し，貨幣価値の上昇によって若年期の主体が老年期の主体から貨幣を受け取る際に多くの所得を手離さねばならなくなることに対応した効果である．この効果は若年期の主体から老年期の主体へのより大きな所得移転をもたらすため，マクロ的に見た消費性向が上昇し資本蓄積が阻害されるのである．ただし，Cレジームでは，ϕ の増加によっても κ はさほど増加しないため，前者の効果が優越し成長率の上昇をもたらす $\left(\partial g^C/\partial\phi > 0\right)$．一方，Bレジームにおいては，$\phi$ の増加によって κ が大幅に増加する．そして，この「貨幣への逃避」効果が anti-Kaldorian 効果を凌駕するため成長率の下落をもたらすのである $\left(\partial g^B/\partial\phi < 0\right)$．

このように経済成長率は，資本収益率と非単調な関係にある．すなわち，ϕ

---

[31] Kaldor [1956, 1957] や Pasinetti [1962] などの古典的な分配・成長理論では一種の階級行動を前提とし，資本提供者の消費性向が労働提供者のそれに比べて低いと仮定されていた．このため，資本報酬が増えると経済成長が促進された．これに対して，個人のライフサイクルを描写する世代重複モデルでは，労働提供者が貯蓄を行うことから，Kaldor や Pasinetti と反対の効果が生じるのである．

の値が小さいときは,むしろ「弱い企業統治」の下で所得が若年期の主体に多く渡った方が,次期に持ち越される資本も多くなり高い成長を実現できる.しかし,ϕの値が大きいときは,若年期の主体の貯蓄の内訳(ポートフォリオ)が資本から貨幣に大きくシフトしてしまうため成長率が押し下げられるのである.

最後に,ϕの上昇に伴うiの変化について見よう.(6.15″)式の右辺は二つの効果から構成されている.1番目の$(1-\phi)A$は,実質金利の効果を捉えたものであり,ϕが増加したとき名目金利が低下することを示している.一方,2番目の$\frac{1+\mu}{1+g}$は,インフレ率の効果を捉えたものである.まず,Cレジームでは,ϕが増加したとき実質金利が低下し成長率が上昇するため,名目金利は必ず低下する$\left(\partial i^C/\partial\phi < 0\right)$.次に,Bレジームでは名目金利は下限0に張り付いており変化しない$\left(\partial i^B/\partial\phi = 0\right)$.この現象は,実質金利の低下が引き起こすポートフォリオ選択の変化が,実質金利の低下の効果をちょうど相殺するように成長率の低下をもたらすことを意味している.

3.6　理論予測の図示

以下では,モデルの理論予測を数値例を使って視覚化しておこう.もちろん,本章のモデルでは,資産メニューを資本と貨幣の2種類に限定する,外国との財・サービス・資産の取引を組み入れていない,など大胆な簡単化を行っている.とくに,経済主体の生涯を2期間で表す世代重複モデルでは,時間単位がより短いはずの現実データと比較したとき,ストック変数とフロー変数が不分明となるという問題もある.このため,以下の数値例は現実との定性的な対比を目的とするものであることを断っておきたい.

最初に,主観的割引率を$\beta=0.6$と置く(モデルの1期間に対応する各主体の生涯の半分を25年間とし1年当たりの主観的割引率を0.98とする).また,変数の定性的特徴だけを見る本節では,簡単化のため政策パラメーターは$\mu=\theta=0$とし特定化は行わないことにする(政策がもたらす効果については次節で検討する).一方,その他のパラメーターについては,それぞれ単独で現実的な値を特定化することは難しい.そこで,「長期停滞」以前の現実的な実質所得成長率(実

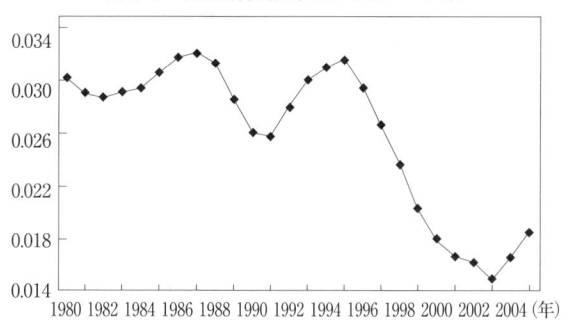

第6章　日本の長期停滞と「弱い企業統治」のマクロ経済学　　　157

図6-9　実質所得成長率のシミュレーション

質所得成長率4％ – 25年間では167％), 消費性向 (70％), を用い $\Lambda = 5.6$ とする. また, 資本収益率を計算するベースとなる資本シェアについては非金融法人利子・配当比率（対国民所得）を「企業統治の弱体化」をトレースする指標として用いることにする. そして, 90年代央にCレジームからBレジームへの蓄積レジーム転換が起こったと想定し, その想定と整合的に $\varepsilon = 0.17$ ($\phi^* = 0.9$) を求める. なお, 非金融法人利子・配当比率は, 対象法人が限定的であり, キャピタル・ゲインも考慮していないことから, 資本シェアの現実値としては過小になっていると考えられる. また, マーシャルのkは, 現実データではストック変数とフロー変数の比率であるが, 本章のモデルではそのようなストック変数とフロー変数の区別がなく, 現実データと比べて理論モデルの想定は過小になっていると考えられる. さらに, 名目金利についても, 資産価値変動に基づくリスク・プレミアムを捨象し, $\mu = 0$ との想定を置いているため, 現実データと比べて理論モデルの想定は過小になっていると考えられる. このため, シミュレーション結果については, 各変数の水準ではなく時間推移に着目することにし, 現実データの始点 (1980年) と終点 (2005年) の値とシミュレーション結果の値を一致させるように後者の系列をスケール調整した結果を描く. シミュレーションは, 以上の特定化の下, 1980年から2005年までの現実の非金融法人利子・配当比率の系列を「企業統治の弱体化」の指標として, それを (6.12″) 式から (6.15″) 式までに代入し, それぞれの変数の系列を発生させることにより行う.

まず, 図6-9は, 実質所得成長率の時間推移をシミュレーションしたものである. シミュレーション結果は, 時期は現実よりも遅いが現実に観察された

図6-10 マーシャルのkのシミュレーション

図6-11 消費性向のシミュレーション

90年代の成長率の下方屈折をトレースしている. より具体的には, シミュレーション結果は, 80年代には横ばいを保っていた成長率が90年代半ばに急落し, その後2003年から若干の回復を示した様子を捉えている. この成長率の急落は, 本章のモデルの解釈に従えば, 「企業統治の弱体化」が資本収益率を圧迫し, 「貨幣への逃避」を発生させたことの現れである[32].

次に, 図6-10は, マーシャルのkの時間推移をシミュレーションしたもの

---

[32] 小泉改革期の成長回復に関しては, その間, 賃金や消費があまり回復しなかったことを構造改革の影の部分と見なす考えもある. しかし, 本章のモデルは, そうした考えが因果関係を逆に捉えているかもしれないことを示している. つまり, 2003年以降は, それまで上昇し続けてきた労働シェア, 消費性向が下落したから成長が回復したかもしれないのである. これは, 賃金や消費の上昇が景気回復に必要という想定から議論を展開する需要サイド経済学がその視野から除外しているメカニズムである.

図6-12 名目金利のシミュレーション

(グラフ：1980年から2004年までの名目金利の推移。縦軸0〜0.22。1982年頃に約0.13のピーク、1986-1988年に約0.03-0.05へ低下、1990年に約0.21のピーク、1996年以降はほぼ0付近で推移)

である．シミュレーション結果は，現実のマーシャルのkと同様，80年代は安定しており，90年代半ばに激しい上昇，すなわち「貨幣への逃避」が現れたことを示している．このマーシャルのkの急上昇は，本章のモデルの解釈に従えば，「企業統治の弱体化」による資本収益率の圧迫が資本から貨幣への代替を加速度的に進行させることに対応する現象である．

図6-11は，消費性向の時間推移をシミュレーションしたものである．やはり，シミュレーション結果は現実の動きを定性的にトレースしている．すなわち，80年代には比較的安定していた消費性向が90年代半ば以降，持続的な上昇を見せ，2003年から若干の下落を示しているのである．

最後に，図6-12は名目金利の時間推移をシミュレーションしたものである．シミュレーション結果は，80年代前半の金利低下および90年代の金利急落を捉えると共に，その後の超低金利をゼロ近辺金利として捉えている．しかし，もう一つ興味深いのは，シミュレーション結果は80年代後半のいわゆる不動産・株式バブル期の現実の名目金利の動きを全くトレースできていない点である．すなわち，シミュレーション結果は，この期間，資本収益率の回復を背景にして，名目金利が極めて高く推移すべきことを示唆している．しかし，現実には，名目金利は低下したのである．この違いは，80年代後半の大規模かつ持続的な金融緩和がもたらした流動性効果により，短期的な名目金利の実現値が長期的なあるべき名目金利の水準を大きく下回って推移したことを示している．このような状況下では，現実の低い金利で資金を調達し，理論が示唆する高い金利に対応する収益を生み出す投資対象に資金を投入することで，鞘を抜

く行動が合理化されてしまう．断定には慎重でなければならないが，金融政策が流動性効果などの短期的な金利操作に寄ることなくより早い段階で理論が示唆する高い名目金利を目指していたならば，後に不良債権の山を築く過剰融資も不動産価格の異常な高騰も避けられていたかもしれない．

4 財政・金融政策の効果

本節では，前節のモデルを使い，財政・金融政策の経済成長策あるいはデフレ脱却策としての効果を検討しよう．とくに，政策パラメーターとして θ と μ を取り上げ，それぞれのパラメーターの変化が成長率，インフレ率にいかなる変化を引き起こすのかを見る．

4.1 所得移転カットによる政府支出の増加

まず，名目貨幣成長率 μ を固定したまま θ を減少させる，所得移転カットによる（いわばタックス・ファイナンスの）政府支出増加の効果を考えよう．

まず，経済が C レジームにあるとき，$-\partial g^c / \partial \theta < 0$ となることから，政府支出増加は経済成長率の低下をもたらすことがわかる．したがって，それは，インフレ率を高め，名目金利の上昇をもたらす．これは，若年期の主体への所得移転の低下が彼らの貨幣需要を減少させる一方で，現金制約から資本蓄積に対応した貨幣は不可欠なため，貨幣需要減少の効果が所得移転の効果より小さなものに止まるという事実を反映している．こうした貨幣需要の不十分な減少によって，所得移転の低下の効果の一部は資本蓄積の減少の形で吸収される（このとき，貨幣価値の下落が所得移転の効果を打ち消すほど大きなものとならないため，消費性向の低い若年期の主体から消費性向の高い老年期の主体への所得移転も同時に発生している）．このため，資本蓄積が阻害され経済成長にマイナスの効果を与えるのである．

一方，経済が B レジームにあるとき，$-\partial g^B / \partial \theta = 0$ となることから，政府支出増加は経済成長率にまったく影響しない．したがって，それはインフレ率や名目金利にも影響しない．これは，「貨幣への逃避」が発生している（資本と貨幣の収益率が等しい）レジームにおいて，若年期の主体への所得移転の低

第 6 章　日本の長期停滞と「弱い企業統治」のマクロ経済学　　　161

下の効果がすべて貨幣需要の減少に吸収され，「貨幣への逃避」が減るという効果しか生まないことを反映した結果である．このメカニズムは，政策ショックがすべて貨幣需要の変化に吸収されるという点で，ケインジアンの「流動性のわな」のメカニズムと類似している．ただし，教科書的なケインジアンのシナリオでは，「流動性のわな」のメカニズムは金融政策の無効性に関して主張されてきたものであった．そして，「流動性のわな」の下で，政府支出増加は，金利上昇によるクラウディング・アウト（いわゆるヒックス・メカニズム）を伴わないため，むしろ最大の政策効果を持つという正反対の主張がなされてきた．この点で，ケインジアンの主張とは異なり，本章の結果は大規模な政府支出が成長政策としてもデフレ脱却政策としても効果を上げなかったという日本の経験とより整合的なものといえよう．

ただし，$-\partial\phi^*/\partial\theta > 0$ であることから，さらに政府支出を大規模に増加させていけば，やがて B レジームから C レジームへの転換が起こり，経済にはデフレ脱却の可能性が出てくる．しかし，C レジームでは，インフレ率の上昇とともに経済成長率が低下する．したがって，大規模な政府支出は経済を「スタグフレーション」に陥れるのみに終わる可能性が生じる．

もちろん，以上の結果は，本章のモデルで，政府支出が経済に需要を追加するだけの政府消費としての性質しか持っていないことに依存している．仮に，政府支出が生産力効果のある政府投資としての性質を持っていれば，経済成長にプラスの効果を与える（B レジームでは効果はプラス，C レジームではネットの効果は不確定である）．しかし，それは需要刺激とは無関係な経済の供給サイドの増強によるものである点には留意しなければならない[33]．

---

[33] この B レジームにおける政府支出の生産力効果に基づく財政政策の有効性が，当時の民主党・菅直人首相が 2010 年参議院選挙で主張した「増税しても使い道を間違えなければ景気は良くなる」という「増税成長論」に対する一つの解釈となる．つまり，「民間に任せておいても，所詮，成長も雇用も生み出さない貨幣（バブル）保有に回る所得だ．政府が税金で吸い上げて有益な投資に回す」というわけだ．ケインジアン的な有効需要政策——それは税金の「使い道を間違えても」有効かもしれない——を装って主張されたため混乱を招いたが，国家主導の「供給サイド政策」と考えれば，「増税成長論」は貨幣的成長理論で導かれる，よく知られた標準的な政策効果の一つを表したもの（貨幣から資本への代替による成長促進策）といえる．ただし，本章の文脈でいえば，それは病気の根本原因（「弱い企業統治」）に手を付けないまま，病状（「貨幣への逃避」）の軽減を狙う対症療法に過ぎない点に問題がある．

4.2　名目貨幣成長率の増加

次に，θ を固定して名目貨幣成長率 μ の増加の効果を考えよう．まず，経済がCレジームにあるとき，$\partial g^c / \partial \mu \geq 0$（等号は $\theta = 0$ のとき）となることから，$\theta \neq 0$ のとき名目貨幣成長率増加は経済成長率の上昇をもたらすという一種の Mundell-Tobin 効果が生じることがわかる．この効果は，貨幣成長率増加が若年期の主体への所得移転を増やし彼らの貨幣需要を増加させるという効果を持つものの，その効果がたかだか現金制約に対応した量に限られ，所得移転の効果よりも小さいという事実を反映している．こうした貨幣需要の不十分な増加によって所得移転の効果の一部は資本蓄積の増加の形で現れることになる（このとき，貨幣価値の下落によって消費性向の高い老年期の主体から消費性向の低い若年期の主体への所得移転も同時に発生している）．このため，資本蓄積が促進され経済成長にプラスの効果を与えるのである．

一方，経済がBレジームにあるとき，$\partial g^B / \partial \mu > 0$ となることから，θ の値の如何にかかわらず，貨幣成長率増加は経済成長率の上昇をもたらすことがわかる．しかし，それはインフレ率や名目金利には影響しない．いいかえれば，貨幣成長率という名目変数の変化は実物変数のみへの効果として吸収され，貨幣成長率とインフレ率の連動が完全に遮断されるのである．これは，すでに「貨幣への逃避」が発生している（資本と貨幣の収益率が等しい）レジームにおいて，増加した貨幣供給に見合う若年期の主体の貨幣需要の増加が発生せず，彼らのポートフォリオ選択においてもっぱら「貨幣から資本への代替」が発生することを反映した結果である．最終的に，この「貨幣から資本への代替」は資本蓄積の増加がもたらす経済成長率の上昇が貨幣の収益率への下落圧力を完全に取り除くまで続く．このため，貨幣成長の影響がもっぱら実物変数の変化のみに現れ名目変数への影響が消えるのである．

以上のことから，Bレジームにおいては，名目貨幣成長率を増加させても経済がデフレ傾向を払拭することは難しい．もちろん，$\partial \phi^* / \partial \mu > 0$ であることから，さらに貨幣成長率を大規模に増加させていけば，やがてBレジームからCレジームへの転換が起こり，経済にはデフレ脱却の可能性が生まれてくる．ただし，以上のシナリオで忘れるべきでないのは，こうした大規模な金融緩和

策において資本収益率自体は回復していない（資本の低い収益率を所与にして，それを越えて貨幣の収益率を下げるべくインフレを起こそうとしているだけ）という点である．とくに，バブルは貨幣だけに起こるものではないという事実に注意せねばならない．「弱い企業統治＝低い資本収益率」という根本病因が解消されていない限り，バブルは金，不動産，石油，農産物など何にでも発生しうる．大規模な金融緩和策に関する最悪だが蓋然性が高い一つのシナリオは，デフレ脱却を目指す貨幣バブル潰しへの邁進の中で，他の資産に次々にバブルが発生して経済停滞それ自身は一向に解消されない（「貨幣以外のバブルへの逃避」）というものだろう[34]．問題の本質的な解決に大切なのは，「貨幣の収益率を下げる」ことではなく，「資本の収益率を上げる」ことなのである．

5　おわりに——「市場（供給）vs. マクロ政策（需要）」論争を超えて

　本章では，経済主体の最適化行動を前提とした簡単な動学的なマクロモデルに基づき，日本の長期停滞に新たな解釈を与える試みを行った．議論の出発点は，日本における「弱い企業統治」がもたらした資本収益率の急激な低下である．家計（および金融機関）は，この問題に対して自らの利益を守るべく，生産に寄与する資本から生産に寄与しない貨幣（さらには国債やレモンなどを含むバブル）への逃避を行った．この反応は，個々の主体の視点から見れば，確かに「弱い企業統治」問題に対する合理的な解決策ではあった．しかし，同時に，それは，マクロ的視点から見れば，停滞を深刻化させる望ましくない「解決策」だったかもしれないのである．

　さて，有効な問題解決能力を持つはずの市場による「解決策」も以上のような逆説的な結果を生み，有効と信じられてきたマクロ政策による「解決策」も期待される効果を持たないとすると——どちらか一つでも効いていたら，そもそも，われわれは長期停滞に陥っていないのだが——，いったい何を真の解決策とすべきなのだろうか？　原点に戻り行うべきは，適切な資本収益率を回復

---

[34] これが，現実の日本経済でも，日銀が原理的にインフレを起こせるにも関わらず，人為的インフレ政策（リフレ政策）に乗り出せない理由の一つになっている．なお，こうした複数のバブル間の「バブル置換」については Tirole [1985] を，また「バブル置換」の日本の長期停滞の現実への適用可能性（地価・株価バブルから国債バブルへ）については櫻川 [2009] を参照されたい．

させる有効な企業統治メカニズムを確立することに尽きる[35]。

こうした有効な統治メカニズムの形態に関しては，さまざまなタイプのものが考えうる．しかし，ここでは，一見したところ対立するかに見える二つの形態に触れておこう．一つは，「労資協調主義」であり，2度の石油危機を乗り切った1970年代，80年代の日本でその類型が観察されたとされる制度配置である．この「協調」解は，資本収益率の低下が資本，そして最終的には労働自身に与える有害な効果を内部化すべく，労働が自発的に賃金要求を穏健化し，資本収益率を確保するものである．もう一つは，「株主資本主義」であり，アングロ・アメリカン諸国の企業統治を象徴するといわれる制度配置である．この「非協調」解は，株主に与えられた企業経営への介入権限に基づき，資本と労働の間の分配をめぐる交渉力の均衡を回復し，資本収益率の確保を図るものである．そこでは，株主の介入権限を形式的なものに終わらせずに実質的なものとすべく，厳格な情報開示ルールによる「投資家保護」やM&Aの活性化を後押しする税制・法制，さらには裁判判例の積み重ねなどが必要とされる．

とくに，注意したいのは，これら表層的には対立しているかに見える二つの統治メカニズムは，資本収益率の維持・向上という面では，類似の機能を果たすことである．この点で，日本の長期停滞は，これら解のいずれもがうまく機能しない統治空白（「労資協調主義」の制度配置が失われ，一方で「株主資本主義」の制度配置も未成熟という空白）の中に生まれたといえよう．

もちろん，第2節で言及したように「労資協調主義」は，一定の資本蓄積段階において生成しやすい統治の形態であり，日本の資本蓄積はすでにその段階を過ぎてしまっている．また，それは「労・資」の協調の大前提として労働者間の利害調和も必要としていることに留意しなければならない（一部の労働者が「協調」に応じた場合，他の労働者は「協調」が生み出す雇用安定化や長期的な賃金上昇のメリットにフリーライドできてしまう）[36]。

---

[35]「弱い企業統治」のマクロ経済学は，法人税減税，資本市場規制緩和，ベンチャー企業振興策など，一般に資本サイドに立脚すると思われている提案についても厳しい見方をすることになる．「弱い企業統治」の下では，法人税減税はフリー・キャッシュ・フローを増やすだけかもしれず，規制緩和やベンチャー振興も裁量的経営者の利潤略奪を容易にするだけかもしれないからである．この意味で，（提案内容は正反対だが）資本サイドに立つ論者も労働サイドに立つ論者と同じく，「企業＝資本提供者」という古典的な企業観に基づく議論を展開していることが多いといえるのかもしれない．いくら強調してもし過ぎでないのは，「弱い企業統治」のマクロ経済学は，「企業≠資本提供者」という事実認識から議論を出発させていることである．

一方,「株主資本主義」は,企業統治に対するある種の「感情」をクリアしなければならない.「市場の失敗」と同じように「統治の失敗」の解決策は,教科書的にいえば,「失敗」の除去,すなわちメカニズムの機能改善であることは間違いない.しかし,「市場の失敗」や「統治の失敗」を消去したければ,もう一つ感情にアピールする「解決策」が存在する.すなわち,「失敗」の除去ではなく,「市場」や「統治」そのものを除去すれば問題を見なくて済むようにできるのである.もちろん,この「解決策」によって事態は一層悪化するが,近年の需要刺激策の「Too little, Too late 論」と同じように,「薬効がないのは薬量が少ないからだ」として,さらなる市場や統治の抑圧を行う問題増幅的な規制強化が起こる可能性は小さくない[37].「株主資本主義」には,「投資家保護」や「M&Aの活性化」などが,資本と補完的な生産要素である「労働」にこそプラスの効果をもたらすという長期的な事実を,われわれが受け入れるのは,感情的に容易ではないという問題が存在する.このため,「株主資本主義」は,たとえ一部にでも不正・腐敗が存在すると,統治メカニズムを抑圧していく規制の悪循環を招きかねない脆弱性を有しているのである[38].

したがって,われわれが有効な企業統治メカニズムの確立を長期停滞の根本的な解決策として模索するとき,どれが実現可能な形態なのか,さらにはどれが安定的な形態なのかについては,常に最大限の慎重さを持って考えねばならないのはいうまでもない.しかし,それにもかかわらず,こうした困難を乗り越え,統治メカニズム強化への地道な努力を積み重ねることが必要である.努力の結果,日本の金融資産のうち一部でもよい,それが貨幣・国債・レモンを

---

36) たとえば,労働者の中で年齢の低い層と高い層の間には企業成長にかかわる利害の不一致が存在する—年齢の低い層は今後の果実分配を期待するため,企業成長や雇用安定化に利益を見出し協調的に振舞いうるが,年齢の高い層はそれらに大きな利益を見出せないかもしれない.こうした世代間利害対立は,現在の日本企業における「労資協調主義」実現への潜在的障害の一つと考えられるだろう(この論点は,慶應義塾大学の櫻川昌哉教授の示唆に負っている.記して感謝したい).
37) 政府介入が経済成果の悪化を通じて政府介入の増大を招いていくという問題増幅的なポジティブ・フィードバックについては Kruger[1974], Kaplan[2000], Rajan and Zingales[2002], Alesina and Angeletos[2005], Di Tella and MacCulloch[2009], 村瀬[2010] を参照されたい.
38)「感情」に基づく株主主権へのパニッシュメントを緩和するために,平素の「企業の社会的責任(CSR)」の真摯な遂行は,収益の社外流出という表層的不利益を超えて「株主資本主義」の立場からも実は有益なものかもしれない.たとえば,リーマン・ショック後のアメリカ企業の立ち直りのばらつきの背景には,一部こうした企業姿勢の違いがあるようにも見える(この論点は,東京大学の福田慎一教授からのコメントに負っている.記して感謝したい).

はじめとするさまざまなバブルから引き揚げられ，生産と雇用を支える資本に振り向けられる「歪んだポートフォリオ選択の是正」が起こるならば，政府が行ってきた景気対策を凌駕する強力な「民間版」経済再生策となるに違いないからだ．

参考文献

Acemoglu, D. [1998] Why do new technologies complement skills? Directed technical change and wage inequality. *Quarterly Journal of Economics*, 113, pp. 1055-1089.

Acemoglu, D. [2002] Directed technical change. *Review of Economic Studies*, 69, pp. 781-810.

Acemoglu, D. [2007] Equilibrium bias of technology. *Econometrica*, 175, pp. 1371-1410.

Alesina, A. and G.M. Angeletos [2005] Fairness and redistribution. *American Economic Review*, 95, pp. 960-980.

Alesina, A. and G.Tabellini [1989] External debt, capital flight, and political risk. *Journal of International Economics*, 27, pp. 199-220.

Ando, A. [2002] Missing household saving and valuation of corporations. Journal of the *Japanese and International Economies*, 16, pp. 147-176.

Ando, A., D.Christelis, and T.Miyagawa [2003] Inefficiency of corporate investment and distortion of savings behavior in Japan. in M. Blomstrom et al. eds., *Structural Impediments to Growth in Japan*, pp. 155-190 (University of Chicago Press).

Andolfatt, D. [2003] Monetary implications of the Hayashi-Prescott hypothesis for Japan. *Monetary and Economic Studies (Bank of Japan)*, 21, pp. 1-20.

Artus, P. [1995] *Macro Economie* (Economica, Paris).

Bentolila, S. and G. Bertola [1990] Firing costs and labor demand: How bad is Eurosclerosis?, *Review of Economic Studies*, 57, pp. 303-326.

Bergoeing, R., P.J. Kehoe, T.J. Kehoe, and R. Soto [2002] A decade lost and found: Mexico and Chile in the 1980s. *Review of Economic Dynamics*, 5, pp. 166-205.

Bertola, G. [1993] Factor shares and savings in endogenous growth. *American Economic Review*, 83, pp. 1184-1198.

Bertola, G. [1996] Factor shares in OLG models of growth. *European Economic Review*, 40, pp. 1541-1560.

Blanchard, O.J. [1985] Debts, deficits, and finite horizon. *Journal of Political Economy*, 93, pp. 233-247.

Blanchard, O.J. [1997] The medium run. *Brookings Papers on Economic Activity*, 2, pp. 89-158.

Blanchard, O.J. [1998] Revisiting European unemployment: Employment, capital accumulation, and factor prices. *NBER Working Paper*, No. 6566.

Blanchard, O.J. [2004] The economic future of Europe. *Journal of Economic Perspective*, 2, pp. 3-26.

Blanchard,O.J. and T.Philippon [2004] The quality of labor relations and unemployment. *NBER Working Paper*, No. 10590.

Bruno, M. and J. Sachs [1985] *Economics of Worldwide Stagnation* (Harvard University Press).

Caballero, R.J. [2007] *Specificity and the Macroeconomics of Restructuring* (MIT Press).

Caballero, R.J. and M.L. Hammour [1996a] On the ills of adjustment. *Journal of Development Economics*, 51, pp. 161-192.

Caballero, R.J. and M.L. Hammour [1996b] On the timing and efficiency of creative destruction. *Quarterly Journal of Economics*, 111, pp. 805-852.

Caballero, R.J. and M.L. Hammour [1996c] The "fundamental transformation" in macroeconomics. *American Economic Review*, 86, pp. 181-186.

Caballero, R.J. and M.L. Hammour [1998a] Jobless growth: Appropriability, factor substitution, and unemployment. *Carnegie-Rochester Conference Series on Public Policy*, 48, pp. 51-94.

Caballero, R.J. and M.L. Hammour [1998b] Macroeconomics of specificity. *Journal of Political Economy*, 106, pp. 724-767.

Champ, B. and S. Freeman [1990] Money, output, and the nominal national debt, *American Economic Review*, 55, pp. 1126-1150.

Chari, V.V., P.J. Kehoe, and E.R. McGratten [2004] Business cycle accounting. *Federal Reserve Bank of Minneapolis Staff Report*, No. 328.

Coase, R.H. [1960] The problem of social cost, *Journal of Law and Economics*, 3, pp. 1-44.

Cole, H.L. and L.E. Ohanian [1999] The Great Depression in the United States from a neoclassical perspective. *Federal Reserve Bank of Minneapolis Quarterly Review*, 23, pp. 2-24.

Cole, H.L. and L.E. Ohanian [2004] New Deal policies and the persistence of the Great Depression. *Journal of Political Economy*, 112, pp. 779-816.

Crettez, B., P. Michel, and B. Wigniolle [1999] Cash-in-advance constraints in the Diamond overlapping generations model: Neutrality and optimality of monetary policies, *Oxford Economic Papers*, 51, pp. 431-452.

Diamond, P. [1965] National debt in a neoclassical growth model. *American Economic Review*, 55, pp. 1126-1150.

Di Tella, R. and R. MacCulloch [2009] Why doesn't capitalism flow to poor countries? *Brookings Papers on Economic Activity*, 1, pp. 285-321

Ebell, M. and A. Ritschl [2007] Real origins of the Great Depression: Monopolistic competition, union power, and the American business cycle in the 1920s. *CEPR Discussion Paper*, No. 6146.

Fisher, J.D.M. and A. Hornstein [2002] The role of real wages, productivity, and fiscal policy in Germany's Great Depression 1928-1937. *Review of Economic Dynamics*, 5, pp.

19-44.

Grossman, G.M. and N.Yanagawa [1993] Asset bubbles and endogenous growth. *Journal of Monetary Economy*, 31, pp. 3-19.

Grossman, S.J. and O.D. Hart [1986] The costs and benefits of ownership: A theory of vertical and lateral integration. *Journal of Political Economy*, 94, pp. 691-719.

Grout, P.A. [1984] Investment and wages in the absence of binding contracts: A Nash bargaining approach. *Econometrica*, 52, pp. 449-460.

Hahn, F. and R. Solow [1995] *A Critical Essay on Modern Macroeconomic Theory* (Basil Backwell).

Halonen, M. [2002] Reputation and the allocation of ownership. *Economic Journal*, 112, pp. 539-558.

Hart, O. [1995] *Firms, Contracts, and Financial Structure* (Oxford University Press).

Hayashi, F. [2006] The over-investment hypothesis. In L.R. Klein, ed. *Long-Run Growth and Short-Run Stabilization: Essays in Memory of Albert Ando* (Edward Elgar).

Hayashi, F. and E.C. Prescott [2002] The 1990s in Japan: A lost decade. *Review of Economic Dynamics*, 5, pp. 206-235.

Hirschman, A. O. [1970] *Exit, Voice, and Loyalty: Responses to Decline in Firms, Organizations, and States* (Harvard University Press).

Jensen, M. [1986] Agency costs of free cash flow, corporate finance, and takeovers. *American Economic Review*, 76, pp. 323-339.

Kaldor, N. [1956] Alternative theories of distribution. *Review of Economic Studies*, 23, pp. 83-100.

Kaldor, N. [1957] A model of economic growth. *Economic Journal*, 67, pp. 591-624.

Kaplan,B. [2003] The idea trap: The political economy of growth divergence. *European Journal of Political Economy*, 19, pp. 183-203.

Kobayashi, K. and M. Inaba [2006] Business cycle accounting for the Japanese economy. *Japan and the World Economy*, 18, pp. 418-440.

Kruger, A. [1974] The political economy of rent-seeking society. *American Economic Review*, 61, pp. 291-303.

Krugman, P. [1998] It's baaack: Japan's slump and the return of the liquidity trap. *Brookings Papers on Economic Activity*, 2, pp. 137-250.

Krugman, P. [2000] Thinking about the liquidity trap. *Journal of the Japanese and International Economies*, 14, pp. 305-324.

Lewis, W. A. [1954] Economic development with unlimited supplies of labor. *Manchester School of Economic and Social Studies*, 22, pp. 139-191.

Lucas, R.E. [1990] Why doesn't capital flow from rich to poor countries?, *American Economic Review*, 80, pp. 221-237.

Marx, K. [1867] *Das Capital: Kritik der Politischen Okonomie*.

Mulligan, C.B. [2002] A dual method of empirically evaluating dynamic competitive equilibrium models with market distortions, applied to the Great Depression and World War II. *NBER Working Paper*, No. 8775.

Mundell, R. [1963] Inflation and real interest. *Journal of Political Economy*, 71, pp. 280-283.

Murase, H. [2009] Macroeconomics of weak governance with a new interpretation of Japan's lost decade. *Discussion Paper (Society of Economics, Nagoya City University)*, No. 492.

Pasinetti, L. [1962] Rate of profit and income distribution in relation to the rate of economic growth. *Review of Economic Studies*, 29, pp. 262-279.

Rajan, R. and L. Zingales [2002] *Saving Capitalism from Capitalists* (Crown Publishing: New York).

Romer, P.M. [1986] Increasing returns and long-run growth. *Journal of Political Economy*, 94, pp. 1002-1037.

Saint-Paul, G. [1993] On the political economy of labor market flexibility. *NBER Macroeconomics Annual*, pp. 151-195.

Saint-Paul, G. [2002a] Employment protection, innovation, and international specialization. *European Economic Review*, 46, pp. 375-395.

Saint-Paul, G. [2002b] The political economy of employment protection. *Journal of Political Economy*, 110, pp. 672-704.

Shleifer, A. and R. Vishny [1997] A survey of corporate governence. *Journal of Finance*, 52, pp. 737-783.

Simons, H.C. [1944] Some reflections on syndicalism. *Journal of Political Economy*, 52, pp. 1-25.

Somanathan, E. [2002] Can growth ease class conflict?. *Economics and Politics*, 14, pp. 65-81.

Stulz, R. M. [1990] Managerial discretion and optimal financing policies. *Journal of Financial Economics*, 26, pp. 3-27.

Tirole, J. [1985] Asset bubbles and overlapping generations. *Econometrica*, 53, pp. 1499-1528.

Tobin, J, [1965] Money and economic growth. *Econometrica*, 33, pp. 671-684.

Tornell, A. and A. Velasco [1992] The tragedy of the commons and economic growth: Why does capital flow from poor to rich countries? *Journal of Political Economy*, 100, pp. 1208-1231.

Uhlig, H. and N. Yanagawa [1996] Increasing the capital tax income leads to foster growth. *European Economic Review*, 40, pp. 1521-1540.

Velasco, A. and A. Tornell [1991] Wages, profits and capital flight. *Economics and Politics*, 3, pp. 219-237.

Williamson, O.E. [1979] Transaction-cost economics: The governance of contractual relations. *Journal of Law and Economics*, 22, pp. 233-261.

Yaari, M. [1965] Uncertain lifetimes, life insurance, and the theory of the consumer. *Review of Economic Studies*, 32, pp. 137-150.

小野善康［1992］『貨幣経済の動学理論——ケインズの復権』東京大学出版会.

小野善康［2007］『不況のメカニズム』岩波書店.

斎藤誠［2008］「家計消費と設備投資の代替性について——最近の日本経済の資本蓄積を踏まえて」, 浅子和美他編『現代経済学の潮流2008』東洋経済新報社, pp.27-68.

櫻川昌哉［2009］『経済を動かす単純な論理』光文社.

橋本寿朗［2002］『デフレの進行をどう読むか——見落とされた利潤圧縮のメカニズム』岩波書店.

南亮進［1992］『日本の経済発展（第2版）』東洋経済新報社.

宮川努［2005］『長期停滞の経済学——グローバル化と産業構造の変容』東京大学出版会.

村瀬英彰［2009］「企業統治のマクロ経済学——投資家からみた失われた10年」, 『経済研究』, 60, pp. 228-240.

村瀬英彰［2010］「政治的意思決定におけるマーフィーの法則——なぜ市場が失敗するとき政府も失敗するのか？」（2009年度行動経済学会「経済政策の行動経済学」講演）*Discussion paper* (*Society of Economics, Nagoya City University*), No. 512.

村瀬英彰［2011］「フリー・キャッシュ・フロー問題のマクロ経済学——過剰投資意欲下の投資低迷」Mimeo.

吉川洋［2000］『現代マクロ経済学』創文社.

脇田成［2005］「労働市場の失われた10年　労働分配率とオーケン法則」, 『フィナンシャル・レビュー』, 78, pp. 51-70.

第Ⅲ部　所得移転と効率性・公正性

第7章
ドメイン投票方式と所得再分配[*]

青木玲子

1 はじめに

総務省統計局の推計によると，日本の65歳を超える人口の割合は23.1％で，世界最高である（総務省[2011]）．1989年の出生率は，丙午年であった1966年を下回る水準になり，「丙午ショック」として国民に衝撃を与えた（図7-1）．その後20年間，つねに少子化が議論され，エンゼルプラン（1994年），子供・子育て応援プラン（2004年）といった政策が実施されてきた．しかし，出生率が上昇傾向に変化した証拠はない[1]．

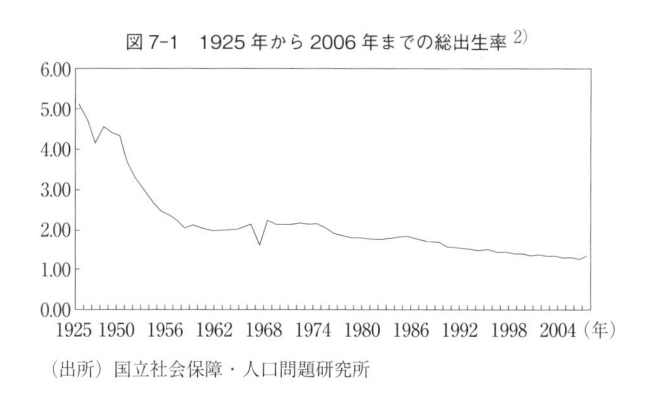

図7-1 1925年から2006年までの総出生率[2]

(出所) 国立社会保障・人口問題研究所

[*] 本章の基礎になった研究に対して文部科学省科学研究費補助金特別推進研究「世代間問題の経済分析：さらなる深化と飛躍」（研究課題番号：22000001）から研究費の助成を受けた．記して謝意を表したい．
[1] 2006年以降若干上昇したが，これが今まで出産を据え置いてきた女性達の出産による上昇なのかは不明である．

この事態を生じさせた，子供や子供のいる家庭への援助政策に取り組もうとする政治的意思の欠如は，育ちざかりの子供を持つ世代の有権者層の縮小によって，政治的にかなり脆弱になってしまったという事実にあると考えられる．

　本章の目的は，次世代の利害を反映させる選挙制度改革が可能であり，検討する必要があるということである．まず，子供が有権者の年齢に達するまで，親が子供の代理として投票するドメイン（Demeny）投票方式の採用を検討するべきである．この投票方法は Demeny [1986] が，出生率増加政策を推進するための革新的な方策として提案した制度である．最近では Sanderson [2007] が，年金受給資格年齢を満たす人口の割合がすでに高く，さらに増加しているドイツや日本といった国々での，年金改革に対する政治的障壁や人口の高齢化への対処法として，同方法に賛同している．

　これまで人類は 2 回の選挙権拡大を経験してきたが，それはいずれも経済と社会の変化による拡大の必要性があったからだと考えられる．第一の拡大は普通選挙である．産業革命によって政治的な権利のない労働者階級が増加し，都市に大量に住むようになった．資産家階級との対立が強まってきた時，革命のリスクを負うよりも，選挙権を与えることによって，彼らの要望に既存の政治制度の中で応えることにしたのである (Acemoglu and Robinson [2000])．さらに，労働市場が発達して，教育などの人的投資が必要になった結果，家庭で育児の担い手である女性の選挙権をふくめた権利を拡大することによって，次世代への投資を促進したといえる（Dodepke and Tertilt [2009]）．

　20 世紀になってからは，公的な教育や年金などの世代間の所得再分配が政策として行われるようになった．それまでは，世代間の所得再分配は大家族内や村などの単位で，家長や村長の指揮のもとに行われてきた．政策となれば当然，国政選挙の争点となるようになった．しかし，選挙に参加するのは，所得再分配の対象の一部である．20 歳未満の国民の民意は選挙には反映されていない．所得再分配が政策化された以上，それに見合った選挙制度が必要になるのが必然である．

　本章では，まず出生率と政治的に関心が高い年金改革の関係を議論する．特に，年金改革が出生率に対して負の影響がありうることを指摘する．さらに，

2）総出生率は女性が生涯で産むと予測される子の平均数である．1947 年から 1972 年までのデータは沖縄県を含まない．

外国では出生率を上昇させるのに有効な家族政策が実行されたこと，そして，日本でも政策的に対応する余地があることを確認する．にもかかわらず，年金政策とは対照的に家族政策が軽視されている理由として，年金に関心のある有権者の方が出産・育児や教育に関心のある有権者よりも数が多いことを検証する．そして，最後に重複世代モデルのシミュレーションにより，ドメイン投票方式の導入で世代間の所得分配が変わり，それによって全世代の効用があがることを示す．

2 最適以下の出生率と賦課式社会保障

　出生率低下がこのまま続くのか否かについては，人口統計学的に重要な問題であり，いくつかの研究結果がある．Lutz, Skirbekk and Testa [2005] らは，ある条件下では，人口置換水準以下の状態が長期的に安定な均衡となり，本質的に経済がその状態から抜け出すことは不可能で，人口が減少し続けると論じている．

　一方，もし低出生率が改善せず人口が減少するとしても，それは本当に問題であるのかという問いもある．Sanderson [2009] が指摘するように，現時点での2050年の日本の予想人口は，1965年の人口水準である．1965年の人口水準でも国は普通に機能していたのであるから，人口が減少しているという事実だけで人口増加対策は必要ないかもしれない．

　しかし，日本の人口減少は，人口規模だけの問題ではないのである．日本の低出生率と平均寿命の上昇は，人口が減少するだけでなく，老いていくことも意味する．出生率を1.39とすると，老年従属人口指数（65歳以上人口の生産年齢人口に対する比率×100）は，2009年の34から2050年には76に倍増すると予想される（金子ほか [2008]）．さらに，日本の高齢者は，勤労者層からの納付金に支えられた賦課式公的年金制度に頼っている（小川ほか [2008]）が，予測されるような高い老年人口指数では，2050年には賦課方式の維持は非常に難しくなり，崩壊の可能性すらある．現に，日本の若者の中には，たとえ年金納付金を納め続けても人口の減少と構造変化の結果，将来の自分の老後には年金制度が崩壊していると主張して，支払いを拒否する者も出てきている．

　世界的に統合されつつある労働市場を考慮すれば，予想老年人口指数だけをもとに社会保障制度の赤字の規模を推定するのは間違いであるかもしれない．

移民政策が十分に柔軟であるなら，自国の労働者人口が減少し，資本労働比率が上昇するにつれて，若い労働者の余剰と資本不足を有する国からの移民増加が予想される（Sinn [1997]）．しかし，悪化をたどっている老年人口指数を是正するために必要な移民の規模は膨大で，現実的にはそのような規模の移民がおこるとは考えにくい．実際，日本が1995年の老年人口指数を維持するには，2050年まで年間約60万人という純移民数が必要と推定される（United Nations [2000]）．従来から日本は人口の老齢化を是正する方策として移民を活用することに消極的であり，また市民権取得への障壁も高い現状を考慮すると，不可能に近い数字である．

　経済的厚生の観点からすると，問題なのは，出生率が人口置換水準より高いか低いかでなく，むしろ，子供を持つことの私的費用と便益が，社会的費用と便益から逸脱しているかということである．言い換えれば，子供を産むという決定に関し，市場の失敗が起きているのかを問わなければならない．子供を持つ動機が住宅・税制・雇用などの経済政策に大きく影響を受けるとすれば，人口減少や老年人口指数上昇が将来起きるかどうかでなく，出生率を最適な水準より低くする経済の歪みが存在するのかということが重要な問題なのである．

　医療や就学など，子供を持つことに関する私的費用の多くは親が直接負担することはなく，子供に対しての公的な補助金が存在し，その結果市場にまかせた水準よりも高い出生率になっていると考えることもできる（Palvios and Scotese [1996]）．一方，賦課方式では，子供を持つことの便益も課税対象となる．特に，子供が将来就労年齢に達した際に彼らに課せられる税は，退職者に子供がいるか否かに関係なく，退職者の年金や医療費を支えるために使われる．社会保障を受ける際に子供を育てたかどうかということは関係なく，他に社会で子供を育てた人がいる限り，老後保障は税や移転支出制度により確保される．さらに，子供の親に対して行うそれ以上の経済的支援は，子供の税引後の所得が当てられ，子供が親を支える意思を妨げることになる．子育てに費用がかかる限り，他人の子にただ乗りする動機が存在する．賦課式年金制度のもとでは，これは出生率が一般的に最適値より低くなることを示唆する．

　Van Groezen, Leers and Meijdam [2003] は子供に関するこのような外部性をモデル化し，子供を持つことによって与えられる外部便益を内部化するために，子育てに対する補助金が必要となることを示している．このような補助金はパレート改善的である．さらに興味深く政策的に重要であることには，一旦

社会が賦課方式を採用すると，年金削減だけでは出生率が不十分であるという状況は，解決されないとも論じている．賦課方式の場合は，年金改革によって，労働者である時期には退職者へ支払われる高い年金を支え，自分が退職した時には低い年金が支給される世代が必ず生じる．この世代に補償金を支払うには，政府が負債を増やさなければならない．しかし，このような負債増加は，負債とその利子を補う将来の増税によって完全に相殺されてしまう．Van Groezen は，この増加した負債は年金改革による便益と等しく，出生率に影響はないことを示している．これは，年金改革についての最近の議論が的を外している可能性を示唆している．

市場の失敗を解決するには，個人が持つ子供の数に応じた税金や補助金を備えた方策が必要である．子育てに対する補助金はまさにそれに当てはまる一方，年金額が子供の数に依存するようにしない限り，年金改革は問題の解決にはならない．

にもかかわらず，日本では年金改革が過剰に脚光を浴び，出産・育児に関する政策が十分に注目されていないというのが，まさに我々の意見である．

3　家族政策と出生率

以上の議論を踏まえると，子育てにかかる費用を相殺し，さらに，年金制度維持に対し出産がもつ多大な外部性を内部化するためには，十分な補助金を子供に対して与えていることが課題となる．

子供が補助を受けている程度を計る一つの方法として，平均出生率と希望出生率（理想家族数）を比較することがある．もし，希望家族数を回答者の効用が飽和する子供の数と解釈すれば，希望値と実際値の差が，親にかかる子供の「価格」を示していることになる．

表7-1 は，日本における理想家族数の調査データである．国立社会保障・人口問題研究所による既婚者を対象とした5年ごとの調査を基にしている（国立社会保障・人口問題研究所 [2006]）．サンプル数は，調査年により異なるが，5,603 から 8,624 である．

ほとんどの先進国において，実際の出生率は理想出生率を大きく下回っている．日本では，理想とする子供の数は 2006 年のEUの平均である 2.3 と同様であるが，出生率と理想出生率との差が，1977 年から 2005 年の間に着実に広

表7-1 日本の1977年から2005年における理想家族数と出生率

	1977	1982	1987	1992	1997	2002	2005
理想的子供の数 (1)	2.42	2.49	2.51	2.4	2.33	2.31	2.3
実際の出生率 (2)	1.8	1.77	1.69	1.5	1.39	1.32	1.26
乖離 (1) − (2)	0.62	0.72	0.82	0.9	0.94	0.99	1.04

(出所) 国立社会保障・人口問題研究所 [2006].

がっている．その間，理想出生率が0.12人だけ低下したのに対し，出生率の減少は0.54人となっている．このことは，子育てに関する「費用」が同期間中に増加したことを意味している．

また，出生率と希望する子供の数との差は，育児への補助金や子供に対する現金支給などの出生率増加を支援する政策が，どれほど出生率上昇に効果的であるかを予測する目安にもなる．

2002年の推定によると，日本で子供を育てるには，子供一人当たり年間83.2万円かかる（内閣府 [2002]）．賦課方式での子供による正の外部性を前提として，この私的費用は税金と移転支出によって相殺することが可能であるだろう．理想的な移転支出は，子供に関連する支援や社会保障給付金を通して，幼い子を持つ家庭や高齢者への再分配をするべきである．

1980年代から，特に「丙午ショック」以降，国民と政府は，家族政策と低出生率の改善の必要性を認識してきた．その間，深刻化し続ける低出産率の懸念に対し，数々の政策が打ち出されてきた．児童手当の拡大，0から2歳児のための保育施設の増加，保育施設の利用時間帯とサービスの拡大などを含む「エンゼルプラン」を1994年に策定した（内閣府 [2009]）．

しかし，その後も出生率は低下を続け，1999年には「新エンゼルプラン」が策定された．これには，雇用制度に関する変更や，母子保健医療・支援センターの導入，保育施設に加えて教育環境の整備などが含まれた．

さらに，2004年に政府はまた，少子化社会対策大綱という家庭支援「宣言」を打ち出し，家庭支援・出生率増加のために重要な四つの課題 (1) 若者の自立の推進，(2) 仕事と家庭の両立に向けた労働環境の見直し，(3) 命の大切さと家族の役割の理解，(4) 子育てへの新たな支援と連帯，に乗り出した．

これらは立派な指針ではあるが，政策による介入は遅く不十分なものであるといわなければならない．家族に関わる日本の公的支援は，依然としてOECD諸国に遅れをとったままで，国内総生産に対する割合では，ドイツの1.21％，

スウェーデンの3.54％，イギリスの3.93％に比べて，わずか0.75％である（厚生労働省［2009］）．

子供に関するサービスも十分とはいえない．例えば，就学前の保育施設も不足したままである．公認保育園への入園順番待ちの児童は，東京だけで36万人いると報告されている状況である（2009年6月8日付共同通信論説）．

政府は低出生率は重点課題の一つであると公表して，2008年度予算では，以下の対策が発表された．

・託児所の増設に対する資金
・妊婦の医療検診に対する補助金の増加
・二人以上の子供がいる家庭への手当（2歳から5歳までの子供一人当たり3万6千円）

しかし，これらは2008年度予算で行われる単年度対策である．

一方，子育て支援の他の政策との関係は，子供のいる家庭への低移転支出は，幼い子を持つ家庭の等価所得[3]の低さにも反映される．図7-2は，2005年における各家族年齢帯の等価所得（家計所得を家族数の平方根で割ったもの）の税引・移転支出前の値（当初所得）と全ての税引・移転支出後の値（所得再分配

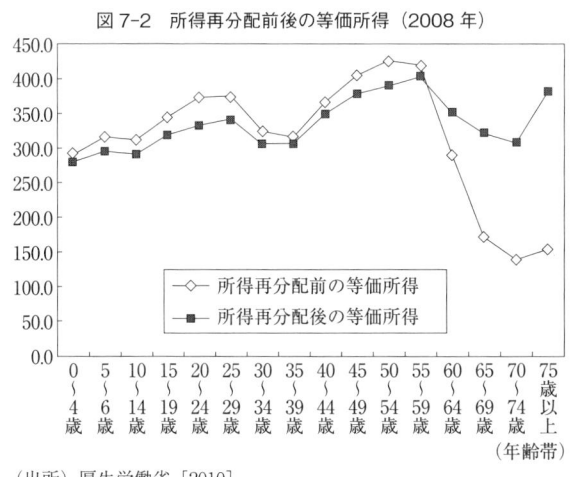

図7-2　所得再分配前後の等価所得（2008年）

（出所）厚生労働省［2010］．

による所得)を示している[4].データは5,688世帯の調査を基にしている.所得再分配後の所得は,すべての税金や医療・長期在宅介護・国民年金への社会保険料を差し引いて,全ての移転支出・年金,それに医療・長期在宅介護・保育などの現物給付を加えたものである.

所得再分配後の所得と当初所得との差は,該当する年齢帯に関する税金または補助金の規模を指している.親が子供を持つことに対して「報酬」を受けている場合は,所得再分配後の子供の所得が当初所得よりも高くなる.全般的に,日本の子供は補助金を受けるより,むしろ税金を払っている家庭に属し,子供の等価所得は退職者を含む他の世代に比べ最低である(総人口平均の304万円に対し281万〜295万円).子供に比べ退職者の等価所得が高いのは,高齢者に集中している医療費は含まれているが公立教育は含まれない[5]という事実に注意をする必要があるものの,データは,日本で子供がいる家庭が,退職者に比べ優遇されていないことを示しているといえる.

国際的に日本の現状はどうであろうか.図7-3は,子供二人と両親で就労者が一人の家庭の税引・移転支払い金受領後の追加可処分所得の平均を,子供の無い独身就労者の可処分所得との割合(%)で表している.数値は1989年か

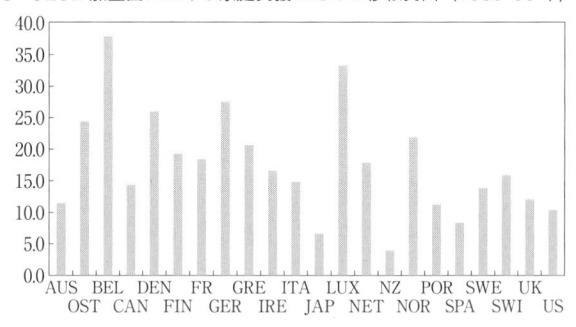

図7-3 OECD加盟国における家庭支援のための移転支出(1989-99年,平均)

(出所)Gauthier [2003].

---

3) 等価所得は世帯所得から世帯員の所得を計算するに当たって,世帯の規模の経済を考慮した数で割った所得のことである.n人世帯員がいる場合,所得をnでなく$\sqrt{n}$で割る.
4) すなわち,各年齢帯について,図は年齢帯に当てはまる家族構成員がいる家庭を対象とした平均等価所得を示している.
5) 教育は社会全体にとって利便をもたらす,公共財的性格があるためである.

ら 1999 年の 10 年間の平均である．図中の全ての国で 0 を超えており，これは専業主婦（夫）と子供がいる家庭が移転支出によって優遇されていることを示唆している．全ての国の平均は 18% で，日本は同時期に 6.5% と，サンプル中最低から二番目である．

以上の比較から，これまでの政策が有効でないのは，政策の規模が不十分なせいだと考えざるをえない．家族政策がどれほど出生率上昇につながるかに関する研究は，数多くに行われてきた．直接の現金支給や租税優遇などの家庭援助の政策が出生率上昇につながることは，効果の規模については様々な議論があるものの，因果関係は今までに充分立証されている（Holtz, Klerman and Willis [1997]）．最近の例としては，Milligan [2005] が 1997 年における 8,000 カナダドル（2009 年時点の円に換算して 90 万円）を上限とする一回限りの給付金が，出生率に大きな影響を与えたことを示している．彼の論文によると，給付金の結果，出生率は平均で 12% 上昇し，最高可能な額を受ける資格の者に関しては 25% 上がった．

Feyrer, Sacerdote and Stern [2008] は，公的支出の子供の数と出生率への影響に関して，OECD 各国の横断面データを基にした回帰分析を行っている．その分析によると，国内総生産の 1% に当たる額の支出増加は，女性一人当たりにつき子供 0.12 人の増加につながる．また，全ての種類の公的支出の中で，幼児を対象とした無料託児サービスの提供が最も効果的であり，国内総生産の 1% に相当する託児サービス支出の追加につき，出生率が 0.13 上昇している．出生率に関する家庭優遇政策の効果は絶大であり，それは出産に関わる費用低下といった直接的効果だけでなく，追加的な，幼い子供を持つ友人や親戚が増えることからくる「実演」（demonstration）効果によるようだと結論をだしている．

4 有権者の高齢化問題

既存の理論的や実証的な研究は，有権者年齢の中央値と国民総生産のうち，年金に使われた割合との間には，正の相関関係が存在することを確立している（Tabellini [1990], Breyer and Craig [1997]）．現在の日本の有権者年齢の中央値は 51 歳で，これからの 15 年間でさらに上昇することが予想される．数を背景とした高齢有権者層の強力な影響力は，高齢者から若者へといった公的資金

の方向転換が，政治的困難に直面することを示唆している．

日本において政党の政治方針を決定するにあたり，高齢者にどれほど影響力があるかを理解する手がかりとして，表7-2は，2003・2005・2007年の国政選挙における，与党自由民主党[6]のマニフェストの上位3項を党自身が列挙した順番で示している．そのうち二つで年金が第1位であがっている．しかし，国民の間に危機感があり，多数の諮問委員会や調査会の対象となった，子供や家族に関する政策は2007年に教育が3番目にあがっているだけである．

表7-2 国政選挙における自民党政治綱領の重要課題

2007年	年金	公務員改革	教育
2005年	民営化	国際競争力	防衛
2003年	年金・保健医療	国家安全保障	民営化

(出所) 対象年の自由民主党政治綱領（公式ウェブサイト）．

2009年総選挙直前の日本経済新聞の世論調査によると，有権者全体のなかで，年金・保健医療を重要と考えた有権者の割合は55％，景気対策が49％，雇用対策が42％であった．20代の有権者に限ると，49％が景気対策を，47％が雇用対策が重要であると回答した．20代の有権者のなかで，年金・保険医療が重要であるとしたのは36％であったが，60代の有権者の66％が重要であると回答している．しかし，高齢者の割合が高いため，有権者全体では，55％が年金・保健医療を重要視していることになる．

それでは，有権者の年齢分布をみてみることにする．全人口のなかでの18歳未満および55歳以上人口の割合と，有権者（18歳以上と仮定[7]）のなかでの18歳未満および55歳以上人口の割合を図7-4に示してある．55歳以上は年金支給を10年以内に控えた人口を加えた人口である．18歳未満の人口は選挙権がないので，かれらの有権者中の割合はゼロ，つまり横軸である．

2010年の国勢調査によると，55歳以上人口は全人口の38％であるが，有権

---

6) ここでは与党のみ例にあげているが，他の主な政党のマニフェストも同様である．他の政党も2005年は民営化に焦点がしぼられている．また，上位3位しかここにはないが，少々下位まで増やしても状況は同じである．
7) 平成19年5月に公布された国民投票法では国民投票の投票権は18歳以上の国民が有する．また，後述の18歳未満の子供の数は，国勢調査の世代構成，特に同居のデータを使ったが，子供は18歳未満で集計されている．

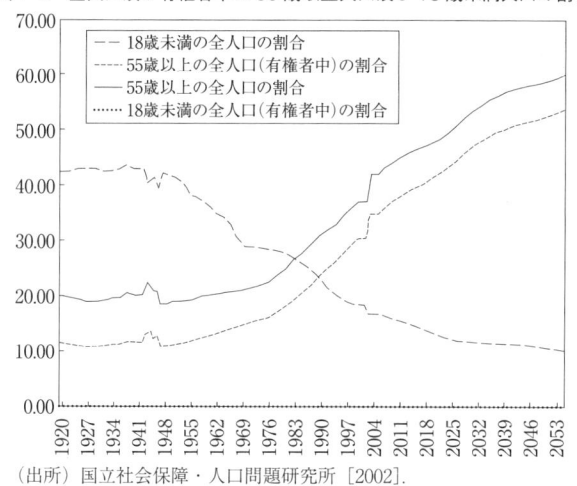

図 7-4　全人口及び有権者中の 55 歳以上人口及び 18 歳未満人口の割合

（出所）国立社会保障・人口問題研究所［2002］．

者の中では 46％を占めている．これに対して，20 歳未満の人口は全人口の 46％であるが，有権者のなかでは 0％である．有権者年齢の中位値は 51 歳であるが，15 年後には 65 歳になる．つまり，有権者の半分が年金受給者になるのである．

5　ドメイン投票方式の効果

平成 17 年国勢調査を基に計算すると，約 24％の有権者は 18 歳未満の子供を持つ親である．一方，55 歳以上の有権者は 43％を占め，図 7-5（左）にも示されているように，政治家に対してかなり強い影響力がある．55 歳以上の有権者層は，これから生まれてくる子供達が自分達の退職後の生活を支えるようになるまでにかかる時間が長過ぎるため，出生率増加によって得るものが少ない．その反面，生まれてくる子供は公的資金の更なる流出源となり，社会保障給付の減少につながりかねないと受けとめる．

対策として親が自分の子供の代理投票ができるとするドメイン投票（Demeny［1986］）の導入を検討するべきである．これにより，ただちに親の投票による影響力が強まる．前出の統計を使って計算すると，この投票法は親（と子供）の有権者層を全体の 37％に増やし，55 歳以上の有権者層を 35％に減らす．よっ

て，二つの世代間の政治力のバランスがとれるようになり，家族政策が国政選挙で真剣に議論されるようになるだろう．現行制度とドメイン投票方式による票の分布を図 7-5 に示した．

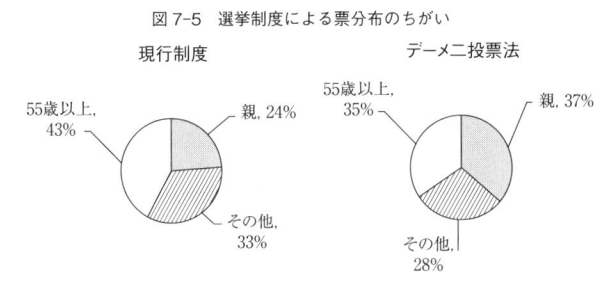

図 7-5 選挙制度による票分布のちがい

現行制度：55歳以上, 43%／親, 24%／その他, 33%

デーメニ投票法：55歳以上, 35%／親, 37%／その他, 28%

(出所) 総務省 [2005].

具体的なドメイン投票方式導入による変化の例として，小黒ほか [2010] による重複世代モデルを使ったシミュレーションがある．引退世代，勤労世代と将来世代の 3 世代から経済は成り立っており，第 t 期の勤労世代は生涯賃金は W_t を得て，t 期に割当られる一括税 $T_t(t)$ を支払い，勤労期と引退期に合計 C_t を消費する．生涯賃金は外成で金利はゼロとする．第 t 期に予定する勤労世代 t の生涯消費は以下のようになる．

$$C_t(t) = W_t - T_t(t) \tag{7.1}$$

ここで，$T_t(t) \equiv \theta_t(t) W_t$ によって，第 t 期に割当られる勤労世代 t の生涯税率 θ_t を定義する．税金は勤労世代の時と引退した時に課せられるが，負である場合もある．例えば，引退した場合は年金が負の税に相当する．

勤労世代は子供を産み終えていない世代なので，個人に子供がいるかいないかは特定できないが，引退世代は子供のいる者（全体の $\pi_t < 1$ の割合）といない者が区別できる．子供のいない引退世代，いる引退世代と勤労世代の効用関数は以下のとおりである．まず，子供をもつ引退世代 $t-1$ の効用を以下のように設定する．

$$U_{t-1}^{child} = \log[1-\theta_{t-1}(t)] + \delta \log[1-\theta_t(t)] + \pi_t \delta^2 \log[1-\theta_{t+1}(t)] \tag{7.2}$$

この式の第 1 項は子供をもつ引退世代が自らの生涯消費から得る効用であ

り，第2項は子供である勤労世代の生涯消費に関する効用から得る効用で は その強度を表す．また，第3項は孫である将来世代の生涯消費に関する効用から得る効用で，δ^2 はその強度を表す．なお，第3項の π_t は勤労世代が子供をもつ割合で，これが1以下のときにはその分だけ，この項から得る効用が割引かれることを意味する．

次に，子供のいない引退世代 $t-1$ の効用を以下のように設定する．

$$U_{t-1}^{nc} = \log[1-\theta_{t-1}(t)] \tag{7.6}$$

子供がいないので，この式は，(7.2) 式から第2項と第3項を削除したものになっている．

最後に，勤労世代 t の効用を以下のように設定する．

$$U_t = \sigma \log[1-\theta_{t-1}(t)] + \log[1-\theta_t(t)] + \pi_t \delta \log[1-\theta_{t+1}(t)] \tag{7.7}$$

この式の第1項は親である引退世代の生涯消費に関する効用から得る効用で はその強度を表す．また，第2項は自らの生涯消費から得る効用で，第3項は子供である将来世代の生涯消費に関する効用から得る効用を表す．

選挙の投票行動として，二つの単独多数と二つの連合多数が考えられる．まず，t 期における引退世代 $t-1$ の政治影響力（例：投票率）を $s_{t-1}(t)$，勤労世代 t の政治影響力を $s_t(t)$ とする．二つの単独多数のそれぞれの条件と政治が最適化する目的関数は以下のようになる．

1) 子供のいる引退世代単独
   $(\pi_{t-1} s_{t-1}(t) N_{t-1} > (1-\pi_{t-1}) s_{t-1}(t) N_{t-1} + s_t(t) N_t$ のとき $W_t(case1) = U_{t-1}^{child}$)
2) 勤労世代単独多数
   $[s_t(t) N_t > s_{t-1}(t) N_{t-1}$ のとき $W_t(case2) = U_t]$

2つの連合多数は
3) 引退連合多数
   $[s_{t-1}(t) N_{t-1} > s_t(t) N_t$ かつ$]$
   $\pi_{t-1} s_{t-1}(t) N_{t-1} < (1-\pi_{t-1}) s_{t-1}(t) N_{t-1} + s_t(t) N_t$ のとき
   $W_t(case3) = s_{t-1}(t) \pi_{t-1} N_{t-1} U_{t-1}^{child} + s_{t-1}(t)(1-\pi_{t-1}) N_{t-1} U_{t-1}^{nc}$
4) 世代間連合

表7-3 シミュレーション結果

現行制度		σ		
		0.4	0.95	1
引退世代の生涯税率	$\theta_{t-1}(t)$	-0.656	-0.296	-0.312
勤労世代の生涯税率	$\theta_t(t)$	0.28	0.084	0.093
子供をもつ引退世代の効用	U_{t-1}^{child}	-0.078	-0.049	-0.047
勤労世代の効用	U_t	-0.526	-0.138	-0.127

ドメイン投票方式		σ		
		0.4	0.96	1
引退世代の生涯税率	$\theta_{t-1}(t)$	-0.656	-0.281	-0.297
勤労世代の生涯税率	$\theta_t(t)$	0.28	0.006	-0.007
子供をもつ引退世代の効用	U_{t-1}^{child}	-0.078	0.033	0.060
勤労世代の効用	U_t	-0.526	-0.030	0.01

$[(1-\pi_{t-1})s_{t-1}(t)N_{t-1} < \pi_{t-1}s_{t-1}(t)N_{t-1} + s_t(t)N_t のとき]$
$W_t(case\,4) = s_{t-1}(t)\pi_{t-1}N_{t-1}U_{t-1}^{child} + s_t(t)N_t U_t$

世代間連合は子供のいる引退世代と勤労世代が構成している.

ドメイン投票方式を導入したことによる,子供への投票権拡大の範囲をパラメータ ξ で表現すると,世代間連合の条件と政治が最適化する目的関数は以下のようになる.

$\pi_{t-1}s_{t-1}(t)N_{t-1} < (1-\pi_{t-1})s_{t-1}(t)N_{t-1} + s_t(t)N_t(1+\xi n_{t+1})$ のとき
$W_t(case\,5) = \pi_{t-1}U_{t-1}^{child} + \rho_1 n_1(1+\xi n_{t+1})U_t$

『平成17年 国民生活白書』によると,20歳から49歳平均の子供のいる世帯の割合は,1980年に69.4%,2000年に53.2%であるので,シミュレーションでは,引退世代 $t-1$ の π_{t-1} を0.7,勤労世代の π_t を0.53とする.また,予算制約では,t 期の国債残高は2009年の公債残高(対GDP)190%を使って計算した.なお,$\theta_{t-1}(t-1)=0.25$ とする.

世代間の相対的政治影響力 ($\rho_t \equiv s_t(t)/s_{t-1}(t)$) と世代間の利他係数 ($\delta$, σ) によって多数のグループが異なってくる.表7-3はドメイン投票方式の導入により,引退世代連合から世代間連合へ多数が変わる場合のシミュレーション結果をまとめたものである.(ρ_t, δ) = (0.45, 0.8) である場合に,勤労世代へ

の他利の度合い σ が 0.4 から 0.95 へ増加すると，引退世代連合単独多数から世代間連合多数への移行にともない，政治の目的関数が変わる．いずれの選挙制度のもとでも，勤労世代の生涯税率が下がり，効用が高くなるが，ドメイン投票方式の方が税率の下がり幅と効用の増加が大きいことがわかる．

子供を持つ引退世代の効用もドメイン投票方式の場合の方が高いため，多数派がドメイン投票方式への移行を望むことになる．民主的な方法で選挙権が拡大されることが想定できる．

6 おわりに

ドメイン投票法導入による有利点として，子供に対する補助金を，政府が信頼性を維持しながら，長期にわたり継続する仕組みができることが揚げられる．前述のように日本の家族政策の歴史は一貫性を欠いてきた．子供を持つ決断には長期的な展望が必要であり，政策が長続きすると人々が信じない限り，出生率が家庭優遇政策に呼応する可能性は低い．子供の利害が選挙に反映されやすくなるようにすることで，社会保障費用が上昇する中，長期的な展望をもった政策が実行されることになるであろう．

従来，日本の家族は世代間の所得再分配を，家族の枠組みの中で行ってきた．しかし，所得再分配に関して，政府が増々重要な役割を果たすようになってきた（大和 [2006]）．よって，各世代が政治の場で代表されることが大切になってきたのである．現在の政治制度では，子供の世代が不利になり，権利を奪われる危険にさらされている．子供からの将来の税金が高齢者の年金を支えるように頼りにされ，子供達はその支援をするために懸命に教育を受ける努力をしているとすれば，「代表なくして課税無し」という古くからの格言は，この問題に深く関係するという議論も事実可能である．

親に自分の子供のために代理投票を行う権利を与えても，親が子供の厚生を考えて投票をするかという疑問がある．たしかに親が子供のために行動する保障はないが，社会はすでに子供の学校・医者・読み物などの選択のように，子供に直接影響する選択を親に任せている．我々は常に，親が子供にとって最善の行動をとることを前提にしているのである．そして，これらの選択のなかには子供にとって，選挙での一票よりもはるかに大切であるものが多くある．とにかく，何らかの形で子供に選択権を与えることは，子供の政治的代表を完全

に否定するよりも,子供にとってよい結果につながると考えられる.

参考文献

Acemoglu, Daron and James A. Robinson [2000] "Why Did the West Extend the Franchise? Democracy, Inequality, and Growth in Historical Perspective," *Quarterly Journal of Economics*, vol. 115, pp. 1167-1199.

Breyer, Friedrich and Ben Craig [1997] "Voting on Social Security: Evidence from OECD Countries," *European Journal of Political Economy*, vol. 13(4): 705-724.

Demeny, Paul [1986] "Pronatalist Policies in Low-Fertility Countries: Patterns, Performance and Prospects," *Population and Development Review*, vol. 12, (Supplement), pp. 335-358.

Dodepke, Matthias and Michele Tertilt [2009] "Women's Liberation: What's in it for Men ?," *Quarterly Journal of Economics*, vol.124, pp. 1541-1591.

Feyrer, James, Bruce Sacerdote and Ariel Dora Stern [2008] "Will the Stork Return to Europe and Japan? Understanding Fertility within Developed Nations," *Journal of Economic Perspectives*, vol. 22(3), pp. 3-22.

Gauthier, A.H. [2003] *Comparative Family Benefits Database* (Version 2). University of Calgary.

Goldstein, Joshua, Wolfgang Lutz and Maria-Rita Testa [2004] "The Emergence of Sub-Replacement Fertility Ideals in Europe," *Population Research and Policy Review*, vol. 22 (5-6), pp. 479-496.

Holtz, J., J. Klerman and R. Willis [1997] "The Economics of Fertility in Developed Countries", in Rosenzweig, M. and O. Stark (eds), *Handbook of Population and Family Economics*. Elsevier: Amsterdam.

Kaneko, Ryuichi, Akira Ishikawa, Futoshi Ishii et al. [2008] "Population Projections for Japan: 2006-2055: Outline of Results, Methods and Assumptions," *Japanese Journal of Population*, vol. 6(1).

Lutz, Wolfgang, Vegard Skirbekk and Maria Rita Testa [2005] *The Low Fertility Trap Hypothesi: Forces That May Lead to Further Postponement and Fewer Births in Europe*, Economic Demographic Research Papers, Vienna Institute of Demography.

Milligan, Kevin [2005] "Subsidizing the Stork: New Evidence on Tax Incentives and Fertility," *Review of Economics and Statistics*, vol. 87(3), pp. 539-555.

Ogawa, Naohiro, Andrew Mason, Amonthep Chawla and Rikiya Matsukura [2008] *Japan's Unprecedented Aging and Changing Intergenerational Transfers*, Paper presented at NBER conference, June 19-21.

Palvios, Theodore and Carol A. Scotese [1996] "Fertility, Growth and Financing of Public Education and Health," *Journal of Population Economics*, vol. 9(4).

Sanderson, Warren [2007] "A New Prospective on Population Ageing," *Demographic Research*, vol. 6(2), pp. 27-58.

Sanderson, Warren [2011] "Low Fertility and Population Aging in Germany and Japan: Prospects and Policies," in Takayama, Noriyuki and Martin Werding (eds), *Fertility and Public Policy: How to Reduce the Trend in Declining Birth Rates*. MIT Press.

Sinn, Hans-Werner [1997] "The Value of Children and Immigrants in a Pay-As-You-Go Pension System: A Proposal for a Partial Transition to a Funded System," NBER Working Papers 6229, National Bureau of Economic Research.

Tabellini, Guido [1990] "A Positive Theory of Social Security," CEPR Discussion Papers 394, Centre for Economic Policy Research.

United Nations [2000] *Replacement Migration: Is It a Solution to Declining and Aging Populations?* United Nations Development Program.

Van Groezen, Bas, Theo Leers and Lex Meijdam [2003] "Social Security and Endogenous Fertility: Pensions and Child Allowances as Siamese Twins," *Journal of Public Economics*, vol. 87 (2), pp. 233-251.

Yamato, Reiko [2006] "Changing Attitude Towards Elderly Dependence," *Current Sociology*, vol. 54 (2), pp. 273-291.

青木玲子・Rhema Vaithianathan [2010]「少子化と世代間所得分配の政治経済学」,『経済研究』61 (2), pp. 117-125.

小黒一正・島澤諭・青木玲子・小塩隆士 [2010]「人口動態, 世代間利他主義と財政負担――政治経済学の視点から」PIE/CIS Discussion Paper No. 493.

厚生労働省 [2010]「平成20年所得再分配調査　報告書」.

国立社会保障・人口問題研究所 [2002]「日本の将来推計人口 (平成18年12月推計)」.

国立社会保障・人口問題研究所 [2006]「第13回出生動向基本調査「結婚と出産に関する全国調査 (夫婦調査)」.

総務省統計局 [2005]「平成17年度国勢調査」.

総務省統計局 [2011]「人口推計　平成23年3月報」.

内閣府 [2009]「少子化社会白書」政策統括官 (共生社会政策担当).

内閣府 [2002]「社会全体の子育て費用に関する調査研究報告書」政策統括官 (共生社会政策担当).

第8章
世代間利他性と所得移転

秋山太郎

1 はじめに

　子供から親に対する移転は，金銭的な移転に加えて，介護までも含めると，日本をはじめとする東アジア諸国の伝統において極めて一般的である．このような現象を分析するための自然な設定は，子が親に対して利他性を持つと想定することである．子が親に対して利他性を持つ経済の研究は，Barro [1974] によって先鞭をつけられ分析が行われている．子の親に対する利他性は後方利他性と呼ばれ，後方利他性が存在する経済は，子供から親への所得移転（ギフト）が内生的に生じうるため，ギフト経済と呼ばれる．ギフト経済の研究に関する研究は，適切な均衡の定義に関するものと，実際に子供から親へのギフトが生じるか否かについてのものに大別できるが，両者の研究は互いに関連している．

　ギフト経済では，自分の子供のギフトに関する行動を考慮して，自分の貯蓄や自分自身の親に対するギフトを決定しなかればならず，動学的なゲームとして考えて分析を行う必要がある．多くの研究においては，動学的な設定ゲームであるにもかかわらず，他の世代のギフトの量を所与として行動を決定する単純な Nash 均衡を採用して分析を行っている．この分野の文献においては，これは NashAssumption と呼ばれている．Kimball [1987], Carmichael [1982], Abel [1987] 等は，Diamond [1965] の標準的な世代重複モデルをギフト経済に拡張し，単純な Nash 均衡を均衡として採用して，ギフトが実際に生じるかどうかを分析している．Abel [1987] は，ギフトが実際に生じる場合を，ギフト動機が有効 Operative であると呼んでいる[1]．

　これに対して，子供の親へのギフトの決定は親の資産を知った後で行われるという，決定の時間的構造を考え，より適切な均衡概念を採用する研究が行わ

れている．O'Coonell and Zeldes [1993] は，親が子供に対してシュタッケルベルクモデルにおける先導者的に振舞うことを認識し，恒常成長経路におけるギフトの分析を行っている．このような均衡概念を採用すれば，ギフト動機が有効となる恒常成長経路においても経済は動学的に効率的となることを主張している．しかしながら，恒常成長経路以外における均衡を与え，分析をすることは行っていない．藤生 [1999] は，このようなギフト経済における適切な均衡概念として，ギフトを含む各世代の戦略が各時点における状態変数の関数であり，しかもその関数形が世代を通じて同一であるという定常マルコフ戦略を採用し，その存在を証明している．しかしながら，分析の目的は均衡の存在証明であり，また資本市場の存在を仮定しておらず，ギフト動機が有効となる条件についての分析を行っていない．

本章では，Diamond [1965] をギフト経済に拡張したモデルについて，定常マルコフ均衡を分析することにより，ギフト動機が有効となる条件を分析する．まず，ギフト動機が有効となる均衡が存在するための条件を明らかにする．さらに，ギフト動機が有効となるような均衡が存在する経済において，ギフトが生じず，ギフト動機が有効とならない均衡も同時に存在するという複数均衡が生じうることが示される．すなわち，ある経済において子供から親へのギフトが行われるかどうかは，どのような均衡が選択されているのかということにも依存し，その意味で社会の慣習・規範が重要な役割を果たす可能性がある．

以下の構成は次の通りである．第2節において，問題の設定を紹介するとともに，後の議論の理解を容易にするために，Nash Assmption の下ではギフト動機が有効とならないことについて説明を与える．第3節において，モデルの均衡について議論を行う．第4節においては，対数型効用関数とコブダグラス型生産関数の過程の下で，ギフトが行われるモデルの動学的均衡を導出し，ギフト動機が有効となるための条件を明らかにし，同時に一定の範囲のパラメータに対して，ギフト動機が有効となっている均衡と有効でない均衡との複数均衡が存在するパラメータの範囲が存在することを示す．第5節は結論を述べる．

---

1) これらの研究では，各世代の親に対する利他性の程度が1未満であるという通常想定される状況においては，恒常成長経路においてギフト動機が有効であるならば，成長経路が動学的に非効率的でなければならないということが示されている．現実の経済において動学的効率性が満たされているという実証結果から，これらの一連の研究の結果はギフト経済モデルの現実的妥当性に疑問をもたらすものとなった．代表的なものとして，Abel, Mankiw, Summers and Zeckhauser [1989] がある．

2 問題の設定と予備的考察

2.1 基本的設定

各世代が 2 期間生きる世代重複モデルを考えよう．経済には各世代が 2 期間生きる多数の家系 lineage が存在する．t 期に生まれた世代 t の主体の効用は，

$$U_t = u(c_t^t) + \delta u(c_{t+1}^t) + \rho U_{t-1} \qquad 0 < \delta < 1, 0 < \rho \tag{8.1}$$

によって与えられているとする．ここで，$u(c)$ は $u'(\cdot) > 0$, $u''(\cdot) < 0$, $\lim u'(c) = \infty$ が満たしているとする．c_t^t は世代 t の若年期（t 期）の消費，c_{t+1}^t は老年期（$t+1$ 期）の消費である．δ は主観的割引率であり，ρ は親に対する利他性を表すパラメータである．すなわち，世代 t の効用は，自分の生涯を通じての消費のみではなく，親である世代 $t-1$ の効用にも依存している．(8.1) 式に，親の世代である $t-1$ 世代の効用を代入することにより，

$$U_t = u(c_t^t) + \delta u(c_{t+1}^t) + \rho[u(c_{t-1}^{t-1}) + \delta u(c_t^{t-1})] + \rho^2 U_{t-2}$$

が得られる．世代 t の主体が意思決定する t 期においては，c_{t-1}^{t-1} および U_{t-2} は過去の意思決定の結果として所与であるため，

$$u(c_t^t) + \delta u(c_{t+1}^t) + \gamma u(c_t^{t-1}) \tag{8.2}$$

の最大化を考えればよいことになる．ここで $\gamma \equiv \rho\delta$ である．

簡単のため，各世代の人口は一定であり，各主体は一人の子供を持つとしよう．各主体は，若年期は 1 単位の労働を固定し，w_t の実質賃金を受け取り，それを現在（t 期）の自分の消費 c_t^t，親へのギフト g_t に支出し，残りは貯蓄 s_t となる．老年期は，若年期に行った貯蓄からの利子と元本，さらに自分の子供からのギフト g_{t+1} によって消費を行う．t 期から $t+1$ 期への粗利子率を R_{t+1} とする．

$$w_t = c_t^t + g_t + s_t \tag{8.3}$$

$$c_{t+1}^t = R_{t+1} s_t + g_{t+1} \tag{8.4}$$

t 期において，老年世代である世代 $t-1$ の消費は，

$$c_t^{t-1} = z_t + g_t \tag{8.5}$$

となる．ここで，z_t は t 期における世代 $t-1$ の元利合わせた1人当たり資産額であり，

$$z_t = R_t s_{t-1} \tag{8.6}$$

である．経済全体では，各期の若年世代の総貯蓄が次期の資本ストック総量となるので，k を労働1単位当たりの資本であるとして，

$$k_t = s_{t-1} \tag{8.7}$$

が成立している．したがって，均衡においては

$$z_t = R_t k_t \tag{8.8}$$

であることに注意が必要である．

生産は資本と労働の投入により行われ，さらに資本減耗は100％であるとする．生産技術は規模に関して収穫一定であり，1人当たりの粗生産量は，労働1単位当たり生産関数 $f(k)$ によって与えられるとする．ここで，$f'(\cdot) > 0$，$f''(\cdot) < 0$，$\lim_{k \to 0} f'(k) = \infty$，$\lim_{k \to \infty} f'(k) = 0$ が満たされているとする．実質賃金率と粗利子率は，$w(k) \equiv f(k) - k f'(k)$，$R(k) \equiv f'(k)$ として，

$$w_t = w(k_t) \tag{8.9}$$

$$R_t = R(k_t) \tag{8.10}$$

で与えられることになる．

2.2 予備的考察

まず，Abel [1987] をはじめとする多くの文献で採用されている議論を紹介しておくことにする．各世代の家計は，自分が子供から受け取るギフト g_{t+1} を所与として，(8.3)～(8.5) 式の制約の下で (8.2) 式を最大化する問題

$$Max \quad u(c_t^t) + \delta u(c_{t+1}^t) + \gamma u(c_t^{t-1})$$
$$s.t. \quad w_t = c_t^t + g_t + s_t$$

$$c_{t+1}^t = R_{t+1}s_t + g_{t+1}$$
$$c_t^{t-1} = z_t + g_t$$

を解く．ここで，親へのギフト g_t の非負制約を明示的に考慮して，1 階の条件を記述すると

$$u'(c_t^t) = \delta R_{t+1} u(c_{t+1}^t) \tag{8.11}$$

$$u'(c_t^t) \geq \gamma u'(c_t^{t-1}) \qquad \text{ただし，} g_t > 0 \text{ のときは等号で成立} \tag{8.12}$$

となる．

恒常成長経路では，$c_t^{t-1} = c_{t+1}^t$ であるので，恒常成長経路においてギフトが正である，すなわちギフト動機が有効となるためには，(8.10) 式と合わせて

$$f'(k_t) = \rho$$

が成立していなければならないことなる．$\rho < 1$ であることに注意すれば，これは成長経路が動学的に非効率であることを意味している．

3 均衡概念

さて，ここで考えている経済における適切な均衡概念を考えよう．この経済においては，子供の親へのギフトの決定は親の資産を知った後で行われる．したがって，自分の老後の資産に依存して子供からのギフトが決まるということを考えて，貯蓄を決定すると考えるのが自然である．さらに，家計の行動は，各期の賃金・利子率などの価格に依存するが，これらは経済全体の状態変数である労働当たり資本にも依存する．このように考えれば，各時点における家計の戦略のクラスを，家計にとっての状態変数である親の資産 z_t，経済全体の状態変数である労働 1 単位当たり資本 k_t の関数であるとすることが自然であり，戦略は状態変数の関数であるという意味でマルコフ性を満たすとする．ここで，各家計は，資産 z_{t+1} は自分の選択によって選ぶことができるが，経済には多数の家系が存在するので，経済全体の資本ストックに対しては影響を与えることができないと考えて行動するが，

$$z_t = R_t k_t$$

が成立していなければならないことに注意が必要である．

さらに，関数形自体は時間に依存せずに，各期同一であるとする．すなわち，定常マルコフ均衡を考えることにする．$t+1$ 期の親に対するギフト g_{t+1} は，z_{t+1} および k_{t+1} の関数であり，

$$g_{t+1} = G(z_{t+1}, k_{t+1}) \tag{8.13}$$

である．さらに，経済全体の状態変数である k の遷移式を

$$k_{t+1} = \phi(k_t) \tag{8.14}$$

とする．各家計は，z_t および k_t を所与として，(8.14) 式および (8.15) 式を考慮し，最適化問題

$$\begin{aligned}
& Max \quad u(c_t^t) + \delta u(c_{t+1}^t) + \gamma u(c_t^{t-1}) \\
& s.t. \quad w(k_t) = c_t^t + g_t + s_t \\
& \quad c_{t+1}^t = R(\phi(k_t))s_t + G(R(\phi(k_t))s_t, \phi(k_t)) \\
& \quad c_t^{t-1} = z_t + g_t
\end{aligned}$$

を解く．均衡においては，この結果として得られる世代 t のギフトを z_t および k_t の関数とみなしたとき，最初に仮定されたギフトと $G(z, k)$ 一致しており，また貯蓄関数，(8.7) 式および (8.8) 式から関数から得られる最初に仮定した $\phi(k)$ と一致していなければならない．すなわち，

$$\begin{aligned}
& (\hat{g}(z, k), \hat{s}(z, k)) = \arg\max u(w(k) - g - s) + \delta u(R(\phi(k))s \\
& \quad + G(R(\phi(k))s, \phi(k))) + \gamma u(z + g) \\
& s.t. \; g \geq 0
\end{aligned}$$

し，

$$\begin{aligned}
& \hat{g}(z, k) = G(z, k) \\
& \hat{s}(R(k)k, k; G, \phi)) = \phi(k)
\end{aligned}$$

が成立しているとき，$(G(z, k), \phi(k))$ が均衡となる[2]．

このような均衡の定義は，O'Coonell and Zeldes [1993] および藤生 [1999] と類似している．しかし，O'Coonell and Zeldes [1993] では，各世代の戦略を各時点での経済全体における状態変数 k の関数として扱っておらず，そのため恒常成長経路の分析のみにしか与えていない．藤生 [1999] は，資本市場が存在を仮定していないため，戦略の経済全体の状態変数への依存を考慮する必要がない設定となっている．

4 動学的均衡とギフト

この節では，瞬時的効用関数を対数形

$$\ln c_t^t + \delta \ln c_{t+1}^t + \gamma \ln c_t^{t-1} \tag{8.15}$$

生産関数をコブダグラス形に

$$f(k) = A k^\alpha \tag{8.16}$$

関数形を特定化し，具体的に均衡を導出し，ギフト経済の分析を行うことにする．

4.1 ギフト動機が有効となる均衡
4.1.1 均衡解の存在のための条件

最初に，ギフト動機が有効となる，すなわちギフトが実際に行われるケースについて分析を行う．ここで，ギフト関数について，

$$G(z, k) = \lambda z + \mu k^\alpha \tag{8.17}$$

資本ストックの遷移式について

$$\phi(k) = \eta k^\alpha \tag{8.18}$$

という関数形を仮定し，未定係数法により λ, μ, η を求める．(8.17) 式より，$g_{t+1} = \lambda z_t + \mu k_{t+1}^\alpha$ であり，これと (8.3) 式〜 (8.5) 式より，

---

2) より形式的には，$T(G, \phi) = (g(z, k), s(R(k)k, k))$ によって定義されるオペレータ T の不動点 $(G^*, \phi^*) = T(G^*, \phi^*)$ である (G^*, ϕ^*) によって，均衡が定義される．

$$c_t^t + \frac{1}{(1+\lambda)R_{t+1}}c_t^t + c_{t-1}^o = w_t + z_t + \frac{\mu}{(1+\lambda)R_{t+1}}k_{t+1}^\alpha \qquad (8.19)$$

を得る．いま，g_t に関しての非負制約を無視して，(8.19) 式の制約の下で (8.15) 式を最大化することにより，

$$g_t = -\frac{1+\delta}{1+\delta+\gamma}z_t + \frac{\gamma}{1+\delta+\gamma}\left[(1-\alpha) + \frac{\mu}{(1+\lambda)\alpha}\eta\right]k_t^\alpha \qquad (8.20)$$

$$k_{t+1} = \frac{1}{1+\delta+\gamma}\left[\delta - \frac{\mu(1+\gamma)}{(1+\lambda)\alpha}\eta\right]k_t^\alpha \qquad (8.21)$$

を得ることができる．導出は，数学付録1で与えられている．

均衡では，(8.21) 式は (8.17) 式，(8.22) 式は (8.18) 式と関数が同一とならなければならない．よって，未定係数法により

$$\lambda = -\frac{1+\delta}{1+\delta+\gamma} \quad \mu = \frac{(1-\alpha)\gamma}{1+\gamma} \quad \eta = \frac{\alpha\delta}{1+\delta+\gamma}$$

を得ることができ，

$$G(z, k) = -\frac{1+\delta}{1+\delta+\gamma}z + \frac{(1-\alpha)\gamma}{1+\gamma}k^\alpha \qquad (8.22)$$

$$\phi(k) = \frac{\alpha\delta}{1+\delta+\gamma}k^\alpha \qquad (8.23)$$

となる．導出は，数学付録2で与えられている．

さて，これまではギフトの符号の制約を無視して議論してきたので，実際にギフト動機が正となり，ここで求めた均衡において，ギフトが実際に行われるための条件を求めることが必要となる．均衡において $z = R(k)k = \alpha k^\alpha$ であることに注意すれば，ギフトは

$$g_t = \left[-\frac{(1+\delta)\alpha}{1+\delta+\gamma} + \frac{(1-\alpha)\gamma}{1+\gamma}\right]k_t^\alpha \qquad (8.24)$$

となる．g_t が実際に正の値をとるためには，$-\frac{(1+\delta)\alpha}{1+\delta+\gamma} + \frac{(1-\alpha)\gamma}{1+\gamma} > 0$

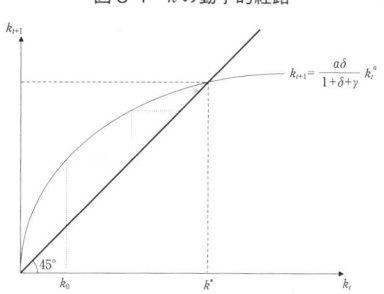

図 8-1 k の動学的経路

すなわち，

$$\frac{\alpha}{1-\alpha}\left(\frac{1}{\delta}+\frac{\gamma}{1+\delta+\gamma}\right)<\rho \tag{8.25}$$

が満たされなければならない．これが，ギフト動機が有効となる均衡が存在するための条件である．この条件は，資本の所得に占めるシェア α が相対的に小さいことを必要とする．

4.1.2 動学的均衡の性質

ここで，ギフト動機が有効となる動学的均衡の性質を調べておこう．

(8.24) 式より，k についての遷移式は

$$k_{t+1}=\frac{\alpha\delta}{1+\delta+\gamma}k_t^\alpha \tag{8.26}$$

であり，k の動学的経路を図示したものが図 8-1 である．一人当たり資本ストックは，恒常成長経路における値である $k^*=\left(\dfrac{\alpha\delta}{1+\delta+\gamma}\right)^{\frac{1}{1-\alpha}}$ に単調に収束してゆく．k^* は γ の減少関数であり，恒常成長経路における一人当たり資本は親に対する利他性が大きいほど小さいことがわかる．次にギフトについて調べよう．(8.22) 式の z の係数が負であることから，親の資産が増加すると，親に対する子供のギフトは減少することが分かる．その係数の絶対値が大きいほど小さい．すなわち，親に対する利他性が強くなれば，親の資産が増えたときの親に対するギフトの減少はより小さくなる．さらに，(8.24) 式から，ギフト

が所得に占める割合は一定であり，利他性の程度であるγが大きければ大きいほど高くなる．

以上より，ギフト動機が有効となる均衡においては，親に対する利他性が大きくなれば,親に対するギフトが増加して資本蓄積が抑制されることが分かる．

4.2 ギフトが行われない均衡

さて，次にギフトが行われない均衡について考えよう．ここで，ギフトについて，

$$G(z, k) = 0 \tag{8.27}$$

すなわち，ギフトが全く行われないというギフト関数を仮定したときに，各家計がk_tの値に関わらずに0のギフトを選ぶのであれば，ギフトが行われない均衡が存在することになる．この均衡が存在するための条件は，次のようにして求めることができる．まず，(8.27)式に加えて，世代tが世代$t-1$へのギフトが0でなければならないという制約を加えた家計の最適化問題を考える．このとき，世代tのt期における消費は

$$c_t^t = \frac{1}{1+\delta} w_t = \frac{1-\alpha}{1+\delta} k_t^\alpha$$

となる．世代$t-1$のt期における消費は，子供である世代tからのギフトが0であるので，

$$c_t^{t-1} = z_t = R_t k_t = \alpha k_t^\alpha$$

である．この制約がなくても，家計がギフトを行わないことを選択するためには，

$$u'(c_t^t) > \gamma u'(c_t^{t-1})$$

書き換えると，

$$\left(\frac{1-\alpha}{1+\delta} k_t^\alpha\right)^{-1} > (\alpha k_t^\alpha)^{-1}$$

が成立していなければならない．よって，ギフトが行われない均衡が存在する

ための条件は

$$\frac{\alpha}{1-\alpha}\left(\frac{1+\delta}{\delta}\right) > \rho \tag{8.28}$$

によって与えられることになる．

　この場合の，ギフトが行われない均衡における k についての遷移式は

$$k_{t+1} = \frac{(1-\alpha)\delta}{1+\delta} k_t^\alpha \tag{8.29}$$

であり，一人当たり資本ストックは，恒常成長経路における値である $k^{**} = \left[\frac{(1-\alpha)\delta}{1+\delta}\right]^{\frac{1}{1-\alpha}}$ に単調に収束していくことは容易に確かめることができる．(8.29) 式より，ギフト動機が有効にならない均衡においては，親に対する利他性は資本蓄積の経路に影響を与えないことには，自明ではあるが注意が必要である．さらに，親に対する利他性は恒常成長経路における一人当たり資本 k^{**} は，ギフト動機が有効である均衡での $k^* = \left(\frac{\alpha\delta}{1+\delta+\gamma}\right)^{\frac{1}{1-\alpha}}$ よりも大きい点にも注意が必要である．

4.3　複数均衡

　これまでは，正のギフトが行われる動学的均衡とギフトが行われない動学的均衡を別々に分析し，それぞれの均衡が存在するための条件 (8.25) 式および (8.28) 式を求めた．(8.25) 式と (8.28) 式は互いに背反な条件ではない．(8.25) 式と (8.28) 式をともに満たす，すなわち

$$\frac{\alpha}{1-\alpha}\left(\frac{1}{\delta} + \frac{\gamma}{1+\delta+\gamma}\right) < \rho < \frac{\alpha}{1-\alpha}\left(\frac{1+\delta}{\delta}\right)$$

が満たされるパラメータの組み合わせに対しては，ギフトが行われる均衡とギフトが行われない均衡の複数の均衡が存在することになる．

　複数均衡が生じる理由は，(8.19) 式を見れば容易に理解できる．ギフトが行われる均衡においては，子供からのギフトは資産に依存し，資産の増加とともに子供からのギフトが減少する．したがって，家計にとっての実質的な利子

率は，このギフトの減少分だけ低下することになる．家計が直面する実質利子率が低下すると，家計は貯蓄を減少させ，（現在の消費と）自分の親へのギフトを増加させようとする．すなわち，子供の世代がギフトを行うとの予想が，親である自分がギフトを行うインセンティブを高めるという，正のフィードバックが存在するのである[3]．

複数均衡の存在は，ある経済において子供から親へのギフトが行われるかどうかは，どのような均衡が選択されているのかにも依存し，その意味で社会の慣習・規範が重要な役割を果たす可能性があることを示唆している．さらに，ギフトが行われる均衡下と行われない均衡下の恒常成長経路を比較すると，後者の方が資本労働比率が高く，労働生産性も高くなっている．すなわち，社会の慣習・規範によって異なる均衡が選択されることにより，同じ選好と技術を持つ経済の長期的な生産性が異なる可能性が存在するのである．また，親への利他性の生産性に対する影響も，経済がどちらの均衡にあるかによって異なる点にも注意が必要である．経済がギフト動機が有効である均衡にある場合には，利他性の上昇は資本蓄積を抑制し，長期的に労働生産性を低下させる効果を持つ．これに対して，ギフト動機が有効でない均衡にある場合には，利他性の変化は，資本蓄積に影響を与えず，長期的な労働生産性にも影響を及ぼさないのである．

5 おわりに

本章では，親に対する利他性を導入した世代重複モデルについて，動学的均衡を分析することにより，ギフト動機が有効となる条件を分析し，ギフト動機が有効となる均衡が存在するための条件を明らかにした．さらに，ギフト動機が有効となる均衡が存在する経済において，ギフトが生じず，ギフト動機が有効とならない均衡が存在するという複数均衡が生じることが示された．社会の慣習・規範が，均衡の選択を通じて，経済の成長経路に大きな影響を及ぼす可能性があることが明らかにされた．

子供から親に対する移転は，金銭的な移転に加えて，介護までも含めると，

---

[3] ギフトが資産に依存することによる，家計にとっての実質利子率の低下を指摘したのは，O'Coonell and Zeldes [1993] である．しかしながら，そこでは複数均衡については言及しておらず，また恒常成長経路の分析しか行っていない．

第8章 世代間利他性と所得移転

日本をはじめとする東アジア諸国の伝統において極めて一般的に行われている．本章のモデルは，介護や年金などのわが国の直面している政策的問題に対する分析の基礎を提供するものである．今後の課題として，介護や年金を導入したモデルへと拡張して，これらの政策的課題の分析を行うことは，筆者にとって将来の課題である．

数学付録1 (8.20) 式および (8.21) 式の導出

(8.19) 式の制約の下で (8.15) 式を最大化することにより，

$$c_t^{t-1} = \frac{\gamma}{1+\delta+\gamma}\left[w_t + z_t + \frac{\mu}{1+\lambda}\left(\frac{k_{t+1}^\alpha}{R_{t+1}}\right)\right] \tag{A.1}$$

$$c_t^t = \frac{1}{1+\delta+\gamma}\left[w_t + z_t + \frac{\mu}{1+\lambda}\left(\frac{k_{t+1}^\alpha}{R_{t+1}}\right)\right] \tag{A.2}$$

を得る．(A.1) 式，$w_t = (1-\alpha)k_t^\alpha$, $R_{t+1} = k_{t+1}^\alpha$ および $k_{t+1} = \eta k_t^\alpha$ により

$$g_t = -\frac{1+\delta}{1+\delta+\gamma}z_t + \frac{\gamma}{1+\delta+\gamma}\left[(1-\alpha) + \frac{\mu}{(1+\lambda)\alpha}\eta\right]k_t^\alpha \tag{8.20}$$

を得ることができる．同様にして，(A.2) 式より

$$s_t = -\frac{\delta}{1+\delta+\gamma}z_t + \frac{1}{1+\delta+\gamma}\left[(1-\alpha)\delta - \frac{\mu(1+\gamma)}{(1+\lambda)\alpha}\eta\right]k_t^\alpha$$

を得る．$k_{t+1} = s_t$ であり，かつ均衡において $z_t = \alpha k_t^\alpha$ であることに注意すれば

$$k_{t+1} = \frac{1}{1+\delta+\gamma}\left[\delta - \frac{\mu(1+\gamma)}{(1+\lambda)\alpha}\eta\right]k_t^\alpha \tag{8.21}$$

となる．

数学付録2 (8.22) 式および (8.23) 式の導出

均衡では，(8.21) 式は (8.17) 式，(8.22) 式は (8.18) 式と関数が同一とならなければならない．よって，

$$\lambda = -\frac{1+\delta}{1+\delta+\gamma} \tag{A.3}$$

$$\mu = \frac{\gamma}{1+\delta+\gamma}\left[(1-\alpha)+\frac{\eta}{(1+\lambda)\alpha}\mu\right] \quad (A.4)$$

$$\eta = \frac{1}{1+\delta+\gamma}\left[\delta-\frac{\mu(1+\gamma)}{(1+\lambda)\alpha}\eta\right] \quad (A.5)$$

が成立しなければならない.

(A.3) 式を (A.4) 式に代入することにより

$$\mu = \frac{(1-\alpha)\gamma}{1+\delta+\gamma}+\frac{\eta}{\alpha\gamma}\mu \quad (A.6)$$

(A.3) 式を (A.5) 式に代入し, 整理すれば,

$$\eta = \frac{\alpha\delta\gamma}{(1+\delta+\gamma)[\alpha\gamma+(1+\gamma)\mu]} \quad (A.7)$$

(A.7)′式を (A.4) 式に代入し, 整理すれば

$$(1+\delta+\gamma)(1+\gamma)\mu^2+[\alpha\gamma(1+\gamma)-(1-\alpha)\gamma(1+\delta+\gamma)]\mu-(1-\alpha)\alpha\gamma^2=0$$

を得る. 上の2次方程式の解は $\dfrac{(1-\alpha)\gamma}{1+\gamma}$ および $-\dfrac{\alpha\gamma}{1+\delta+\gamma}$ であり, 後者は不適である. よって

$$\mu = \frac{(1-\alpha)\gamma}{1+\gamma} \quad (A.8)$$

であり, (A.8) 式を (A.7) 式に代入すれば,

$$\eta = \frac{\alpha\delta}{1+\delta+\gamma} \quad (A.9)$$

(A.3) 式, (A.8) 式, (A.9) 式より

$$\lambda = -\frac{1+\delta}{1+\delta+\gamma} \quad \mu = \frac{(1-\alpha)\gamma}{1+\gamma} \quad \eta = \frac{\alpha\delta}{1+\delta+\gamma}$$

参考文献

Abel, A.B. [1987] "Operative Gift and Bequest Motives," *American Economic Review*, 77(5), pp. 1037-47.

Abel, A.B, G.N. Mankiw, L.H. Summers and R. Zeckhauser. [1989] "Assessing Dynamic E.ciency : Theory and Evidence," *Review of Economic Studies*, 56(1), pp. 1-19.

Barro, R.J., [1974] "Are Government Bonds Net Wealth?," *Journal of Political Economy*, 82 (6), pp. 1095-111.

Carmichael, J. [1982] "On Barro's Theorem of Debt Neutrality: The Irrelevance of Net Wealth," *American Economic Review*, 72(1), pp. 202-213.

Diamond, P. [1965] "National Debt in a Neoclassical Growth Model," *American Economic Review*, 55(5), pp. 1126-1150.

Kimball, M.S., [1987] "Making Sense of Two-sided Altruism," *Journal of Monetary Economics*, 20(2), pp. 301-326.

O'Connell, S.A. and S.J. Zeldes. [1993] "Dynamic Effciency in the Gifts Economy," *Journal of Monetary Economics*, 31(3), pp. 363-379.

Weil, P., [1987] "Love Thy Children : Reffections on the Barro Debt Neutrality Theorem," *Journal of Monetary Economics*, 19(3), pp. 377-391.

藤生裕 [1999]「後方利他性の研究──世代間所得移転と成長経路を特徴付けて」博士論文, 横浜国立大学国際開発研究科.

第9章
Roscaと社会的資本

藪下史郎・和島隆典

1 はじめに

本章では，インフォーマルな金融制度の一つである Rotating Savings and Credit Association (「回転貯蓄信用組合」，以下「Rosca」) の経済的意義を検討する．Roscaとは，各期毎に一定量の財貨（頼母子講の場合には「掛け金」と呼ばれる）が各メンバーから集められ，集められた財貨すべて（「講金」）が，定められた順番に基づいて1人のメンバーに与えられる制度である．Roscaの集合回数はメンバーの人数に等しく，すべてのメンバーが一度は講金を受け取ることになる．すなわち，Roscaの目的は，メンバー全員によって集められた財貨を各メンバーが逐次獲得することにあり，獲得した財貨は耐久財の購入など一時的な一定額の支出のために用いられることが多いが，通常の消費支出に用いられることもある[1]．

Roscaは，日本では頼母子（または無尽）講と呼ばれ，「講」の名称を冠する他の組織とともに中世期には既に存在していたとされる[2]．現代においてもインフォーマルな制度としての頼母子講が組織される事例は認められており，およそ7世紀にわたる社会・経済環境の変化とともに，頼母子講は存在し続けている[3]．Roscaはさらに，相当の地理的な拡がりをもって存在しており，基本的な構造を共通のものとしながら，中国・韓国などのアジア諸国をはじめ，ア

---

[1] 集められた財貨を獲得するメンバー間での順番を決める方法によって，Random Rosca（籤頼母子講）と Bidding Rosca（捌取頼母子講）に分類される．前者では，獲得の順番がくじ引きなどの方法でランダムに決定されるが，後者では各期に，集められた財貨または講金を獲得しようとするメンバーが提示する，入札額の大きさによって順番が決まる．本章では Random Rosca を前提に考察する．
[2] 池田 [1918]，細川 [1920] などを参照されたい．
[3] 現代の頼母子講については，佐治 [1989]，松崎 [1993] などの民俗学的研究を参照されたい．

フリカ，中南米の各地において，その所々で固有の名称とともに営まれている[4]．また，途上国に限らず先進国の一部においても，いわゆるマイノリティが居住する地域社会ではRoscaが結成されることもある．

新古典派経済学で前提とされる完全競争的な資金市場が未発達である経済社会においては，不完全であれ，市場に代わる役割を果たすインフォーマルな制度が自然に生まれることが多く，Roscaもそ1つであると考えられる[5]．こうしたインフォーマルな金融制度の存在は，グローバリゼーションが急速に進展する現代においても多くの国では完全競争市場が成立するための条件が整っていないこと，またグローバリゼーションがすべての国の金融市場を同質にし，統一するということにはならないということを意味している．

Roscaの経済学的分析ではBesley, Coate and Loury（以下，B-C-L）[1993]などから理論的かつ実証的研究が行われるようになったが，本章においては，これまでのRoscaの経済学的意義とその持続性についての議論を整理し，Roscaと社会的資本との関連を論じることにする．本章の構成は以下のとおりである．まず，第2節でRandom Roscaのもたらす資源配分上の意義を考察する．第3節と第4節ではRoscaの制度の持続性について分析するが，第3節では掛け金支払い不履行に対する罰金の効果，また第4節ではRoscaからの排除の効果について考察する．第5節では社会的資本との関係からRoscaの持続性について論ずる．最後に，第6節では資金市場の存在との関連でRoscaの存在意義について簡略に言及し，本章のまとめとする．

2 不完全市場，耐久財購入とRosca

Roscaが個人の消費行動に及ぼす影響を見ることによって，Roscaの果たす役割が明らかになる．Roscaが存在する経済は途上国経済のように市場経済が未発達な環境にあると言える．このことは標準的な完全競争市場での消費者行動を考えれば明白である．すなわち，完全競争市場において市場利子率で貸し

4）ジャワ島郊外および都市部，中国南部・中央部・北部，日本，ヴェトナム，アフリカ諸国でのRoscaの事例を対象としたGeertz [1962] が，また，アジア・アフリカ・中南米でのRoscaを対象とした文献調査に基づく研究としてArdener [1964] などが挙げられる．
5）バングラデシュで発展したグラミンバンクなどのグループ貸付もその1つであり，これは貸付に伴う情報の不完全性を解消しようとする制度であると考えることができる（たとえば，Bardhan and Udry [1999] を参照）．

借りできる経済においては，各消費者は Rosca を形成し，それに加入することによって効用水準を高めることはできない．この観点からみると，歴史的に経済が未発達な社会や途上国において Rosca が生まれ，そうした制度が利用されたことは理解しやすい．また，Rosca に加入したメンバーが，耐久消費財の購入のように一時的な多額の出費のために加入することも指摘されてきた．本節では，市場の不完全性と耐久財購入の必要性がどのように個人の Random Rosca への加入に関連するかを検討する．

2.1 アウタルキー経済における Rosca

まず，個人が資金市場で資金を貸し借りできないアウタルキー経済における Rosca の役割について検討する．頼母子講は異時点間の消費決定に関連しているが，ここでは講に参加するメンバーの行動を期間分析として以下のように定式化する．すなわちメンバーはすべて同質であり，同一の効用関数をもっており，この効用関数は時間とともに変化しないものとする．第 t 期の個人 i の消費量を c_t^i とすると，その消費から得られる効用水準 U_t^i は，次のように与えられるとする．

$$U_t^i = U(c_t^i) \quad \text{ただし，} \quad U'(c_t^i) > 0,\ U''(c_t^i) < 0$$

すなわち，消費の限界効用は正であり逓減する．

そして頼母子講は N 人の消費者で構成され N 期間継続するとし，消費者は N 期間中に享受する効用の合計，すなわち

$$U^i = \sum_{t=1}^{N} U(c_t^i) \tag{9.1}$$

を最大化しようとする（ここでは簡単化のために，時間選好率をゼロとし，割引率を考慮していない）．

一方，個人 i が第 t 期に得る所得は，$y_t^i(\geq 0)$ であるとする．これらの所得は各個人にとって所与であるが，各個人が各期に受け取る所得は，必ずしも同じではない．アウタルキー経済は資金市場で貸し借りを全く行うことができないが，個人は費用を要することなく現在の所得を将来に持ち越すことができるとする．したがって，ある期における消費が，その期の所得を下回るときには，残りを貯蓄として次期以降に持ち越すことができる．

2.2 2人の個人からなるRosca

以下では，議論を簡単化するために，2期間にわたる2人の個人からなる講，すなわち$N=2$のケースについて，その影響を検討することにする．個人1が2期間に得る所得は(y_1, y_2)，個人2が2期間に得る所得が(y'_1, y'_2)であり，それぞれ2期間の所得については，

$$y_1 = y'_2 > y_2 = y'_1$$

の関係が成立しているとする．すなわち，個人1については第1期の所得が第2期のそれより大きく（タイプ1），個人2については逆になっており（タイプ2），両者の2期間を通しての所得合計は等しくなっているとする．それぞれの2期間の所得は，個人1については図9-1のY点で，また個人2についてはY'点で示されている．

個人1については，第1期の所得が第2期の所得よりも大きくなっており，そのとき2期間の効用の和$U(c_1^1)+U(c_2^1)$を最大化する消費は，図9-1のC点で与えられる．すなわち，第1期の消費c^*は，その期の所得y_1よりも小さく，y_1-c^*だけが第2期に持ち越されるのである．一方，個人2の所得はY'点で与えられるが，第1期の所得が第2期の所得よりも少ないため，第1期においては$c_1^1=y'_1$となり，個人1と同じようにC点での消費を実現することができない．

ここで，講の掛け金bがy_1-c^*に等しいとする[6]．そのとき個人1は，講に加入することによって毎期，掛け金 を支払うことになるが，掛け金支払い後の2期間の所得は図9-2のZ点で与えられる．そこで，第1期に講金を得た場合には，2期間で利用可能な資源はX点で与えられる．このとき，タイプ1の個人は，$2b$だけの資源を第2期に持ち越すことによって，最適な消費計画Cを実現することができる．もし，第2期に講金を受け取る場合には，2期間で利用可能な資源はC点で与えられ，最適な消費計画を実現することができる．したがって，タイプ1の個人にとって講に加入しなかった場合と同様に，最適な消費計画はC点で与えられる．

一方，タイプ2の個人については，講金を受け取るのが第1期か第2期かによって，実現される消費計画が異なり，したがって効用水準も異なってくる．

---

[6] 以上の議論は，bがy_1-c^*よりも小さい場合にも成立する．

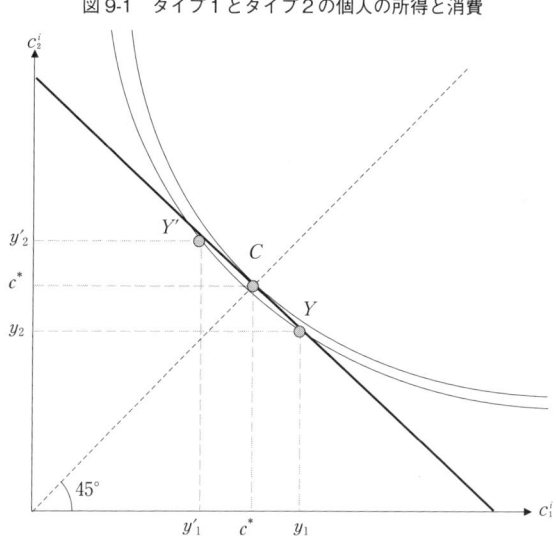

第9章 Roscaと社会的資本　211

図9-1　タイプ1とタイプ2の個人の所得と消費

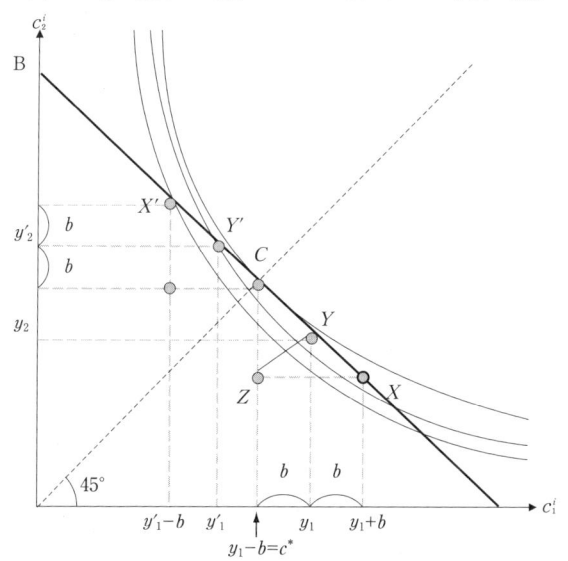

図9-2　講に加入した場合のタイプ1とタイプ2の個人の消費

第1期に講金を受け取る場合には，2期間にわたって等量の消費を行うことができ，最適な消費計画が実現される．しかし，講金を第2期に受け取る場合には，消費計画が図9-2のX′点で与えられ，講が存在しない場合の消費からの効用水準よりも低い効用になる．

しかしRandom Roscaに加入する前には，第1期で講金を受け取る確率も，第2期で受け取る確率も等しく2分の1であると予想されるので，個人2が講に加入することの期待効用は，

$$EU^2_{Rosca} = \frac{1}{2}\{U(y'_1+b)+U(y'_2-b)\} + \frac{1}{2}\{U(y'_1-b)+U(y'_2+b)\}$$

となる．また，講に加入しないときのタイプ2の個人の効用は，

$$U^2 = U(y'_1)+U(y'_2)$$

で与えられるため，講に加入することによる期待効用の変化分は，

$$EU^2_{Rosca} - U^2 = \frac{1}{2}[\{U(y'_1+b)-U(y'_1)\}-\{U(y'_1)-U(y'_1-b)\}]$$
$$+ \frac{1}{2}[\{U(y'_2+b)-U(y'_2)\}-\{U(y'_2)-U(y'_2-b)\}]$$

と書き表すことができる．ここでは，効用関数について，$U'' < 0$ すなわち限界効用が逓減すると仮定しているため[7]，

$$EU^2_{Rosca} - U^2 < 0$$

となり，講に加入することによって効用が低下することになる．すなわち，こうしたRandom Roscaは，どの加入者の期待効用も高めることはないのである．これは，タイプ2の個人によっては，講に加入することによって2期間の消費の変動がさらに大きくなり，不確実性が増大するためである．したがって個人の効用が通常の消費だけに依存し，限界効用が逓減しているならば，資金市場の不完全性は必ずしもRoscaの成立根拠にはならない[8]．

---

[7] $U(y'_1+b)-U(y'_1) < U(y'_1)-U(y'_1-b)$ かつ $U(y'_2+b)-U(y'_2) < U(y'_2)-U(y'_2-b)$ であるため，上式右辺の2つの［·］の項はともにマイナスである．

2.3 耐久財購入とアウタルキー経済における Rosca

本項では、アウタルキー経済において耐久財購入を行う個人に対して Rosca 導入がどのような意味をもつかを検討してみる。ここでは B-C-L モデルのように、個人は N 期間を通じて通常の消費を行うとともに、耐久消費財を購入し、そこからも効用を得ることができる。また耐久消費財は1単位だけ購入し、購入した耐久財は第 N 期まで使用可能であるとする。このとき各期に個人 i が享受する効用水準は、次のように耐久消費財 X_t^i と通常の消費 c_t^i の関数として表される。

$$V^i = v(X_t^i,\ c_t^i) \quad t=1,\ldots,N$$

ただし、X_t^i は1またはゼロの値をとり、耐久財購入前には $X_t^i=0$ であり、購入後については $X_t^i=1$ となる。通常の消費も耐久財もともに効用を高める効果をもつとする。すなわち、

$$\partial v(X_t^i,\ c_t^i)/\partial c_t^i > 0 \quad かつ \quad v(1,\ c_t^i) > v(0,\ c_t^i) \tag{9.2}$$

が成立している。

耐久財の購入価格は B であり、それは N 期間を通じて毎期 b だけの資金を貯蓄するとき、ちょうど耐久財を購入できる価格、すなわち $B=bN$ であるとする。アウタルキー経済では耐久財購入のために資金を借り入れることができないため、購入のためには毎期、資金を貯蓄しなければならない。個人 i が第 t 期に y_t^i だけの所得を得ており、毎期 b だけを耐久財購入のために貯蓄するならば、第 N 期に耐久消費財からも効用を得ることができる。このとき、彼の N 期間で享受する効用の合計は、次のように与えられる。

$$U^i = \sum_{t=1}^{N-1} v(0,\ y_t^i - b) + v(1,\ y_N^i - b) \tag{9.3}$$

すなわち、第1期から第 $N-1$ 期までは耐久消費財を利用できず、耐久財か

---

8) これまでの講の掛け金は、タイプ1の個人については、ちょうど2期間において c^* が消費できる水準に決定されていたが、もしその掛け金 b が $y_1 - c^*$ よりも大きくなるならば、タイプ1の個人にとっても講に加入することは、期待効用を下げることになる。しかし、所得水準が低くなるときには、講金を受け取る可能性を高める Bidding Rosca の方が、存在意義があるといえる。すなわち、所得が低い期間に講金を得ることによって、消費の変動を小さくすることができるのである。

らの便益を享受できるのは第 N 期だけである.

こうした経済において，前項までに議論してきた Random Rosca を導入すると，講に加入したメンバーの効用水準はどのようになるのであろうか．この講においては，N 人のメンバーが毎期 b の掛け金を支払い，集められた掛け金は講金としてランダムにメンバーの 1 人に支払われる．講金を受け取ったメンバーは，その期に耐久財を購入することができる．したがって，第 $\tau (\leq N-1)$ 期において講金を受け取った個人 τ の N 期間の効用水準の合計は，

$$U^\tau = \sum_{t=1}^{\tau-1} v(0, y_i^\tau - b) + \sum_{t=\tau}^{N} v(1, y_i^\tau - b) \tag{9.4}$$

で与えられる．このときの効用水準とアウタルキー経済の場合のそれとを比較すると，その差は (9.3) 式と (9.4) 式から，

$$U^\tau - U^i = \sum_{t=\tau}^{N-1} \{v(1, y_i^\tau - b) - v(0, y_i^\tau - b)\}$$

となる．(9.2) 式より上式の右辺の { } は正となるため，$U^\tau > U^i$ となる.

また，最後に講金を受け取るメンバーは，$\tau = N$ となるため，そのときの効用合計はアウタルキーの場合と同じになる．すなわち，Random Rosca に加入することによって，メンバーは事後的には効用水準を高めることができ，悪くても加入しない場合と同じになる．どの期に講金を受け取るかがランダムに決定されるとすると，講に加入する前に予想される確率は一様で，$1/N$ となる．そのときの期待効用は，$(1/N) \sum_{\tau=1}^{N} U^\tau$ で与えられるが，これは当然，アウタルキーの場合よりも高くなっている．すなわち，耐久消費財を購入するための資金を調達する市場が存在しないアウタルキー経済においては，Rosca はそうした不完備性を部分的に補完することになる．以上のように，耐久財購入のためのような多額の支出を伴う不連続な支出の場合には，前項までの議論と異なり，Rosca は経済的に有意義なものになる．

3　Rosca 期間とその持続性——B-C-L モデル

　B-C-L モデルは，Rosca の継続期間が内生的に決定されるとするものであるが，それは簡単に以下のように示すことができる．このモデルは 2.2 のモデルとは異なって時間は連続的であり，各時点で一定の外生的な所得 $y(>0)$ を得る N 人の個人は，所与の生涯期間 (T) にわたる効用を最大化しようとする．
　個人は $V=v(X, c)$ の効用関数をもち，各時点において非耐久財 c を消費する（ただし，$c≥0$）．また，X は耐久財からの便益を示し，$X=1$ のときは，個人は耐久財所有から便益を享受するが，$X=0$ のときは耐久財からの便益を受けない．すなわち，(9.3) 式と同じように，非耐久財の消費量が同じ水準であるとき，耐久財を所有することによる効用水準はそうでない場合よりも厳密な意味で高くなる．
　このときアウタルキーにおいて，個人が各時点で $y-c$ だけの貯蓄を行い，その貯蓄の累積が t 時点で B の価格の耐久財購入に十分な額になるとすると，生涯効用は，

$$W=t \cdot v(0, c)+(T-t) \cdot v(1, y) \tag{9.5}$$

で与えられる．そして各個人は

$$t(y-c)=B, \quad 0≤c≤y \tag{9.6}$$

の制約の下で (9.5) 式を最大にするように消費 c，すなわち耐久財の購入時点 t を決定することになる．
　一階の条件は，次のように与えられる．

$$\partial(v(0, c))/\partial c = \frac{v(1,y)-v(0, c)}{y-c} \tag{9.7}$$

このとき，(9.7) 式を満たす消費量を $c=c_a$ とすると，生涯効用は，

$$W_a = T \cdot v(1, y) - B\left[\frac{v(1, y)-v(0, c_a)}{y-c_a}\right]$$

で与えられ，第 1 項は耐久財が費用を要することなく得られる場合の生涯期待

効用であり，第2項は耐久財を購入するために貯蓄することの（効用で計った）最小費用を示している．このとき，各個人が耐久消費財を購入できる時期は $t_a = B/(y-c_a)$ として導かれる．

3.1 Rosca の生涯期待効用に及ぼす効果

次に，Rosca がこうした個人の耐久財購入にどのような影響を与えるか考察してみよう．すなわち，N 人のメンバーが Random Rosca を組織するとする．そのとき，各メンバーは $t/N, 2t/N,...,t$ のそれぞれの時点では，掛け金として $(y-c)t/N = B/N$ を支払い続けなければならない．各期に集められる講金 (B) は，各メンバーのうちの1人にランダムに与えられ，t 時点にはメンバー全員が講金を得て，この Rosca は終了する．

ある個人 τ が B を得る時点を $\tau t/N$ とすると，その個人の（Rosca 加入による）生涯効用 W_τ は次式で与えられる．

$$W_\tau = t\left[\left(\frac{\tau}{N}\right)v(0, c) + \left(1-\frac{\tau}{N}\right)v(1, c)\right] + (T-t)\cdot v(1, y)$$

また事前的には，各期で講金を受け取る確率は一様，すなわち $1/N$ であるため，この Rosca に参加する個人の事前的な効用 W は，

$$W = (1/N)\sum_{\tau=1}^{N}\left\{t\left[\left(\frac{\tau}{N}\right)v(0, c) + \left(1-\frac{\tau}{N}\right)v(1, c)\right] + (T-t)\cdot v(1, y)\right\} \quad (9.8)$$

$$= T\cdot v(1, y) - B\left[\frac{v(1, y) - \{\bar{a}v(1, c) + (1-\bar{a})v(0, c)\}}{y-c}\right]$$

となる（ただし $\bar{a} = (N-1)/2N$）．そして，この Random Rosca に加入する場合の期待効用の最大化は，Rosca の存在しないアウタルキー経済の場合と同様に導くことができ，そのときの期待効用が，Rosca の存在しない場合よりも高くなることが示される．すなわち，個人が資金市場において耐久財購入のための資金を借り入れることのできないアウタルキー経済においては，すべての個人は Rosca に加入することから便益を受けるため，Rosca を結成し，それに加入しようとするインセンティブ（誘因）をもつことになる．

3.2 Roscaの掛け金不払いと持続性

これまで考察してきたRoscaのモデルでは，Roscaへの加入時の約束どおり最後のメンバーが講金を受け取るまで，加入したすべてのメンバーが掛け金を支払い続け，Roscaが最後まで持続するとしてきた．約束どおりすべてのメンバーが掛け金の支払いを行うかどうかは，Roscaが成立するか否かにとって決定的な問題となる．すなわち，Roscaにおいて，講金を得た後に掛け金を支払わないメンバーが存在した場合，その不払いは，ただちにそれ以降の講金受け取り額の減少に結びつく．これは，未だ講金を受け取っていないメンバーにとっては掛け金支払いへの誘因を失わせることとなり，Roscaという制度の持続を困難なものとさせる．また，この掛け金不払いの誘因は，講金を受ける順位が早ければそれだけ大きくなる．

B-C-LモデルのRandom Roscaにおいては，1番目に講金を得たメンバーが，受け取り時点以降掛け金を払い込まず，外生的な所得 y をすべて消費してしまうと，Roscaが終了する t 時点までの各時点で享受できる効用水準は $v(1, y) - v(1, c)$ だけ上昇し，またその期間は $t(N-1)/N$ となる．したがって，1番目に講金を受け取るメンバーがその後に掛け金支払いを履行しないことによる便益は，$B = t(y-c)$ から次のように与えられる．

$$\frac{(N-1)}{N} \cdot \frac{B[v(1, y) - v(1, c)]}{y-c}$$

しかし，その後に講金を得るメンバーにとっては，不履行によって効用上昇の便益を受ける期間は短くなる．すなわち，τ 番目に講金を受けるメンバーについてはその期間は $t(N-\tau)/N$ となる．したがって講金の受け取り時点が早いほど，支払い不履行がもたらす便益は大きくなる．メンバーが講金を受け取った後も掛け金を支払い続けるかどうかを合理的に決定する場合には，この不履行から得られる便益と不履行によってもたらされる費用とを比較することになる．もし，不履行による費用が講金を受け取る時点とは関係なく，すべてのメンバーにとって同じであるならば，早く講金を受け取るメンバーほど，不履行のインセンティブが大きくなる．

したがってRoscaを持続させるためには，1番目に講金を受けたメンバーが不履行のインセンティブを持たないような条件が満たされなければならない．支払い不履行に伴う費用，または不履行者自身に科される罰金が $K(>0)$ で示

されるとすると，その条件は次のように与えられる．

$$\frac{(N-1)}{N} \cdot \frac{B[v(1, y)-v(1, c)]}{y-c} \leq K \qquad (9.9)$$

すなわち Rosca が持続するためには，最初に講金を得たメンバーにとって，不履行による費用の方がそれからの便益を上回っていなければならないのである．

3.1 の議論は，この条件が満たされるほど K が十分大きい，すなわち，すべてのメンバーが支払いを最後まで履行するのが最適な消費計画になるケースと考えることができる．また，B-C-L モデルでは，(9.9) 式が等号で成立する端点解のケースでは非耐久財消費量は (9.9) 式の制約条件なしでの最適な消費量よりも大きくなることが示された．すなわち，これは，$t(y-c)=B$ から Rosca の継続期間 t が（最適な消費量が選択されたときよりも）長くなることによって持続性が保たれることを意味する．また，(9.9) 式を満たす他の方法はメンバー数 N を減少させることである．Rosca の持続性を保つためのこうした方法はいずれの場合も Rosca に参加することによって得られる便益を小さくすることになる．

B-C-L モデルでは，支払い不履行に伴う費用が外生的に与えられるとしているが，インフォーマルな市場においては不履行に対応するためのルールが明確ではなく，支払い不履行を行った当事者にどれだけの罰金を科すかが決められていないことが多いと考えられる．インフォーマルな市場において科される費用は必ずしも金銭的なものではなく，むしろ社会的評価の低下や心理的費用という形で表れるかもしれない．たとえば，不履行者は，信用失墜のため他の経済活動における取引条件の悪化や他の社会的生活において，様々な協力関係を失うという制裁を受けることになる．

4 Rosca からの排除と持続性

前項の B-C-L モデルでの Rosca は 1 回限りであるため，Rosca の不履行に伴う制裁が外生的費用として与えられるとしたが，Anderson, Baland and Moone（以下，A-B-M [2003]）は，不履行に伴う費用が将来の Rosca からの排除という形で表されるとしている．すなわち，一般的に Rosca の結成は 1 回

限りではなく，同じメンバーで繰り返し結成されることが多い．将来の Rosca から排除されることによる費用は，加入したことによって享受できたであろう便益という機会費用である．したがって，こうした排除も制裁の一つである．

4.1 A-B-M モデル

A-B-M モデルでもすべての個人は同質であり，無限期間生きると仮定されるが，B-C-L モデルとは次の点で異なっている．つまり，モデルは期間分析であり，Rosca 加入の目的を耐久消費財の購入ではなく，購入期に消費されてしまう固定額の非耐久消費財としていることである．また，このモデルでは時間選好率が正であると仮定しているため，その固定額の非耐久消費財を早く入手することは個人にとっての便益を高めることになる．すなわち，個人の生涯効用は，

$$U = \sum_{t=0}^{\infty} \delta^t v(X_t, c_t) \tag{9.10}$$

と表され，δ は割引要素である $(0<\delta<1)$[9]．ただし，c_t は通常消費であり，また固定的消費については消費を行うときは $X_t=1$，消費しないときは $X_t=0$ となる．通常消費も固定的消費も効用を高めるため，(9.2) 式と同じ関係が満たされている．

N 人からなる Rosca は，固定的消費財を購入するために形成されることになる．固定的消費財の価格を B とすると，Rosca のメンバーは各期に B/N だけの掛け金を支払うことになる．各期に個人が受け取る所得が y で一定であるとすると，掛け金を支払った後の t 期の消費は

$$c_t = y - B/N \equiv c^R$$

となる．このとき N 人から構成される Random Rosca に繰り返し無限回加入することから各個人が享受する期待生涯効用は，

---

[9] A-B-M モデルでは時間選好率が正であるため，固定的消費を早く行うことによって生涯効用が高まるのに対して，B-C-L モデルでは早く耐久消費財を購入すると，それだけその財を長く消費することができるため生涯効用が高まる．

$$W_R = \sum_{T=0}^{\infty} \delta^{NT} \left\{ \sum_{t=0}^{N-1} \delta^t v(0, c^R) + \frac{1}{N} \sum_{t=0}^{N-1} \delta^t (v(1, c^R) - v(0, c^R)) \right\} \quad (9.11)$$

で与えられる．すなわち，上式において $\{\cdot\}$ は Random Rosca に1回加入することから得られる期待効用であるため，右辺はそうした Rosca に無限回加入することの期待生涯効用となる．この式を整理すると次式のようになる．

$$W_R = \frac{1}{1-\delta} \cdot \frac{v(1, c^R) + (N-1)v(0, c^R)}{N}$$

しかし以下の 4.3 で論じるように，(9.11) 式で示されるような期待生涯効用をもたらす Rosca が持続可能ではないことが示される．

4.2 繰り返し Rosca に加入するための条件

A-B-M モデルで Rosca の持続性を論ずる前に，Random Rosca が成立するための条件を検討しよう．Rosca が成立するためには，個人がこの Rosca に加入することによって，そうでない場合よりも高い生涯効用を享受できなければならない．A-B-M モデルでは，Rosca に加入しない場合はアウタルキー経済になるため，定期的に固定消費を行うためにはその消費支出のために，毎期一定額の貯蓄を行わなければならないとしている．すなわち，N 期ごとに B だけの固定的消費支出を行うことになる．このときには $c_t = y - B/N = c^R$ であり，また X_t は N 期毎に 1 となり，他の期はゼロとなる．したがって，このように自給自足で貯蓄を行う場合の生涯効用は，

$$W_A = \frac{v(0, c^R)}{1-\delta} + \frac{\delta^{N-1}}{1-\delta^N}[v(1, c^R) - v(0, c^R)] \quad (9.12)$$

で与えられる．したがって Rosca に加入することの便益は，

$$W_R - W_A = [v(1, c^R) - v(0, c^R)] \frac{1}{1-\delta} \left[\frac{1}{N} - \frac{(1-\delta)\delta^{N-1}}{1-\delta^N} \right]$$

で与えられる．$v(1, c^R) > v(0, c^R)$ および $0 < \delta < 1$ から，つねに $W_R > W_A$ となるため，自給自足で貯蓄をし固定的消費支出を行うよりも，Random Rosca に加入することによって固定的消費を行う方が生涯効用を高めることができる．

しかし，アウタルキーの状態においては，A-B-M モデルのように個人は固

定的消費支出を行うとは限らない．固定的消費を行わない場合には，個人は毎期すべての所得を消費に回すため，すなわち $X_t=0$, $c_t=y$ となるため，その個人の生涯効用は

$$W_{NS} = \frac{v(0, y)}{1-\delta} \tag{9.13}$$

で与えられる．

（9.12）式と（9.13）式から

$$W_A - W_{NS} = \frac{\{v(1, c^R) - v(0, c^R)\}}{1-\delta} \left[\frac{v(0, c^R) - v(0, y)}{v(1, c^R) - v(0, c^R)} + \frac{\delta^{N-1}(1-\delta)}{1-\delta^N} \right]$$

となる．したがって，$v(1, c^R) > v(0, c^R)$, $v(0, y) > v(0, c^R)$ かつ $0 < \delta < 1$ であるため，

$$\frac{v(0, y) - v(0, c^R)}{v(1, c^R) - v(0, c^R)} \leq \frac{\delta^{N-1}(1-\delta)}{1-\delta^N} \tag{9.14}$$

が満たされれば，$W_A \geq W_{NS}$ となり，アウタルキー経済では貯蓄を行い，定期的に固定的消費を行うほうが生涯効用水準は高くなる．この場合には，すでに示されたように $W_R > W_A$ がつねに成立するため，（9.14）式が満たされる場合には，個人は Random Rosca に加入しようとする．また（9.14）式の右辺は δ の増加関数になっているため，割引要素 が大きい個人ほど $W_A \geq W_{NS}$ となる可能性が高くなる．

一方，（9.14）式が満たされず，

$$\frac{v(0, y) - v(0, c^R)}{v(1, c^R) - v(0, c^R)} > \frac{\delta^{N-1}(1-\delta)}{1-\delta^N}$$

であるならば，$W_{NS} > W_A$ となる．このとき個人が Random Rosca に加入するためには，$W_R \geq W_{NS}$ とならなければならない．そのための条件は（9.11）式と（9.13）式から次のように導かれる．

$$\frac{v(0, y) - v(0, c^R)}{v(1, c^R) - v(0, c^R)} \leq \frac{1}{N} \tag{9.15}$$

この条件は，(9.14) 式とは異なり，割引要素 δ に依存せず，固定的消費を行うことによる効用増加分 $\{v(1,\ c^R)-v(0,\ c^R)\}$ が，各期に貯蓄を行わないことによる通常消費増加による効用上昇分 $\{v(0,\ y)-v(0,\ c^R)\}$ の N 倍以上であることを意味している．

また $0<\delta<1$ から，

$$\frac{\delta^{N-1}(1-\delta)}{1-\delta^N} < \frac{1}{N}$$

となるため，上述した通常消費の増加による効用上昇分の固定的消費による効用増加分に対する比率が次の条件

$$\frac{\delta^{N-1}(1-\delta)}{1-\delta^N} < \frac{v(0,y)-v(0,c^R)}{v(1,c^R)-v(0,c^R)} \leq \frac{1}{N} \tag{9.16}$$

を満たすときには，アウタルキー状態で毎期すべての所得を消費する場合よりも Random Rosca に加入することによって，より高い効用水準を実現することができる．

4.3　繰り返し Rosca の持続可能性

次に，この Random Rosca でゼロ期において講金を受け取ったメンバーが，それ以降掛け金の支払いを止めようとするインセンティブをもつかどうかを検討してみよう．まず，ゼロ期に講金を受け取った後も約束通り掛け金を支払い続け，将来それ以降の Rosca に加入した場合にはそのメンバーが第 1 期以降の生涯に享受する期待効用をゼロ期で評価すると，それは次のように与えられる．

$$W'_R = v(0,\ c^R)\frac{\delta(1-\delta^{N-1})}{1-\delta} + \left(\frac{\delta^N}{1-\delta}\right)\left\{\frac{v(1,\ c^R)+(N-1)v(0,\ c^R)}{N}\right\} \tag{9.17}$$

一方，ゼロ期に講金を受け取ったメンバーが，それ以降掛け金を支払わないならば，その制裁としてその人は将来の Rosca から排除されることになる．したがって彼が掛け金を支払い続けるかどうかは，Rosca から排除された場合のそれ以降の生涯効用と，(9.17) 式で与えられる効用水準との比較による．Random Rosca が成立するケースとしては，(9.14) 式が満たされているケー

第9章 Rosca と社会的資本

ス①と (9.16) 式が満たされるケース②がある．

まず，ケース①について考察しよう．A-B-M モデルでは，もしゼロ期に講金を受け取ったならば，そのメンバーはそれ以降の Rosca から排除され，アウタルキーに戻ることを予測して消費・貯蓄を計画する．彼が掛け金の支払いを止めた後，すぐさま Rosca への掛け金と同じ額を貯蓄していくならば，2回目以降の Rosca での最初の期，すなわち第 $N+1$ 期，第 $2N+1$ 期に固定的消費を行うことが可能になる．したがって，彼がこのように自分で貯蓄を行うならば，ゼロ期で評価した彼の期待生涯効用は，(9.17) 式と同様に整理すると，次のように与えられる．

$$\hat{W}_D = \sum_{t=1}^{N-1} \delta^t v(0, c^R) + \left\{ \sum_{t=N}^{\infty} \delta^t v(0, c^R) + \sum_{k=1}^{\infty} \delta^{kN}(v(1, c^R) - v(0, c^R)) \right\}$$
$$= v(0, c^R) \frac{\delta(1-\delta^{N-1})}{1-\delta} + \left[v(0, c^R) \frac{\delta^N}{1-\delta} + \frac{\delta^N}{1-\delta}(v(1, c^R) - v(0, c^R)) \right]$$
(9.18)

右辺の第1項は，1回目の Rosca の残りの期間での効用の割引価値であり，第2項は，2回目以降の Rosca に対応する期間で享受できる効用の割引価値の合計を示している．

したがって，ゼロ期で Rosca の講金を受け取ったメンバーがそれ以降掛け金を支払い続けるかどうかは，(9.18) 式の $\hat{W}_D$ と (9.17) 式の W'_R との比較によって決まることになる．2つの生涯効用の差は次のようになる．

$$W'_R - \hat{W}_D = \left\{ \frac{1}{N} \frac{\delta^N}{1-\delta} - \frac{\delta^N}{1-\delta} \right\}(v(1, c^R) - v(0, c^R))$$

右辺において $(v(1, c^R) - v(0, c^R)) > 0$，$0 < \delta < 1$ かつ $N > 1$ であるため，上式は負となり $W'_R < \hat{W}_D$ が導かれる．すなわち，(9.17) 式と (9.18) 式それぞれの第1項である，1回目の Rosca の残りの期間の効用の割引価値は等しく，第2項の2回目以降の Rosca に対応する期間については，自己貯蓄によるアウタルキーの場合に固定消費が行われる期間が，Random Rosca の場合より確実に早くなるため，$W'_R < \hat{W}_D$ となる．このため A-B-M [2003] が示したように，将来の Rosca からの排除という制裁は有効ではなく，Rosca の持続性は疑わしくなる．

次に，ケース②の持続性についても同様に検討することができる．ゼロ期に講金を受け取ったメンバーが Rosca から排除された場合の第1期以降の（ゼロ期で評価した）生涯効用は

$$W''_D = \frac{\delta v(0, y)}{1-\delta} \tag{9.19}$$

で与えられる．この効用水準を，Rosca に加入し続けた場合の生涯効用水準(9.17) 式と比較すると，その差は次のように与えられ，マイナスとなる[10]．

$$W'_R - W''_D = \frac{\delta\{v(1, c^R)-v(0, c^R)\}}{1-\delta}\left[\frac{\delta^{N-1}}{N}-\left\{\frac{v(0, y)-v(0, c^R)}{v(1, c^R)-v(0, c^R)}\right\}\right]<0$$

すなわち，ゼロ期に講金を受け取ったメンバーは掛け金を支払い続けようとするインセンティブをもたなくなる．この場合も将来の Rosca からの排除は，持続性のためには有効にはならない．

以上の議論から明らかなことは，A-B-M モデルのように掛け金支払いの不履行に対する制裁が将来の Rosca からの排除であるとすると，そうした制裁は Rosca の持続性に対して有効でないということである．したがって，Rosca の加入者が掛け金を支払い続けるためには，支払い不履行に伴う費用が A-B-M モデルで指摘されたような Rosca からの排除ではなく，異なる形で科される必要がある．たとえば，こうした Rosca が存在する経済社会においては，メンバーが属している社会的関係が不履行を抑制させる働きをしている可能性がある．それを社会的資本としてとらえ，次節では社会的資本と Rosca での社会的制裁について考察する．

5　社会的資本と制裁費用

本節では，そうした社会的資本との関係で Rosca の支払い不履行に対して

---

[10] $0<\delta<1$ であるため $1/N<(1-\delta)/(1-\delta^N)$，また (9.16) 式から

$$\frac{\delta^{N-1}}{N}<\frac{\delta^{N-1}(1-\delta)}{1-\delta^N}<\frac{v(0, y)-v(0, c^R)}{v(1, c^R)-v(0, c^R)}$$

かつ $v(1, c^R)>v(0, c^R)$ であるため，マイナスになる．

一種の制裁が生じる可能性があることを論じる．Roscaは，同じ地域の住民や同じ職場の仲間によって形成されることが多く，また歴史的にも日本では頼母子講が同じ神社の氏子や同じ寺院の檀家から構成された[11]．Roscaのこうしたメンバーは，Roscaという経済的関係外で社会的関係を共有していることが指摘される．言い換えれば，Roscaもそれらのメンバーが属している社会のさまざまな関係の1つである．こうした複数のメンバーが構成している社会的関係は社会的資本とみなされるかもしれない．

経済学においては，道路・港湾・鉄道・通信システムなどが古くから公的資本，また社会資本として言及されてきた．しかし，社会学や政治学における社会的資本は，そうしたハード面での公共財だけでなく，社会を構成するメンバー間で成立しているネットワークなどを意味することが多い．Roscaの持続性に対する社会的資本の役割を考察する場合には，Roscaのメンバーが属する社会的関係，または社会的ネットワークの意味が重要になると思われる．

5.1 Colemanの社会的資本

Coleman [1990]の社会的資本（Social capital）は，社会構造の何らかの側面から構成され，その構造内の個人による一定の行為を手助けするものであるという特徴をもつ．すなわち，「他の形態の資本と同様，社会的資本は生産的であり，もしそれがなければなし得ないような一定の目的を遂げることを可能にする」のである（Coleman [1990, p.302]）．様々な形態をとって存在する社会的資本であるが，その具体的な例として彼は「義務と期待（Obligation and expectation）」，「潜在的な情報力（Information potential）」および「規範と有効な制裁（Norms and effective sanctions）」などを挙げている[12]．

「義務と期待」が生ずるためには，個人の間には信頼性（trustworthiness）に基づく互酬的な関係が成立していることが前提とされる．そうした信頼関係では，ある個人が他の個人のためにした行為を理由として，後者が前者に酬いる義務を負う一方で，前者はそれが将来酬いられることを期待する．この社会的

---

11) たとえば，佐治 [1989]，松崎 [1993]，小葉田 [1931]，中村 [1934]，新城 [1956]，安田 [1993]，庚申懇話会 [1978] とくに「庚申の夜のつどい」『庚申　民間信仰の研究』(pp. 342-343) などを参照されたい．
12) Coleman [1990] は他に，「支配関係（Authority relations）」，「特別な目的に供する社会組織（Appropriable social organization）」，「意図的組織（Intentional organization）」を挙げている．

資本においては，社会環境での信頼性と実際に相手がどの程度の義務を負っているかが重要な要素となる．

また，情報は個人がどのような行動をとるかを決定する上で欠かせないが，社会関係を通じて間接的に情報を得ることで，個人が単独で情報を獲得するよりも費用を節約することが可能となる．そうした情報の獲得を可能とする要素も「潜在的な情報力」として，1つの社会的資本とされる．

最後に，個人がある行為をなすことで外部性が生ずるとき，当該行為（「焦点行為（focal action）」）はその外部性が正であるか負であるかによって，それぞれの対応する規範に基づき他者により命令・奨励されるか，あるいは禁止・阻止される[13]．とりわけ規範に反した行為を行った個人には，負の外部性を被る他の個人が制裁を科すことで，規範は実のあるものとなる．ただし，制裁を科すこと自体が費用を伴い，また制裁を科すべき立場にある個人が複数存在するならば，そのような個人のグループに自分だけは制裁を回避しようとする，いわゆる二次的な「ただ乗り」の誘因が生ずる可能性がある．Coleman [1990] は，こうした二次的な「ただ乗り」も個人間に十分な社会的資本が存在することで防ぐことができるとしている[14]．

5.2 Roscaの持続性と社会的資本

前節では，Roscaからの排除は将来でのRosca加入から得られる経済的な利得を失わせる効果をもつが，それのみでは持続性を保証するには十分ではないと論じた．それでは，現実または歴史的に見られた繰り返しRoscaをどのように説明することができるのであろうか．一般に，Roscaの結成には，メンバーの間にRoscaとは別個の社会的関係が既に存在していることが前提とされる．個人間の社会的関係は多様であろうが，個人が自らの意思で他の個人と社会的な関係を継続的に結ぶのは，そこから互いに益するものが得られるからであろう．それは必ずしも金銭的に評価できるものではなく，むしろ非金銭的な価値をもつものであるかもしれない．Roscaはそのような関係を基盤として結成さ

---

13) それぞれの焦点行為に対応する規範は，「命令的規範（prescriptive norm）」，「禁止的規範（proscriptive norm）」と呼ばれる．Coleman [1990] 第10章，第11章を参照されたい．

14) 規範と社会的資本との関連につき，Coleman [1990] は「ターゲット行為者は規範が存在するときでも，彼の行為によって負の外部性を被る人々の間に社会的資本がほとんどないことを知るかもしれない．それゆえ彼は規範に反することができるし，（規範の）受益者たちは効果的な制裁を科すため彼等同士が十分に結束することができない，と考えるかもしれない」としている（p. 809）．

れ,個人間には社会的関係と Rosca における関係の 2 つが併存することになる.

5.2.1 Spagnolo の社会関係と生産関係

Spagnolo［1999］では,こうした 2 つの関係をもつ個人による協力・非協力の選択問題が分析されている.そこでは,個人は無限期間において他の個人との間に社会関係（S）と生産関係（P）の 2 つの関係をもち,それぞれにおいて各期に協力か非協力の行動のうちいずれかを選ぶ.各々の関係でお互いの協力によって得られる各期の利得は π_i^*,協力を選ぶ相手に対する非協力（裏切り）によって得られる一時的な利得は $\overline{\pi}_i$ であり,そのとき協力を選んだ個人の利得は $\underline{\pi}_i$ である（ただし,$\underline{\pi}_i < 0 < \pi_i^* < \overline{\pi}_i$, $i = S, P$ とする）.両方の関係においてトリガー戦略をとる個人は,相手の非協力の選択に対して翌期からは協力に代えて非協力を選び,そのとき双方の利得はゼロである.

ここで,

$$0 < \overline{\pi}_P - \frac{\pi_P^*}{1-\delta} \leq \frac{\pi_S^*}{1-\delta} - \overline{\pi}_S \quad （\delta は割引率 (0<\delta<1)）$$

が成り立っているとする.上式での第 1 不等式は,生産関係においては継続的な協力よりも一時的な非協力を選ぶ誘因が存在することを示している.第 2 不等式は社会関係での長期的な利益が裏切りによるそれに勝るため,個人は協力を選ぶ.したがって生産関係と社会関係が独立で連結されていない場合には,どちらの個人も生産関係では協力を選ばず社会関係でのみ協力するため,各個人の利得は $\pi_S^*/(1-\delta)$ である.

しかし,もしも 2 つの関係が連結されている,すなわち所与の戦略の下で両方の関係において常に同じ行動が選ばれるときには,各個人は両方の関係で協力し続けることになる.すなわち,

$$\overline{\pi}_P + \overline{\pi}_S \leq \frac{\pi_S^*}{1-\delta} + \frac{\pi_P^*}{1-\delta}$$

であるから,両方の関係で協力し続けるときの利得（不等式の右辺）は,関係が連結されていないときの非協力の場合での利得よりも大きくなっている.

第 4 節での Rosca の持続性に関する議論は,メンバー間に存在する社会的関係を捨象した,いわば単一の関係に基づくものである.たとえば 4.3 では,ケー

ス①においては $W'_R - \hat{W}_D < 0$ という結果から，Rosca からの永久排除だけでは依然として不払いの誘因が存在することが示された．したがって，Rosca が持続的であるためには，そのことによって得られる Rosca 関係以外からの利益が存在しなければならない．そしてそれはもう一方の関係，すなわち社会的関係の中に求められるかもしれない．

5.2.2 Rosca での社会的資本

上述の Coleman [1990] での社会的資本の形態と Spagnolo [1999] での連結された関係に基づいて，A-B-M モデルでの Rosca の持続性について考察してみよう．すなわち，Rosca が結成される前に，同質な N 人の個人によって互恵的な社会的関係が結ばれている（$N=1, 2, ... < \infty$）．そこでは，個人は各期において，他の個人の協力に対しては自分も協力し，非協力を選ぶ個人に対しては翌期から他の残りの個人すべてがその個人に対して常に非協力を選ぶ．その関係は継続的であり，したがって非協力を選ぶ個人が存在しない限り，全員が無限期間にわたって協力をすると仮定する．このとき，各個人が N 人の協力から得られる効用水準は，次のように協力者数 N の増加関数とする．

$$U^S = u^S(N) \quad (ß < du^S/dN)$$

他者との協力関係をもたない個人は $u^S(1) = \underline{U}^S \geq 0$ を得るとすると，社会的協力関係をもつことは $\Delta U^S = U^S - \underline{U}^S = u^S(N) - \underline{U}^S$ の効用増加をもたらすことになる．

Rosca における払い込みは各回での会合の場でなされるが，同時に各個人はこの会合に参加するか否かによって社会的関係での協力への意思を示す．したがって，掛け金を払おうとしない個人は会合に参加せず，社会的関係でも協力しない．翌期からは全てのメンバーによって Rosca のみならず他の社会的関係からも排除され，協力による利益を享受できなくなる．また，そうした各メンバーに関する情報は他のメンバーによって直接的・間接的に知ることができるものとする．

たとえば，4.3 では（9.14）式を満たす N 人の個人は Rosca を結成しようとするが，そうした Rosca は持続可能ではないとされた．しかし，ここで想定した社会的関係の下で

$$\delta^{N-1}\left\{\frac{1-\delta}{1-\delta^N}-\frac{1}{N}\right\} \leq \frac{\Delta U^S}{v(1,\ c^R)-v(0,\ c^R)} \tag{9.20}$$

が満たされるならば，Roscaは持続的になる．すなわち（9.20）式が成立するとき，Roscaと社会的関係からの総効用について

$$\hat{W}_D+\frac{\delta U^S}{1-\delta} \leq W'_R+\frac{\delta u^s(N)}{1-\delta} \tag{9.21}$$

が成立することになり，左辺の掛け金不払いによる効用を右辺の掛け金を継続した場合の効用が上回ることになる．

5.2.3　Roscaの結成と潜在的な情報力

これまで，すべての個人が同質であることを前提にした上で，Roscaの持続性について論じてきた．しかし，異質な個人，たとえば割引要素δが異なる個人によってRoscaが構成されている場合には，（9.14）式を満たす割引要素をもちRoscaに参加したとしても，一部の個人のδは（9.20）式を満たさないかもしれない．そうしたメンバーは講金を受け取った後に掛け金支払いを停止する可能性がある．Roscaのメンバーが異質であり，たとえば互いに他のメンバーのδの大きさを知らないという不完全情報の下では，Roscaの持続性が危ぶまれることになる．したがって，Roscaの結成の際にはそうした異質な個人の混在によって持続性を損なう可能性を排除するため，メンバーとなる個人についての情報を各個人が事前に獲得し，またそのことが共有知識となっていなければならない．費用をかけることなくこうしたスクリーニングを行うことは，各個人の間に非対称情報がある環境では困難であり，「潜在的な情報力」としての社会的資本が存在する社会において初めて可能である．

5.2.4　社会的関係からの便益

5.2.2の（9.20）式は，Roscaの持続性が社会的関係から得られる便益ΔU^Sに依存していることを示している．たとえば，個人が社会において他者との関係をもつことなく独立しているとき，享受できる効用水準$\underline{U}^s$が高いならば，または社会的関係に参加することから得られる効用水準U^sが小さくなるならば，ΔU^sが小さくなるため，Roscaの持続性制約が成立しなくなる可能性が

大きくなる[15]．

一方，これまでの議論では，社会的協力関係は Rosca のメンバーのみによって共有されているとした．しかし，たとえば地縁や血縁などの社会的関係は Rosca の内部だけに存在するものではなく，一般にはむしろそれらの社会的関係全体が Rosca のメンバーを包含するものであろう．したがって，Rosca のメンバーとメンバー以外の個人との間にも社会的協力関係が存在し，さらにその関係が各メンバーによって共有されていることは考えられる．この場合，社会的協力関係による利得が大きくなるため，上述した Rosca の持続性条件が成立する可能性が高くなる．社会的協力関係による利得は Rosca のメンバー数とは独立に，Rosca の持続性条件を満たす可能性が大きくなる．このようなとき，Rosca の持続性は Rosca の外部に存在する個人とメンバー間の互酬的関係という社会的資本によって，より強く担保されることになる[16]．

6 おわりに

第2節での Rosca の効率性および第3節での持続性に関する議論は，市場が存在しない経済での Rosca を前提としたものであった．とりわけ持続性に関する議論においては，十分な社会的資本の存在が持続性を保証する可能性を指摘したが，こうした議論が資金市場の存在を仮定した上でも妥当するかについて本章ではこれまで触れてこなかった．

預金・借入市場が存在する経済下での Random Rosca の効率性についての議論としては，van den Brink and Chavas [1999] があり，そこでは預金利子率を r，借入利子率を i，講金額を B（>0），講金によって得られる耐久消費財からの便益を π（>0）とした場合，

$$rB<\pi<iB \tag{9.22}$$

が成立していれば（一回限りの）Rosca への加入が効率的であることが示されている．すなわち，個人にとって借入利子率が預金利子率を大きく上回るとい

---

[15] Coleman [1990] は「豊かさ，政府による援助あるいはその他の要因によって，個人が他者をより必要としなくなるとき，より少ない社会的資本しか生じない」としている (p. 321).
[16] それゆえ，5.2.2 での議論における異質なメンバーによる Rosca であっても持続可能な場合があり得る．

う市場の不完全性が，Roscaが存在するための経済的な理由とされている．このことはRoscaが発展途上の段階にある経済に多く見られることと整合的であり，言い換えれば，こうした資金市場の不完全性がより改善された経済ではRoscaは存在理由を失うことになる[17]．

Roscaは，日本や韓国といった，一定水準の経済発展を遂げ，資金市場が整備された経済においても今なお営まれている．こうした経済でも，クレジットクランチなどにより，借入・預金利子率のスプレッドが十分に大きくなることもあり得ることから，そうしたときには持続性はそれほど社会的資本に依存せず排除のみによって保たれ得るかもしれない（あるいは，比較的小さな ΔU^s でも（9.21）式の持続性制約が満たされよう）．

本章では，コンスタントな所得を得る個人によるRandom Roscaを前提として持続性を議論してきた．もう1つのRoscaの類型であるBidding Rosca（撮取頼母子・無尽講）は，注[8]で指摘したとおり消費の平準化にとって有用であり，現実にも広く行われてきた．Bidding Roscaでは，講金を獲得する優先権は（講金額一定の下で）最も高い金額の掛け金を提示するか，あるいは（掛け金額一定の下で）最も低い受け取り講金額を示すメンバーに与えられる．ただし，急迫した資金需要のために，講金受け取り後の掛け金支払い能力を省みずに講金を競り落とした場合，その後に不払いを生じた事例も見られたようである[18]．

参考文献

Anderson, Siwan, Baland, Jean-Marie, and Moene, Karl Ove [2003] "Enforcement and Organizational Design in Informal Saving Groups'" mimeo. http://www.iies.su.se/seminars/enforce12.pdf, October 2003.

Ardener, Shirley [1964] "The Comparative study of rotating credit associations," *Journal of the Royal Anthropological Institute of Great Britain and Ireland*, 94(2), pp. 202-229.

Bardhan, Pranab and Udry, Christopher [1999] *Development Microeconomics*, Oxford University Press, 1999.

Besley, Timothy, Coate, Stephan, and Loury, Glen [1993] "The economics of rotating savings credit Association," *The American Economic Review*, Vol. 83, No. 4.

---

17) 完全市場におけるRoscaの効率性については藪下・和島 [2007]，またvan den Brink and Chavas [1999] の概要については藪下・和島 [2008] を参照されたい．

18) 昭和初期の撮取頼母子講につき，由井 [1935] によれば「余りに低額に落札したものは爾後の掛金を怠る虞が多いから諸規約に於いて其の最低額を制限するものもある」とある（同 pp. 55-56）．

Coleman, James S. [1990] *Foundation of social theory*, The Belknap Press of Harvard University Press, 1990.

Dekle, Robert and Hamada, Koichi [2000] "On the Development of Rotating Credit Associations in Japan," *Economic Development and Cultural Chage*, 2000.

Geertz, Clifford [1962] "The rotating credit association : A "middle rung" in development", *Economic Development and Cultural Change*, 10(2), pp. 241-263.

Gugerty, Mary Kay [2003] "You Can't Save Alone: Testing Theories of Rotating Savings Credit Associations in Kenya," Work in Progress, January 2003.

Kovsted, Jens and Lyk-Jensen, Peter [1999] "Rotating savings and credit associations: the choice between random and bidding allocation of funds", *Journal of Development Economics*, Vol. 60, pp. 143-172.

van den Brink, Rogier and Chavas, Jean-Paul [1997] "The Microeconomics of an Indigenous African Institution: The Rotating Savings and Credit Association," *Economic Development and Cultural Change*, 45, pp. 745-72.

青木昌彦 [2001]『比較制度分析に向けて』, 瀧澤弘和・谷口和宏訳, NTT出版.

池田龍蔵 [1918]『本稿　無盡の實際と學説』大鐙閣（復刻版『明治後期産業発達資料』第569巻, 龍渓書舎, 2001年).

庚申懇話会 [1978]『庚申　民間信仰の研究』同朋舎.

小葉田淳 [1931]「中世における社寺の講について――社寺の経済組織の研究」,『歴史と地理』第27巻2号 (『日本経済史の研究』[1978] 思文閣出版).

佐治靖 [1989]「無尽講の成立と展開」, 福島県立博物館『町の歴史と民俗』(福島県立博物館学術調査報告第19集, 第5章).

新城常三 [1956]「中世の伊勢講――中世社会に於ける共同社会的結合」,『社会経済史学』.

中村寅一 [1934]「村の金融」(1),『歴史研究』第2巻第3号.

細川亀市 [1920]「中世の頼母子について」,『社会政策時報』.

松崎かおり [1993]「経済的講の再検討――『輪島塗り』漆器業者の頼母子講分析を通して」,『日本民俗学』第193号.

安田宗生 [1993]「再び肥後琵琶について」,『日本民俗学』.

藪下史郎・和島隆典 [2007]「Roscaの経済理論――概観と若干の考察」, 21COE-GLOPE Working Paper Series, http:// 21coe-glope.com/ paper/21COE_WP11.pdf.

藪下史郎・和島隆典 [2008]「頼母子講から無尽会社へ――理論と歴史」, 清野一治編『金融・通貨制度の経済分析』早稲田大学現代政治経済研究所研究叢書30, 早稲田大学出版部.

由井健之助 [1935]『頼母子講と其の法律関係』, 岩波書店.

第Ⅳ部　開発と環境

第 10 章
景観利益の保護に関する訴訟と新たな住環境対策について[*]
——プット・オプション履行義務付き開発許可制度の提案——

山崎福寿・瀬下博之・原野啓

1 はじめに

Kanoh and Murase [1999] は,不動産価値に実物投資の影響が反映されることを利用して,日本の 1990 年前後の不動産価格上昇の要因がバブルであったのか否かを,実物投資の可能性を反映したオプション価値を推計することで検証しようとした先駆的な業績である.

本章では,Kanoh and Murase [1999] とは対照的に,プット・オプションを用いて実物投資が不動産価値に及ぼす負の影響を捉えることによって,望ましい補償と規制の枠組みを考えることにしたい.その基本的な考え方は,Kanoh and Murase [1999] や近年急速に発展してきたリアル・オプションの考え方の延長線上にあるとも言える.

近年,国立市のマンション訴訟のように,周辺住民とマンション業者との間で紛争が生じ,しばしば社会問題化している.以前のような日照の問題だけでなく景観や周辺環境との調和まで求められる事例も多い.このようなマンション建設にともなう紛争が頻発する基本的な理由は,大規模マンション建設のような開発では,深刻な外部不経済をともなう可能性が高いからである.外部不経済とは,ある経済主体の行動や取引が,市場を介さずに他の経済主体に直接的に負の影響を及ぼすことを言う.

大規模マンションや高層建築物は,景観や日照を悪化させることで,周辺住民やその保有する不動産などに対して,深刻な損害や不利益を及ぼす可能性が

---

[*] 本章は,原野・杉野・山崎 [2008] の推定結果を用いて,瀬下 [2002] や瀬下・山崎 [2007] で議論された内容を大幅に加筆したものである.なお,本章の基礎となった研究に対しては,文部科学省科学研究費(課題番号 22330099)から助成を受けている.

ある．

　問題は，開発業者がこれらの影響を十分に考慮して行動するインセンティブを有していないことにある．たとえば，分譲マンションの開発業者は，分譲マンションの販売からの利益を最大にすることだけに関心があり，周辺住民が日照や景観の悪化に著しい不満や不快感を覚えても，通常は業者自身には直接的な損失や負担は発生しない．こうした状況においては，マンション開発業者は，効率性の観点から評価すると，過大な規模のマンション開発を計画しようとする．

　しかし，このことだけで政府がマンション開発を規制すべきであるという短絡的な結論を導くことはできない．なぜなら，外部不経済が発生する場合には，コースの定理が示すような民事的な解決の余地があるからである．すなわち，交渉費用が十分に小さく，既存の権利内容とその帰属主体が明確であれば，これを前提とした私的交渉を通じて，外部不経済を開発主体が内部化するようになり，効率的な結果が実現できるはずである．したがって，問題解決のための最も適切な対応は，コースの定理が成立しない原因を探り，その原因をどうしたら取り除くことができるかを検討することから始めなければならない．

　このような観点に立って，瀬下［2002］は，「プット・オプション履行義務付き開発許可制度」という開発規制の手法を提案している．本章では，国立のマンション紛争を例に，瀬下［2002］の提案の紹介と，その適用可能性を検討してみたい．そのために，第2節では東京都国立市で起こった大規模マンション建設による訴訟を題材にして，判決の効果を実証的に分析した原野・杉野・山崎［2008］の議論を紹介する．そのうえで第3節では，「プット・オプション履行義務付き開発許可制度」という，これまでとは異なる規制の方向性についての提案を紹介し，国立の事例をもとに，その適用可能性を検討しよう．

2　コース的交渉の限界──国立景観訴訟を例として

　国立景観訴訟は，コース的な交渉が不成立となった典型的な事例である．その結果，マンション建設をめぐり様々な訴訟が起こされ，一部の訴訟は最高裁まで争われることとなった．マンション建設をめぐる訴訟は，その他にも住民が東京都を相手取って起こしたものなどがあるが，ここでは最高裁まで争われたマンションの20mを超える部分の景観利益に関する筆者達の実証研究を紹

介しよう[1].

2.1 国立景観訴訟の概要

国立市は，1950年に東京都では初となる文教地区の指定を受けており，現在では大学通りを中心にして「国立ブランド」とも評される高級住宅地が形成されている[2].

問題の土地は大学通りに面しており，計画されたマンションが18階建て，高さ55mのマンションであったために，大学通りの景観，ひいては国立市の景観が破壊されるとして，建設反対運動が起きた．その後，デベロッパーは計画を変更し，14階建て，高さ43.65mとしたが，建築計画を知った周辺住民らによって，高さ20mを超える部分の建築は違法であるとして民事訴訟が起こされ，その後，最高裁まで争われることとなった．その結果，無視できない時間と費用が費やされることとなった．

この裁判では，地裁判決とその後の高裁判決・最高裁判決において，その判断が異なっている．具体的には，東京地裁（2002年12月18日）では，住民側が勝訴し「20mを超える部分の撤去」命令が示された．しかし，東京高裁（2004年10月27日）では一審判決が取り消されており，続く最高裁（2006年3月30日）でもマンション建設が当時の法律に違反していたとはいえないとして，住民側の敗訴が確定している．

2.2 分析の経済学的視点

いま述べたように，裁判においてもマンション建設の正当性は認められている．そこで，この地区計画および訴訟を経済学的に評価してみよう．

経済学的な分析に必要な視点は，「当該マンション周辺」において良好な景観が形成されていたかどうか，言い換えると景観に対する十分な経済価値があったかどうかを検証することである．つまり，もし景観に経済的価値があるならば，当該マンションの建設によって「当該マンション周辺」および「国立ブランド」を有する地域において景観の悪化が生じ，住宅需要が減少することから，それらの地域における家賃や住宅価格は下落することが予想される．他

---

1) 原野・杉野・山崎［2008］を参照．
2) 国立駅前にある不動産店舗にヒアリングを行ったところ，「『国立ブランド』の範囲は，中・東・西地区の一部である」ということであった．

表 10-1 期待される符号条件

分析の期間の区分	その期間の状況	期待される符号条件
期間1 地裁判決前 （2000.1-2002.12.18）	マンション建設→景観悪化	−
期間2 地裁判決後 （2002.12.19-2004.10.27）	マンション撤去→景観改善	＋
期間3 高裁判決後 （2004.10.28-2006.3.30）	地裁判決の取消→マンション維持→景観悪化	−
期間4 最高裁判決後 （2006.3.31-2007.10.10）	マンション建設を許可→マンション維持→景観悪化	−

方，当該マンションが撤去されるとすれば，それらの地域の景観は良好に維持される結果，家賃や住宅価格は上昇することが予想される．

これを各判決に関して考えるなら，以下のように推測できる．もし，それらの地域において景観利益があるとすれば，マンションの建設計画が持ち上がり，実際に建設が行われ，地裁判決が示されるまでは，景観の悪化が懸念されることから「当該マンション周辺」および「国立ブランド」があると考えられる地域の住宅価格は下落する（これを期間1とする）．

他方，地裁判決から高裁判決の期間では，「20m を超える部分の除去」命令が出されていたことから将来にわたり景観が保たれると考えられるため，こうした範囲にある住宅価格は上昇する（これを期間2とする）．また，高裁・最高裁判決で建設が合法と判断されたことは，将来に渡って景観の悪化が生じることを意味するため，こうした範囲にある住宅価格は下落する（高裁判決から最高裁判決に至るまでを期間3とし，最高裁判決以降を期間4とする）．

このように景観に経済的価値が十分にあると仮定するとき，当該マンション建設が地裁・高裁・最高裁の各判決によって，マンション周辺および国立市の住宅価格に対して及ぼすと考えられる影響は異なってくる．裁判前後の各期間において，こうした住宅価格に生じると期待される符号条件を表10-1に示している．

実証分析では，マンション建設によって周辺住宅価格や国立ブランド（詳細については後述）が，裁判の判決前後でどのように変化したかを分析した．特に，分析期間を上記の4期間に区分し，それぞれの期間における周辺住宅価格への影響を分析した．

2.3 景観の定義とモデルの定式化

いま述べたように，経済学的観点から景観を分析する場合には，景観価値が住宅価格に反映されているかどうか，また反映されているならば，それはどの程度なのかを分析することが必要になる．このとき，問題となるのが「景観」をどのように定義するのかといった点である．

2007年6月に成立した景観法では，景観の定義について扱っていない．これは，景観の良し悪しについて客観的な判断をすることは不可能であることから，当然のことと思われる．したがって，「景観」に対して普遍的な定義をすることは不可能だと考えられるので，分析では「景観」を「(1) 当該マンションが見えるかどうかで影響を受けるもの」，「(2) 当該マンションまでの距離によって影響を受けるもの」，および「(3) 大学通りからの距離によって影響を受けるもの」と定義して，当該マンションの建設が周辺住宅の価格にどのような影響を及ぼしたかを分析した．

分析には，リクルート総合研究所のデータを使用した．分析対象は，2000年1月から2007年10月10日までに国立市内で取引された戸建住宅の取引情報（551件）である[3]．利用するデータの記述統計は表10-2に示した．また，裁判期間別・エリア別のサンプル数は表10-3にある．

戸建住宅の取引価格に影響する景観ダミーやその他の説明変数を特定化することによって，住宅価格関数を推定した．住宅価格は，その住宅の属性情報や景観ダミーを用いて，以下のようなヘドニック価格関数として表すのが，一般的である．

$$P_i = h(keikan_{1i}, keikan_{2i}, ..., keikan_{mi}, x_{1i}, x_{2i}, ..., x_{ni}) \tag{10.1}$$

P_i は戸建住宅 i の取引価格，$keikan_{1i}, keikan_{2i}, ..., keikan_{mi}$ は住宅 i における景観内容を表すダミー変数，$x_{1i}, x_{2i}, ..., x_{ni}$ はその物件における n 種類の属性情報を表す．推計では，(10.1) 式を (10.2) 式のように特定化した．

$$\ln P_i = \alpha + \sum_{k=1}^{m} \beta_k \cdot keikan_{ki} + \sum_{l=1}^{n} \gamma_l \cdot \ln x_{li} + \varepsilon_i \tag{10.2}$$

---

[3] 利用しているデータはリクルート情報のため正確な取引情報ではない．ただし，利用しているデータは情報誌に掲載された最終時点での掲載価格となっているため，もし取引が成立していれば，取引価格にもっとも近い数値であると考えられる．

表 10-2　記述統計

変数名	平均	標準偏差	最小値	最大値
住宅価格（万円）	5432.0	2998.1	1480.0	31800.0
大学通りまでの距離（m）	1083.0	552.3	33.0	2602.0
マンションまでの距離（m）	1286.9	479.7	284.0	2471.0
築年数（月数）	100.1	116.6	1.0	469.0
土地面積（㎡）	126.6	70.3	32.5	813.3
総床面積（㎡）	105.3	44.4	47.8	464.7
最寄り駅までの徒歩時間（分）	12.6	5.2	1.0	36.0
前面幅員（m）	5.3	2.7	0.4	43.0
建ぺい率（％）	50.1	10.7	30.0	80.0
容積率／建ぺい率	2.4	0.7	1.6	7.5

表 10-3　裁判期間別・エリア別のサンプル数

	期間1	期間2	期間3	期間4	合計
中	8	5	3	4	20
東	23	21	15	17	76
西	36	28	25	28	117
それ以外	119	58	69	92	338
合計	186	112	112	141	551

被説明変数は $\ln P_i$（取引価格の対数），$keikan_{ki}$ はその地点での景観を表すダミー変数，$\ln x_{li}$ は住宅価格に影響を与える属性の対数値，ε_i は誤差項である．(10.2) 式を最小二乗法により推定し，推定するパラメータは α，β_k，γ_l である．

2.4　実証分析

まず，景観の定義を (1) の「当該マンションが見えるかどうかで影響を受けるもの」とした場合について分析を行った．分析結果の一部を表 10-4 に報告している．

分析期間全体を通して「マンションが見える」ダミーの有意性について分析すると[4]，有意な結果は得られなかった．つまり，裁判期間全体を通してみると，当該マンションが見えることが，周辺住宅の取引価格を変化させたという

---

[4] ただし，「見える」かどうかを確認したのは 2007 年 12 月であり，各物件が取引された時期においても同様の結果が得られたかどうかは判断できない．ここでは，2007 年 12 月時点で「見える」と判断された場合は，取引時点でも見ることが出来たと仮定している．

第10章 景観利益の保護に関する訴訟と新たな住環境対策について

表10-4 「見えるかどうか」OLS 推定結果（抜粋）

	(i) 全期間		(ii) 期間別クロス	
ブランド地区ダミー	0.1843	***	0.1835	***
景観ダミー（見えるダミー）	− 0.0131			
景観ダミー（見えるダミー×期間1）			− 0.0035	
景観ダミー（見えるダミー×期間2）			− 0.0321	***
景観ダミー（見えるダミー×期間3）			0.0074	
景観ダミー（見えるダミー×期間4）			− 0.0142	

（注）*** は1％，** は5％，* は10％有意を示す．

事実は確認できなかった．

　そこで，分析期間を4期間に区分して，それぞれの期間において「マンションが見える」ダミーがどのような値をとるかについて分析してみた．このように分析期間を分割するのは，地裁判決と高裁・最高裁判決の結果が異なっており，景観価値が住宅価格に反映しているならば，それらの判決結果によって取引価格が変化すると考えられるからである．

　推計結果では期間2において，つまり地裁判決後から高裁判決前までの期間においてのみ地価が有意に低下するという分析結果が示された．しかし，期間2における「当該マンションが見える」ダミーのサンプル数は1件であるため，信頼できる結果とはいえない[5]．

　これらの結果から，四つの各期間において「マンションが見える」ダミーが有意な価格変化を示すという分析結果は得られなかった．つまり，マンションが見えるかどうかが，取引価格に影響しているというための十分な証拠は得られなかった．

　次に景観の定義を (2) の「当該マンションまでの距離によって影響を受けるもの」とした場合について分析を行った．分析の際には，「マンションまでの距離」を表す説明変数として，各サンプルから当該マンションまでの距離を計測し「100m 未満の物件なら1，それ以外は0」，「100m 以上 200m 未満の物件なら1，それ以外は0」といった同心円状に広がるダミー変数を作成し[6]，それらのダミー変数と「国立ブランド」ダミーとのクロス項を作成して分析した．分析結果の一部を表10-5 に報告している．

5) この分析結果は，平均的な物件の価格に比べて，そのサンプルの価格がどの程度異なっているかを示しているだけである．

表 10-5 「マンションからの距離」OLS 推定結果（抜粋）

	(i) 全期間		(ii) 期間別クロス	
ブランド地区ダミー	0.1859	***	0.1861	***
景観ダミー (ブランド地区×400m 未満)	− 0.0580			
景観ダミー (ブランド地区×400m 未満×期間 1)			− 0.1680	**
景観ダミー (ブランド地区×400m 未満×期間 2)			0.1302	
景観ダミー (ブランド地区×400m 未満×期間 3)			0.2943	***
景観ダミー (ブランド地区×400m 未満×期間 4)			―	―
景観ダミー (ブランド地区×400m 以上 500m 未満)	− 0.0489			
景観ダミー (ブランド地区×400m 以上 500m 未満×期間 1)			− 0.1547	**
景観ダミー (ブランド地区×400m 以上 500m 未満×期間 2)			0.0176	
景観ダミー (ブランド地区×400m 以上 500m 未満×期間 3)			0.1204	
景観ダミー (ブランド地区×400m 以上 500m 未満×期間 4)			0.2774	***

（注）*** は 1％，** は 5％，* は 10％有意を示す．

　まず，サンプルのある全期間を通じて住宅価格への影響を分析した．その結果，「国立ブランド地区」内にあって，当該マンションまでの距離が「400m 未満」，「400m 以上 500m 以内」の住宅価格は，有意な価格変化がないというものであった．つまり，分析期間を通じて，当該マンション建設による影響を一定とすると，取引価格は変化していないことが確認された．

　さらに，分析 1 と同様に分析期間を 4 期間に分割して分析を行った．その結果，期間 1 において，マンション周辺の住宅価格が下落しているという分析結果が得られた．すなわち，マンション建設によって景観を含めた環境が悪化し，

---

6) 本来であれば，各サンプルからマンションまでの直線距離を説明変数として利用することが望ましいのだが，「マンションまでの直線距離」と「大学通りまでの距離」の相関係数が非常に高く，両変数をそのまま説明変数として利用した場合，多重共線性が生じることが考えられる．そこで，これを回避するために，距離別のダミー変数を採用した．

表10-6「大学通りからの距離」OLS 推定結果（抜粋）

	(i) 全期間		(ii) 期間別クロス	
大学通り距離	−0.1101	***	−0.1080	***
景観ダミー （大学通り距離×ブランド地区）	0.0054			
景観ダミー （大学通り距離×ブランド地区×期間1）			−0.0043	
景観ダミー （大学通り距離×ブランド地区×期間2）			−0.0051	
景観ダミー （大学通り距離×ブランド地区×期間3）			0.0168	*
景観ダミー （大学通り距離×ブランド地区×期間4）			0.0209	***

（注）*** は 1％，** は 5％，* は 10％有意を示す．

マンション周辺の住宅価格が下落したと考えることができる．

ところが，期間 2 においては有意な結果は得られていない．この期間における判決内容は「20m を超える部分の撤去」であった．マンション建設によって景観が悪化し，そのために住宅価格が下落していたと考えるなら，「20m を超える部分の撤去」という判決が下されたこの期間においては，住宅価格の上昇が生じることが期待される．しかし，推計結果はそのような値を示していない．

さらに，期間 3 および期間 4 の一部では，周辺住宅の価格が上昇するという結果が得られた．これらの期間は，地裁判決が棄却され，「20m を超える部分の撤去不要」という判決が下されている時期である．マンション建設によって景観が悪化しているというなら，これらの期間においては住宅価格の下落が生じると期待されるが，推計結果はそのような値を示していない．

さらに，景観の定義を (3) の「大学通りからの距離」とした場合の分析を行った．分析の際には「大学通りからの距離」を説明変数とし，さらに「国立ブランド」ダミーとのクロス項を用いて，国立ブランド内における「大学通りからの距離」が裁判期間を通じてどのように変化したかについて分析を試みた．分析結果の一部を表 10-6 に示している．

まず，分析期間を通じた住宅価格への影響を分析すると，「大学通りからの距離」は負で有意，「国立ブランド」ダミーとのクロス項は符号が正であるが，有意な結果は示されなかった．これは「大学通りからの距離」が離れるほど住

宅価格が下落するものの,「国立ブランド」地域内にある物件はそれ以外の物件と比べて,価格の下落率に変化が無いことを示している.

さらに,クロス項を裁判期間ごとの4期間に分割して分析した.その結果,期間1および期間2において有意ではないものの符号が負,期間3および期間4では有意に符号が正という推計結果が示された.この分析結果は,マンション建設当初はブランド地区内の景観が悪化すると受け止められたものの,その後ブランド地区内への影響は見られなくなったものと解釈できる.

これら3種類の推計結果は,マンション建設当初は周辺住宅価格への影響があったことを示しているが,その影響は一時的なものであり,近年では周辺住宅価格は他と比較して上昇傾向にあることを示している.「地裁判決前」の期間1は,マンション建設問題がマスコミによって大々的に報じられている時期であり,この期間においてのみ周辺住宅の価格が下落したことは,そのようなトラブルを一時的に反映した結果と考えることもできる.

また,期間3,期間4における価格上昇は,最終的にマンション建設は認められたものの,最高裁判決において「景観利益は法律上保護に値する利益にあたる」として,景観に対する一定の保護姿勢が示されたことから,今後は高さ20mを超すようなマンション建設は困難になったことが影響しているのかもしれない.すなわち,最高裁判決によって今後も良好な景観が維持されるだろうという期待が,住宅価格に反映された結果だと解釈することもできる.

マンション建設から裁判に至るまで,様々な形で注目を集めた結果,「マンションの存在は景観を悪化させる」と認識された時期もあったが,その効果は一時的であった.最高裁判決が示された現在では,その影響は確定したと考えられ,当該マンション建設により「景観」が悪化し,地価が下落するという事実は検証できなかった.

このように,マンション建設が認められるにもかかわらず,交渉が不成立に終わった結果,膨大な費用が費やされた.建築計画から始まった一連の事件は,最高裁の判決で一応の幕を閉じたと考えたとしても,6年以上もの期間を必要とした.長期にわたる裁判の費用,その期間に被る精神的な費用負担は甚大なものであったことが想像でき,より円滑な解決方法が望まれる[7].

---

[7] 原野・杉野・山崎[2008]では,当該マンション建設業者の株価をデータに用いて,判決が企業価値に及ぼした影響も推計した.その結果,「20mを超える部分」の撤去を求めた一審判決によって,およそ50億円の企業価値が失われたことが示されている.

3 プット・オプション履行義務付き開発許可制度[8]

3.1 提案内容

それでは，どのような解決方法が望ましいのだろうか．瀬下［2002］はこのようなマンション紛争を解決するための方法として，「プット・オプション履行義務付き開発許可制度」と呼ばれる規制の導入を提案した．これは，「用途地域，容積率，高さ制限等のような権利調整や開発制限を目的とする規制は原則としてすべて廃止し，かわりに不動産開発や住宅・オフィスの建設に際して，プット・オプション型の契約履行義務をその開発主体に負わせる」規制を同時に導入するというものである[9]．

このプット・オプション型の契約とは，「周辺住民に対し，その保有する住宅およびその土地を，一定期間（権利行使期間）に，一定の価格（権利行使価格）で開発主体に売り渡す権利（プット・オプション）を与え，開発主体にはそのオプションの行使を受け入れる義務を課す」というものである．なお，このプット・オプションの行使に当たって，権利を行使した住民は，その売却資産を権利行使時点の市場価格で買い戻すことも権利として認めるものとする[10]．

3.2 オプション契約の最適性

国立市のマンション紛争の実証分析でも説明したように，景観に経済的な価値があるならば，マンション開発などにともなう景観の悪化の影響は住宅価格に反映される．

そのため権利行使価格を適切に設定することで[11]，このようなプット・オプションによって，マンション開発業者の建設投資や不動産開発が効率的な水準で実施されることを理論的に示すことができる[12]．なぜなら，マンション開発業者は，自らの開発投資が景観を悪化させれば，既存の周辺住宅地の市場価格を低下させてしまう．このとき，地域住民は上記のプット・オプションを

---

[8] 以下の提案は，瀬下［2002］および瀬下・山崎［2007］に依拠している．
[9] なお，本章ではマンション開発を前提に議論するが，この議論は他のあらゆる開発に基本的には適用することができる．
[10] これによって，実際には転居せず，下落した価格の差額分を補償することで決済することが可能になる．

行使することになる．プット・オプションの権利行使価格がそのマンション開発前の価格に設定されていれば，その権利行使価格と開発後の住宅の市場価値の差額分の補償を受けることができる．

このことは，マンション開発業者がその分の補償を全て負担することを意味するから，結局，マンション開発にともなう価格下落を，その業者自身が負担することになる．つまり，開発にともなう景観悪化の損失を開発業者が内部化することになる．そのためマンション開発業者は，周辺への景観などに十分に配慮した開発を実施し，この結果，経済的な観点から最適な規模やデザインのマンション開発が実現する．

マンションの開発が，周辺の住環境を著しく害し，既存住宅の市場価格の下落をもたらすならば，マンション開発から十分な利益が得られなくなり，開発自体が実施されなくなるだろう．

瀬下［2002］は，このようなプット・オプション履行義務付き開発許可制度には，さまざまなメリットがあるとしている．たとえば，開発規制によって外部不経済が内部化されるとしても，個人的にどうしてもマンション建設が受け入れられないほど住環境が脅かされると感じる住民がいるかもしれない．その理由は，市場価格が外部不経済の程度を適切に反映するとしても，それはあくまで市場の平均的評価にすぎず，個人的な効用への影響はそれぞれに異なっているからである[13]．

しかし，この場合でもプット・オプションを利用した制度は，かなりの程度，有効に機能する．なぜなら，この制度の下では，既存住民の保有する不動産の価値は守られるからである．住環境が耐えられないほど悪化すると予想する住

---

[11] プット・オプションの行使価格は，「開発計画の公表前の市場価格」，より正確には「開発計画の影響を全く受けていない市場価格」であることが望ましい．なお，このような権利行使価格は，インフレーション等による，開発とは直接関係のない価格変動分については調整する必要があるだろう．たとえば，開発地域と関係のない地域の標準的な地価変動等のデータを基礎に，相関等を考慮して通常の価格変動分を取り除くことが考えられる．もっとも，不動産ではそれぞれの土地はそれぞれ異なっており，完全に同一のものではないという意味で，その価格決定自体が重要な争点になってしまう可能性がある．現実的対応としては，規制当局が事前にヘドニック・アプローチなどを使った客観的価格推計法を定め，それを利用して権利行使価格を決める方法が考えられる．

[12] この証明は簡単なので省略する．詳細は，瀬下・山崎［2007］を参照されたい．

[13] マンション建設によって相対的に大きな効用の下落を受ける住民は，土地を売却して，その土地を離れるが，その建設から不利益をほとんど受けない人々は，地価の下落によって，むしろその土地を購入し，そこに移住しようとするだろう．

民は，オプションを行使して，以前と同程度の住環境が得られる地域に移り住み，そこで住宅を買い換えることが可能になる．

さらに重要なメリットは，住民とマンション開発業者間の交渉を円滑化するという点にある．この手続きでは，オプションの価値は開発に伴う不動産価格の下落という損失の可能性を反映して決定される．つまり，プット・オプションの本源的価値は，保有不動産の減価額の期待値と一致する．このような賠償金額の予見可能性と権利の確定が，マンション開発業者と住民の事前の交渉過程を効率化させると考えられる．たとえば，既存の住民たちが日照や景観の価値を市場よりも高く評価するのであれば，一定の補償を支払って新規に建設される高層住宅の高さを制限してもらうように求めることもできる．

逆に，マンション開発業者は事前に周辺住民から，このプット・オプションを買い取ってしまうこともできる．これによって将来の補償リスクを負うことなく，開発を進めることも可能になる．このとき，このプット・オプションの取引は，あたかも開発許可権が売買されるのと同じ状況になる．

4 適用可能性

さて，このようなプット・オプション履行義務付き開発許可制度が，もし国立市のマンション開発に適用されていたとしたらどうなっていたかを考えてみよう．

まず，国立市でマンション建設の申請が出された段階で，この許可制度が適用される．そして，周辺の一定範囲の住民に対して，このマンション開発業者を行使対象者とするプット・オプションが与えられる．推計結果から，同心円で500メートルの範囲の住宅にも，景観悪化の影響が及ぶ可能性があることが分かる．そのため，実際の適用ではより広い範囲の住宅にプット・オプションを与えることが検討されるべきだろう．もちろん，適切な適用範囲は，建築物の規模や高さなどに応じて決められるべきものとなる．

2000年1月から2002年12月までに取引された物件に対して，マンションの建設によって同心円で400m以内では約16.8%低下させたことが推計結果から分かる（表10-5を参照）．データの住宅の平均価格が5,432万円であるから，913万円程度住宅価格を低下させたことになる．この地域の住民はプット・オプションを行使し，その上で住宅を買い戻すことで平均的な住宅で913万円程

度の補償を受け取れることになる．400mから500mの範囲では，同様に計算すると約15.5%の下落で，平均的な住宅で842万円程度の補償を受け取れることになる．

　この補償額とその対象地域の潜在的な広さを考えると，マンション開発業者の負担がかなり大きくなる可能性が分かる．もし，このような負担がマンション開発業者の利益を上回ることになると予想されれば，マンション業者は，国立市のような良質な低層住宅街に大規模な高層マンションを建設することを断念したであろう．

　ただし，その後の推計結果は，マンション開発の住宅価格への影響はほとんどなかったことを示している．このことを考えると，2000年1月から2002年12月までに取引された物件は，マンション建設自体による外部不経済を反映したと言うよりは，それを恐れて不動産を売り急いだ結果や，マスコミ等の報道で，国立市のマンション開発が広く知れ渡ったため，その混乱自体が地域ブランドとしての，不動産の価値を一時的に低下させたと考えられる．いずれにしても，この時期に市場が過剰に反応した可能性が高い．

　こうした過剰な反応を防ぐ意味でも，プット・オプションは有効である．プット・オプションが所有者に与えられれば，少なくとも所有者の過度な売り急ぎは防ぐことができる．所有する住宅を権利行使期限前に売却してもプット・オプションを持ち続けていれば，外部不経済にともなって発生する価格下落は，プット・オプションの価値として手元に残る[14]．この制度では，オプションを行使した上で，同じ不動産を市場価格で買い戻せばその差額分の補償が手に

---

14) このように，プット・オプションは，外部不経済による損失に対して補償を受けられる権利を，不動産の所有やその居住から完全に分離することができる．権利行使時点以前に，住宅などの不動産を市場で売却し，権利行使時点で清算するような手順や手続きをとれば良いからである．

　この点で，提案しているプット・オプション付き開発許可制度は，所有者の売却時期や移転時期の選択を制限することはない．しばしば法的な手続きでは，不動産を売却して移転してしまうと，何の補償も受けられなくなってしまう．たとえば日照権に基づく補償では，建設前に売却して移転してしまえば，もはや居住していないという理由で，補償を受けられなくなってしまうだろう（訴訟に頼る手続きでは，補償を受けるためには訴訟期間にも転居できなくなるかもしれない）．

　しかし，日照時間の大幅な減少が予想されれば，計画時点で不動産の価値を引き下げるから，その損害はすでに売却時の不動産価値に反映されてしまっている．この点で，補償されるべきはその後に転居してきた居住者ではなく——彼らは値下がりした不動産を購入できたことによって，その損害はすでに補償されていると言える——，売却した元の所有者のはずである．プット・オプションは，外部不経済による損害からの補償を受ける権利を放棄することなく，不動産を売却することができるという点でも優れている．

入る仕組みになっているため，無理に売り急ぐより，適正な市場価格以上で売ろうと努めるようになるだろう．買い戻して清算するので，権利行使前にその住宅を購入した新しい所有者が不利益を受けることもない．

ただし，住民（不動産所有者）がプット・オプションを行使した後で売却した不動産を再度買い戻して清算する際に，自分が売却した価格に等しい価格で買い戻すことができるとすると問題が生じる．なぜなら，所有者は市場でいくらで売っても，常に一定金額が受け取れると判断して，いくらでも安く売ってしまう恐れがあるからである．そのようになると，その売却価格が適正な外部不経済の価値を反映した市場価値とは言えなくなる．

これに対して，買い戻し価格の交渉において，自分の売却価格は一切考慮されないとなれば，所有者は本来の市場価格より安く売れば，自分の損失につながるから，安易な値下げはせず，逆に少しでも高く売ってその分の利益を享受しようとするようになる．

そうなれば，実際には実証結果が示したような過度な住宅価格の下落は防げたかもしれない．マンション建設そのものよりも，紛争に絡む騒動そのものが，不動産価格を低下させた可能性もあるが，提案しているような形で適切に補償が受けられる状況が整備されれば，紛争自体がほとんど生じず，不動産価格の過度な下落が生じることはなかったかもしれない．

推計結果は，「マンションが見えるか否か」は景観価値にとって重要ではないことを示している．他方，「地域のブランド価値」を傷つけることによる価値の低下をもたらす要因は多様である．この意味で，地域ブランドを保護する上でも，プット・オプションを用いた規制が有効な手段となり得る．従来の法的な権利に基づく補償請求では，ブランド価値というような曖昧な価値を保護する権利概念は存在しない．景観権はそのような権利概念に近いかもしれないが，その権利を実質的に明文化することはおよそ不可能である．この場合には，マンション事業者がその損失を内部化することなく，住環境の優れた地域での安易な大規模開発を抑制することはできない．また，高さ制限や容積率規制のような建築基準法や都市計画法で用いられるような手法は，ブランド価値の毀損を食い止める手段とはなり得ないし，そもそもそのような目的をもってはいない．

これに対して，地域のブランド価値の毀損は地域全体の不動産価値の下落の合計に等しい．市場は，景観という主観的な評価を平均的に評価するための有

効な社会的装置である．市場の機能はたびたび投票のメカニズムにたとえて説明されるが，景観についても同じことが言える．「良い」景観というのは，都市計画の専門家や市民運動家が決定するものではなく，多くの人々が，その地域に住み続けようと考える地域や，将来多くの人々が移り住んで来ると予想されるコミュニティが有している魅力のひとつである．多くの人々に選ばれる地域が「良い」環境や景観を有しているといえる．その結果が地価の上昇につながるのであり，逆に「悪い」景観の地域は地価が下落するのである．この市場メカニズムが働くことを応用して考案されたのが，プット・オプション履行義務付き開発許可制度である．

　先の推計では，半径500mの範囲でさえ無視できない価値の毀損を引き起こす可能性があることを示している．プット・オプション履行義務付き開発許可制度の下では，そのようなブランド価値の毀損が予想されれば，マンション業者にとってきわめて大きな損失やリスク負担を覚悟することになるから，住環境の良好な地域での，安易な大規模マンション開発などは抑制されることになるだろう．この点で，ここで提案した制度は，従来の法的な権利に基づく補償では守られないさまざまな権利や価値などを保護できる優れた規制手法であるとも言える．

5　おわりに

　本章では，所有権者間の対立の問題として，第一に，マンション開発が紛争を生み出している原因として，現行の規制にどのような問題点があるかについて議論した．現行の硬直的な規制は，効率的な土地利用を阻害するだけでなく，既存住民の住環境保護という観点からも実効的ではない．

　第二に，国立市で起きた景観訴訟を題材として，コース的な交渉の難しさと景観利益に関する実証研究を紹介した．その結果，法律的にも，経済学的にもマンション建設が認められるにもかかわらず，長期にわたる裁判が行われたことで，無視できない社会的な費用が発生したことが示された．

　第三に，マンション開発がもたらす外部不経済の問題を解決する新しい手段として，プット・オプションの履行義務を開発業者に負わせるという制度の提案を紹介し，国立市のマンション紛争での実証結果に基づいて，この制度が適用された場合の影響を考察した．この制度が有効に機能すれば，国立市のよう

な事例で，地域住民はもちろん，マンション事業者にもほとんど負担を求めることなく開発が進められた可能性があることを示すとともに，他方で良質な住環境地域のブランド価値のような，法的な権利概念や規制では有効に保護できないものを保護するうえで，この制度がきわめて有効であり，優れた規制手法となり得ることを指摘した．

参考文献

Kanoh, S. and Murase, H. [1999] "On Land Price Formation: Bubble versus Option", *Japanese Economic Review*, 50(2), pp. 212-226.

瀬下博之 [2002]「マンション開発と住環境問題——プット・オプション履行義務付き開発許可制度の提案」,『都市住宅学』38, pp. 58-64.

瀬下博之・山崎福寿 [2007]『権利対立の法と経済学』東京大学出版会.

原野啓・杉野誠・山崎福寿 [2008]「国立景観訴訟にみる高さ規制条例の経済学的妥当性」, 法と経済学会報告論文.

山崎福寿 [1999]『土地と住宅市場の経済分析』東京大学出版会.

山崎福寿・浅田義久編 [2003]『都市再生の経済分析』東洋経済新報社.

第11章
経済開発に果たす国際プロジェクトファイナンスの役割

山上秀文

1 はじめに

　開発途上国では国内の民間企業や民間金融セクターが未成熟である．そのために，市場機能による経済開発における効率性を追求することがしばしば困難となる．そして政府部門に経済開発事業（プロジェクト）の優先順位決定とその資金調達が委ねられ，結果として，効率性，公正性がともに確保されない結末となることもある．

　本章では，アジア・インフラ・デット・ファンド構想や公的部門によるレベニューボンド（事業別歳入債）などのケーススタディを交えつつ，経済開発における効率と社会公正を確保するために果たす，国際プロジェクトファイナンスの役割を考察する．

2 国際プロジェクトの基本構成と官民連携

　一般に「国際金融」では国際通貨問題，為替相場，経常収支，対外債務，国際金融市場，国際資本移動，経済政策の国際協調など，先進国市場を軸とした研究が主流となっている[1]．他方，アフリカなどの最貧国の経済開発に関しては，そもそも民間企業セクターや金融市場の未成熟などの困難性があることから，主に政府開発援助（Official Development Assistance, ODA）に依存せざるをえない．そしてその効率性，公正性が十分に確保できなかった事例については，その考察を行った先行研究がある[2]．

---

1) 藤田・小川 [2008].
2) 加納・安西 [2001].

これに対して本章では，民間企業セクターや金融市場が脆弱ながらも育ちつつある，東アジアなどの開発途上国の経済開発を対象とする．そしてこの先，新しい国際金融市場において銀行融資市場と債券市場の融合が進むとの展望のもとで，民間銀行の強い関与を前提とする[3]．そして官民連携（Public-Private Partnerships, PPP）により[4]，効率性と社会公正を満たす事業（プロジェクト）を推進し，中長期的には当該事業を通じて開発途上国への技術移転効果を有する国際プロジェクトファイナンスの役割に焦点を当てたい．

　日本国内においても1999年制定の「民間資金等の活用による公共施設等の促進に関する法律（通称「PFI」法）」に基づいて，その後Private Finance Initiative（PFI）の事業手法が注目されている．PFIではその手法をイギリスなどの例に学び，それ以前の日本国内の第三セクター方式において曖昧にされていた官民関係を明確にし，資金調達の方法に関してはプロジェクトごとに価値やリスクを判断しファイナンスを行う形式のプロジェクトファイナンス方式を活用することが基本要件としてあげられる[5]．しかしながら，日本国内においては，この10年間，そうした基本要件に沿った金融市場は必ずしも十分に形成されず，当初の期待ほどの成果は上がっていない．したがって，官民の事業主体間で厳密な契約を締結する手法や関連の金融市場がすでに確立している国際プロジェクトファイナンスの活用は，開発途上国の経済開発だけでなく，国内の地域開発での効率と社会公正確保のためにも有用となる．

　まず，国際プロジェクトファイナンスが対象とする事業の基本構成と官民連携をまとめると図11-1のとおりとなる．

　この基本構成の中で特に国際プロジェクトファイナンスの資金提供者として，民間投資家と民間銀行があげられる．それらが協調して，株式（エクイティ），債券（ボンド），融資（ローン）などの形式で，当該事業以外の企業活動を行うことが認められない事業会社（プロジェクトカンパニー）に資金が供与される．このとき，民間投資家のうち出資者として最も積極的に事業に関与する投資家をスポンサーと呼ぶ．そしてこれらの関係者の間では相互に関連した厳密な契約が締結される．

3）山上［2008］．
4）Yescombe［2007］．同氏は1990年代前半に英国東京銀行プロジェクトファイナンス部長として欧州・中東のPFI案件を多数手がけている．筆者は当時，同社副社長として案件審査に関与した．
5）PFIの要件は，赤井・篠原［2001］を参照．

第11章 経済開発に果たす国際プロジェクトファイナンスの役割　　255

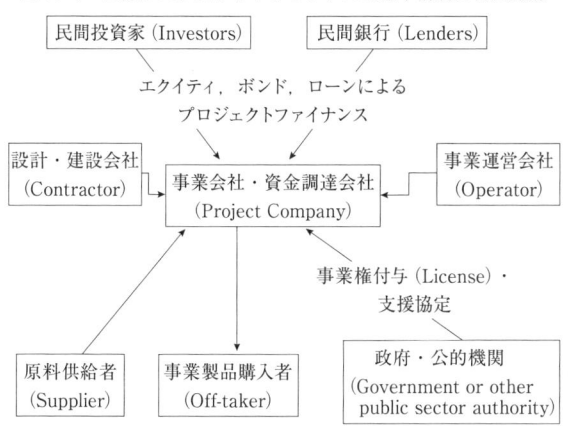

図11-1　国際プロジェクトファイナンスの基本構成と官民連携

```
     民間投資家（Investors）        民間銀行（Lenders）
                エクイティ，ボンド，ローンによる
                    プロジェクトファイナンス

 設計・建設会社                              事業運営会社
 (Contractor)  →  事業会社・資金調達会社  ←  (Operator)
                   (Project Company)

                        事業権付与（License）・
                            支援協定

 原料供給者      事業製品購入者      政府・公的機関
 (Supplier)     (Off-taker)     (Government or other
                                 public sector authority)
```

（資料）Yescombe［2002］にもとづき筆者作成．

　また，このような基本構成のもとで，特定の事業の実施を通じて生み出される将来のキャッシュフローを通じて民間銀行は与信判断を行い，一般の民間投資家も出資の判断を行う．そして，プロジェクトファイナンスは限られた中長期の事業期間内の有限なキャッシュフローにより，全額返済されるのが大原則となる．その際に，民間で収益性を確保して特定の事業が成立するためには，以下の算式で求められるその事業のネット現在価値がゼロ以上にならねばならない．

$$\mathrm{NPV} = \sum_{t=1}^{n} \frac{FV^t}{\Pi_{j=1}^{t}(1+i(j))}$$

Net Present Value（NPV）＝特定事業全体のネット現在価値
Future Value（FVt）＝特定事業が生むt期のネットキャッシュフロー
$i(j)$＝1～t各期の金利あるいは割引率
n＝総事業期間数（通常は1事業期間＝6ヶ月の設定）
（但し，実務的なキャッシュフロー計算では，通常は$i(j)$は1～t期で各期異なる短期金利を使用せず，現在からt期までの現時点での長期金利を一律で使用する）

　これに対して銀行による一般的な企業融資の与信判断は，借り手企業のバランスシートや複合的な事業経営による企業の全体収益予測に求める点で，特定

事業のキャッシュフローに依存するプロジェクトファイナンスと大きく異なる．

そしてこの与信の性格の違いが，後述のとおり経済開発において，効率性による事業仕分けのためプロジェクトファイナンスが活用可能な一つの拠り所となる．

一方，社会公正による事業仕分けについては官民連携（Public-Private Partnership,（PPP））を通じた公的部門の役割が必要となる．すなわち，民間側から民間投資家，民間銀行，設計・建設会社，事業運営会社などが関与し効率性を推進するとともに，公的部門がPPPの事業政策を立案し，社会公正を確保する．図11-1の基本構成においても政府・公的機関による事業権付与（License）や支援協定の締結などの公的部門の関与が示されている．特に経済開発プロジェクトにおいては，政府支援協定のもとで民間のとるリスクを軽減しつつ，具体的な公的部門の信用補完や免税特典を公正の観点から優先すべき事業に選別的に賦与し，事業の成立が可能な水準にNPVを引き上げていくことが必要とされる．

3　国際プロジェクトファイナンスの推移

プロジェクトファイナンスは，通常，当該事業（プロジェクト）を唯一の目的とする事業法人に対して供与される．そのため，主として将来のキャッシュフローの予測が比較的容易な資本集約型事業において，実物資産を裏づけとして長期的に資金を調達する手法の一つとして位置づけられる．

また，過去20年におけるプロジェクトファイナンスの発展は，世界的にみられる公益事業の規制緩和や，公共セクターにおける資本投資事業の民営化の動きによるところが大きい．

具体的に1996年から2009年までの世界の主要プロジェクトファイナンス案件をProject Finance International誌より集計してその変化をみると，表11-1のとおりとなる．1996年の合計476億米ドルから2009年の合計1474億米ドルへと3倍増となっているが，そのなかでもインフラストラクチャー案件が53億米ドルから402億米ドルと約7.5倍の増加を示しているのが，その特徴である．

さらに，2005年から2009年の近年の変化を，Dealogic誌から案件を集計し

第11章 経済開発に果たす国際プロジェクトファイナンスの役割

表11-1 資金使途別国際プロジェクトファイナンス推移（1996-2009年・Project Finance International）
Project finance loans and bond issues(by sector)
US$ millions

	1996	1997	1998	1999	2000	2001	2002	2003	2004	2005	2006	2007	2008	2009
Infrastructure*	5,037	7,436	9,006	12,673	16,755	2,430	7,081	9,993	8,016	3,758	6,780	10,308	6,940	539
Leisure and property	290	465	369	1,573	1,638	6,530	4,879	4,435	7,008	13,282	17,766	22,759	20,836	
Social Infrastructure*							2,130	3,066	5,021	8,574	6,115			877
PPP														7,474
Transportation**						11,279	13,592	14,988	23,509	28,732	44,596	44,027	54,789	25,451
Waste & Recycling							1,347	284	968	726	320	2,989	550	1,194
Water & Sewerage**						764	157	1,043	2,169	3,727	3,821	4,181	2,933	4,699
Infrastructure	5,327	7,901	9,375	14,246	18,393	21,003	27,056	32,873	44,736	55,246	81,857	90,379	86,048	40,233
Mining	1,234	6,307	2,694	1,377	629	2,323	997	1,110	3,734	3,175	3,987	4,607	11,486	4,071
Oil & gas	3,417	15,386	10,666	7,792	12,552	12,638	9,073	16,049	27,680	33,713	35,445	34,311	42,960	31,137
Petrochemicals	4,100	4,603	3,129	5,356	3,337	3,898	5,708	5,880	9,534	7,366	20,860	17,514	13,413	2,797
Natural Resources	8,751	26,296	16,489	14,525	16,518	18,859	15,778	23,039	40,948	44,254	60,292	56,432	67,859	38,005
Power	18,283	18,717	21,663	37,262	56,512	64,528	24,517	36,417	46,633	51,683	59,559	76,518	90,236	57,642
Telecoms	13,296	19,864	16,275	24,929	36,735	25,445	7,286	5,849	7,341	10,193	3,137	5,556	6,260	8,118
Agriculture & Forestry							250	365	70	112	210	452	61	
Industry	1,964	2,144	2,641	1,396	3,538	3,646	1,074	3,178	5,358	4,129	4,227	17,473	11,979	3,454
Other	1,964	2,144	2,641	1,396	3,538	3,646	1,324	3,543	5,428	4,241	4,437	17,925	12,040	3,454
Total	47,621	74,922	66,443	92,358	131,696	133,481	75,961	101,721	145,086	165,617	209,282	246,809	262,442	147,452

*bonds only
**loans only; included in infrastructure until 2001
Figures from Project Finance International issue-

	113	137	161	185	209	233	257	281	305	329	353	376	400	424
	29-Jan-97	28-Jan-98	27-Jan-99	26-Jan-00	24-Jan-01	23-Jan-02	22-Jan-03	21-Jan-04	21-Jan-05	25-Jan-06	24-Jan-07	9-Jan-08	14-Jan-09	13-Jan-10

（出所）Project Finance International.

表11-2 資金使途別国際プロジェクトファイナンス推移（2005-2009年・Dealogic）

(US$ bn)	2005	2006	2007	2008	2009	
Energy	57	66	93	112	107	37%
Infrastructure*	58	66	91	81	81	28%
of which: PPP/PFI	37	47	69	68	56	
Oil & Gas		33	33	76	64	22%
Petrochemicals		43	30	32	9	3%
Mining		8	11	3	6	2%
Telecom		5	3	3	17	6%
Industrial		1	14	9	9	3%
	172	221	273	315	293	
of which:						
Bank loans	121	161	209	235	224	76%
Bonds	21	26	18	6	13	4%
Equity	30	35	46	74	56	19%
	172	221	273	315	293	
U.K.	16	23	20	15	12	
Refinancings	41	54	58	40	n/a	
Source: Dealogic						
Project Finance International	**166**	**209**	**247**	**262**	**147**	
Dealogic minus equity	142	186	227	241	237	

（出所）Dealogic.

　対象プロジェクトのカテゴリー別ならびに調達手法別にまとめたものが，表11-2である．近年においても世界的に見てエネルギー，インフラストラクチャー，オイル・ガスの分野への集中度が高くなっているのが特徴として見られる．

　また，この中でPPP/PFIという項目は，本章の扱う効率性と公正性という視点が重要な道路，運輸，公共建築などの公共インフラ事業におけるプロジェクトファイナンスの活用案件であり，この期間中，世界の主要インフラプロジェ

表11-3 国際プロジェクトファイナンス銀行別引き受け実績（2007年）

2007		Total ($bn)	No. deals	Average U/W ($m)
Korea Development Bank	Korea	3.2	19	168
ICICI Bank	India	2.7	3	900
Dexia	Belgium	2.7	19	142
Santander	Spain	2.1	11	191
Royal Bank of Scotland	U.K.	1.6	12	133
UniCredito	Italy	1.6	10	160
HBOS	U.K.	1.6	9	178
HSBC	U.K.	1.5	5	300
Barclays	U.K.	1.3	10	130
Société Générale	France	1.3	9	144

（出所）Dealogic.

表11-4 国際プロジェクトファイナンス銀行別引き受け実績（2009年）

2009		Total ($bn)	No. deals	Average U/W ($m)
State Bank of India	India	5.1	10	510
Korea Development Bank	Korea	2.9	10	290
National Australia Bank	Australia	1.9	14	136
IDBI Bank	India	1.8	5	360
Santander	Spain	1.4	23	61
BBVA	Spain	1.4	20	70
Calyon	France	1.4	15	93
Westpac	Australia	1.3	4	325
Caixa Geral de Depositos	Spain	1.1	10	110
Sumitomo Mitsui	Japan	0.9	13	69

（出所）Dealogic.

クトファイナンスの約7割前後を占めるにいたっている．これらは1990年代初頭のイギリスにおけるPrivate Finance Initiative（PFI）によって大きく発展したが，現在，これらの事業はPublic-Private Partnerships（PPP）として知られている[6]．今後は，国際プロジェクトファイナンスの手法により開発途上国においても経済開発のためにより多くの活用が可能である．

また2009年実績で見ると，世界経済・金融危機の影響を受け，プロジェクトファイナンス総額が前年比減少する中で銀行融資が76％を占めて債券やエクイティ（株式）による調達を大きく上回るという特徴がある．

一方，プロジェクトファイナンスの銀行別引き受け実績を世界経済・金融危機発生直前の2007年（表11-3）と発生後の2009年（表11-4）でまとめると，以下の通り，英国など欧州の銀行が減少し，インド，豪州などアジア・オセアニアの銀行が増加しているという興味深い変化が見られる．世界経済・金融危機が中東欧を含めた欧州地域に大きく影響する一方，東アジア地域が相対的に

---

[6] Yescombe [2002, p. 6].

その影響が小さかったことに加えて，アジア・オセアニアの銀行における国際プロジェクトファイナンスの積極的取り組みの動きが，こうした地域別に見た銀行引き受け実績の変化にも反映している．ただし，邦銀の動きは余り活発化しておらず，三井住友銀行が下位に登場するにすぎない．

今後はさらに，その地域の国際プロジェクトファイナンスを主導する銀行のリスク・リターン評価の役割と融資引き受けの後，証券化などの手法により，一般投資家に売りさばく機能が，国際プロジェクトファイナンスを活用した地域の経済開発のために重要となる．次項以下では，アジア地域を中心として，いかなる基本構成が，効率と社会公正を可能にするか考察したい．

4 アジア・インフラ・デット・ファンド構想

銀行の果たす役割は，原債権の発掘，審査，ABS の組成，SPC の運営，投資家の発掘といった市場化商品にも結びついている．したがってプロジェクトファイナンスを通じた伝統的な銀行融資市場と債券市場の融合の道筋を探るためにまず，1997 年から 2000 年にかけて，本邦機関投資家の長期資金総額 10 億米ドルを調達し，アジア各国の必須のインフラ案件に投融資することを目的に検討されたデットファンド新設プロジェクトに着目したい．そのファイナンスの仕組みは図 11-2 に示される．

このインフラファンドは 1997 年のアジア通貨・金融危機以降の対象優良インフラ案件の減少などにより，2000 年 4 月に計画が中止されている．しかし検討段階において投資対象をインフラ・プロジェクトに限定し，シンガポール法人として設立されるファンド運営会社の投資委員会による案件ごとの精査に加えて，投資分散等によりポートフォリオのリスク軽減，質の維持を行うことで，欧米格付け機関からの A 格取得を可能にした．また，通貨は米ドル建てで日本や米国の投資家がアジア通貨の為替リスクをとる必要を無くしているが，日本以外のアジアの投資家が将来加わることで，アジア通貨建てやバスケット通貨建てのローン債権部分を導入できる可能性もあった．

このインフラファンドスキームは投資基準の策定やリスク分散の観点で優れている．将来，こうしたファンドによるボンド発行をアジア・ボンド市場の育成に活用する場合，この構想で着目すべき点は，案件採り上げの後に一般投資家にそのローン債権を売りさばく点にある．もし，この投資家を当初の日本や

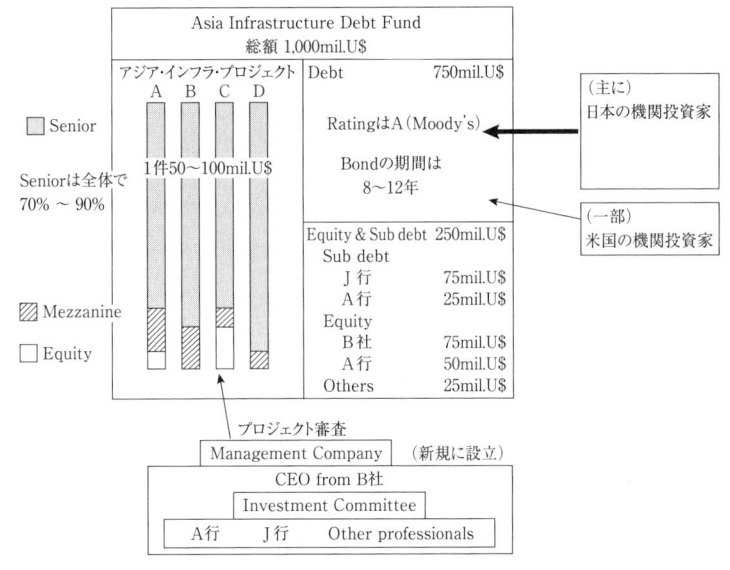

図 11-2　アジア・インフラ・デット・ファンド構想

```
┌─────────────────────────────────────────┐
│       Asia Infrastructure Debt Fund     │
│           総額 1,000mil.U$               │
│  アジア・インフラ・プロジェクト                  │
│     A  B  C  D    Debt      750mil.U$   │
│                                          │
│                   RatingはA(Moody's)  ←── (主に)
│    1件50～100mil.U$                        日本の機関投資家
│                   Bondの期間は
│                    8～12年            ←──
│                                          │
│                   Equity & Sub debt 250mil.U$
│                   Sub debt              │
│                     J行      75mil.U$   │
│                     A行      25mil.U$   ←── (一部)
│                   Equity                   米国の機関投資家
│                     B社      75mil.U$   │
│                     A行      50mil.U$   │
│                     Others   25mil.U$   │
└─────────────────────────────────────────┘
                    │
              プロジェクト審査
         ┌──────────────────────┐
         │ Management Company   │（新規に設立）
         │   CEO from B社       │
         │ Investment Committee │
         │ A行  J行  Other professionals │
         └──────────────────────┘
```

□ Senior
Seniorは全体で 70%～90%
▨ Mezzanine
□ Equity

（出所）山上秀文 [2003].

表 11-5　国際金融機関と日本の政府系銀行による事業別ポリティカルリスク保証（案）

1. 保証対象：対象プロジェクト会社からの元利払い（原則カバー率95%上限）
   ただし，次項のポリティカルリスク事由によって不払いとなった場合に限る
2. 対象ポリティカルリスク：
   以下の事由が発生し，一定の Cure Period（30～180日）内に解消しない場合には保証の対象とする.
   ・外貨交換・送金規制（トランスファーリスク）
   ただし，以下の場合においても，本行が政府と Indemnity Agreement 等を締結できる場合等にはケース・バイ・ケースで判断することとする.
   ・国有化・収用.
   ・戦争・内乱（保険付与が前提）.
   ・法制変更・政府（及び政府機関）の義務不履行.
3. 被保証人：
   銀行等（対象プロジェクト会社への貸付人），我が国の法人等. ただし，資産の流動化を目的とする特別目的会社（Special Purpose Company（SPC））については，ケースバイケースで検討.
4. 通貨：米ドルまたは円.
5. 保証期間：貸出実行日から最終償還日まで.
6. 準拠法：日本国法，ニューヨーク州法，イングランド法.

（出所）筆者作成.

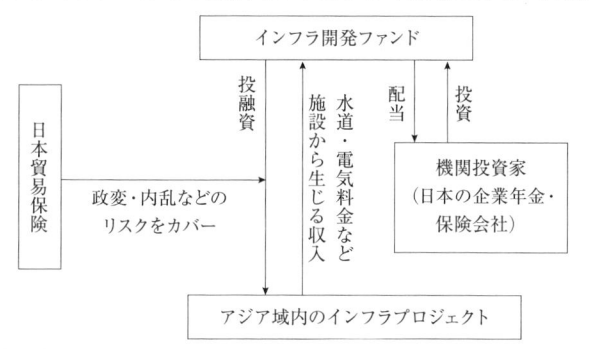

図 11-3 アジア・インフラ開発ファンド構想(タイ港湾プロジェクト向け)

```
                    ┌─────────────────┐
                    │ インフラ開発ファンド │
                    └─────────────────┘
                   投融資↑↓水道・  配当↑↓投資
                        │ 電気料金など      │
┌─────┐           │ 施設から      ┌─────────┐
│日本貿易保険│→政変・内乱などの│ 生じる収入   │機関投資家     │
│     │  リスクをカバー │            │(日本の企業年金・│
└─────┘           │            │ 保険会社)    │
                        │            └─────────┘
                    ┌─────────────────┐
                    │アジア域内のインフラプロジェクト│
                    └─────────────────┘
```

(出所)日本経済新聞(2010年1月22日付朝刊).

米国からさらに日本以外のアジア域内にも求めるなら,域内投資家がリスクとリターンを評価しながらプロジェクトの適否を判断するという事業仕分けの仕組みが自然にできる.ローン債権ではなく,ボンド発行による資金調達として,アジア債券市場の育成に活用することもできる.

また公的部門の事業支援として,国際金融機関と日本の政府系銀行が出資と案件審査に関与するほか,表 11-5 のとおり,対象プロジェクトのポリティカルリスクを保証し投資家のリスク軽減を図る点で,官民連携のもとでアジア地域において公共性を有する事業への支援構想でもあった.

このように多様な可能性を秘めつつ中止を余儀なくされたアジア・インフラ・デット・ファンド構想であったが,最近に至りその基本構成を活用して,経済産業省の研究会などで,タイの港湾プロジェクトで日本貿易保険の信用補完を加えて民間投資家のとるリスク軽減を図り,かつ公共性,公正性の観点から適切な事業仕分けを確保する枠組み(図 11-3)が検討されている[7].

こうした民間投資家からの資金調達と公的部門の関与によって,後述のレベニューボンドと同様にアジア域内の民間の視点で見た経済効率と社会公正を確保する構成となることが期待できる.

---

7) 経済産業省貿易経済協力局 [2009],同 [2010].

5　公的部門によるレベニューボンド（事業別歳入債）

前節で述べたアジア・インフラ・デット・ファンド構想とその発展形は道路や鉄道など，建設後一定の収入が見込める事業について有効である．そして民間主体によるリスクとリターンの評価と経済効率に軸足を置いてのプロジェクト選択が可能となる．

また，事業資金供与の負債（デット）形式としては債券（ボンド）ではなく，融資（ローン）が前提とされた．ローンとボンドの基本的な相違点はボンドがローンと比較して流動性が高い点にある．しかし国際プロジェクトファイナンスでは多くの場合，ボンドは市場で売却しないことを前提とする投資家に対して，私募の形式で発行されるため，流動性の点で実質的に両者の差は大きくない．民間銀行がリスクとリターンの面から事業仕分けに深く関与することが重要な多くのケースでは，ローンが採用されている．

しかし一般に経済開発のためのインフラ整備には，たとえば防災工事など，収益を十分に見込めない事業も少なくない．こうした事業には市場機能による経済効率の観点からは資金調達に先に述べた民間銀行や民間投資家の積極的な関与を期待することは難しい．したがって日本国内であれば租税の投入による公共投資，海外の経済開発であれば政府開発援助（Official Development Assistance, ODA）に多くを依存せざるを得ない．しかしそうした事業の中で建設後，充分ではなくても一定の収入が見込める事業については本節で述べる地方公共団体などの公的部門が主体となるレベニューボンド（事業別歳入債）の活用により，プロジェクトの経済効率の面からの一定の仕分けが可能となる．

レベニューボンド（事業別歳入債）はアメリカの地方政府によりデンバー空港建設プロジェクトなどで使われた事業目的別歳入債券を指す．それぞれの事業から得られる収益によって，債券の金利と元本が返済される債券である[8]．

アメリカの地方債制度では起債方法が大きく一般財源債（General Obligation Bond）と事業別歳入債（Revenue Bond）に分けられる．一般財源債が州・地方

---

8) レベニューボンドの定義は，吉野，Robaschik［2004］による．なお，アメリカの場合公的部門が投資家をより広く集めるために，レベニューボンドは免税債として発行される．その点では一般のプロジェクトファイナンスの民間債券と異なる．
9) アメリカの地方債制度については，秋山［1996］による．

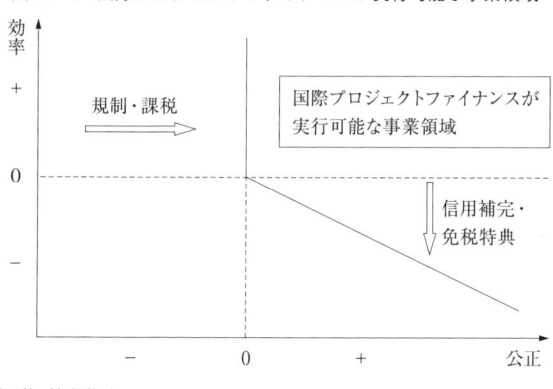

図11-4 国際プロジェクトファイナンスが実行可能な事業領域

(出所）筆者作成.

　政府が自らの全徴税権に基づく全信用力によって元利償還を保証した地方債であるのに対して，事業別歳入債は特定の事業から上がる収益や施設の利用料など「受益者負担」を償還財源とした地方債であり，対象となった事業の採算とリスクに応じて，金利と価格が決定される[9]．この点では，その性格は公共部門が主体となり債券による資金調達を行うプロジェクトファイナンスともいえる．

　免税特典などの一定の公的支援を前提としても，対象となる事業の収益性（限界生産性）が低い場合はレベニューボンド購入者がなく，効率性から見送るべき事業に仕分けされる．そして仕分けされて残ったプロジェクトの一件ごとに政策コスト分析を行い，非効率であっても公共性ならびに公正性の面から最低限行うべき財政投入について，そのコストを明示的にしながら適切な判断を行うことが，公的部門の財政規律維持のために有効である．米国内における最近のレベニューボンド発行事例として以下を参考に挙げておきたい．

　発行者：City and County of Denver, Colorado
　発行形式：Series 2010A Airport System Revenue Bonds
　発行額：Approximately $115million
　資金使途：Denver International Airport（Refinance）
　格付け：A＋Outlook Stable（Fitch,Feb.2010）

6 おわりに——経済開発における効率と公正

　本章で述べた民間の国際プロジェクトファイナンスや公的部門のレベニューボンドは，対象事業の効率性の誘因をもたらす．経済開発において効率性と公正性が求められるとすれば，少なくともこうした手法により効率性の観点からの事業仕分けがまず求められる．そして，社会公正から取り上げるべきと公的部門が判断する事業については，公的な信用補完や免税特典の付与により，その仕分け限界を引き下げることができる．逆に社会公正から見送るべきと判断される事業についてはレベニューボンド自体が発行されない．厳密な関係者間の契約関係を前提として，この市場と公的部門の関与による事業仕分けプロセスは，民間の国際プロジェクトファイナンスにおいても等しく活用できる．

　前節のレベニューボンドの可否は図11-4の概念図で見られる国際プロジェクトファイナンスが実行可能な事業領域にほぼ合致する．しかし原則としては，効率性が高い事業は民間主体の国際プロジェクトファイナンスで取り上げることとし，経済効率が低くても公共性が高く社会公正の上で取り上げるべき事業，すなわち図11-4で大きな信用補完や免税特典を要する事業は公的主体によるレベニューボンドによる資金調達というすみわけを図ることが適切である．

　東アジア域内でのこれら手法の活用による案件の仕分けとその金融市場育成の具体化が望まれる．

参考文献

Asian Policy Forum [2001] *Policy Recommendations for Designing New and Balanced Financial Market Structures in Post-Crisis Asia*, Asian Development Bank Institute-Forum Secretariat.

Hyun Suk, Toshihiro Nishizawa, Naoyuki Yoshino [2008] "Exploring the Use of Revenue Bond for Infrastructure Financing in Asia," *JBICI Discussion Paper No.15*, JBIC Institute, Japan Bank for International Cooperation.

Ito, Takatoshi [2004] "Promoting Asian Basket Currency Bond" Takatoshi Ito and Yung Chul Park ed., *Developing Asian Bond Markets*, Asian Pacific Press at the Australian National University.

Ito, Takatoshi [2007] "The Asian Currency Crisis and the IMF, Ten Years Later: Overview," *Asian Economic Policy Review*, vol. 2, no. 1: pp. 16-49

Kuroda, Haruhiko and Masahiro Kawai [2003] "Strengthening Regional Financial

Cooperation in East Asia" *PRI Discussion Paper Series* (No. 03A-10).

Menon, Jayant [2007a] "Dollarization and the Multiple Currency Phenomenon in Lao PDR: Costs, Benefits and Policy Options," *Discussion Paper*, 58, Tokyo: ADB Institute.

Menon, Jayant [2007b] "Dealing with Dollarization: What Options for the Transitional Economies of Southeast Asia?" *Discussion Paper*, the ADB workshop on Monetary and Exchange Rate Policies in selected ASEAN Countries, Ho Chi Minh City, 5-6.

World Bank [1993] *The East Asian Miracle-The Economic Growth and Public Policy*, Oxford University Press（白鳥正喜監訳 [1994]『東アジアの奇跡－経済成長と政府の役割』東洋経済新報社).

World Bank [1997] *Private Capital Flows to Developing Countries*, Oxford University Press.

Yamagami, Hidefumi [2009] "New State of Financial and Capital Markets in East Asia ――Cross Border Bonds towards Asian Currency Basket Denominated Bonds'" *Public Policy Review*, Vol. 5 No. 1, Policy Research Institute, Ministry of Finance, Japan pp. 45-62

Yescombe, E.R. [2002] *Principles of Project Finance*, Academic Press（佐々木仁訳 [2006]『プロジェクトファイナンスの理論と実務』(株)キンザイ).

Yescombe, E.R. [2007] *Public-Private Partnerships-Principles of Policy and Finance*, Butterworth-Heinemann.

Yoshino, Naoyuki, Hidefumi Yamagami and Wataru Takahashi [2007] *Pilot Study 2002 of Asian Bond Markets*, Keio University Press.

Yoshino, Naoyuki [2008] "Using Private-Sector Funding to Establish Fiscal Discipline: Improving Fiscal Policy Discipline by Introducing Revenue Bonds" Makoto Yano, ed., *The Japanese Economy-A Market Quality Perspective*, Keio University Press pp. 31-42.

赤井伸郎・篠原哲 [2001]『公共投資の効率化――PFI成功の鍵：第三セクターからの教訓』財務省地域自立研究会報告書.

秋山義則 [1996]「アメリカの地域開発とモーゲージ・レベニュー債」,『立命館国際研究』第8巻4号.

浅子和美・加納悟・倉澤資成 [2009]『マクロ経済学（第2版)』新世社.

池尾和人 [2006]『市場型間接金融の経済分析』日本評論社.

伊藤隆敏・小川英治・清水順子 [2007]『東アジア通貨バスケットの経済分析』東洋経済新報社.

小川英治 [2006]「東アジアにおける金融協力・通貨協調のあり方」, 小川英治・財務省財務総合政策研究所編『中国の台頭と東アジアの金融市場』日本評論社, pp. 177-195.

小川英治 [2009]『アジア・ボンドの経済学――債券市場の発展を目指して』東洋経済新報社.

加納悟・安井信之 [2001]「ダルエスサラームにおける生活水準と不平等度の経年変化」,『経済研究 Vol. 52, No. 1』, pp. 61-71.

加納悟 [2003]「アジアにおける地価形成」,『経済研究』Vol. 54, No. 4, pp. 327-335.

加納悟 [2006]『マクロ経済分析とサーベイデータ』岩波書店.

川村雄介・日本証券経済研究所［2007］『アジア証券市場と日本』金融財政事情研究会.
岸本周平［1999］「新宮澤構想の使命とアジア通貨基金」,『ファイナンス1999.5』, pp. 31-48.
絹川直良［2007］「アジア金融危機の教訓と対応」, 川村雄介・日本証券経済研究所編『アジア証券市場と日本』, pp. 11-41.
クラフト・ジョセフ［2007］「ヘッジ・ファンド業界の現状そして論点」,『関税・外国為替等審議会 外国為替等分科会資料』財務省ウェブサイト.
経済産業省貿易経済協力局［2009］『グローバル金融メカニズム分科会［第1-2回］議事要旨』経済産業省ウェブサイト.
経済産業省貿易経済協力局［2010］『グローバル金融メカニズム分科会［第3回］議事要旨』経済産業省ウェブサイト.
東京三菱銀行調査部［1999］『アジア経済・金融の再生』東洋経済新報社.
藤田誠一・小川英治［2008］『国際金融理論』有斐閣.
三菱UFJ投信［2007］『新興国通貨建て債券ファンド投資信託説明書(目論見書)』三菱UFJ投信.
村瀬哲司［2007］『東アジアの通貨・金融協力』勁草書房.
山上秀文［2002］「日本とアジア諸国の相互依存の深化と日本型金融システムの在り方」, 蝋山昌一編『金融システムと行政の将来ビジョン』財経詳報社, pp. 128-136.
山上秀文［2003］「アジア・ボンド市場の育成──ABS発行体スキーム試案」,『金融』pp. 8-15.
山上秀文［2006a］「東アジアの金融・資本市場のあり方-クロスボーダー債券からアジア通貨バスケット建て債券へ」,『フィナンシャル・レビュー』, pp. 22-36.
山上秀文［2006b］「アジア債券市場発達の鍵」, 小川英治・財務省財務総合政策研究所編 『中国の台頭と東アジアの金融市場』日本評論社, pp. 121-133.
山上秀文［2008］『東アジアの新しい金融・資本市場の構築』日本評論社.
山上秀文［2009］「アジア通貨建て債券の新しい仲介と構成」, 小川英治編『アジア・ボンドの経済学──債券市場の発展を目指して』東洋経済新報社, pp. 187-214.
山上秀文［2009］「東アジア金融協力の展開」, 西澤信善・北原淳編『東アジア経済の変容』晃洋書房, pp. 35-51.
山上秀文［2011］「経済開発に果たす国際プロジェクトファイナンスの役割」,『成城大学経済研究所 経済研究所年報』第24号, pp. 47-61.
吉冨勝［2003］『アジア経済の真実』東洋経済新報社.
吉野直行［2004］『アジア金融危機とマクロ経済政策』慶應義塾大学出版会.
吉野直行・Frank Robaschik［2004］「レベニュー・ボンド(事業別歳入債)による財政規律の構築」,『フィナンシャル・レビュー通巻第74号』, pp. 39-51.
吉野直行・犬飼重仁［2005］『アジアの金融市場』慶應義塾大学出版会.
吉野直行・前田充浩［2005］「減少傾向にある日本のODA. 途上国のインフラ整備に民間資本の活用を！」,『PHP Business Review 第14号』, pp. 54-58.
吉野直行［2007］「レベニューボンドとインフラ整備及び中小企業金融の証券化について」,『関税・外国為替等審議会 外国為替等分科会資料』財務省ウェブサイト.

第12章
日本・中国・韓国の経済構造変化と CO_2 排出量
―― 日中韓国際産業連関分析に基づく CO_2 国際収支 ――

長谷部勇一・藤川学・シュレスタ,ナゲンドラ
金丹・陳延天

1 はじめに

　地球温暖化問題のようなグローバルな環境問題を議論するためには,ある一国の環境負荷だけでなく,財・サービスの貿易を通じた環境負荷の国際的相互依存関係に注目することが必要である.特に,排出削減義務を有する国から有さない国への排出源が移転するカーボンリーケージ（Carbon leakage）を考慮する時,貿易を通じた環境負荷量を数量的に分析することは重要な意味を持つ. 2000年以降,グローバル化の中で中国,インド,ブラジルなど新興国の成長によって,先進国ではこれらの国からの輸入が急増し,環境負荷の国際的相互依存関係は一層拡大し,カーボンリーケージがより拡大している状況にある.
　本章では,国内生産だけでなく輸入財の生産に伴って発生する輸入先国での CO_2 排出量も全体として含める方法を明らかにした上で,1995年-2000年-2005年の日本,中国,韓国の国際産業連関表を用いて,経済構造変化に伴う CO_2 排出量の変化とその国際的依存関係の実証分析を行う.
　環境負荷の推計方法として,マクロ経済統計や産業連関表を用いたトップダウン型と個々の製品に着目するボトムアップ型の方法がある.生産に伴う環境負荷は,当該の財の生産過程で直接発生するものに加えて,その財の生産に必要な資源,燃料,原材料など,数多くの中間財の生産過程で発生する環境負荷を間接的に考慮することが必要である.そのため,多くの研究では中間財取引を含む産業連関表が使用されてきた.本章では,国際間の中間財,最終財の取引を含む国際産業連関表を利用して,各国の各産業で生産される財・サービスの CO_2 排出集約度を用いて,貿易を通じた CO_2 の国際収支を明らかにする.

これにより，日本など先進国が輸入によってどの程度CO_2排出を減少させ，逆に中国など新興国や途上国などが輸出によってどの程度CO_2排出を増加させているか，を明らかにする．

東アジア地域を対象にした国際産業連関表を利用した研究としては，藤川ほか［2002］，Manfred Lenzen, Lise-Lotte Pade & Jesper Munksgaard［2004］，井村ほか［2005］，羅［2006］，金本・外岡［2009］，下田ほか［2009］，星野・杉山・上野［2010］などがある．いずれも，アジア経済研究所で作成されたアジア国際産業連関表などをベースにして，各国，各産業のCO_2排出集約度の推計を行っている．国際産業連関表を利用することにより，他国で生産された財・サービスのCO_2排出を自国の生産で発生したCO_2排出に含めた計算が可能になる．しかし，これら既存研究の多くは，外生国からの輸入に伴うCO_2排出に関しては，外生国の生産条件やCO_2排出データが存在しないため，これらを捨象して内生国内の相互依存関係の分析しか行われていない．

本章では，藤川［2002］で提案された外生国のCO_2集約度を内生国のCO_2集約度の加重平均と仮定して内生化する方法を発展させて，内生国（中国，日本，韓国）および外生国（米国，EU，その他世界）のCO_2排出にかかわる相互依存関係を分析する．

2　モデルと分析方法

産業連関モデルの標準的な1国経済を対象とする方法によれば，環境負荷集約度（各産業の1単位当たりの生産に内包される環境負荷）は，次のように定式化される．

$$t = h(I-A)^{-1} \tag{12.1}$$

ここで，

$t = (t_1, t_2, ..., t_m)$　　t_i（i産業の環境負荷集約度）を要素とする行ベクトル

$h = (h_1, h_2, ..., h_n)$　h_i（i産業の1単位当たりの生産に伴い直接発生する環境負荷量を要素とする行ベクトル

A；$A = (a_{ij})$, 投入係数行列

I；単位行列

本章では，CO_2 を環境負荷量とするので，t_i は i 産業の 1 単位の生産に伴い直接的，間接的に排出された CO_2 となる．ここで，h_i を対角要素とする対角行列を $\langle h \rangle$ と表し，右から $(I-A)^{-1}$ を乗じると

$$T_{mat} = \langle h \rangle (I-A)^{-1} \tag{12.2}$$

という行列が得られる．これは，t_i を各産業別に分解したもので，i 列に注目すれば，i 産業の生産物 1 単位の生産に必要な各部門の中間財の生産から排出された CO_2 量を要素としたものである．したがって，T_{mat} の列和が t_i となっている．この T_{mat} を利用すると，この経済における最終需要（f：最終需要列ベクトル）を起源とする産業別の CO_2 排出量が $T_{mat}f$ で表されることになる．

本章では，日中韓の 3 国を内生国として，その他の国々をすべて外生国（ROW：Rest Of the World）とする国際産業連関モデルを使用する．基本的にはアジア経済研究所で作成される表の形式と同じであり，表 12-1 のような構造となっている．ROW からの中間財と最終財の内生国への産出は含まれるが，内生国から ROW への産出は部門別に計上されず，最終需要ブロックに輸出として 1 列に計上されている．

ここで，もし，表 12-2 のように ROW が完全に内生化されるとすれば，4 国モデルとして扱うことが可能になり，CO_2 排出量データも存在するとすれば，以下のようにして CO_2 集約度を計算することが可能になる．

$$\bar{t} = \bar{h}(I-\bar{A})^{-1} \tag{12.3}$$

ここで，

$\bar{t} = (t^C, t^J, t^K, t^R)$ ：中国，日本，韓国その他国々のそれぞれの部門の CO_2 集約度を並べた行ベクトル

$\bar{h} = (h^C, h^J, h^K, h^R)$ ：中国，日本，韓国，その他国々のそれぞれの部門の直接 CO_2 排出係数

$$A = \begin{pmatrix} A^{CC} & A^{CJ} & A^{CK} & A^{CR} \\ A^{JC} & A^{JJ} & A^{JK} & A^{JR} \\ A^{KC} & A^{KJ} & A^{KK} & A^{KR} \\ A^{RC} & A^{RJ} & A^{RK} & A^{RR} \end{pmatrix}$$ ：中国，日本，韓国，その他国々の投入係数ブロック行列

表 12-1 日中韓国際産業連関モデル

	Intermediate			Final Demand			Export	Total Output
	China	Japan	Korea	China	Japan	Korea		
China	Z^{CC}	Z^{CJ}	Z^{CK}	F^{CC}	F^{CJ}	F^{CK}	E^C	X^C
Japan	Z^{JC}	Z^{JJ}	Z^{JK}	F^{JC}	F^{JJ}	F^{JK}	E^J	X^J
Korea	Z^{KC}	Z^{KJ}	Z^{KK}	F^{KC}	F^{KJ}	F^{KK}	E^K	X^K
ROW	Z^{RC}	Z^{RJ}	R^{RK}	F^{RC}	F^{RJ}	F^{RK}		
VA	V^C	V^J	V^K					
Total Input	X^C	X^J	X^K					

表 12-2 完全国際間産業連関モデル

	Intermediate				Final Demand				Total Output
	China	Japan	Korea	ROW	China	Japan	Korea	ROW	
China	Z^{CC}	Z^{CJ}	Z^{CK}	Z^{CR}	F^{CC}	F^{CJ}	F^{CK}	F^{CR}	X^C
Japan	Z^{JC}	Z^{JJ}	Z^{JK}	Z^{JR}	F^{JC}	F^{JJ}	F^{JK}	F^{JR}	X^J
Korea	Z^{KC}	Z^{KJ}	Z^{KK}	Z^{KR}	F^{KC}	F^{KJ}	F^{KK}	F^{KR}	X^K
ROW	Z^{RC}	Z^{RJ}	R^{RK}	Z^{RR}	F^{RC}	F^{RJ}	F^{RK}	F^{RR}	X^R
VA	V^C	V^J	V^K	V^R					
Total Input	X^C	X^J	X^K	X^R					

表 12-3 拡張日中韓国際産業連関モデル

	Intermediate				Final Demand			Export	Total Output
	China	Japan	Korea	ROW	China	Japan	Korea		
China	Z^{CC}	Z^{CJ}	Z^{CK}	0	F^{CC}	F^{CJ}	F^{CK}	E^C	X^C
Japan	Z^{JC}	Z^{JJ}	Z^{JK}	0	F^{JC}	F^{JJ}	F^{JK}	E^J	X^J
Korea	Z^{KC}	Z^{KJ}	Z^{KK}	0	F^{KC}	F^{KJ}	F^{KK}	E^K	X^K
ROW	Z^{RC}	Z^{RJ}	R^{RK}	0	F^{RC}	F^{RJ}	F^{RK}	0	$\bar{X}^R$
VA	V^C	V^J	V^K	0					
Total Input	X^C	X^J	X^K	$\bar{X}^R$					

I:単位行列

しかしながら，ROW が外生化されているので，$A^{CR}, A^{JR}, A^{KR}, A^{RR}$ のデータは存在しない．そこで，表 12-3 のように，ROW の生産額を ROW から内生国の中間財，最終財の合計値を $\bar{X}^R$ と定義し，$A^{CR}=A^{JR}=A^{KR}=A^{RR}=0$（ゼロ行列）とすれば，形式的に 4 国モデルとなり，(12.3) 式で CO_2 集約度を定義できることになる．

ここで，行列 $\bar{A}$ を部分行列化し，次のようにブロックに分ける．

第12章　日本・中国・韓国の経済構造変化とCO_2排出量　　　　271

$$(I-\bar{A})^{-1} = \begin{bmatrix} I-A^{CC} & -A^{CJ} & -A^{CK} & O \\ -A^{JC} & I-A^{JJ} & -A^{JK} & O \\ -A^{KC} & -A^{KJ} & I-A^{KK} & O \\ \hline -A^{RC} & -A^{RJ} & -A^{RK} & I \end{bmatrix}^{-1}$$

第一ブロックは，3国モデルのレオンチェフ行列に相当するので，その逆行列をBとすれば，部分行列の逆行列展開により，

$$(I-\bar{A})^{-1} = \begin{bmatrix} B & O \\ A^R B & I \end{bmatrix} \tag{12.4}$$

となる．ここで，日中韓の3国とROWを分けるために，$t=(t^C, t^J, t^K)$ $h=(h^C, h^J, h^K)$ とおけば，$\bar{t}=(t, t^R)$，$\bar{h}=(h, h^R)$ となる．よって，(12.3) 式は，

$$(t, t^R) = (h, h^R) \begin{pmatrix} B & O \\ A^R B & I \end{pmatrix} \tag{12.5}$$

となるので，右辺を展開して，

$$t = hB + h^R A^R B \tag{12.6}$$
$$t^R = h^R \tag{12.7}$$

と解くことができる．これによれば，何らかの仮定で t^R を与えれば，内生国の3国のデータから計算される内生国で排出されたCO_2排出量 hB に外生国で排出された $h^R A^R B$ を加えることで，全体としてのCO_2排出量を計算することができるようになる．次に，各国各部門のCO_2集約度を分解するために，各部門での直接CO_2排出係数ベクトル $\bar{h}$ を対角行列化したものを $\langle \bar{h} \rangle$ とおけば，

$$\begin{aligned} \bar{T}_{mat} &= \langle \bar{h} \rangle (I-A^{-1}) \\ &= \begin{bmatrix} \langle h \rangle & O \\ \hline O & \langle h^R \rangle \end{bmatrix} \begin{bmatrix} B & O \\ \hline A^R B & I \end{bmatrix} \\ &= \begin{bmatrix} \langle h \rangle B & O \\ \hline \langle h^R \rangle A^R B & \langle \hat{h}^R \rangle \end{bmatrix} \end{aligned} \tag{12.8}$$

が得られる．(12.2)式と同様，列和が CO_2 集約度を表すことになる．この(12.8)式をもとにすることで，各国の最終需要と貿易を通じた CO_2 排出の国際的相互依存関係を分析することが可能になる．表 12-3 にあるように，国際産業連関表の最終需要ブロックには，自国内の産業から購入される財・サービスの他，他国からの購入も計上されている．たとえば，中国の列を見ると，F^{CC} は中国国内から購入された最終財，F^{JC} は日本から購入された最終財，F^{KG}，F^{RC} はそれぞれ韓国とその他の国々から購入された最終財を表している．

したがって，中国の最終需要ベクトルを $\bar{T}_{mat}$ に右から乗ずることで，中国の最終需要から誘発された各国の生産に伴う直接・間接の CO_2 排出量を計算することが可能になる．これを一般化して表せば，

$$\bar{F} = \begin{bmatrix} F^{CC} & F^{CJ} & F^{CK} & E^C \\ F^{JC} & F^{JJ} & F^{JK} & E^J \\ F^{KC} & F^{KJ} & F^{KK} & E^K \\ F^{RC} & F^{RJ} & F^{RK} & O \end{bmatrix}$$

とし，

$$F = \begin{bmatrix} F^{CC} & F^{CJ} & F^{CK} \\ F^{JC} & F^{JJ} & F^{JK} \\ F^{KC} & F^{KJ} & F^{KK} \end{bmatrix}, \quad F^R = (F^{RC}\ F^{RJ}\ F^{RK}), \quad E = \begin{pmatrix} E^C \\ E^J \\ E^K \end{pmatrix}$$

とおけば，

$$\bar{T}_{mat}\bar{F} = \begin{bmatrix} \langle h \rangle B & O \\ \hline \langle h^R \rangle A^R B & h^R \end{bmatrix} \begin{bmatrix} F & E \\ \hline F^R & O \end{bmatrix}$$
$$= \begin{bmatrix} \langle h \rangle BF & \langle h \rangle BE \\ \hline \langle h^R \rangle A^R BF + \langle h^R \rangle F^R & \langle h^R \rangle A^R BE \end{bmatrix} \quad (12.9)$$

この $\bar{T}_{mat}\bar{F}$ は，本章のデータセットにおいては各国，各地域15部門，最終需要は1部門であるので，60行×4列となる．右辺の $\langle h \rangle BF$ は，45行×3列の行列であり，その第1列は中国の最終需要にもとづく，中国，日本，韓国の各産業部門で誘発される CO_2 排出量となっている．第2列と第3列は同じ

く日本と韓国の最終需要にもとづく各国の各産業で誘発される CO_2 排出量であり，内生国内の CO_2 誘発構造を表している．$\langle h^R \rangle A^R BF$ は，15 行 × 3 列の行列であり，内生国の最終需要により内生国で誘発された生産のために，外生国から輸入された中間財に含まれる CO_2 排出量を表す．$\langle h^R \rangle F^R$ は 15 行 × 3 列の行列であり，内生国の最終需要のうち，外生国から直接輸入された最終財に含まれる CO_2 排出量を表す．$\langle h \rangle BE$ は 45 行 × 1 列の列ベクトルであり，内生国から外生国への輸出により内生国内で誘発された各産業の CO_2 排出量を表す．$\langle h^R \rangle A^R BE$ は 15 行 × 1 列の列ベクトルであり，内生国から外生国への輸出により内生国で誘発された生産のために，外生国から輸入された中間財に含まれる CO_2 排出量を表す．

したがって，$\bar{T}_{mat}\bar{F}$ の行和は内生化された 3 国と外生化された地域の各産業で排出された CO_2 排出総量を表す．これを各国，地域毎に集計すれば，各国，各地域内の生産に伴い排出された CO_2 総量となり，「生産ベース」の CO_2 排出量とも呼ばれる．これに対して，$\bar{T}_{mat}\bar{F}$ の列和は，内生化された 3 国と外生化された地域の最終需要を満たすために，各国，地域の各産業で排出された CO_2 排出総量を表す．また，それぞれの列を各国，地域毎に集計すれば，各国，地域の最終需要を満たすために排出された各国，地域で排出された CO_2 量となり，各国，地域内で発生した CO_2，各国，地域から輸入された CO_2 を表す．この列和は「消費ベース」の CO_2 排出量とも呼ばれる．

この $\bar{T}_{mat}\bar{F}$ の転置行列を $(\bar{T}_{mat}\bar{F})'$ とおいて，

$$\bar{T}_{mat}\bar{F} - (\bar{T}_{mat}\bar{F})' \tag{12.10}$$

をとれば，対角要素（自国の最終需要を満たすため，自国内で発生した CO_2 排出量）がゼロとなり，対角要素の右側の三角部分は，各行の国が輸出により他国のための生産に伴う CO_2 排出量と，各行の国の最終需要を満たすために輸入によって他国に発生させた CO_2 排出量の差となり，CO_2 排出の国際収支バランスを表すことになる．この値が黒字（プラス）であれば，全体として他国のために CO_2 排出を「肩代わり」したこと，赤字（マイナス）であれば，全体として他国へ CO_2 排出を「押し付け」たことを意味することになる．

次に，ROW の財の CO_2 排出集約度 t^R の決定モデルを示す．先に述べたように，もし表 12-2 のような世界全体の国際間産業連関表と各国・各産業部門の直接 CO_2 排出係数がわかれば，(12.3) 式によって，すべての国と地域の

CO_2 排出集約度は計算できることになる．しかしながら，通常は，費用と時間の関係で主要な対象国を内生国，それ以外の地域を「その他世界」(ROW) とし，ROW から輸入された財のみを内生国の投入として計上する形式の表が作成される．そのため，ROW からの輸入財に含まれる CO_2 排出を考慮できないので，通常は内生国内に限った CO_2 誘発構造や CO_2 貿易収支の分析が行われてきた．

たとえば，アジア経済研究所で作成されているアジア国際産業連関表は，日本とアメリカと中国を含む 10 ヶ国を内生国としたものであるが，ROW には EU や湾岸諸国などが含まれるため，それらの国・地域から輸入される財やそれに含まれる CO_2 排出は無視できるほど小さくはない．そこで，本章では ROW の CO_2 排出集約度を内生国の CO_2 排出集約度からの加重平均により計るという方法を用いる．方法としては，【1】内生国の算術平均をとる，【2】同じである（CO_2 排出集約度が低い）とみなす，【3】韓国と同じである（CO_2 排出集約度が中間的）とみなす，【4】中国と同じである（CO_2 排出集約度が高い）とみなす，という四つのケースを想定して推計を行う．したがって，本章は複数の結果が推計される一種のシナリオ分析になるが，これにより一定の幅をもった ROW からの CO_2 排出を含めた国際収支の分析が可能になる．

具体的な推計方法は，中国，日本，韓国の各産業の CO_2 排出集約度をそれぞれ t_i^C, t_i^J, t_i^K とおき，それぞれのウェイトを w_i^C, w_i^J, w_i^K とし，ROW の各産業の CO_2 排出集約度を t_i^R とおけば，その加重平均は，

$$t_i^R = w_i^C t_i^C + w_i^J t_i^J + w_i^K t_i^K \quad (\text{ただし}, w_i^C + w_i^J + w_i^K = 1) \tag{12.10}$$

となる．

これをベクトルと行列で表示すれば，

第 12 章　日本・中国・韓国の経済構造変化と CO_2 排出量

$$(t^R_1,...,t^R_n)=(t^C_1,...,t^C_n,t^J_1,...,t^J_n,t^K_1,...,t^K_n)=\begin{pmatrix} w^C_1 & O & \cdots & O \\ O & w^C_2 & \cdots & O \\ \vdots & & \ddots & \vdots \\ O & \cdots & \cdots & w^C_n \\ w^J_i & O & \cdots & O \\ O & w^J_2 & \cdots & O \\ \vdots & & \ddots & \vdots \\ O & \cdots & \cdots & w^J_n \\ w^k_1 & O & \cdots & O \\ O & w^K_2 & \cdots & O \\ \vdots & & \ddots & \vdots \\ O & \cdots & \cdots & w^K_n \end{pmatrix} \qquad (12.11)$$

となる．ここで，$t^C_i, t^J_i, t^K_i, t^R_i$ を要素とするベクトルをそれぞれ t^C, t^J, t^K, t^R とおき，また，w^C_i, w^J_i, w^K_i からなるウェイトを対角要素とする対角行列を $\langle w^C \rangle$, $\langle w^J \rangle, \langle w^K \rangle$ とおけば，(12.11) 式は，次のようにも表される．

$$t^R = h^R(t^C, t^J, t^K) \begin{bmatrix} \langle w^C \rangle \\ \langle w^J \rangle \\ \langle w^K \rangle \end{bmatrix} \qquad (12.12)$$

(12.2) 式を (12.6) 式に代入して t を求めることができる．本章では，ケース【1】では，$w^C_i = w^J_i = w^K_i = \frac{1}{3}$ とし，ケース【2】では，$w^J_i = 1$, $w^C_i = w^K_i = 0$, ケース【3】では，$w^K_i = 1$ $w^C_i = w^J_i = 0$ として，ケース【4】では，$w^C_i = 1$, $w^J_i = w^K_i = 0$ として，t^R を求めた．

3　データセット

3.1　日中韓 15 部門国際産業連関表について

1995 年表と 2000 年表に関しては，アジア経済研究所で作成された 10 ヶ国 24 部門表を 3 ヶ国 15 部門表に統合したものを利用した．2005 年表については，

以下のような方法で独自に推計した．まず，ベースとなる日本，中国，韓国の2005年表はOECDが公表している48産業部門表を利用し，それぞれの表を15部門に統合した．

国際交易の部分については，できるだけ既存の貿易データを利用することで，忠実に国際間の投入構造を反映しようと考え，貿易データに基づいた日中韓国際間貿易マトリックスを構築し，より精度の高い産業別中間需要計，中間投入計を推計したうえでRAS法により日中韓国際産業連関表を作成した．

具体的には，UN COMTRADEからStandard International Trade Classification, Third Revision (SITC.3)「国際標準貿易分類」に基づき，最も詳細的な貿易データ（4 and 5-digit）をとり，SITC-BEC (Broad Economic Categories) コード変換表を用いて，商品別国際貿易データを財別（中間財と最終財）に分ける[1)2)]．さらに，SITC-ISIC (International Standard Industrial Classification of All Economic Activities, Revision 3)「国際標準産業分類」対応表に基づき，商品別データを産業別データに変換する[3)]．変換されたISICベースの貿易データをISIC-AIOコード対照表に基づき，国際産業連関表の産業コードに変換を行う．以上の作業により，表12-1の灰色の部分（産業ベース）の行合計を得ることができる．総投入（総産出）と付加価値部分は日中韓各国の2005年OECD表からデータを入手できる．中間投入計（産業ベース）は総投入から付加価値とROWの輸入を除くことにより算出できる．また2005年OECD表の最終需要項目から最終財輸入を控除し，それと総産出との差を取ることにより中間需要計（産業ベース）を得ることができる．これらをベースとして，灰色部分の各マス目の交易額をRAS法によって推計した．

3.2　二酸化炭素排出量の推計

CO_2排出量については，各産業部門で燃焼されたエネルギー量をもとに，その炭素含有量の比率を掛けて推計した．CO_2排出は，セメント生産などからも

---

1) United Nations Statistics Division (http://unstats.un.org/unsd/cr/registry/regdnld.asp?Lg=1)
2) SITCはHS (Harmonized Commodity Description and Coding System)「品目銘柄の統一とコード化体系」より分類が粗くなる可能性があるものの，分類上の特徴として，製造に使われた原料，製造段階，商品の使用，技術的進歩などを反映している．
3) Eurostat correspondence tables (http://ec.europa.eu/eurostat/ramon/relations/index.cfm?TargetUrl=LST_LINK&StrNomRelCode=SITC % 20REV. % 203 % 20- % 20ISIC % 20REV. % 20 3&StrLanguageCode=EN)

排出されるが，本章では考慮されていない．エネルギー消費量は，IEA（世界エネルギー機関）が公表するエネルギーバランス表（Energy statistics and balances of OECD (Non-OECD) countries）の統計を用いた．この統計では日本，中国，韓国のエネルギーバランスデータが熱量（TOE）ベースで得られる．対象としたエネルギーは，石炭，石油，天然ガスであるが，原油と石油製品を統合して「石油」として扱った．エネルギーバランス表での部門分類は13部門であるが，日中韓での貿易関係に注目して，「機械」を「一般機械」，「電子電気製品」，「その他電気製品」の三つに細分し，エネルギー消費量を各部門の生産量より按分比例した．CO_2の排出については，化石燃料の消費燃料に排出係数（石炭 4.018 トン／Toe，石油 3.313 トン／Toe，天然ガス 2.317 トン／Toe，いずれも CO_2 換算）を乗じることで計算した．

4 実証結果

4.1 マクロ経済構造の変化と CO_2 排出

CO_2 排出量の分析の前に，日中韓国際産業連関表に基づいた 1995 年-2000 年-2005 年にかけてのマクロ経済構造の推移とその特徴を見ておこう．表 12-4 は，3ヶ国の名目の総生産額の推移を見たものである．中国は一貫して生産を大きく増加しており，1995 年から 2000 年にかけて約 1.87 兆ドルから約 3.11 兆ドル（＋66.0%）へ，2005 年には約 6.62 兆ドル（＋112.9%）となり，1995 年から 10 年間で 253.4% の増加率（年率換算 28.7%）を示した．次いで韓国は，1997 年のアジア通貨危機の影響もあり，1995 年から 2000 年にかけて約 1.06 兆ドルから 1.20 兆ドル（＋13.4%）程度の成長であったが，その後急速に回復し 2005 年には 2.02 兆ドル（＋68.3%）へと大きく伸ばし，1995 年から 10 年間で 90.8% の増加率（年率換算 13.8%）を示した．他方，日本は平成不況が長引き，1995 年から 2000 年にかけて 9.75 兆ドルから 8.68 兆ドル（－10.9%）へと減少し，2005 年には，8.82 兆ドル（＋1.6%）とやや回復したものの，1995 年から 10 年間では －9.5% の減少率（年率換算 －2.0%）となった．表 12-5 は，国内総生産（名目 GDP）の推移を見たものであるが，GDP の変化の傾向も総生産とほぼ同じである．各年の GDP 変化率を総生産変化率と比較すれば，中国で約 10% から 40% 低く，韓国でも約 5% から 20% 低く，日本でも約 1% から 3% 低くなっている．これは，GDP に比して総生産が大きく成長したことを意味し，各国とも中間

表12-4 日中韓総生産額の推移

(百万，名目 US $)

	1995	2000	2005
China	1,874,521	3,111,142	6,623,896
Japan	9,745,931	8,682,268	8,818,859
Korea	1,058,498	1,200,093	2,020,084

表12-5 日中韓 GDP の推移

(百万，名目 US $)

	1995	2000	2005
China	719,787	1,115,516	2,257,979
Japan	5,165,066	4,649,855	4,589,676
Korea	487,618	530,355	831,916

表12-6 日中韓 CO_2 排出総量の推移

(CO_2換算，千 t)

	1995	2000	2005
China	3,077,144	3,066,616	4,989,614
Japan	1,238,195	1,308,604	1,254,710
Korea	384,083	521,103	456,071

財需要向けの生産が拡大していることを示している．

次に，本章で推計した各国の CO_2 排出量を見てみよう．表12-6によれば，中国が1995年の約30.8億トンから2000年の約30.7億トンとやや排出量を減少させたものの，2005年には49.9億トンと大きく増加させ，10年間で＋62.6%，年率換算で＋10.1%の増加を示し，CO_2 排出大国となったことがわかる．次いで韓国は1995年の約3.8億トンから2000年の約5.2億トンへと大きく増加させたが，2005年には約4.6億トンと減少し，10年間で見ると＋18.7%，年率換算で＋3.5%の増加となった．日本は，1995年の約12.4億トンから2000年の約13.1億トンへと増加したが，2005年には約12.5億トンへとやや減少させ，10年間では＋1.3%，年率換算で0.3%の増加を示した．

次に，マクロレベルの排出係数，すなわち，総生産1単位当たりの CO_2 排出量の推移を見たものが，図12-1である．これによると，中国の値は，水準そのものは高いものの，この10年間で1.642→0.986→0.753と大きく減少させ，－54.1%（年率換算－14.4%）だったことがわかる．韓国の値も，0.363→0.434→0.226と10年間でみると－37.8%（年率換算－9.1%）と減少となった．それに対し日本の値は，0.127→0.151→0.142と2005年にはやや改善したが，10年

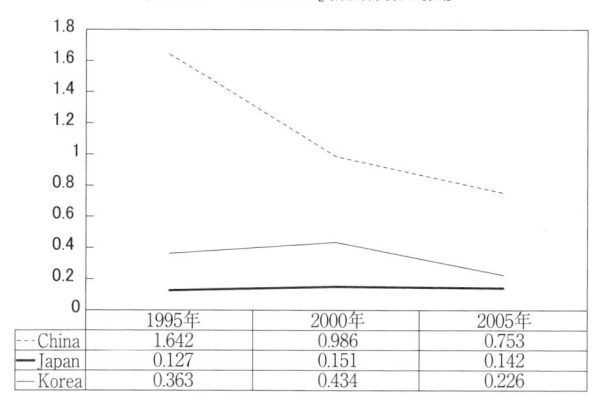

第12章 日本・中国・韓国の経済構造変化とCO₂排出量　　279

図12-1　マクロCO_2排出係数の推移

	1995年	2000年	2005年
---China	1.642	0.986	0.753
―Japan	0.127	0.151	0.142
―Korea	0.363	0.434	0.226

図12-2　GDP当たりCO_2排出量の国際比較

（単位：CO_2　Kg/USドル）

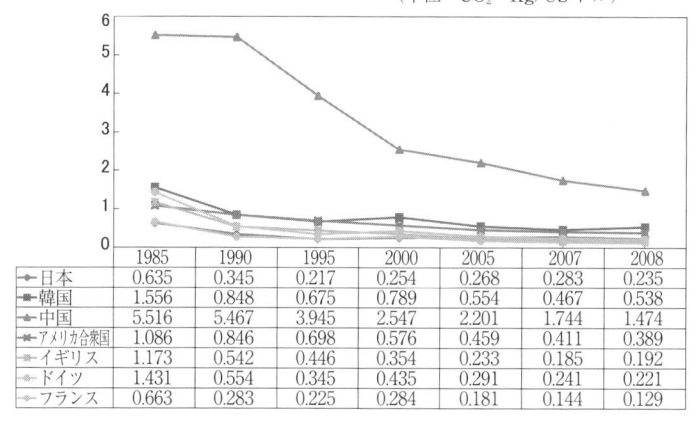

	1985	1990	1995	2000	2005	2007	2008
日本	0.635	0.345	0.217	0.254	0.268	0.283	0.235
韓国	1.556	0.554	0.675	0.789	0.554	0.467	0.538
中国	5.516	5.467	3.945	2.547	2.201	1.744	1.474
アメリカ合衆国	1.086	0.846	0.698	0.576	0.459	0.411	0.389
イギリス	1.173	0.542	0.446	0.354	0.233	0.185	0.192
ドイツ	1.431	0.554	0.345	0.435	0.291	0.241	0.221
フランス	0.663	0.283	0.225	0.284	0.181	0.144	0.129

間で見ると＋1.3％（年率換算＋0.3％）の増大を示した．

　このマクロレベルの推移は，UNFCCCのデータでも同様の傾向が確認される．図12-2では，GDP当たりCO_2排出量の推移を見たものであるが，中国は1985年から2005年にかけて急速に値を下げていること，そして2005年以降もペースは落ちるものの着実に下げていることが注目される．日本も1995年までは順調に値を下げてきたが，その後上昇傾向となった．2008年にはリーマンショックの影響もあり若干下げたものの，アメリカ，フランス，ドイツ，イギリスなどが順調に低下傾向にあり，2000年では先進国のなかで最小だっ

表 12-7　日中韓の部門別 CO_2 排出集約度（2005年）

中　国

		農林水産	鉱業	食品タバコ	繊維衣服	木材木製品	石油石炭製品	化学製品	非金属鉱物製品	金属製品	一般機械	電子電気製品	その他電気製品	輸送機械	その他製造製品	サービスその他	平均
ROW からの CO_2 排出を含む	[1] 3ヶ国平均基準	0.856	1.244	1.061	1.181	1.518	5.293	1.745	3.634	2.687	1.649	1.403	1.385	1.519	1.648	2.408	1.95
	[2] 日本基準	0.813	1.164	0.999	1.097	1.415	5.180	1.643	3.530	2.562	1.523	1.231	1.255	1.410	1.583	2.326	1.85
	[3] 韓国基準	0.823	1.181	1.018	1.126	1.443	5.198	1.661	3.553	2.590	1.551	1.273	1.286	1.435	1.600	2.346	1.87
	[4] 中国基準	0.931	1.390	1.166	1.321	1.697	5.510	1.928	3.827	2.916	1.879	1.719	1.623	1.718	1.763	2.556	2.13
ROW からの CO_2 排出を含まない	[5]	0.779	1.109	0.953	1.037	1.337	5.097	1.559	3.452	2.470	1.435	1.111	1.163	1.334	1.534	2.270	1.78

日　本

		農林水産	鉱業	食品タバコ	繊維衣服	木材木製品	石油石炭製品	化学製品	非金属鉱物製品	金属製品	一般機械	電子電気製品	その他電気製品	輸送機械	その他製造製品	サービスその他	平均
ROW からの CO_2 排出を含む	[1] 3ヶ国平均基準	0.314	0.324	0.267	0.328	0.410	1.326	0.667	0.980	0.666	0.345	0.430	0.336	0.356	0.575	0.316	0.51
	[2] 日本基準	0.276	0.292	0.220	0.262	0.350	1.113	0.554	0.910	0.576	0.282	0.327	0.275	0.279	0.519	0.288	0.43
	[3] 韓国基準	0.287	0.300	0.238	0.286	0.369	1.140	0.561	0.928	0.592	0.299	0.355	0.293	0.301	0.537	0.295	0.45
	[4] 中国基準	0.378	0.380	0.342	0.434	0.512	1.764	0.880	1.106	0.834	0.459	0.619	0.444	0.490	0.668	0.366	0.65
ROW からの CO_2 排出を含まない	[5]	0.247	0.271	0.186	0.213	0.305	0.940	0.462	0.854	0.511	0.239	0.254	0.231	0.227	0.476	0.268	0.38

韓　国

		農林水産	鉱業	食品タバコ	繊維衣服	木材木製品	石油石炭製品	化学製品	非金属鉱物製品	金属製品	一般機械	電子電気製品	その他電気製品	輸送機械	その他製造製品	サービスその他	平均
ROW からの CO_2 排出を含む	[1] 3ヶ国平均基準	0.471	0.381	0.444	0.632	0.623	1.196	0.761	1.302	0.841	0.512	0.597	0.521	0.561	1.145	0.653	0.71
	[2] 日本基準	0.418	0.330	0.364	0.532	0.511	0.972	0.581	1.213	0.676	0.392	0.412	0.411	0.420	1.020	0.588	0.59
	[3] 韓国基準	0.428	0.339	0.389	0.562	0.543	0.999	0.594	1.231	0.702	0.416	0.455	0.434	0.449	1.051	0.602	0.61
	[4] 中国基準	0.567	0.479	0.581	0.800	0.819	1.655	1.096	1.468	1.150	0.734	0.939	0.724	0.820	1.367	0.774	0.93
ROW からの CO_2 排出を含まない	[5]	0.377	0.294	0.304	0.460	0.427	0.791	0.430	1.145	0.558	0.313	0.282	0.333	0.325	0.928	0.546	0.50

た値が，2008 年ではフランス，イギリス，ドイツに抜かれていることがわかる．

4.2　CO_2 排出集約度

日中韓 3 ヶ国の CO_2 排出集約度については，本章では，(12.6) 式，(12.7) 式，(12.12) 式により，ROW からの輸入財に含まれる CO_2 排出量を考慮した CO_2 排出集約度の計算を行った．具体的な計算式については，(12.12) 式のウェイト行列を W とおけば，$t^R = tW$ となるので，，(12.6) 式と (12.7) 式より，

$$t = hB + tWA^R B \tag{12.13}$$

となる．これより，t を求めても良いが，$B = (I-A)^{-1}$ であることを考慮して，(12.13) 式の両辺に $(I-A)$ を右から掛けることにより，

$$t(I-A) = h + tWA^R$$

となるので，この式から t を未知数として求めて

$$t = h\{I - (A + WA^R)\}^{-1} \tag{12.14}$$

により，t と t^R を求めた．本章では，各年の市場為替レートにより各国通貨単位を US \$ に変換した CO_2 排出集約度となっており，単位は，1000t／百万 US \$ （または，Kg／US \$）である．

また W，すなわち日中韓のウェイトの想定より，四つのケースにもとづいた CO_2 排出集約度を求めたが，特殊ケースとして $W_i^C = W_i^J = W_i^K = 0$ とおくことで ROW からの CO_2 排出を含めず，内生国内の直接・間接の CO_2 排出のみを考慮した CO_2 排出集約度を得ることができるので，それをケース【5】として計算を行った．

2005 年に関する結果が表 12-7 である．まず，ケース【1】をもとにして，それぞれの国の部門別の大きさを見ると，中国については，石油石炭製品（3 ヶ国平均の集約度；5.29. 以下同じ）がトップであり，続いて金属製品 (2.69)，サービスその他 (2.41)，一般機械 (1.65)，輸送機械 (1.52) となっている．サービスその他には，通常のサービス部門の他に電力・ガス部門が含まれているため，比較的高くなっている．集約度の低い部門としては，農林水産 (0.86)，食品・タバコ (1.66)，繊維衣服 (1.18)，鉱業 (1.24) となっており，第一次産業と軽工業が並んでいる．

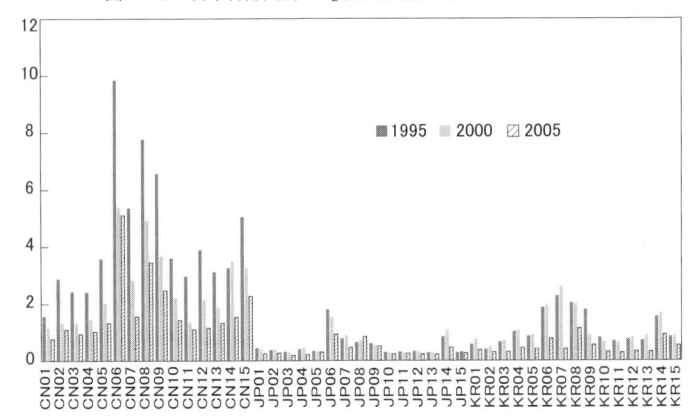

図12-3 日中韓部門別 CO_2 排出集約度（平均基準の推移）

次に日本については，中国と同様，石油・石炭製品（1.33）がトップで，続いて，非金属鉱物製品（0.98），化学製品（0.67），金属製品（0.67），その他製造業品（0.58）となっている．韓国については，非金属鉱物製品（1.30）がトップであり，石油・石炭製品，その他製造品（1.15），金属製品（0.84），木材木製品（0.62）が続いている．また，低い部門としては，食品・タバコ（0.27），農林水産（0.31），サービスその他（0.32），鉱業（0.32）であり，第一次産業と軽工業とサービス部門が続いている．韓国に関しては，集約度の高い部門が，非金属鉱物製品（1.30），石油・石炭製品（1.20），その他製造品（1.15），金属製品（0.67）であり，低い部門が，鉱業（0.38），食品・タバコ（0.44），農林水産（0.47）となっており，全体的に日中韓でおなじような傾向を持っていることがわかる．

また，国の比較では全体として中国の各部門がかなり高い値（15部門の平均値として，1.95）となり，続いて韓国（0.71），日本（0.51）となる．日本の各部門が全体的に低いが韓国との差は少なく，石油石炭製品部門のみであるが韓国のほうが低い部門がでていることは注目される．

1995-2000-2005年の推移を見たものが，図12-3である．これによれば，3国とも集約度の高い部門と低い部門の傾向はほぼ同じであることがわかる．その推移を見ると，中国のすべての部門が集約度を大きく減少させていることが注目される．15部門の平均でみると，4.29→2.57→1.95であり，全体で55％の減少となっている．

部門別に見ると，化学製品が67％減，その他電気機械が64％減，木材木製

第12章 日本・中国・韓国の経済構造変化とCO_2排出量

図12-4 日中韓のCO_2排出集約度の相対比較

(2005年, 3ヶ国平均=100%)

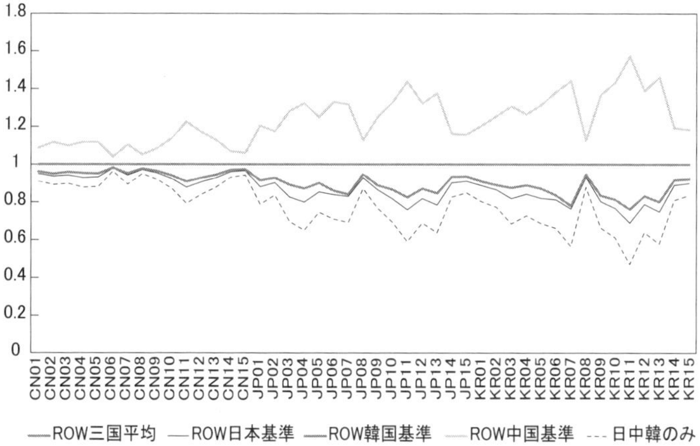

―― ROW三国平均 ―― ROW日本基準 ―― ROW韓国基準 ―― ROW中国基準 --- 日中韓のみ

品が58%減となっており，いずれも1995年から2000年にかけてCO_2排出集約度を大きく減少させたことがわかる．

日本は，部門の平均が1995年から2000年にかけてやや上昇し（0.54→0.55），2000年から2005年にかけて減少し（0.55→0.51），全体として6%の減にとどまっている．部門別に見ると，その他製造品（−33%），農林水産（−29%）など減少した部門があるものの，非金属鉱物製品（＋49%），電子電気機械（＋34%），輸送機械（＋24%）など大幅に増加した部門もあり，金属，一般機械部門を中心にCO_2排出集約度が増加傾向にあることが注目される．

韓国については，部門平均集約度が，1.14→1.15→0.71と推移しており，1995年から2000年にかけて若干増加したものの，2000年から2005年にかけて大きく減少させ，全体として38%の減となっている．部門別に見ると，化学製品（−67%），金属製品（−53%），一般機械（−39%），繊維衣服（−39%），非金属鉱物製品（−36%），石油・石炭製品（−36%）と重工業部門を中心に大幅に減少させたことが注目される．

次にウェイトの相異によるCO_2排出集約度の相異について2005年時点で見たものが，図12-4である．表12-3におけるケース【1】の3ヶ国平均のCO_2排出集約度の各部門の値を100%とした場合の他の四つのケースの相対的大きさを折れ線グラフにしたものである．投入技術や省エネ技術などの要因から，

図12-5 日中韓のCO_2排出集約度の相対比較

(1995年,3ヶ国平均=100%)

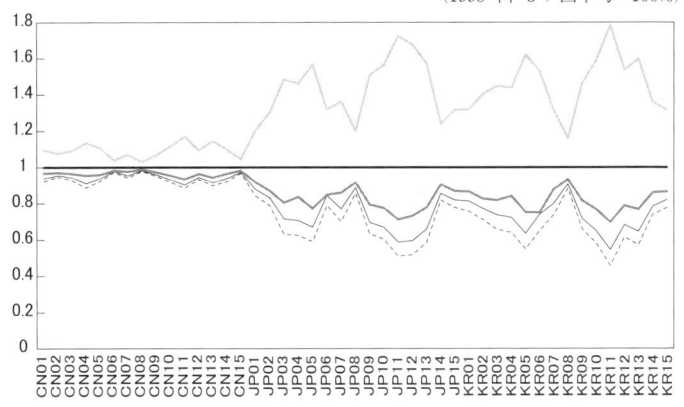

――算術平均 ――日本基準 ――韓国基準 ……中国基準 ---日中韓のみ

中国を基準とするケース(ROWからの輸入財が中国のCO_2排出集約度であると仮定)が最も高くなる.続いて,3ヶ国平均,韓国規準,日本基準となる.ケース【5】は,ROWからの輸入に伴うCO_2排出を含めないので当然一番低い値をとっている.

また,参考のために図12-5が,1995年時点の相異である.先に見たように1995年から2005年にかけて,特に中国,韓国の各部門のCO_2集約度が大幅に減少しているので,日本を含む3ヶ国平均で定義されたROWの集約度も減少していることになる.1995年と比べると2005年のウェイトによる相異が全体として小さくなっている.

全体的に見ると,二つの時点とも,中国の各部門の集約度はウェイトの違いによる相異が少なくないが,日本と韓国は非金属鉱物製品とその他製造品を除いた部門ではかなり大きな相違がみられる.これらの部門はROWからの中間財輸入が比較的大きいため,ROWの中間財のCO_2排出集約度の与え方で大きな相違が出てきたことを示している.

最後に,内生国である日中韓の2005年のCO_2排出集約度(3ヶ国平均基準)を国別に分解してみたのが,図12-6である.$\tilde{T}_{max}$の各列の要素を国ごとに集計すれば,各国のそれぞれの部門で1単位の生産を行った際に各国内で排出される直接・間接のCO_2排出量を得る.これを元にして,各国各部門のCO_2排

第12章　日本・中国・韓国の経済構造変化とCO_2排出量　　　285

図12-6　日中韓部門別CO_2排出集約度国別構成比

（2005年，3ヶ国平均基準）

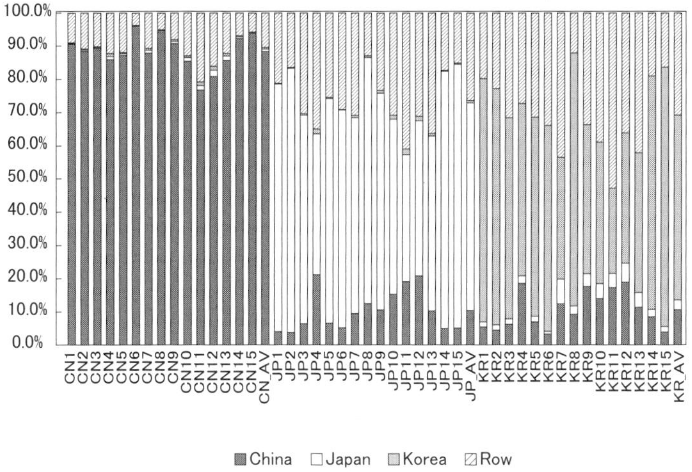

■ China　□ Japan　▨ Korea　▨ Row

出集約度を100％とした時に，自国および他国で誘発されるCO_2量の割合で示す．

　まず，中国について見ると，全体的には，CO_2排出集約度の3ヶ国平均値（1.95）の88.3％が自国内から，0.7％が日本から，0.5％が韓国から，10.4％がROWから排出されることがわかる．他国と比べると自国の割合が高いのが特徴であり，電子電気部門（76.8％），その他電気製品部門（80.9％）がやや低く，ROWからのCO_2誘発が，それぞれ20.8％，16.1％とやや高くなっている．

　それに対して，日本と韓国は自国の割合が低く，ROWと中国からのCO_2排出が高くなっている．日本については，平均値（0.51）の62.6％が自国から排出されるが，中国から10.3％，韓国から0.7％，ROWから26.4％が排出されており，ROWや中国からの排出割合が高くなっている．部門別ではさらに他国からの誘発割合が高くなり，電子電気製品部門は自国が38.2％，ROWが40.9％，中国が19.1％になっており，60％以上もの割合が他国から排出されている．次いでその他電気製品部門は自国から46.7％，ROWが31.1％，中国が20.8％であり，繊維衣服部門も自国が42.5％，ROWが34.9％，中国が21.1％となっており，60％弱の割合で他国から排出されていることになる．韓国については，さらに他国に依存した排出となっており，集約度の平均（0.71）の

55.7％が自国から，中国から10.5％，日本から3.1％，ROWから30.7％となっており，日本以上に他国からの排出割合が高くなっている．部門別に見ると，電子電気製品部門は自国割合が25.6％しかなく，ROWから52.8％，中国から17.3％，日本から4.2％となっており，約4分の3の割合で他国からCO_2を排出していることになる．その他，化学製品部門36.7％，その他電気製品部門39.3％，輸送機械部門42.1％が自国排出であり，60％前後の割合で他国から排出されていることになる．

以上のように，CO_2排出集約度の値は，自国だけではなく他国からの排出にも大きく依存すること，特に日本や韓国の場合はその割合が高く，ROWからの輸入財に含まれるCO_2排出が無視できないことがわかる．

4.3　CO_2誘発構造とCO_2国際収支バランス

ここでは，各国の最終需要に基づき各国とROWへの生産が誘発され，それに伴ってどの程度のCO_2排出がなされたかを（12.9）式によって誘発分析の手法で明らかにする．本章では，誘発されたCO_2排出を日中韓3ヶ国の国内だけでなく，中間財と最終財の輸入に伴うROWで誘発されたCO_2排出を考慮するので，ROWから輸入される各部門の財のCO_2排出集約度の想定により，三つのケース（ケース【1】3ヶ国平均基準，ケース【2】日本基準，ケース【4】中国基準）で推計を行った．この場合，ROWで発生するすべてのCO_2排出が考慮されるわけではなく[4]，ROWから日中韓3国へ輸出される財の生産にのみ関わるCO_2排出が含まれることに留意する必要がある．

ROWからの輸入財のCO_2排出集約度を日中韓の3ヶ国の平均としたケースを中心に見てみよう．表12-8（1），表12-9（1），表12-10（1）は，1995年，2000年，2005年のCO_2誘発構造を表したものである．表を行方向に見ると，各国の最終需要とROWへの輸出によりどのくらいのCO_2排出が誘発されたかを示す．たとえば，表12-10（1）の第1行目の中国は，中国国内最終需要を原因として中国国内で約44.9億トンが排出され，日本の最終需要（日本への輸出）により約1.5億トン，韓国の最終需要（韓国への輸出）により約0.5億トン，ROWへの輸出により約3.1億トン，計約49.9トンのCO_2が中国国内で排出されたことを示しており，これを生産ベースのCO_2排出量と呼ぶ．これに対し，

---

[4] ROWで発生したすべてのCO_2排出を計算するためには，ROWを含む完全な国際間産業連関表とROWの各部門の直接CO_2排出係数を必要とする．

第12章 日本・中国・韓国の経済構造変化とCO_2排出量

表12-8　1995年：CO_2誘発分析

(1) CO_2誘発量

3ヶ国平均	China	Japan	Korea	ROW	Total
China	2,352,232	157,443	43,963	523,505	3,077,144
Japan	10,805	1,112,119	11,857	103,414	1,238,195
Korea	13,532	17,272	276,077	77,202	384,083
Row	318,041	952,618	293,885	137,395	1,701,939
	2,694,610	2,239,452	625,782	841,516	6,401,360
中国基準	China	Japan	Korea	ROW	Total
China	2,352,232	157,443	43,963	523,505	3,077,144
Japan	10,805	1,112,119	11,857	103,414	1,238,195
Korea	13,532	17,272	276,077	77,202	384,083
Row	740,590	2,288,570	700,914	324,734	4,054,808
Total	3,117,160	3,575,404	1,032,811	1,028,855	8,754,230
日本基準	China	Japan	Korea	ROW	Total
China	2,352,232	157,443	43,963	523,505	3,077,144
Japan	10,805	1,112,119	11,857	103,414	1,238,195
Korea	13,532	17,272	276,077	77,202	384,083
Row	59,431	179,283	57,040	25,504	321,258
Total	2,436,000	1,466,117	388,937	729,625	5,020,680

(2) CO_2誘発依存度

3ヶ国平均	China	Japan	Korea	ROW	Total
China	76.4%	5.1%	1.4%	17.0%	100.0%
Japan	0.9%	89.8%	1.0%	8.4%	100.0%
Korea	3.5%	4.5%	71.9%	20.1%	100.0%
Row	18.7%	56.0%	17.3%	8.1%	100.0%
Total	42.1%	35.0%	9.8%	13.1%	100.0%
中国基準	China	Japan	Korea	ROW	Total
China	76.4%	5.1%	1.4%	17.0%	100.0%
Japan	0.9%	89.8%	1.0%	8.4%	100.0%
Korea	3.5%	4.5%	71.9%	20.1%	100.0%
Row	18.3%	56.4%	17.3%	8.0%	100.0%
Total	35.6%	40.8%	11.8%	11.8%	100.0%
日本基準	China	Japan	Korea	ROW	Total
China	76.4%	5.1%	1.4%	17.0%	100.0%
Japan	0.9%	89.8%	1.0%	8.4%	100.0%
Korea	3.5%	4.5%	71.9%	20.1%	100.0%
Row	18.5%	55.8%	17.8%	7.9%	100.0%
Total	48.5%	29.2%	7.7%	14.5%	100.0%

(3) CO_2排出起源

3ヶ国平均	China	Japan	Korea	ROW	Total
China	87.3%	7.0%	7.0%	62.2%	48.1%
Japan	0.4%	49.7%	1.9%	12.3%	19.3%
Korea	0.5%	0.8%	44.1%	9.2%	6.0%
Row	11.8%	42.5%	47.0%	16.3%	26.6%
Total	100.0%	100.0%	100.0%	100.0%	100.0%
中国基準	China	Japan	Korea	ROW	Total
China	75.5%	4.4%	4.3%	50.9%	35.2%
Japan	0.3%	31.1%	1.1%	10.1%	14.1%
Korea	0.4%	0.5%	26.7%	7.5%	4.4%
Row	23.8%	64.0%	67.9%	31.6%	46.3%
Total	100.0%	100.0%	100.0%	100.0%	100.0%
日本基準	China	Japan	Korea	ROW	Total
China	96.6%	10.7%	11.3%	71.7%	61.3%
Japan	0.4%	75.9%	3.0%	14.2%	24.7%
Korea	0.6%	1.2%	71.0%	10.6%	7.7%
Row	2.4%	12.2%	14.7%	3.5%	6.4%
Total	100.0%	100.0%	100.0%	100.0%	100.0%

表を列方向に見ると，各国の最終需要に対応した生産に伴い，自国内および他国，ROW でどのくらいの CO_2 を排出させたかを示す．第1列は，中国の最終需要が起源となって総計約49.5億トンの CO_2 が排出され，そのうち中国国内で約44.9億トン，日本からの輸入により日本国内で約0.28億トン，韓国からの輸入により韓国国内で約0.16億トン，ROW からの輸入により ROW 内で約4.2億トンの CO_2 が排出されたことを示し，これを消費ベースの CO_2 排出量と呼ぶ．

まず，表 12-8（2），表 12-9（2），表 12-10（2）に基づいて CO_2 誘発構造についてみると，どの国も自国の最終需要に基づく排出が高い．中国については，自国最終需要による誘発は 1995 年から 2005 年にかけて，76.4％→79.7％→89.9％とその割合を増加させ，その一方で ROW への輸出需要による CO_2 誘発を大幅に減少させ，17.0％→15.5％→6.1％となった．日本と韓国への輸出に伴う CO_2 誘発も 6.5％→4.8％→4.0％と減少させた．日本については，自国最終需要による誘発は，89.8％→87.3％→93.8％と高い水準にあり，中国と同様，自国の最終需要による CO_2 誘発が増加している．中国と韓国への輸出に伴う CO_2 排出は 2005 年に急増し，それぞれ 2.2％，1.2％となった．それに対し，ROW への輸出に伴う CO_2 排出が 2005 年に急減し，2000 年には 10.3％だったのが 2.7％になった．韓国については，1995 年と 2000 年は自国最終需要に基づく CO_2 誘発の割合が，71.9％，66.3％と低かったが 2005 年には 91.1％と急増した．日本への輸出に伴う CO_2 誘発は 4.5％→4.5％→2.1％，中国への輸出に伴う CO_2 誘発が 3.5％→6.3％→3.5％と推移した．

他のケースでも，基本的に日中韓に関する部分は同じであるが，ROW の CO_2 排出量が CO_2 排出集約度の相違によって異なってくる．2005 年時点での ROW からの CO_2 排出総量でみると，3ヶ国平均基準で約 10.4 億トン，低い日本基準のケースが最も低い約 4.3 億トン，中国基準が最も高い約 21.3 億トンの推計となり，大幅な乖離が生じている．本章では，ROW にはアメリカ，EU 各国のほか，中国を除く BRICS，湾岸諸国など含まれるので，先に見た UNFCCC の推計を踏まえると，現実の値は 3ヶ国平均と日本基準の間にあると思われる．

次に，消費ベースの CO_2 排出の国別の割合を見たものが表 12-8（3），表 12-9（3），表 12-10（3））である．これは，列方向の構成比をとったものである．これは，ROW の CO_2 排出集約度の想定により，構成比が異なってくる

第12章 日本・中国・韓国の経済構造変化とCO_2排出量

表12-9 2000年：CO_2誘発分析

(1) CO_2誘発量

	China	Japan	Korea	ROW	Total
3ヶ国平均					
China	2,445,281	116,072	30,461	474,803	3,066,616
Japan	18,105	1,142,779	12,917	134,804	1,308,604
Korea	32,872	23,352	345,354	119,524	521,103
Row	346,101	760,967	270,648	138,660	1,516,376
	2,842,358	2,043,170	659,379	867,792	6,412,699
中国基準	China	Japan	Korea	ROW	Total
China	2,445,281	116,072	30,461	474,803	3,066,616
Japan	18,105	1,142,779	12,917	134,804	1,308,604
Korea	32,872	23,352	345,354	119,524	521,103
Row	666,362	1,518,041	543,183	272,155	2,999,740
Total	3,162,619	2,800,244	931,914	1,001,286	7,896,063
日本基準	China	Japan	Korea	ROW	Total
China	2,445,281	116,072	30,461	474,803	3,066,616
Japan	18,105	1,142,779	12,917	134,804	1,308,604
Korea	32,872	23,352	345,354	119,524	521,103
Row	110,275	234,378	86,859	44,065	475,576
Total	2,606,532	1,516,580	475,590	773,196	5,371,899

(2) CO_2誘発依存度

	China	Japan	Korea	ROW	Total
3ヶ国平均					
China	79.7%	3.8%	1.0%	15.5%	100.0%
Japan	1.4%	87.3%	1.0%	10.3%	100.0%
Korea	6.3%	4.5%	66.3%	22.9%	100.0%
Row	22.8%	50.2%	17.8%	9.1%	100.0%
Total	44.3%	31.9%	10.3%	13.5%	100.0%
中国基準	China	Japan	Korea	ROW	Total
China	79.7%	3.8%	1.0%	15.5%	100.0%
Japan	1.4%	87.3%	1.0%	10.3%	100.0%
Korea	6.3%	4.5%	66.3%	22.9%	100.0%
Row	22.2%	50.6%	18.1%	9.1%	100.0%
Total	40.1%	35.5%	11.8%	12.7%	100.0%
日本基準	China	Japan	Korea	ROW	Total
China	79.7%	3.8%	1.0%	15.5%	100.0%
Japan	1.4%	87.3%	1.0%	10.3%	100.0%
Korea	6.3%	4.5%	66.3%	22.9%	100.0%
Row	23.2%	49.3%	18.3%	9.3%	100.0%
Total	48.5%	28.2%	8.9%	14.4%	100.0%

(3) CO_2排出起源

	China	Japan	Korea	ROW	Total
3ヶ国平均					
China	86.0%	5.7%	4.6%	54.7%	47.8%
Japan	0.6%	55.9%	2.0%	15.5%	20.4%
Korea	1.2%	1.1%	52.4%	13.8%	8.1%
Row	12.2%	37.2%	41.0%	16.0%	23.6%
Total	100.0%	100.0%	100.0%	100.0%	100.0%
中国基準	China	Japan	Korea	ROW	Total
China	77.3%	4.1%	3.3%	47.4%	38.8%
Japan	0.6%	40.8%	1.4%	13.5%	16.6%
Korea	1.0%	0.8%	37.1%	11.9%	6.6%
Row	21.1%	54.2%	58.3%	27.2%	38.0%
Total	100.0%	100.0%	100.0%	100.0%	100.0%
日本基準	China	Japan	Korea	ROW	Total
China	93.8%	7.7%	6.4%	61.4%	57.1%
Japan	0.7%	75.4%	2.7%	17.4%	24.4%
Korea	1.3%	1.5%	72.6%	15.5%	9.7%
Row	4.2%	15.5%	18.3%	5.7%	8.9%
Total	100.0%	100.0%	100.0%	100.0%	100.0%

ことに注意する必要がある．まず，中国であるが，総量としての消費ベース排出量は，1995年から2005年にかけて大きく増加した（3ヶ国平均基準　26.9億トン→28.4億トン→49.5億トン；日本基準　24.4億トン→26.1億トン→47.1億トン；中国基準　31.2億トン→31.6億トン→54.0億トン）．他国との関係では，1995年から2005年まで中国国内の排出比率は，3ヶ国平均の値で87.3%→86.0%→90.6%と非常に高い水準を示した．日韓で合わせて1%から1.8%程度，ROWで8%〜12%となっている．日本は，いずれの時点でも生産ベースをはるかに上回る排出量となっているものの（3ヶ国平均基準　22.4億トン→20.4億トン→17.2億トン；日本基準　14.7億トン→15.2億トン→14.9億トン；中国基準　35.8億トン→28.0億トン→21.2億トン），この10年では減少させていることがわかる．国別の内訳では，自国内のCO_2排出割合が1995年から2005年にかけて，3ヶ国平均基準で49.7%→55.9%→68.5%（日本基準　75.9%→75.4%→79.9%；中国基準　31.1%→40.8%→55.6%）となっており，上昇傾向を示している．中国の割合は，3ヶ平均基準で7.0%→5.7%→8.6%（日本基準　10.7%→7.7%→9.9%；中国基準　4.4%→4.1%→7.0%）となっており，日本の最終需要に対応した生産によって中国でのCO_2排出は拡大している．他方，ROWの割合は，3ヶ国平均基準で42.5%→37.2%→22.4%と急速に減少していることがわかる．

2000年から2005年にかけて韓国は，ケースによって異なる傾向を示した（3ヶ平均基準　6.25億トン→6.59億トン→6.41億トン；日本基準　3.89億トン→4.76億トン→5.46億トン；中国基準　10.36億トン→9.32億トン→8.18億トン）．国別の構成比では，自国の割合は3ヶ国平均基準で44.1%→52.4%→64.7%と推移している．中国の割合が，3ヶ国平均で7.0%→4.6%→7.6%となっており，日本と同様この10年で中国からの輸入に伴うCO_2排出が拡大していることがわかる．

CO_2誘発構造の表の対角要素は自国内の最終需要のために自国内で排出したCO_2量を表し，非対角要素は対応する両国間での輸出により排出したCO_2量と輸入により排出されたCO_2量となる．そこで，先の（12.10）式で示したように，元の表と転置した表との差をとれば，CO_2排出の国際収支を表すことになる．

これを示したものが，表12-11である．表を行方向に見れば，表側の国が表頭の他国との「輸出を通じて国内で排出したCO_2排出量」と「輸入により他国で排出されたCO_2排出量」との差を表しており，プラス（黒字）は，貿易を

第12章　日本・中国・韓国の経済構造変化とCO_2排出量　　　291

表 12-10　2005 年：CO_2 誘発分析

(1) CO_2 誘発量

3ヶ国平均	China	Japan	Korea	ROW	Total
China	4,487,561	147,498	48,541	306,014	4,989,614
Japan	27,547	1,177,369	15,296	34,497	1,254,710
Korea	15,948	9,749	415,528	14,845	456,071
Row	423,219	384,998	162,499	66,513	1,037,230
	4,954,275	1,719,615	641,864	421,870	7,737,624
中国基準	China	Japan	Korea	ROW	Total
China	4,487,561	147,498	48,541	306,014	4,989,614
Japan	27,547	1,177,369	15,296	34,497	1,254,710
Korea	15,948	9,749	415,528	14,845	456,071
Row	872,014	784,386	339,090	134,726	2,130,216
Total	5,403,069	2,119,003	818,455	490,082	8,830,610
日本基準	China	Japan	Korea	ROW	Total
China	4,487,561	147,498	48,541	306,014	4,989,614
Japan	27,547	1,177,369	15,296	34,497	1,254,710
Korea	15,948	9,749	415,528	14,845	456,071
Row	174,493	157,462	66,146	27,736	425,836
Total	4,705,549	1,492,078	545,510	383,093	7,126,230

(2) CO_2 誘発依存度

3ヶ国平均	China	Japan	Korea	ROW	Total
China	89.9%	3.0%	1.0%	6.1%	100.0%
Japan	2.2%	93.8%	1.2%	2.7%	100.0%
Korea	3.5%	2.1%	91.1%	3.3%	100.0%
Row	40.8%	37.1%	15.7%	6.4%	100.0%
Total	64.0%	22.2%	8.3%	5.5%	100.0%
中国基準	China	Japan	Korea	ROW	Total
China	89.9%	3.0%	1.0%	6.1%	100.0%
Japan	2.2%	93.8%	1.2%	2.7%	100.0%
Korea	3.5%	2.1%	91.1%	3.3%	100.0%
Row	40.9%	36.8%	15.9%	6.3%	100.0%
Total	61.2%	24.0%	9.3%	5.5%	100.0%
日本基準	China	Japan	Korea	ROW	Total
China	89.9%	3.0%	1.0%	6.1%	100.0%
Japan	2.2%	93.8%	1.2%	2.7%	100.0%
Korea	3.5%	2.1%	91.1%	3.3%	100.0%
Row	41.0%	37.0%	15.5%	6.5%	100.0%
Total	66.0%	20.9%	7.7%	5.4%	100.0%

(3) CO_2 排出起源

3ヶ国平均	China	Japan	Korea	ROW	Total
China	90.6%	8.6%	7.6%	72.5%	64.5%
Japan	0.6%	68.5%	2.4%	8.2%	16.2%
Korea	0.3%	0.6%	64.7%	3.5%	5.9%
Row	8.5%	22.4%	25.3%	15.8%	13.4%
Total	100.0%	100.0%	100.0%	100.0%	100.0%
中国基準	China	Japan	Korea	ROW	Total
China	83.1%	7.0%	5.9%	62.4%	56.5%
Japan	0.5%	55.6%	1.9%	7.0%	14.2%
Korea	0.3%	0.5%	50.8%	3.0%	5.2%
Row	16.1%	37.0%	41.4%	27.5%	24.1%
Total	100.0%	100.0%	100.0%	100.0%	100.0%
日本基準	China	Japan	Korea	ROW	Total
China	95.4%	9.9%	8.9%	79.9%	70.0%
Japan	0.6%	78.9%	2.8%	9.0%	17.6%
Korea	0.3%	0.7%	76.2%	3.9%	6.4%
Row	3.7%	10.6%	12.1%	7.2%	6.0%
Total	100.0%	100.0%	100.0%	100.0%	100.0%

通じて他国でのCO_2排出を「肩代わり」したことを，マイナス（赤字）は，貿易を通じてCO_2排出を他国に「押し付け」たことを意味することになる．

3ヶ国平均基準のバランス表によりながら，まず中国について見てみよう．中国のCO_2排出バランスは，1995年から2005年にかけて，＋3.83億トン→＋2.24億トン→＋0.35億トンで推移しており（日本基準：＋6.41億トン→＋4.60億トン→2.84億トン），黒字ではあるものの，近年その値を急速に減らしていることがわかる．国別のバランスをみると，対日本は一貫して大きな黒字となっており（1.47億トン→0.98億トン→1.20億トン），中国が日本のCO_2排出を「肩代わり」している関係にあることがわかる．対韓国では，＋0.30億トン→－0.02億トン→＋0.33億トンと推移しており，一時若干の赤字になったが2005年では黒字になった．注目すべきは，対ROWとのバランスであり，＋2.17億トン→＋6.26億トン→－1.17億トンとなり2005年で黒字から赤字に転換したことである．近年，中国が世界の工場として輸出を拡大するだけでなく，中間財の輸入や世界の消費市場としての輸入を拡大している傾向がみられるが，CO_2排出バランスから見ると一方的な「肩代わり」だけでなく，場合によってはCO_2排出を「押し付け」る関係の国や地域があることを示している．この点は中国基準のバランス表で見てみると，中国はすでに1995年以降からマイナス（赤字）になっており（－0.40億トン→－0.96億トン→－4.13億トン），ROWからの中間財のCO_2排出集約度が中国並みに高いという極端な想定ではあるが，全体として先進国に見られる他国への「押し付け」型になっているということである．

次に，日本のCO_2排出バランスを見てみる．1995年から2005年にかけて，－10.01億トン→－7.35億トン→－4.65億トンで推移しており（日本基準：－2.28億トン→－2.08億トン→－2.37億トン），一貫して赤字であるものの，近年その値を徐々に減らしていることがわかる．この値を国内CO_2排出量と比較してみると，1995年から2005年にかけて80.9％→56.1％→37.1％であって依然他国に押し付けている割合は高い．国別のバランスをみると，先に見たように対中国は一貫して大きな赤字となっており（－1.47億トン→－0.98億トン→－1.20億トン），日本からみると中国へ大量のCO_2排出を「押し付け」ている関係にあることがわかる．対韓国では，－0.05億トン→－0.10億トン→＋0.06億トンと推移しており，赤字基調だったが2005年若干の黒字になった．対ROWとのバランスは，一貫して赤字であり，－8.49億トン→－6.26億トン→－3.51

表 12-11　日中韓 CO_2 排出国際収支バランス

1,995

3ヶ国平均基準	China	Japan	Korea	ROW	Total
China	0	146,638	30,431	205,464	382,533
Japan	-146,638	0	-5,415	-849,204	-1,001,257
Korea	-30,431	5,415	0	-216,682	-241,698
Row	-205,464	849,204	216,682	0	-31,008

中国基準	China	Japan	Korea	ROW	Total
China	0	146,638	30,431	-217,085	-40,016
Japan	-146,638	0	-5,415	-2,185,156	-2,337,209
Korea	-30,431	5,415	0	-623,712	-648,728
Row	217,085	2,185,156	623,712	0	898,795

日本基準	China	Japan	Korea	ROW	Total
China	0	146,638	30,431	464,074	641,143
Japan	-146,638	0	-5,415	-75,869	-227,922
Korea	-30,431	5,415	0	20,162	-4,854
Row	-464,074	75,869	-20,162	0	-575,581

2,000

3ヶ国平均基準	China	Japan	Korea	ROW	Total
China	0	97,967	-2,411	128,703	224,258
Japan	-97,967	0	-10,436	-626,164	-734,566
Korea	2,411	10,436	0	-151,123	-138,276
Row	-128,703	626,164	151,123	0	-215,201

中国基準	China	Japan	Korea	ROW	Total
China	0	97,967	-2,411	-191,559	-96,003
Japan	-97,967	0	-10,436	-1,383,238	-1,491,640
Korea	2,411	10,436	0	-423,658	-410,811
Row	191,559	1,383,238	423,658	0	281,978

日本基準	China	Japan	Korea	ROW	Total
China	0	97,967	-2,411	364,529	460,084
Japan	-97,967	0	-10,436	-99,574	-207,976
Korea	2,411	10,436	0	32,665	45,512
Row	-364,529	99,574	-32,665	0	-563,492

2,005

3ヶ国平均基準	China	Japan	Korea	ROW	Total
China	0	119,951	32,593	-117,205	35,339
Japan	-119,951	0	5,546	-350,501	-464,906
Korea	-32,593	-5,546	0	-147,654	-185,793
Row	117,205	350,501	147,654	0	615,360

中国基準	China	Japan	Korea	ROW	Total
China	0	119,951	32,593	-565,999	-413,455
Japan	-119,951	0	5,546	-749,889	-864,294
Korea	-32,593	-5,546	0	-324,245	-362,385
Row	565,999	749,889	324,245	0	1,640,134

日本基準	China	Japan	Korea	ROW	Total
China	0	119,951	32,593	131,521	284,065
Japan	-119,951	0	5,546	-122,964	-237,369
Korea	-32,593	-5,546	0	-51,300	-89,440
Row	-131,521	122,964	51,300	0	42,743

億トンとなっている．

韓国についてみると，韓国のCO_2排出バランスも一貫して赤字であり，3ヶ国平均基準でみると-2.41億トン→-1.38億トン→-1.86億トンであり，この赤字幅を自国のCO_2排出量と比較してみると62.9%→26.5%→40.7%となり，他国に「押し付け」ている割合が高い．国別では，ROWの赤字が大きく（-2.17億トン→-1.51億トン→-1.48億トン），赤字のほとんどはROWとの関係から発生している．

なお，ROWのCO_2排出集約度の違いによるCO_2排出バランス表の相違については，3ヶ国平均と比べて日本基準はROWからのCO_2排出量を低く評価し，バランスも赤字幅は縮小に，黒字幅は拡大する傾向があり，中国基準では逆にROWからのCO_2排出量を高く評価するため，バランスの赤字を拡大し，黒字幅を縮小する傾向がある，という点だけを指摘しておく．

5 おわりに──今後の課題

本章では，ROWからのCO_2排出を含めた国際産業連関モデルを用い，独自に推計した日中韓国際産業連関表とそれに対応したCO_2排出量を推計し，主にCO_2排出集約度とCO_2誘発構造の実証分析を行った．その主要な結論は以下のようにまとめられる．

1) ROWからのCO_2排出を含めるため，藤川ほか[2002]で提起されたモデルを発展させて，ROWを含む拡張投入係数行列を想定して，ROWを含むCO_2排出集約度を推計する方法を開発した．これを用いれば，ROWのCO_2排出集約度を外生的に与えることにより，内生国のCO_2排出集約度を計算することが可能になることを示した．

2) ROWには，通常，多くの経済発展の異なる国が含まれるため，先見的に与えることは困難であり，その場合は，藤川ほか[2002]で提案された内生国のウェイト付き平均で与えることが有効であり，本章では，日中韓3ヶ国の算術平均，日本基準，中国基準，韓国基準で計算を行った．

3) 使用したデータについては，1995年と2000年に関してはすでに公表されているアジア経済研究所のアジア国際産業連関表を利用したが，本章執筆時点では2005年時点の表が未公表であるので，日中韓に関するOECD

表と国連の貿易統計等を用いて独自に推計を行い，2000年から2005年にかけて，中国経済が中間財生産を中心に急速に拡大しており，日中韓の中間財を中心とする国際分業が深化していることが明らかになった．

4) CO_2排出量については，IEAのエネルギー統計を利用して1995年，2000年，2005年の15部門別のエネルギー消費量をもとにCO_2排出量を独自に推計した．マクロのCO_2排出量については，中国が急速に増大させ，韓国も増大させてきたが，両国とも単位生産当たりのCO_2排出量（CO_2排出係数）は減少させていること，それに対して日本は，CO_2排出量は10年間で若干減少させているものの，CO_2排出係数を若干であるが増加させており，他のEU諸国と比較するとまだまだ改善の余地があると思われる．

5) CO_2排出集約度の分析からは，マクロの排出係数の傾向と同様に，中国と韓国がこの10年間，ほとんどの部門で大きく縮小してきたことが明らかになった．中国では，化学製品，その他電気製品，木材木製品などで60%近く縮小し，その他部門も50%から55%減少させた．韓国も，化学製品が70%程度，金属製品も50%程度減少させ，その他のほとんどの部門も20%から30%の削減を示した．それに対し，日本では，石油・石炭製品，農林水産，鉱業，化学製品などで20%から30%程度の減少したものの，非金属鉱物で50%程度，電子電気製品で30%程度，輸送機械，木材木製品でも20%程度増加させ，全体として停滞したことが示された．

6) 各部門のCO_2排出集約度は，ROWからの中間財のCO_2排出の含め方により大きく変化すること，特に日本と韓国のように，中間財投入に占める輸入の割合が大きい国では大きく変化することが示された．部門平均値であるが，最も幅が少ない日本基準で評価した場合でも，2005年時点で中国5.0%，日本15.9%，韓国20.3%（平均基準では，11.9%，37.5%，48.2%）の差となり，ROWからのCO_2排出を含めることが重要であることが示された．

7) CO_2誘発分析では，まず生産ベースのCO_2排出の分析を行い，中国の大幅な増加は，主に自国内の最終需要に対応したCO_2排出が原因であること，日韓とも近年，中国への輸出により国内CO_2排出量が増大していること，日中韓の3ヶ国ともROWへの輸出が減少し，それに伴うCO_2排出量が減少していることが示された．

8) 消費ベースの分析では，中国が生産ベースと同様急速に増大させている

が，日本と韓国は生産ベースを超える排出をしていること，また両国とも ROW と中国からの輸入に伴う CO_2 排出量が大きく，近年中国からの割合が 10% 程度に高まっていることが示された．

9) CO_2 排出量の生産ベースと消費ベースの相違を見たものが，CO_2 排出国際収支バランスである．これによると，日本は一貫して赤字国であり，他国に CO_2 排出を「押し付けて」いる関係であること，ただし近年はその傾向は縮小していることが示された．ただし，中国に対しては，CO_2 排出の赤字が近年拡大している．中国は，CO_2 排出バランスは黒字であるが，その黒字幅は近年大幅に縮小しており，先進国に対しては CO_2 排出を「肩代わり」しているものの，他の国に対しては「押し付け」ている関係が出始めていることが明らかになった．今後，中国がますます中間財や最終財の輸入は拡大する関係が続くと考えられるので，中国の排出量を見る上で，消費ベースに注目することが重要である．

今後の課題としては，まず今回は日本・中国・韓国の 3 ヶ国のみの国際産業連関表に基づいた分析であったため，ROW にはアメリカや ASEAN 諸国や EU も含めた分析になっている．今後，少なくともアジア経済研究所で作成している 10 ヶ国レベルで，部門数も拡大させより正確な CO_2 排出集約度の計算とそれに基づく誘発分析を行う予定である．その上で，今後の CO_2 排出量削減の国際的交渉において，生産ベースのみならず消費ベース排出量の削減目標をどのように組み入れるか，また消費ベース CO_2 排出量をコントロールするための CO_2 輸入に対して，または CO_2 輸出に対して当該国または国際機関による貿易税（輸出国にも輸入国にも課税）などの制度の検討が必要である．これにより，真にグローバルな CO_2 排出削減につながる公正性のある制度設計を目指すことができると思われる．

参考文献

IDE [2001] Asian International Input-Output Table 1995.
IDE [2007] Asian International Input-Output Table 2000.
Manfred Lenzen, Lise-Lotte Pade and Jesper Munksgaard [2004] "CO_2 Multipliers in Multi-region Input-Output Models', *Economic Systems Research*, Vol. 16, No. 4
Mori, T. and Sasaki, H. [2007] "Interdependence of Production and Income in Asia-Pacific Economies: An International Input-Output Approach", *Bank of Japan Working Paper Series*, No.07-E-26, Bank of Japan.
Sherestha Nagendra and Kiyotaka Sato [2011] "New Estimation of International Input-Output Table", Manuscript.

井村秀文・中村英佑・森杉雅史［2005］「日・米・アジアの産業・貿易構造変化と環境負荷の相互依存に関する研究」,『土木学会論文集』, No. 790／Ⅶ-35, PD.

岡本信広・猪俣哲史編［2005］『国際産業連関——アジア諸国の産業構造（Ⅳ）』, アジア国際産業連関シリーズ, No.65, 日本貿易振興機構アジア経済研究所.

金本圭一朗・外岡豊［2009］「わが国の貿易に伴うCO_2排出量の推計」,『エネルギー・資源』, Vol. 30, No. 2.

近藤美則・森口祐一・清水浩［1994］「わが国の輸出入に伴うCO_2排出量の経時分析とその国際間CO_2収支分析の応用」,『エネルギー経済』, 第20巻4号.

下田充・渡邉隆俊・叶作義・藤川清史［2009］「東アジアの環境負荷の相互依存——CO_2の既存排出量・水と土地の間接使用量」, 森晶寿編著『東アジアの経済発展と環境政策』（第2章）, ミネルヴァ書房.

高川泉・岡田敏裕［2004］「国際産業連関表から見たアジア太平洋経済の相互依存関係——投入係数の予測に基づく分析」,『日本銀行ワーキングペーパーシリーズ』, No.04-J-6.

藤川学・居城琢［2002］「日本とアジア諸国間における二酸化炭素の国際収支——1990年および1995年アジア国際産業連関表による分析」,『産業連関』Vol. 10-3.

星野優子・杉山大志・上野貴弘［2010］「貿易に体化したCO_2排出量の国際比較」,『エネルギー・資源』, Vol. 31, No. 4.

羅星仁［2006］「東アジア地域の経済成長と二酸化炭素の帰属排出量」, 羅星仁編『地球温暖化防止と国際協調——効率性・衡平性・持続可能性』（第6章）, 有斐閣.

日本総務省統計局：http://www.stat.go.jp/index.htm

中国投入産出学会：http://www.iochina.org.cn/index.html

韓国銀行：http://eng.bok.or.kr/eng/engMain.action

第13章
中国の低炭素社会の未来像に関する計量経済分析

李志東

1　はじめに——低炭素社会を目指し始めた中国

　20世紀は先進国主導の炭素依存の世紀であった．炭素依存は石油，石炭，天然ガスといった化石エネルギーの枯渇を加速させ，世界規模でエネルギー安全保障問題をもたらす一方，大気汚染や地球温暖化などの環境問題をも引き起こした．世界全体のCO_2の排出枠が温暖化問題によって限られるようになってきた21世紀は[1]，低炭素競争の世紀である．この低炭素競争を勝ち抜くには，炭素依存から脱却し，低炭素社会を構築するしかない．しかし，世界では成功のモデルは未だにない（図13-1）．

　国際社会では，2007年にインドネシアのバリ島で国連気候変動枠組み条約締約国第13回会議（COP13）を開き，2013年以降の温暖化防止枠組み（ポスト京都議定書）をCOP15までに決めようと交渉が始まった．しかし，2009年12月のCOP15で，ポスト京都議定書の骨格を示す政治合意文書「コペンハーゲン合意」が承認され，2010年12月のCOP16で「カンクン合意」として再承認されたものの，法的拘束力のある合意が2011年以降に持ち越され，予断を許さない状況である．

　こうしたなか，中国では，全国人民代表大会（議会に相当）が2009年8月に常務委員会を開き，「低炭素経済」の発展を公文書に初めて明記する決議を採択した．続いて，政府は2010年1月末，「コペンハーゲン合意」に基づき，2020年のGDP当たりCO_2排出量（排出原単位）を2005年比で40～45％削減する自主行動目標を国際公約として国連に提出した．さらに，2010年10月18

---

[1] 例えば，気温上昇を産業革命前と比べて2℃に抑制するために，2050年までに世界全体のCO_2排出量を1990年比で半減する必要がある，と言われている．ただし，「コペンハーゲン合意」では世界総排出量の半減については合意されていない．

300　第IV部　開発と環境

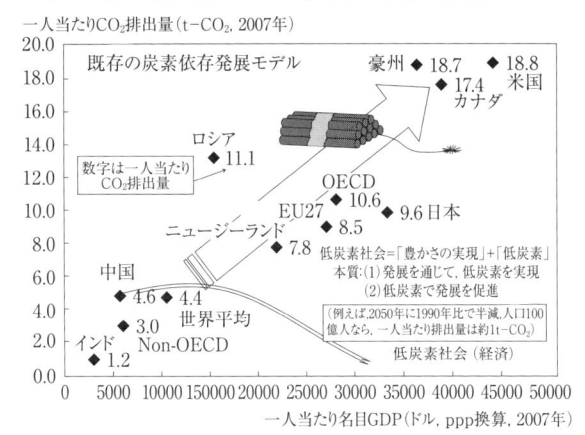

図13-1　従来の炭素依存モデルと目指すべく低炭素社会のイメージ

一人当たりCO_2排出量（t-CO_2, 2007年）

既存の炭素依存発展モデル

- 豪州 ◆18.7　◆18.8 米国
- ◆17.4 カナダ
- ロシア ◆11.1
- 数字は一人当たりCO_2排出量
- OECD ◆10.6
- EU27 ◆8.5　◆9.6 日本
- ニュージーランド ◆7.8
- 中国 ◆4.6　◆4.4 世界平均
- ◆3.0 Non-OECD
- インド ◆1.2

低炭素社会＝「豊かさの実現」＋「低炭素」
本質：(1) 発展を通じて、低炭素を実現
　　　(2) 低炭素で発展を促進

（例えば、2050年に1990年比で半減、人口1100億人なら、一人当たり排出量は約1t-CO_2）

低炭素社会（経済）

一人当たり名目GDP（ドル, ppp換算, 2007年）

（出所）IEA「World Energy Outlook 2009」より，李が作成．
（注）エネルギー起源の排出量にに限定．

日，共産党中央委員会が2011年から始まる「第12次5カ年計画の策定に関する指針案」を採択し，国際交渉の成否に関わらず，国内対策を積極的に行う基本方針を決定にした．政府と議会が結束して，ポスト京都より先の低炭素社会を目指す姿勢をより鮮明にしたのである．「論」よりも，ポスト京都議定書の合意形成の促進者と低炭素社会の先導者となり，「実利」を狙う戦略である[2]．

本章の目的は，計量経済モデルを用いて，中国における2030年までの経済，エネルギー，環境に関するシミュレーション分析を実施し，低炭素社会に向けた問題検出と対策検討を行うとともに，日中協力のあり方について検討することである．

なお，低炭素社会の定義は様々あるが，ここでは，豊かさを実現しつつ，炭素排出量を国際社会の合意に基づく許容範囲内に抑える社会を指す．

2　中国3E-Modelの概要

経済，エネルギー，環境に関する総合分析を整合的に行うために，筆者は日本エネルギー経済研究所エネルギー計量分析部と共同で，マクロ経済モデルとエネルギー需給モデル及び環境モデルからなる統合型計量分析モデル（3E-

---

[2] 中国の低炭素社会戦略と実際の取り組みについては，例えば，李志東［2010b］を参照されたい．

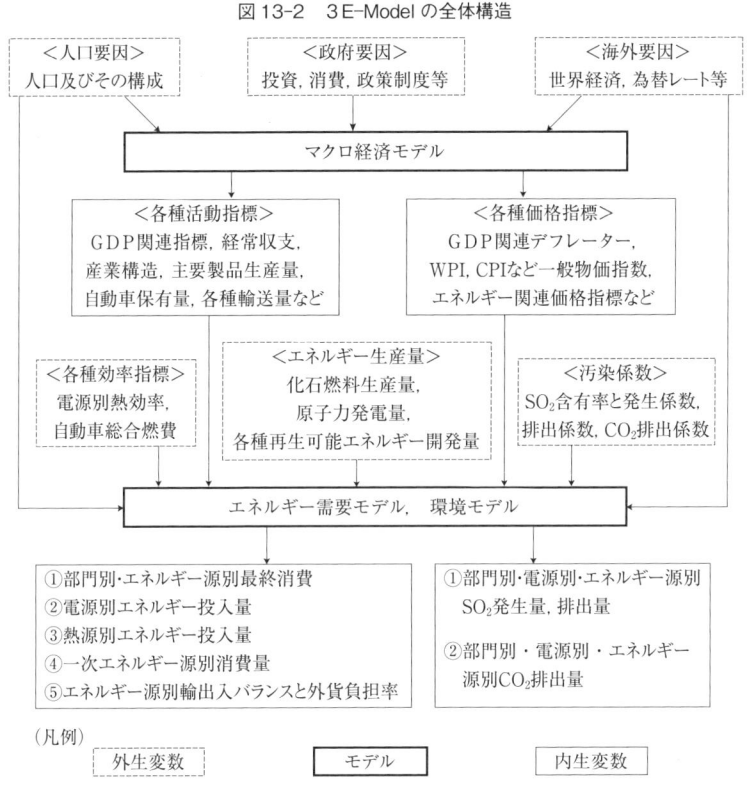

第13章 中国の低炭素社会の未来像に関する計量経済分析　　　301

図13-2　3E-Modelの全体構造

```
┌─────────────┐      ┌─────────────┐      ┌─────────────┐
│ <人口要因>   │      │ <政府要因>   │      │ <海外要因>   │
│ 人口及びその構成│    │投資,消費,政策制度等│  │世界経済,為替レート等│
└──────┬──────┘      └──────┬──────┘      └──────┬──────┘
       └────────────────────┼────────────────────┘
                    ┌───────┴────────┐
                    │  マクロ経済モデル  │
                    └───────┬────────┘
         ┌──────────────────┴──────────────────┐
┌────────┴─────────┐              ┌────────────┴──────┐
│  <各種活動指標>    │              │  <各種価格指標>    │
│ GDP関連指標,経常収支,│             │ GDP関連デフレーター,│
│ 産業構造,主要製品生産量,│           │ WPI,CPIなど一般物価指数,│
│ 自動車保有量,各種輸送量など│         │ エネルギー関連価格指標など│
└──────────────────┘              └───────────────────┘

┌──────────────┐ ┌────────────────┐ ┌──────────────┐
│ <各種効率指標> │ │ <エネルギー生産量>│ │ <汚染係数>    │
│ 電源別熱効率,  │ │ 化石燃料生産量, │ │SO₂含有率と発生係数,│
│ 自動車総合燃費 │ │ 原子力発電量,   │ │排出係数,CO₂排出係数│
│                │ │各種再生可能エネルギー開発量│ │            │
└──────────────┘ └────────────────┘ └──────────────┘
                    ┌───────┴────────────────┐
                    │エネルギー需要モデル,環境モデル│
                    └───────┬────────────────┘
      ┌──────────────────────┴──────────────────────┐
┌─────┴──────────────────┐          ┌──────────────┴──────┐
│①部門別・エネルギー源別最終消費│        │①部門別・電源別・エネルギー源別│
│②電源別エネルギー投入量        │        │  SO₂発生量,排出量          │
│③熱源別エネルギー投入量        │        │②部門別・電源別・エネルギー│
│④一次エネルギー源別消費量      │        │  源別CO₂排出量             │
│⑤エネルギー源別輸出入バランスと外貨負担率│  │                         │
└────────────────────────────┘          └────────────────────┘
```

(凡例)　┌─────┐　　　┌─────┐　　　┌─────┐
　　　　│外生変数│　　　│モデル │　　　│内生変数│
　　　　└─────┘　　　└─────┘　　　└─────┘

Model)を開発した(例えば,Li [2003, 2005, 2010])．ここでは,モデルの改良と精緻化及び最新データに基づく再推定を行った．

2.1　モデルの構造

3E-Modelはマクロ経済モデルが113本,エネルギー需給と環境モデルが648本,計741本の方程式によって構成される．図13-2に3E-Modelの全体構造を,図13-3と図13-4にマクロ経済モデルの構造とエネルギー需給・環境モデルの構造をそれぞれ示す．

まず,マクロ経済モデルでは,世界貿易や原油価格など海外関連指標,人口,労働力,高齢化率など人口指標,政府消費と投資など公共支出指標を外生変数として与える．GDP関連指標,経常収支,産業活動指標と産業構造,自動車保有台数および各種物価指数などは,内生変数として求められる．

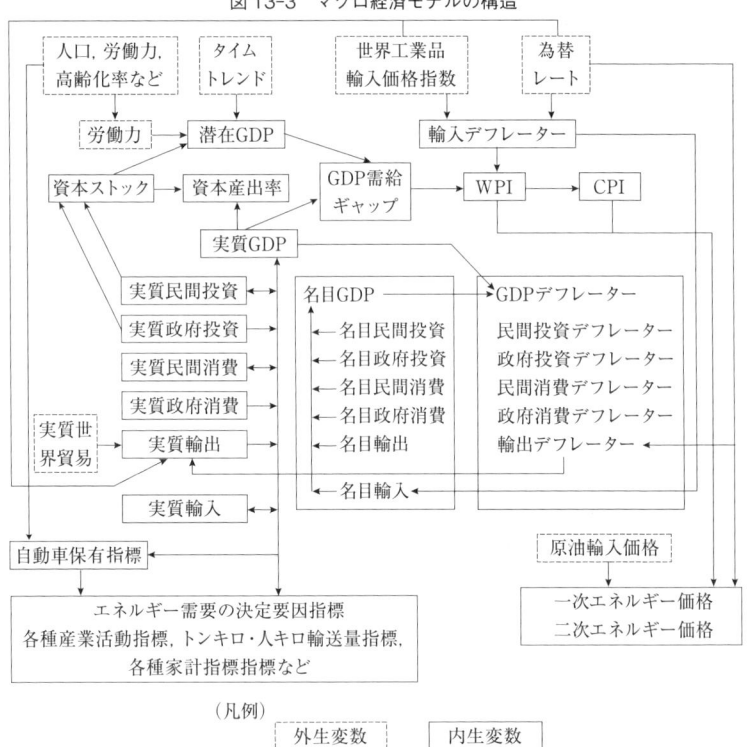

図13-3 マクロ経済モデルの構造

（凡例）　外生変数　内生変数

　次に，エネルギー需給モデルでは，マクロ経済モデルの結果に加え，電源別発電効率や自動車燃費など各種効率指標，一次エネルギー生産量などを外生変数として与える．それらを前提条件にして，「部門別エネルギー源別の最終需要」→「発電用燃料需要と熱供給用燃料需要」→「一次エネルギー需要」→「一次エネルギー需給バランス」→「エネルギー純輸入の外貨必要量と負担能力」の順序で推定される．

　最後に，環境モデルでは，エネルギー需給モデルの結果に加え，各種汚染物質の発生係数と排出係数などを用いて，汚染物質の発生量や排出量および環境質，環境被害などが推定される．ただし，現段階では，エネルギー需給に起因する SO_2 発生量，CO_2 排出量の推定に止まる．

第13章 中国の低炭素社会の未来像に関する計量経済分析　303

図13-4　エネルギー需給モデル（環境モデル）の構造

```
┌─────────────────────────────────────┐
│       マクロ経済モデルの結果          │
│  マクロ経済指標, 業種別経済活動指標,  │
│         エネルギー価格など            │
└─────────────────────────────────────┘
    │              │              │
    ▼              ▼              ▼
┌─────────┐  ┌─────────┐  ┌─────────────┐
│産業部門  │  │交通部門  │  │その他部門    │
│エネルギー│  │エネルギー│  │エネルギー需要│
│需要     │  │需要     │  │             │
├─────────┤  ├─────────┤  ├─────────────┤
│<業種>   │  │<形態>   │  │<部門>       │
│鉄鋼,窯業│  │鉄道,道路,│  │農業,業務,   │
│土石,    │  │航空,その他│  │家庭,その他  │
│化学工業 │  │<用途>   │  │<エネルギー源>│
│(非原料),│  │旅客,貨物 │  │石炭,石油    │
│その他   │  │<エネル  │  │(軽油,灯油,  │
│<エネル  │  │ギー源>  │  │LPGなど),    │
│ギー源>  │  │石炭,石油│  │天然ガス,    │
│石炭,石油│  │(ガソリン,│  │電力,熱,     │
│(ナフサ, │  │軽油,灯油│  │非商業       │
│軽油,灯油,│  │など),   │  │エネルギー   │
│重油など),│  │天然ガス,│  │             │
│天然ガス, │  │電力     │  │             │
│電力,熱  │  │         │  │             │
└─────────┘  └─────────┘  └─────────────┘
```

- 最終電力需要と熱需要
- 最終石炭需要
- 最終油種別石油製品需要
- 最終天然ガス需要

- 総発電電力量, 総熱供給量
- 電源開発政策, 熱供給政策

- 原子力, 水力等再生可能エネルギー発電量・熱供給量
- 石炭火力発電電力量, 熱供給量
- 石油火力発電電力量, 熱供給量
- 天然ガス火力発電電力量, 熱供給量

- 発電端熱効率, 熱供給効率

- 発電と熱供給用の原子力, 水力等再生可能エネルギー投入量
- 発電と熱供給用の石炭投入量
- 発電と熱供給用の石油投入量
- 発電と熱供給用の天然ガス投入量

一次エネルギー需要
石炭, 石油, 天然ガス, 原子力, 水力, その他再生可能エネルギー, 電力, 熱など

一次エネルギー需要ギャップ（純輸入）
石炭, 石油, 天然ガス, 原子力, 水力, その他再生可能エネルギー, 電力, 熱など

一次エネルギー純輸入の外貨負担能力

一次エネルギー需要
石炭, 石油, 天然ガス, 原子力, 水力, その他再生可能エネルギー, 電力, 熱など

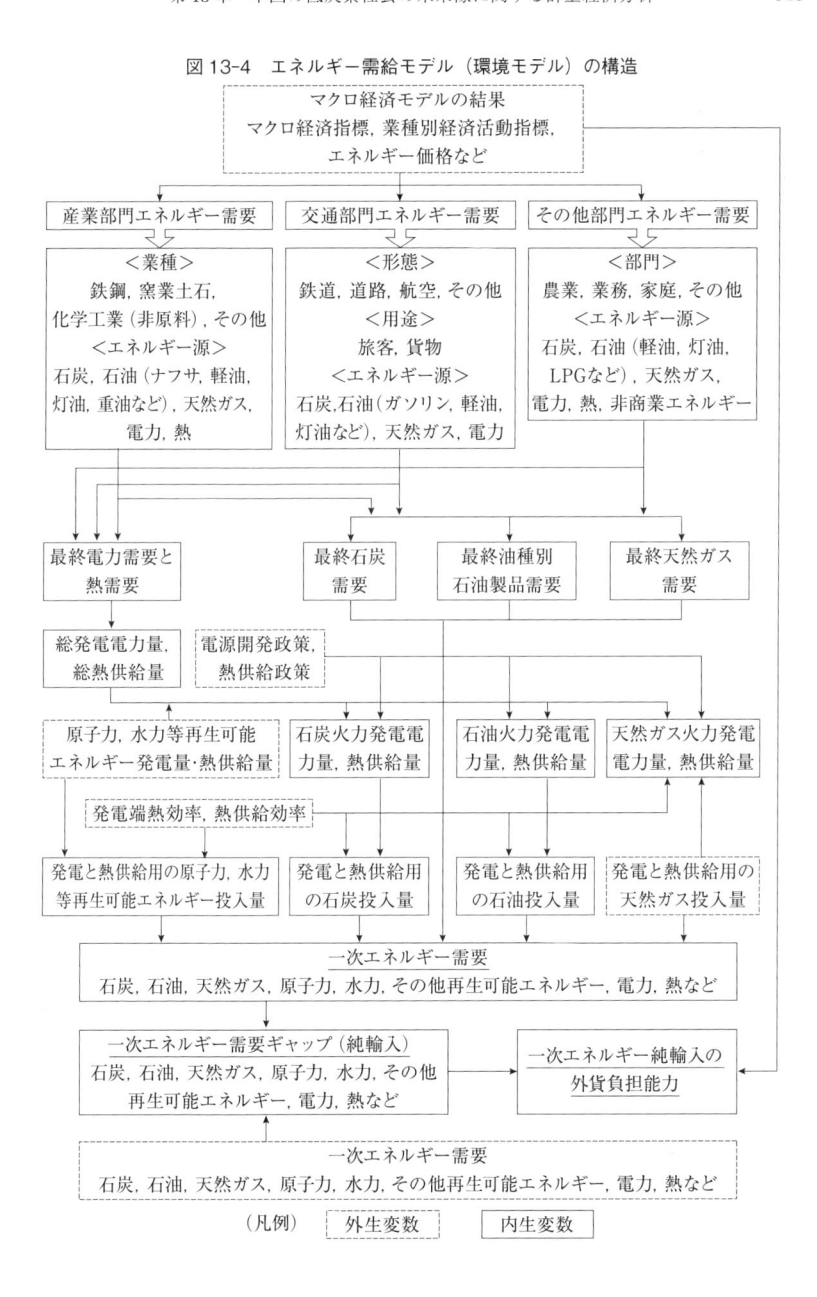

（凡例）　外生変数　　内生変数

2.2 データ

中国を対象とする計量経済分析に当たって，最も困難な作業の一つはデータ整備である．筆者自身も約20年前から，各種統計資料の収集や現地調査などを通じて時系列データを体系的に整備し，定期的に更新してきた．

時系列データの期間は，マクロ経済関連のデータについては原則的に建国後（1949年以降）から，エネルギー需給データ，環境汚染物質排出量関連データ及び環境質データなどについては原則的に1971年以降とした．

データソースについては，マクロ経済，人口及び環境質や主要汚染物質排出量関係は主に『中国統計年鑑』，"World Development Indicators"，『中国固定資産投資年鑑』，『中国労働統計年鑑』，『中国工業経済統計年鑑』，『中国環境状況公報』および『中国環境質公報』など国内外の正式統計から，エネルギー需給関係はIEA統計から取った．資本ストックと稼働率及びエネルギー価格は各種資料を参考に整備した．CO_2排出量は，エネルギー消費量にCO_2排出係数を掛けて推定した[3]．

2.3 主要関数の計測例
2.3.1 GDP生産関数の推定

潜在GDPと経済成長の要因を把握するために，労働，資本とタイムトレンド（技術進歩の代理変数）を説明変数とするコブ＝ダグラス型GDP生産関数をマクロモデルに組み入れた．

$$\mathrm{GDP} = e^{\lambda t}(\mathrm{KOPR} \cdot K)^{\alpha}(\mathrm{LOPR} \cdot L)^{1-\alpha}$$

(ただし，GDP：実質GDP，K：社会資本ストック，L：労働力人口，KOPR：社会資本の稼働率，LOPR：従業者比率，t：タイムトレンド)

最小二乗法を用いて，資本分配率（α）は0.253，労働分配率（$1-\alpha$）は0.747，技術進歩率（λ）は4.58%と推定された．

中谷巌の研究では，日本の1965～96年の資本分配率は0.3程度と推定されている（中谷[2004]）．また，日本経済企画庁経済研究所（当時）では，中国の資本分配率を0.4と仮定した研究を行った（中兼[1999]）．中国国家計画委

[3) IEA基準に基づき，石炭，石油，天然ガスのtoe当たりのCO_2排出係数をそれぞれ3.96t-CO_2，3.07t-CO_2，2.35t-CO_2と仮定．

員会と統計局が「経済成長への科学技術進歩の寄与の測定に関する通知」を1992年に出したが，その中で，ベースケースの資本分配率を0.35と仮定している（中国国家発展計画委員会［1998］）．

表13-1 経済成長会計の推定結果に関する総合比較

	中国に関する推定結果			日本に関する推定結果					
	本研究	世界銀行	日本経企庁	大川・ヘンリー	中谷				
	1980-2004	1985-1994	1980-1995	1965-1972	1965-1972	1973-1980	1981-1990	1990-1996	1965-1996
経済成長率（%）	9.8	10.2	10.2	13.0	9.4	3.8	3.4	1.2	4.5
資本ストックの寄与	3.2	6.6	3.2-3.6	2.9	4.9	2.7	1.7	1.52	2.6
労働力投入の寄与	1.9	1.0	1.7	3.4	0.3	0.3	0.7	-0.4	0.3
全要素生成性の寄与	4.8	2.2	5.4-5.0	6.8	4.2	0.8	1.1	0.4	1.7
経済成長率（=100%）	100.0	100.0	100.0	100.0	100.0	100.0	100.0	100.0	100.0
資本ストックの寄与	32.3	64.7	31.4-35.3	21.9	51.9	71.6	48.3	95.9	57.2
労働力投入の寄与	18.9	9.8	16.7	26.2	3.5	7.1	20.6	-29.5	6.4
全要素生成性の寄与	48.8	21.6	52.9-49.0	51.8	44.7	21.3	31.1	33.6	36.4

（出所）世界銀行と日本経済企画庁（当時）は中兼［2000, pp.110-112］による．日本に関する研究は中谷［2004, 第11章］

技術進歩率については，例えば，中谷［2004］は日本について，1965～72年，1973～80年，1981～90年，1965～90年の4期間に分けて，全要素生産性を3.49%，0.90%，1.35%，1.85%と推定した．また，経済企画庁経済研究所は韓国や台湾の高度経済成長期における全要素生産性を3.1～3.7%と推定した（中兼［1999］）．本章では，中国の80年以降の技術進歩率は4.58%と推定されたので，諸外国のいずれと比べても高いことが分かる．これは，改革開放政策の導入により，中国では後発者の利益を享受できる環境が整い，技術革新が盛んに行われた結果であろう．ただ，日本の高度経済成長期の前半（1955～61年）については，全要素生産性が6.75%に達したとの推計結果もある（中谷［2004］）．

成長会計を試算すると，1980～2004年の年平均経済成長率9.8%のうち，資本ストックの寄与は3.2%，労働投入の寄与は1.9%，全要素生産性（残差）の寄与は4.8%となる（表13-1）．これまでの高成長を支える主な要因は旺盛な技術革新と設備投資であること，先進国からの技術移転を含む技術進歩をさらに推進しなければ，中国もかつての日本のように技術進歩の減速，そして高度経済成長の終焉を避けられないということがいえる．一方，本章の結果は経済企画庁の結果とほぼ一致するが，世界銀行のものと大差がある．その原因を明らかにするためには，データや分析手法などに関する詳細な比較検討が必要であろう．

なお，潜在GDPは上記生産関数に資本ストックと労働力人口の最大稼働率

を代入して求められる.

2.3.2　主要エネルギー需要の所得弾力性と価格弾力性の推定

エネルギー需要は主に所得・生産水準など活動指標とエネルギー価格の関数として推定された．表 13-2 は主な需要関数などの長期活動指標弾力性と長期価格弾力性を示すものである．ここから以下の傾向が読み取れる．

表 13-2　主要エネルギー需要関数等の長期弾力性の推定結果

推定対象	活動指標の長期弾力性 (2000 年)		価格指標の長期弾力性 (2000 年)	
	活動指標	弾力性	価格指標	弾力性
鉄鋼用電力	鉄鋼生産量	0.78	実質電力価格	0.20
鉄鋼の石炭原単位			実質石炭価格	2.30
化学工業用電力	化学製品生産量	1.01	実質電力価格	0.11
建築材料用天然ガス	セメント生産量	0.88	実質石油価格	0.31
建築材料用電力	製造業生産指数	0.89	実質電力価格	0.33
家庭用天然ガス	一人当たり GDP	1.65	実質石油価格	0.34
	都市化率	0.26		
一人当たり家庭用電力	一人当たり GDP	0.79	実質電力価格	0.16
家庭用非商業エネルギー	一人当たり GDP	−0.04		
業務用石炭	サービス業生産指数	0.48	実質石炭価格	1.25
業務用石油	実質 GDP	0.88	石油対石炭の相対価格	1.02
業務用天然ガス	一人当たり GDP	2.66	石油対石炭の相対価格	1.06
業務用電力	一人当たり GDP	1.89	実質電力価格	0.74

(注) 天然ガス価格が整備できなかったため，石油価格で代用した．

　第一に，一般的に，産業部門の活動指標弾力性が高く，価格弾力性が低い．世界エネルギー需要の共通傾向が中国にも当てはまる．第二に，エネルギー源別にみると，石炭と比べると，電力，天然ガス，石油の所得弾力性が高い．汚染密度の低いエネルギーがより好まれるという世界共通の傾向は中国でも確認された．第三に，部門別にみると，家庭部門，業務部門の所得弾力性がその他部門より高い．全人口の 6 割を占める農村人口は薪，藁など非商業エネルギーを多く利用しており，所得向上とともに商業エネルギーへの転換を行っていること（非商業エネルギーの所得弾性値がマイナスで，その絶対値が 1990 年の 0.017 から 2000 年の 0.04 へと徐々に大きくなっている），家庭電器が全国範囲で急速に普及していることが，家庭部門に高い所得弾力性をもたらした背景であろう．業務部門の高い所得弾力性の背景として，第三次産業が急成長していること，OA 機器と冷暖房設備の普及が急速に進んでいることなどが挙げられる．第四に，家庭と業務部門で，化石燃料の価格弾力性は電力より高い．石炭の代替エネルギーが増えつつあること，石油精製ガスや天然ガスは普及の初期段階にあることがその原因であろう．また，石炭の価格弾力性は上昇傾向，天然ガスの

価格弾力性は低下傾向にある．環境税（硫黄税，炭素税など）は石炭抑制と天然ガス促進に効果的であることを示唆している．

3 2030年の低炭素社会に関する展望

以下では，上記統合モデルに基づくシミュレーション分析を通じて，2030年までの低炭素社会の未来像を展望したい．ケースとして，マクロ経済について基準ケースを，エネルギーと環境について基準ケースと低炭素ケースを考える．

3.1 経済社会の未来像

マクロ経済展望に関する基準ケースでは，過去に見られた産業構造の変化や人民元の切り上げなどの傾向，政府が計画している内需拡大の促進や適切な財政金融政策による経済運営などの基本対策が維持されると仮定する．そこで，以下の結果が得られた．

①人口は2010年現在の13.4億人から2030年には14.7億人に増加するが，伸び率は1990～2010年の0.8％から2010～30年には0.4％へ低下する[4]．労働力人口は2020年までにピークを迎え，その後漸減する．人口構成の高齢化と都市化が進み，2030年には，65歳以上の人口の比率は2010年の8.2％から15％弱へ，都市人口の比率は60％へと高まる見込みである．

②経済成長率は2010年までの20年間に10.3％に達したが，2010～15年に7.1％，2015～20年に6.7％，2020～30年に5.5％，2030年までの20年間平均では6.2％へと逓減する見込みである．つまり，高度経済成長から安定成長に移行していく可能性が高い．

③高度成長を支える原動力は技術進歩に起因する全要素生産性の向上であり，その寄与率は，1990～2005年の64％から2005～20年の66％，2020～30年72％へ上昇する．自動車産業の全体水準は中国が先進国より20～30年遅れていると言われているように，現在，中国の技術レベルが低いことは周知の事実である．しかし，これは経済成長にとってプラスである．なぜなら，新

---

[4] 本節以降の2010年の数字はすべて国家統計局「2010年国民経済と社会発展統計公報」によるものである．

しい技術を導入する潜在力が高いからである．政府が目指す「需要大国」から「産業と技術の強国」への変貌が徐々に実現することになる．一方，労働力投入による成長への寄与は漸減し，2020年以降はマイナスに転じる．

④産業構造では，第一次産業の比率が2010年の10％から2030年の4％へ低下し，第三次産業の比率が43％から46％へ，第二次産業は47％から50％へ微増すると見込まれる．中国では，粗鋼生産量が2005年の3.5億トンから2010年の6.3億トンへ，セメント生産量が10.6億トンから18.8億トンへ増加した．素材系産業はすでに飽和期に入り[5]，将来には規模の拡大ではなく，高付加価値化の方向に向かわざるを得ない．本研究では，粗鋼生産量は2030年に4億トン，セメント生産量は13億トンになると見込まれている．

⑤高度経済成長の継続と人口政策の維持により，一人当たりの所得水準が年率5.8％向上し，2010年の4,481ドルから2030年に14,000ドルになる見込みである．為替レートは2010年の6.6元／ドルから2030年に4.3元／ドルへと切り上げる場合，2030年の一人当たり所得水準は21,000ドルとなる．所得の増加に伴って自動車の普及が進み，車保有台数は2010年の7802万台から2020年には1.7億台，2030年には3.6億台以上に増加し，人口に対する車普及率は5.8％から2030年に24.3％以上へと上昇すると見られている．2050年には，普及率は40％以上，保有台数は6億台規模に達するという見方もある（中国国家発展改革委員会エネルギー研究所，[2009]）．一方，自動車生産台数は2010年に世界最大の1,827万台になったが，さらに2020年に2,500万台，2030年に5,000万台へと急速に拡大する見込みである．自動車普及は急速な所得水準の向上によってもたらされるものであり，生産規模の急速な拡大は高度経済成長を牽引する大きな原動力となる．

3.2 低炭素化に関する展望
3.2.1 ケース設定の考え方
エネルギー需給と環境問題に関するシミュレーションに当たっては，基準

---

5) 中国工程院（エンジニアリング・アカデミー）が行った「中国中長期（2030, 2050）エネルギー発展戦略研究報告」（杜祥琬[2011]）によると，中国の素材系産業が既に飽和期に入った．現在の生産能力は過剰であり，年間20～30億平方メートルの延べ床面積の建築，10万キロメートルの道路舗装，7,000キロメートルの高速道路建設，6,000キロメートルの鉄道敷設と20基の空港の新設や拡張を十分支えられる．

表 13-3 基準ケースと低炭素ケースの主な違い

	実績	基準ケース	低炭素ケース	
	2005年	2030年	2030年	基準ケースと比べて
省エネルギーに関する主な仮定				
火力発電の熱効率（％）	32.3	45.3	46.3	1ポイント上昇
石炭火力	32.1	45.0	46.0	1ポイント上昇
石油火力	34	45.0	46.0	1ポイント上昇
ガス火力	46.4	49.0	50.0	1ポイント上昇
最終エネルギー消費の効率				
産業部門				
交通部門				
車100トンキロ走行の燃料消費(リットル)	9.6	3.5	2.9	18.8％改善
その他部門				
農業				14.8％改善
業務				15.8％改善
家庭				10.1％改善
脱石炭化と石油代替に関する主な仮定				
ガス火力設備容量（GW）	5	97	176	79GW, 82％増
水力（GW）	117	390	420	30GW, 8％
原子力（GW）	7	140	190	50GW, 36％増
その他再生可能エネルギー発電設備容量（GW）	3.4	380	436	56GW, 15％増
風力	1.3	287	301	14GW, 5％増
太陽	0.1	27	53	27GW, 倍増
バイオマス	2.0	65	80	15GW, 23％増
地熱	0.0	0.2	0.9	0.7GW, 3.8倍増
海洋エネルギー	0.0	1.1	1.4	0.3GW, 26％増
再生可能エネルギーによる熱供給（Mtoe）	8.4	6.3	94	31Mtoe, 50％増
石油代替（Mtoe）	1.8	27	30	3Mtoe, 11％増
バイオエタノール	0.7	11	11	変わらず
バイオディーゼル	0.1	3	6	3Mtoe, 倍増
石炭液化等	1.0	13	13	変わらず
交通構造の調整に関する主な仮定				
旅客輸送における鉄道と道路の比率（％）	87.9	93.4	93.4	変わらず
鉄道輸送の比率	34.7	9.4	17.0	3ポイント上昇
道路輸送の比率	53.2	84.0	76.4	8ポイント低下
貨物輸送における鉄道と道路の比率（％）	36.6	50.7	50.7	変わらず
鉄道輸送の比率	25.8	23.0	29.4	6ポイント上昇
道路輸送の比率	10.8	27.7	21.3	6ポイント低下
炭素税（元/t-CO_2)[a]	0.0	20.0	40.0	20元, 倍増

(注) CO_2 トン当たりの炭素税について，基準ケースでは2013〜20年に10元，2021年以降は20元，低炭素ケースでは，2013〜15年に10元，2016〜20年に20元，2021年以降は40元と仮定．

ケースと低炭素ケースを設定した．その主な違いは，表13-3に示す．

中国政府は，2006年から始まる第11次5ヶ年計画でGDP当たりのエネルギー消費量を2010年に2005年比で20％削減する目標を掲げ，再生可能エネルギーと原子力の導入拡大や植林活動など低炭素化の取り組みを積極的に展開して，大きな成果を得られた．将来については，2010年1月末，政府がCO_2排出原単位を2020年に2005年比で40〜45％削減することを自主行動目標として国連に提出した．それを踏まえ，2010年10月に共産党中央委員会が2011年か

ら始まる「第12次5ヶ年計画の策定に関する指針案」を決定した．資源節約と環境調和型社会の実現を目標に，温暖化防止と省エネの推進，安定供給と高効率・クリーンなエネルギー産業体系の構築を図る基本方針が示された．具体的な対策として，問責制度の強化やエネルギー価格体系の合理化など，過去に取り入れ，有効性が実証された対策のほかに，日本も検討中の炭素排出量取引制度の整備と環境税の導入が新たに「指針案」に盛り込まれた（李［2011c］）．

基準ケースは，このような過去からの趨勢と中国政府が計画している基本対策などが概ね維持されると仮定する．すなわち，発電効率や自動車燃費などエネルギー利用効率が引き続き向上し，再生可能エネルギーの導入が進み，石炭は最大1億トン（5,000万 toe）輸入するが，基本的に自給自足でき，原油生産量は2020年をピークに減産に転じ，天然ガス生産量は増加する．原子力については，電力自由化に伴う導入環境の悪化，安全性問題，使用済み核燃料や廃棄物処理問題などが指摘されているものの，国産化がほぼ実現したこと，電力不足の深刻化，環境保護の強化，冷戦終結後の核保有国の地位維持といった要因が追い風となり，設備容量が2010年現在の13基1,080万kWから2020年に7,000万kW，2030年に14,000万kWに拡大すると考えている．また，炭素税は2013年に CO_2 トン当たり10元の税率で導入し，2021年から税率を20元へ引き上げると仮定する．

一方，低炭素ケースは，あらゆる対策をさらに強化すると仮定する．エネルギー利用効率の向上や，天然ガスと非化石エネルギーの利用拡大のほか，鉄道輸送網の整備に伴う輸送構造の調整も進むと考えている．炭素税については，CO_2 トン当たりの税率は2013年の10元から，2016年に20元へ，2021年から40元へと段階的に引き上げると仮定する．

基準ケースの狙いは，2020年の自主行動目標の達成可能性や関連問題について検討することである．それに対し，低炭素ケースの狙いは，低炭素社会の構築に何が必要かを検討することである．それは，世界における低炭素競争がさらに激化し，2021年以降の温暖化防止枠組み交渉において中国も総排出量の規制目標を受け入れざるを得ない可能性が大きいことが，予想されるからである．

3.2.2 基準ケースによる低炭素化とエネルギー需給の展望

基準ケースでは，CO_2 排出原単位は2020年に2005年比で52.5％削減し，国

連に提出した自主行動目標を実現できる見通しである（表13-4）．そのうち，エネルギー消費のGDP原単位は2020年に2005年比で45.6％改善し，目標実現への寄与は約90％となる．

エネルギー消費の石炭依存度が大幅に低下し，エネルギー構造の多様化が進む（表13-5）．電源構成では，風力中心の再生可能エネルギーと原子力発電が急速に拡大する（表13-6）．最終エネルギー消費については，源別構造では電力，石油など良質エネルギーの比率が上昇し（表13-7），部門別構造では輸送部門と民生部門の比率が上昇する（表13-8）．

しかし，基準ケースでは，少なくとも二つの大きな問題が残される．

一つは，2020年のCO_2排出原単位の削減目標は達成可能になるが，CO_2の一人当たり排出量も総排出量も増え続けることである（表13-9）．一人当たり排出量は2008年の4.9トンから2030年に6.5トンとなる．2008年現在，一人当たり排出量は日本が9.3トン，アメリカが18.6トン，OECD平均が10.6トン，世界平均が4.4トンであるので，2030年の中国の排出水準は現在の日本の70％，アメリカの35％，OECD平均の61％に止まるが，世界平均に対しては147％となる．一方，総排出量は，2008年の約65億トンから2030年には約96億トンまで増大する．これは2008年現在の世界総排出量（約295億トン）の32％に相当する．現段階では，中国は総排出量の削減義務を負っていない．しかし，だからと言って，増加させつづけるわけにはいかないだろう．総排出量が2020年以降のできるだけ早い時期にピークアウトし，削減傾向に転じなければ，中国が目指す低炭素社会の実現は「砂上の楼閣」になってしまう．

もう一つの問題は，エネルギー安全保障問題の深刻化である（表13-10）．エネルギー消費の増加に伴い，化石エネルギーの純輸入量は2010年現在の約3.4億トン（toe,石油換算トン）から2030年に約10億トンへ急増し，化石エネルギー消費の海外依存度は34％へと悪化する．特に，石油安定供給の問題が大きい．石油純輸入量は2010年の約2.5億トンから2030年に約7.7億トンへ増大し，海外依存度は79％までに上昇する．これほどの量を物理的に調達できるのか，たとえ調達できても，輸入航路やパイプラインなどが確保・整備できるのかなどの問題が生ずることが予想される．さらに，経済負担能力を検証する必要もある．エネルギー輸入の外貨負担率は平常時でも2030年に約11％と計算される．石油価格が上昇して長期間に高止まりとなればそれでは収まらない．海外石油供給の一時途絶と価格高騰が同時に起きれば，日本の高度経済成長が1973

312　第Ⅳ部　開発と環境

表13-4　中国の2030年までのエネルギー消費と低炭素化（基準ケース）

	実績		見通し				年平均伸び率（％）			弾性値	
	1990	2005	2010	2015	2020	2030	2005/1990	2020/2005	2030/2005	2020	2030/2005
李 3E-Model Ver.201103											
実質GDP（億元、95年価格）	34,093	145,215	246,723	347,029	480,857	819,918	10.1	8.3	7.2		
一次エネルギー消費（Mtoe）	666	1,513	2,063	2,305	2,727	3,365	5.6	3.9	3.5	2.9	
エネルギー起因CO_2排出量（Mt-CO_2）	2,318	5,107	6,752	7,209	8,029	9,573	5.4	3.1	2.7	2.1	
エネルギー消費のGDP原単位（toe/万元）	1.95	1.04	0.84	0.66	0.57	0.43	-4.1	-3.8	-3.3	-2.5	
CO_2排出のGDP原単位（t-CO_2/万元）	6.80	3.52	1.97	36.2	45.6	58.3					
CO_2排出のGDP原単位の2005年比削減率（％）			2.73	2.08	1.67	1.17	-4.3	-4.7	-4.1	-3.2	-4.1
エネルギー消費のGDP原単位の2005年比削減率（％）			22.4	40.9	52.5	66.8					
エネルギー消費のGDPの弾性値							0.55	0.47	0.49	0.53	0.49
CO_2排出のGDPの弾性値							0.53	0.37	0.38	0.38	0.38
IEA（2009）											
実質GDP（億元、95年価格）	34,093	145,215	235,852	359,571	445,951	685,949	10.1	7.8	6.4	4.4	
一次エネルギー消費（Mtoe）	666	1,513		2,592	2,929	3,622	5.6	4.5	3.6	2.1	
エネルギー起因CO_2排出量（Mt-CO_2）	2,318	5,107		8,610	9,583	11,615	5.4	4.3	3.3	1.9	
エネルギー消費のGDP原単位（toe/万元）	1.95	1.04		0.72	0.66	0.53	-4.1	-3.0	-2.7	-2.2	
CO_2排出のGDP原単位（t-CO_2/万元）	6.80	3.52		30.8	37.0	49.3					
CO_2排出のGDP原単位の2005年比削減率（％）				2.39	2.15	1.69	-4.3	-3.2	-2.9	-2.4	-2.9
エネルギー消費のGDP原単位の2005年比削減率（％）				31.9	38.9	51.9					
エネルギー消費のGDPの弾性値							0.55	0.58	0.55	0.49	0.55
CO_2排出のGDPの弾性値							0.53	0.55	0.52	0.44	0.52
IEEJ（2009/10）基準ケース											
実質GDP（億元、95年価格）	34,093	145,215	224,968	317,007	446,700	707,104	10.1	7.8	6.5	4.7	
一次エネルギー消費（Mtoe）	666	1,513			2,539	3,161	5.6	3.5	3.0	2.2	
エネルギー起因CO_2排出量（Mt-CO_2）	2,318	5,107			7,666	9,100	5.4	2.7	2.3	1.7	
エネルギー消費のGDP原単位（toe/万元）	1.95	1.04			0.57	0.45	-4.1	-4.0	-3.3	-2.4	
CO_2排出のGDP原単位（t-CO_2/万元）	6.80	3.52			45.4	57.1					
CO_2排出のGDP原単位の2005年比削減率（％）					1.72	1.29	-4.3	-4.7	-3.9	-2.8	-3.9
エネルギー消費のGDP原単位の2005年比削減率（％）					51.2	63.4					
エネルギー消費のGDPの弾性値							0.55	0.45	0.46	0.47	0.46
CO_2排出のGDPの弾性値							0.53	0.35	0.36	0.37	0.36

（出所）李 3E-Model Ver. 201103 は筆者の研究結果。IEA（2009）は 2009 年版 World Energy Outlook、IEEJ（2009/10）は日本エネルギー経済研究所「アジア/世界エネルギーアウトルック 2009」に基づき、筆者が作成。
（注）比較のため、IEA（2009）と IEEJ（2009/10）の GDP を 1995 年価格ベースの人民元表示に換算した。

第13章 中国の低炭素社会の未来像に関する計量経済分析

表13-5 中国の2030年までの一次エネルギー消費（基準ケース）

		1990	2005	2010	2015	2020	2030	2005/1990	2020/2005	2030/2020	2030/2005
一次エネルギー消費合計	Mtoe	666	1,513	2,063	2,305	2,727	3,565	5.6	3.9	2.9	3.5
化石エネルギー	Mtoe	655	1,464	1,956	2,124	2,402	2,979	5.5	3.3	2.4	3.0
石炭	Mtoe	529	1,088	1,446	1,474	1,577	1,688	4.9	2.5	1.3	2.0
石油	Mtoe	110	327	445	549	658	975	7.5	4.9	3.6	4.4
天然ガス	Mtoe	16	42	65	101	166	316	6.8	9.4	6.5	8.2
原子力	Mtoe	0	14	22	55	140	274	0.0	15.5	7.0	12.0
水力	Mtoe	11	34	56	67	79	101	7.9	5.8	2.4	4.4
新エネルギー	Mtoe	0	10	29	60	106	212	24.8	17.3	7.1	13.1
風力発電	Mtoe	0	1	11	32	67	149	17.4	30.2	8.4	21.0
太陽光発電	Mtoe	0	0	5	13	22	52	0.0	35.3	9.0	24.1
バイオマス発電	Mtoe	0	0	0	0	1	3	0.0	39.2	7.2	25.4
新エネルギーの熱供給	Mtoe	0	8	18	28	43	93	14.4	29.8	8.0	20.6
商業と非商業エネルギー	Mtoe	200	222	224	225	226	63	27.0	10.9	4.7	8.4
	Mtoe	867	1,735	2,287	2,530	2,952	221	0.7	0.1	-.01	0.0
	Mtoe						3,787	4.7	3.5	2.7	3.2
（構成）								IEA (09)(中国)(2030)	IEEJ (09)(中国)(2030)	ERI (09)(中国)(2035)	IEA (09)(OECD)(2007)
一次エネルギー消費合計	%	100.0	100.0	100.0	100.0	100.0	100.0	100.0	100.0	100.0	100.0
化石エネルギー	%	98.3	96.7	94.4	92.1	88.7	84.8	92.7	89.0	87.5	82.4
石炭	%	79.3	71.9	69.1	63.3	57.9	49.7	66.2	55.4	53.4	21.1
石油	%	16.6	21.6	22.0	24.4	24.8	26.5	20.9	25.5	25.7	38.4
天然ガス	%	2.4	2.8	3.3	4.4	6.0	8.6	5.6	8.1	8.4	22.9
原子力	%	0.0	0.9	1.3	2.4	4.4	6.5	3.5	4.1	2.9	10.8
水力	%	1.6	2.3	2.9	2.9	3.9	5.9	2.5	2.5	6.9	2.0
新エネルギー	%	0.1	0.6	1.5	2.6	3.9	5.9	1.3	4.4	2.7	4.9
風力発電	%	0.0	0.1	0.6	1.3	2.5	4.1				
太陽光発電	%	0.0	0.0	0.3	0.5	0.8	1.4				
バイオマス発電	%	0.0	0.0	0.0	0.0	0.0	0.1				
新エネルギーの熱供給	%	0.0	0.6	0.9	1.3	1.6	2.6				
非商業エネルギー	%	30.0	14.7	11.5	10.0	1.5	1.8				
商業と非商業エネルギー総計	%	130.0	114.7	111.5	110.0	108.4	106.2				

（注）①非商業エネルギーは外数。②比較のため、すべての表記をIEA基準に統一した。
（出所）李3E-Model Ver. 201103は筆者の研究結果、IEA (2009)は2009年版World Energy Outlook、IEEJ (2009/10)は日本エネルギー経済研究所「アジア/世界エネルギーアウトルック2009」に基づき、筆者が作成。

表13-6 中国の2030年までの発電設備容量（基準ケース）

		1990	2005	2010	2015	2020	2030	2005/1990	2020/2005	2030/2020	2030/2005
発電設備容量合計	GW	138	517	940	1,157	1,499	2,324	9.2	7.4	4.5	6.2
火力	GW	102	391	679	802	978	1,441	9.4	6.3	4	5.4
石炭火力	GW	91	378	667	778	919	1,343	9.9	6.1	3.9	5.2
石油火力	GW	10	12	4	3	2	1	1.2	−11.3	−6.7	−9.5
ガス火力	GW	1	5	8	21	57	97	15.4	16.9	5.5	12.2
原子力	GW	0	7	13	27	60	120		15.7	7.2	12.2
水力	GW	36	117	212	252	300	390	8.2	6.5	2.7	4.9
新エネルギー発電	GW	0	3	37	76	161	373	56.8	29.3	8.8	20.6
風力発電	GW	0	1	31	61	121	287	47.1	35.2	9	24.1
太陽発電	GW	0	0	1	2	10	20			7.2	22.8
バイオマス発電	GW	0	2	6	13	30	65		19.8	8	14.9
(構成)								IEA (09)(中国)(2030)	IEEJ (09)(中国)(2030)	ERI (09)(2035)	IEA (09)(OECD)(2007)
発電設備容量合計	%	100.0	100.0	100.0	100.0	100.0	100.0	100.0	73.1	60.2	100.0
火力	%	73.9	75.7	72.2	69.3	65.2	62	73.1	65.9	53.3	64.5
石炭火力	%	66.1	73.0	71.0	67.2	61.3	57.8	65.9	0.8	0.0	26.2
石油火力	%	7.3	2.3	0.4	0.2	0.1	0.0	0.8	6.5	6.9	9.1
ガス火力	%	0.5	1.1	0.8	1.8	3.8	4.2	6.5	3.1	19.2	29.1
原子力	%	0.0	1.3	1.3	2.4	4	5.2	3.1	16.3	7.4	12.5
水力	%	26.1	22.7	22.6	21.8	20	16.8	16.3	7.4	13.2	17.6
新エネルギー発電	%	0.0	0.7	3.9	6.5	10.7	16.1	7.4	4.9		5.4
風力発電	%	0.0	0.3	3.2	5.2	8.1	12.3	4.9			3.3
太陽発電	%	0.0	0.0	0.0	0.2	0.7	0.9	1.4			0.3
バイオマス発電	%	0.0	0.4	0.6	1.1	2.0	2.8	1.1			

(注) ①非商業エネルギーは外数。②比較のため、すべての表記をIEA基準に統一した。
(出所) 李 3E-Model Ver. 201103は、IEA (2009) は World Energy Outlook (2.09)、IEEJ (2009) は日本エネルギー経済研究所「アジア／世界エネルギーアウトルック 2009」、ERI (2009) は中国国家発展改革委員会エネルギー研究所（能源研）「中国2050年低炭素発展の路――エネルギー需給と炭素排出のシナリオ分析」(2009/9)、いずれも基準ケース、OECDの2007年実績はIEA統計2009年版に基づき、筆者が作成。

第13章 中国の低炭素社会の未来像に関する計量経済分析

表13-7 中国の2030年までの源別最終エネルギー消費（基準ケース）

		1990	2005	2010	2015	2020	2030	2005/1990	2020/2005	2030/2020	2030/2005
最終エネルギー消費計	Mtoe	482	902	1,310	1,400	1,607	2,195	4.3	3.9	3.1	3.6
石炭	Mtoe	332	373	524	394	422	355	0.8	0.3	-0.7	-0.1
石油	Mtoe	83	278	415	507	604	884	8.4	5.3	3.5	4.6
天然ガス	Mtoe	12	32	48	71	101	209	7.0	7.7	7.4	7.6
電力	Mtoe	41	175	265	331	425	630	10.1	6.0	4.3	5.3
熱	Mtoe	13	43	58	68	83	118	8.2	4.3	3.8	4.1
非商業エネルギー	Mtoe	200	222	224	225	226	221	0.7	0.1	-0.1	0.0
（構成）								IEA (09)(中国)(2030)	IEEJ (09)(中国)(2030)	ERI (09)(中国)(2035)	IEA (OECD)(2007)
最終エネルギー消費計	%	100.0	100.0	100.0	100.0	100.0	100.0	100.0	100.0	100.0	100.0
石炭	%	68.9	41.4	38.5	29.8	24.5	16.7	25.5	20.4		3.6
石油	%	17.3	30.8	32.1	36.7	38	39.3	33.7	39.4		49.7
天然ガス	%	2.5	3.6	3.9	5.0	6.2	9.2	6.7	8.3		19.6
電力	%	8.6	19.4	20.9	23.6	26.2	29.3	29.6	24.8		21.1
熱	%	2.7	4.8	4.5	4.9	5.1	5.5	3.6	6.4		1.8
非商業エネルギー	%	41.5	24.6	18.4	16.5	14.2	10.3	7.1			

（注）①非商業エネルギーは外数。②比較のため、すべての表記をIEA基準に統一した。
（出所）李3E-Model Ver. 20110３は、IEA (2009) は World Energy Outlook (2009)、IEEJ (2009) は日本エネルギー経済研究所「アジア／世界エネルギーアウトルック 2009」、ERI (2009) は中国国家発展改革委員会エネルギー研究所「中国2050年低炭素発展の路―エネルギー排出のシナリオ分析」(2009/9)、いずれも基準ケース、OECDの2007年実績はIEA統計2009年版に基づき、筆者が作成。

表13-8 中国の2030年までの源別最終エネルギー消費（基準ケース）

		1990	2005	2010	2015	2020	2030	2005/1990	2020/2005	2030/2020	2030/2005
最終エネルギー消費計と非エネ消費	Mtoe	482	902	1,310	1,400	1,607	2,195	4.3	3.9	3.1	3.6
産業業部門	Mtoe	298	569	836	780	826	969	4.4	2.5	1.6	2.2
輸送部門	Mtoe	38	121	197	262	316	478	8.1	6.8	3.6	5.5
農業、民生部門	Mtoe	146	212	277	358	466	748	2.5	5.3	4.9	5.3
非商業エネルギー	Mtoe	200	222	224	225	226	221	0.7	0.1	-0.1	0.0
（構成）								IEA (09)(中国)(2030)	IEEJ (09)(中国)(2030)	ERI (09)(中国)(2035)	IEA (OECD)(2007)
最終エネルギー消費計と非エネ消費	%	100.0	100.0	100.0	100.0	100.0	100.0	100.0	100.0	100.0	100.0
産業業部門	%	61.9	63.0	63.8	55.7	51.4	44.1	55.6	51.1		33.5
輸送部門	%	7.8	13.4	15.0	18.7	19.6	21.8	22.2	20.4		32.8
農業、民生部門	%	30.3	23.6	21.1	25.6	29	34.1	22.2	28.5		33.7
非商業エネルギー	%	41.5	24.6	17.1	16.1	14	10.1	7.1			

（注）①非商業エネルギーは外数。②比較のため、すべての表記をIEA基準に統一した。
（出所）李3E-Model Ver. 20110３は、IEA (2009) は World Energy Outlook (2009)、IEEJ (2009) は中国国家発展改革委員会エネルギー研究所「中国2050年低炭素発展の路―エネルギー排出のシナリオ分析」(2009/9)、OECDの2007年実績ケース、OECDの2007年実績はIEA統計2009年版に基づき、筆者が作成。

年の石油危機を契機に止まってしまったような事態は中国にも起こり得るだろう．

3.3 低炭素対策の検討——低炭素ケースのシミュレーション結果

低炭素社会の構築には，炭素排出量の抑制と同時に，経済成長の足かせとなるエネルギー安全保障問題を解決しなければならない．本項では，低炭素ケースに関するシミュレーション分析を通じて，問題解決の政策手段を検討する．

表13-11に低炭素ケースのシミュレーション結果を示す．基準ケースと比べると，2030年において，一次エネルギー消費は13.7％，化石エネルギー純輸入量は14.4％，CO_2排出量は26.0％，それぞれ減少する．特に，CO_2排出量は2025年に73.7億トンとなりピークアウトし，2030年には70.8億トンまで減少する（図13-5）．表13-3に示す低炭素社会に向けた政策強化の効果が確認できた．

表13-12は2011～30年における累積削減効果を対策手段別に示すものである．

省エネルギーと輸送構造調整は，一次エネルギー消費の抑制，エネルギー消費の海外依存度の低下，そしてCO_2排出量の削減に大きく寄与する．

しかし，脱石炭化と石油代替の効果は一様ではない．原子力や再生可能エネルギーの利用拡大は石炭消費の抑制，したがってCO_2排出量の削減に効果的であるが，エネルギー安全保障には中立である．非化石エネルギーは主に電力と熱供給部門で利用され，ほぼ自給自足できる石炭しか代替しないという現実を反映した結果である．しかし，電気自動車や非化石エネルギーベースの水素燃料電池自動車が普及し始めると，石油が代替されるので，エネルギー安全保障効果も期待できる．電気自動車，燃料電池自動車，非化石エネルギーベースの水素製造の技術開発や産業育成と普及の対策強化が必要となる．

同様に，天然ガスの利用拡大は石炭消費の抑制，したがってCO_2排出量の削減に効果的であるが，エネルギー安全保障には逆効果である．ほぼ自給自足できる石炭の需要が減少し，自給自足できない天然ガスの輸入量が増加するからである．

一方，石油代替エネルギーの開発促進の効果は代替エネルギーの種類によって異なる．基準ケースと比べて，低炭素ケースではバイオマス系石油生産量と石炭系石油生産量をそれぞれ倍増させると仮定している．その結果，基準ケー

第13章 中国の低炭素社会の未来像に関する計量経済分析

表 13-9 中国の 2030 年までの CO_2 排出量の展望と国際比（基準ケース）

	中国			2008 年国際水準			
	2008	2020	2030	米国	日本	OECD	世界
CO_2 排出量（億 t-CO_2）	65.1	80.3	95.7	56.5	11.9	126	294.7
人口（億人）	13.3	14.3	14.7	3.0	1.3	11.9	66.7
一人当たり CO_2 排出量（t-CO_2/一人）	4.9	5.6	6.5	18.6	9.3	10.6	4.4
中国の 2008 年水準が 2008 年の国際水準に対する比率				26%	53%	46%	111%
中国の 2020 年水準が 2008 年の国際水準に対する比率				30%	61%	53%	127%
中国の 2030 年水準が 2008 年の国際水準に対する比率				35%	70%	61%	147%

（出所）中国は 3E-Model Ver. 201103，国際水準は日本エネルギー経済研究所「エネルギー・経済統計要覧 2011」に基づき，筆者が作成．

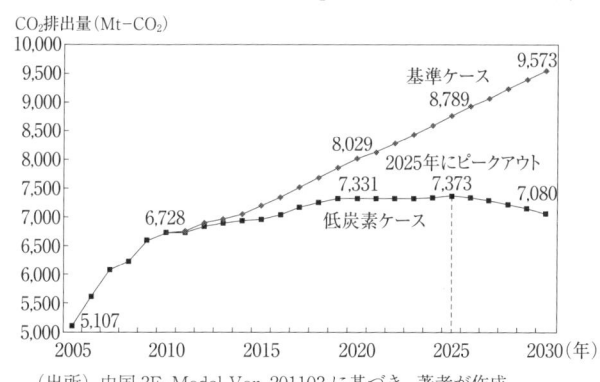

図 13-5 中国 2030 年までの CO_2 排出量の推移（ケース間比較）

（出所）中国 3E-Model Ver. 201103 に基づき，著者が作成．

スと比べると，石炭需要が 1,800 万トン，1.8％増，石油輸入量は 2,500 万トン減となり，CO_2 排出量はほぼ変化しない．一見すると，政府が推進しているバイオマス系と石炭系の石油代替は問題がないように見える．しかし，石油代替について考える時は，食糧問題，水問題と資源転換効率問題，環境問題などの視点も重要である．

バイオマス系石油代替の場合，技術性，コスト問題のほかに，原料となる食糧，あるいは植物原料を生産する場合の耕地制約による食糧への影響を考慮する必要がある．食糧を原料とするエタノール 1 トンを生産するのに，約 4.5 トンの食糧が必要となる．2030 年にエタノールを 2,100 万トン作る場合，食糧が約 9,000 万トン投入されることになる．人口増加と食生活の変化による食糧需要の増加，耕地減少と土壌劣化による供給増加の制約を考えれば，中国の食糧供給問題も懸念される．一方，石炭系石油代替については，技術性，コスト問

表 13-10 中国 2030 年までのエネルギー安全保障問題の展望（基準ケース）

		1990	2005	2010	2015	2020	2030	2005/1990	2020/2005	2030/2020	2030/2005
一次化石エネルギー消費	Mtoe	655	1,464	1,958	2,124	2,402	2979	5.5	3.3	2.4	3.0
石炭	Mtoe	529	1,088	1,446	1,474	1,577	1,688	4.9	2.5	1.3	2.0
石油	Mtoe	110	327	445	549	658	975	7.5	4.9	3.6	4.4
天然ガス	Mtoe	16	42	65	101	166	316	6.8	9.4	6.5	8.2
一次化石エネルギー生産	Mtoe	678	1,369	1,896	1,727	1,867	1,976	4.8	2.2	1.1	1.8
石炭	Mtoe	524	1,145	1,620	1,424	1,527	1,638	5.4	2.1	1.3	1.8
石油	Mtoe	138	181	190	195	200	180	1.8	0.7	−1.0	−
代替石油生産量計	Mtoe	0	2	6	10	17	27	−	16.3	4.5	11.4
天然ガス	Mtoe	16	43	80	99	122	131	6.8	7.3	0.7	4.6
化石エネルギー純輸入	Mtoe	−35	117	336	426	535	1,003	−	9.7	6.4	8.4
石炭	Mtoe	−11	−40	73	50	50	50	7.7	−	−	−
石油	Mtoe	−24	158	248	344	441	769	−	7.3	5.1	6.4
天然ガス	Mtoe	0	−0	15	32	44	184	−	−	15.6	−
化石エネルギー純輸入依存度	%	−5.4	8.0	17.2	20.1	22.3	33.7	−	7.1	4.2	5.9
石炭	%	−2.1	−3.7	5.0	3.4	3.2	3.0	3.9	−	−0.7	−
石油	%	−21.9	48.2	55.9	62.6	67.0	78.8	−	2.2	1.6	2.0
天然ガス	%	0.0	−0.7	23.1	32.0	26.6	58.4	−	−	8.2	−
輸出総額	10億US$	74	842	1,581	2,317	3,428	6,958	17.6	9.8	7.3	8.8
輸入総額	10億US$	61	665	1,362	2,152	3,335	6,939	17.3	1.4	7.6	9.8
エネルギー輸入支払い総額	10億US$	−5	55	138	229	357	779	−	13.2	8.1	11.2
エネルギー輸入／輸出総額	%	−6.6	6.6	8.7	9.9	10.4	11.2	−	3.1	0.7	2.2
エネルギー輸入支払い総額	%	−8.1	8.33	10.1	10.6	10.7	11.2	−	1.7	0.5	1.2
石炭輸入支払い総額	10億US$	−1	−4	10	7	8	9	10.8	+	1.0	−
石油輸入支払い総額	10億US$	−4	60	122	206	323	648	−	11.9	7.2	10.0
天然ガス輸入支払い総額	10億US$	0	−0	6	16	26	122	−	−	16.9	−
石炭輸入価格（日本，CIF）	US$/toe	82	105	131	145	166	183	1.6	3.1	1.0	2.3
石油輸入価格（日本，CIF）	US$/barrel	23	52	67	82	100	115	5.6	4.5	1.4	3.3
天然ガス輸入価格（日本，CIF）	US$/toe	156	254	403	480	578	659	3.3	5.6	1.3	3.9

(出所）李志東 3E-Model Ver.201103 に基づく。
(注）生産量と価格は前提条件（モデルでの外生変数）である。

表 13-11 低炭素ケースのシミュレーション結果と対策効果

	低炭素ケース					基準ケース		基準ケースとの比較	
	2020	2030	2020/2005	2030/2020	2030/2005	2020	2030	変化量 2030	変化率(%) 2030
一次エネルギー消費合計（Mtoe）	2,613	3,078	3.7	1.7	2.9	2727	3565	-488	-13.7
化石エネルギー	2,224	2,324	2.8	0.4	1.9	2402	2979	-655	-22.0
石炭	1,425	1,175	1.8	-1.9	0.3	1,577	1,688	-513	-30.4
石油	611	787	4.3	2.6	3.6	358	975	-188	-19.3
天然ガス	188	362	10.5	6.8	9.0	166	316	47	14.7
原子力	159	371	17.7	8.8	14.1	140	274	98	35.7
水力	87	108	6.4	2.2	4.7	79	101	8	7.6
新エネルギー	142	274	19.6	6.8	14.3	106	212	62	29.2
一次エネルギー消費合計（%）	100.0	100.0				100.0	100.0		
化石エネルギー	85.1	75.5				88.1	83.6	-8.1	
石炭	54.5	38.2				57.8	47.3	-9.1	
石油	23.4	25.6				24.1	27.4	-1.8	
天然ガス	7.2	11.8				6.1	8.9	2.9	
原子力	6.1	12.1				5.1	7.7	4.4	
水力	3.3	3.5				2.9	2.8	0.7	
新エネルギー	5.4	8.9				3.9	5.9	3.0	
発電用エネルギー投入量（Mtoe）	1,159	1,496	4.5	2.6	3.7	1,197	1,710	-214	-12.5
化石エネルギー	831	836	2.7	0.1	1.7	912	1,187	-350	-29.5
石炭	759	702	2.5	-0.8	1.2	864	1,111	-409	-36.8
石油	2	1	-13.6	-7.9	-11.4	2	1	-0	-2.2
天然ガス	71	133	25.4	6.5	17.4	46	75	58	78.0
原子力	159	371	17.7	8.8	14.1	140	274	98	35.7
水力	87	108	6.4	2.2	4.7	79	101	8	7.6
新エネルギー発電	81	180	31.9	8.2	21.9	67	149	31	20.6
発電用エネルギー投入量（%）	100.0	100.0				100.0	100.0		
化石エネルギー	71.7	55.9				76.2	69.4	-13.5	
石炭	65.4	46.9				72.2	65.0	-18.1	
石油	0.1	0.0				0.1	0.0	0.0	
天然ガス	6.1	8.9				3.8	4.4	4.5	
原子力	13.8	24.8				11.7	16.0	8.8	
水力	7.5	7.2				6.6	5.9	1.3	
新エネルギー発電	7.0	12.0				5.6	8.7	3.3	
最終エネルギー消費計（Mtoe）	1,545	1,914	3.7	2.2	3.1	1,607	2,195	-281	-12.8
産業部門	764	867	2.6	1.3	2.1	776	901	-34	-3.8
輸送部門	287	346	5.9	1.9	4.3	316	478	-132	-27.7
農業, 民生部門	446	642	5.1	3.7	4.5	466	748	-106	-142
新エネルギー部門	48	59	3.6	2.1	3.0	50	68	-9	12.7
最終エネルギー消費計（%）	100.0	100.0				100.0	100.0		
産業部門	49.4	45.3				48.3	41.0	4.3	
輸送部門	18.6	18.1				19.6	21.8	-3.7	
農業, 民生部門	28.9	33.5				29.0	34.1	-0.6	
非エネルギー部門	3.1	3.1				3.1	3.1	0.0	
最終エネルギー消費計（Mtoe）	1,545	1,914	3.7	2.2	3.1	1,607	2,195	-281	-12.8
石炭	388	340	0.2	-1.3	-0.4	394	355	-15	-12.8
石油	563	718	4.8	2.5	3.9	604	884	-165	-18.7
天然ガス	96	193	7.5	7.2	7.4	101	209	-16	-7.7
電力	418	555	6.0	2.9	4.7	425	630	-75	-11.9
熱	81	108	4.2	3.0	3.7	83	118	-9	-8.0
最終エネルギー消費計（%）	100.0	100.0				100.0	100.0		
石炭	25.1	17.7				24.5	16.2	1.5	
石油	36.4	37.5				37.6	40.3	-2.8	
天然ガス	6.2	10.1				6.3	9.5	0.6	
電力	27.1	29.0				26.5	28.7	0.3	
熱	5.2	5.7				5.1	5.4	0.3	
化石エネルギー純輸入(Mtoe)	508	858	10.3	5.4	8.3	535	1,003	-145	-14.4
石炭	50	50	0.0	0.0	0.0	50	50	0	0.0
石油	392	577	6.3	3.9	5.3	441	769	-191	-24.9
天然ガス	66	231	0.0	13.3	0.0	44	184	47	25.2
化石エネルギー純輸入依存度（%）	22.9	36.9	7.3	4.9	6.3	22.3	33.7	3.3	
石炭	3.5	4.3	0.0	1.9	0.0	3.2	3.0	1.3	
石油	64.2	73.4	1.9	1.3	1.7	67.0	78.8	-5.5	
天然ガス	35.2	63.7	0.0	6.1	0.0	26.6	58.4	5.3	
エネルギー輸入支払い総額(10億ドル)	334	648	12.7	6.9	10.3	357	779	-131	-16.8
エネルギー輸入／輸出総額（%）	9.7	9.3	2.7	-0.5	1.4	10.4	11.2	-1.9	
CO2 排出量(Mt-CO2)	7,331	7,080	2.4	-0.3	1.3	8,029	9,573	-2,492	-26.0
一人当たりCO_2排出量(t-CO_2/一人)	5.13	4.81	1.8	-0.6	0.8	5.62	6.51	-1.7	-26.0
GDP当たりCO_2排出量(t-CO_2/万元)	1.52	0.86	-5.4	-5.5	-5.5	1.67	1.17	-0.3	-26.0
炭素税収入（億元）	1,466	2,832	0	6.8	0	80.3	1,915	918	47.9

（出所）3E-Model Ver. 201103 に基づき, 筆者が作成.

表13-12 低炭素ケースでの対策別効果

	一次エネルギー消費		CO_2排出量		エネルギー純輸入量	
	Mtoe	%	Mt-CO_2	%	Mtoe	%
2011〜30年の累積効果	−3,463	100	−18,583	100	−993	100
内：省エネルギー	−2,216	64	−7,694	41	−972	98
脱石炭化と石油代替	−331	10	−7,725	42	512	−52
交通構造調整	−643	19	−1,909	10	−653	66
炭素税	−273	8	−1,255	7	121	−12

(出所) 3E-Model Ver. 201103に基づき，筆者が作成．

題のほかに，水問題，石炭転換効率問題，汚染物質排出問題を抱えている．石炭液化の場合，技術にもよるが，代替石油1トンを作り出すのに，約1.5トンの石炭と約3.6トンの水が必要である．2030年に石炭液化によって1,200万トンの代替石油を作ろうとすると，石炭投入量は約1,800万トンとなり，CO_2排出量は3,444万トン純増する．一方，水投入量は約4,320万トンとなる．中国の石炭資源はおよそ90％が北部にあり，北部には耕地の約60％が集中し，人口の約40％が活動しているが，水資源は全国の僅か20％しかない．すでに水不足問題が発生していることを考えれば，石炭液化の水への影響が無視できないことが分かる．ただでさえ逼迫している食糧や水を，石油代替のために投入する必要があるのか．戦略的な判断が必要であろう．

炭素税の税率引き上げは，エネルギー消費の抑制とCO_2排出量の削減をもたらす．しかし，税率引き上げは自給自足の石炭需要を抑制し，海外依存の石油と天然ガス需要を増加させることを通じて，エネルギーの海外依存度を高め，安全保障問題を悪化させる恐れがある．その意味で，現状のような石炭対石油，天然ガスの相対価格が低い状況は，一種のエネルギー安全保障税，あるいは逆炭素税を導入しているとも理解できよう．また，炭素税の引き上げによって，2020年に560億元，2030年に920億元の税収増となる．この増収分を財源に，エネルギー備蓄や省エネルギー対策，石油と天然ガスの代替など安全保障対策を強化すれば，安全保障問題が緩和されるだろう．

表13—13に，各対策のエネルギー消費抑制，CO2排出量削減とエネルギー安全保障に対する影響をまとめる．エネルギー消費抑制とCO2排出量削減の対策として，省エネルギー促進，非化石エネルギーの導入促進とガス利用の拡大による脱石炭化対策，輸送構造調整対策，炭素税引き上げという個別対策も有効であるが，すべての対策を同時に推進する総合対策の方が効果は最も高い．

第13章　中国の低炭素社会の未来像に関する計量経済分析

表13-13　低炭素ケースでの対策別効果

	省エネルギー促進	脱石炭対策		石油代替促進		輸送構造調整	炭素税
		非化石エネルギー拡大	ガス利用拡大	バイオマス系	石炭系		
エネルギーの消費抑制	効果的	効果的	効果的	効果的	逆効果	効果的	効果的
炭素削減	効果的	効果的	効果的	効果的	逆効果	効果的	効果的
エネルギー安全保障	効果的	中立	逆効果	効果的	効果的	効果的	逆効果

一方，エネルギーの海外依存度を引き下げる個別対策として，省エネルギー促進，輸送構造調整対策，石油代替促進は有効であるが，非化石エネルギーの導入促進は中立的で，ガス利用の拡大対策と炭素税引き上げは逆効果をもたらす．逆効果の原因は，ほぼ自給自足の石炭の消費が抑制され，海外依存の石油と天然ガスの消費を増加させることにある．

4　おわりに——低炭素社会に向けた取り組みと日本への示唆

4.1　低炭素システム整備による取り組み強化

　低炭素ケースに示す効果を現実のものにするためには，低炭素に有利な活動をすれば得，しなければ損と実感できる低炭素システムを健全化しなければならない（図13-6）．中国では，低炭素社会への取り組みは低炭素システムの整備を通じて進められてきたが，さらに強化する必要がある．

　法整備は，「省エネルギー法」の改正（2007年10月）や「再生可能エネルギー法」の制定（2005年2月）・改正（2009年12月）などを中心に展開された．前述した全国人民代表大会の「決議」では，温暖化関係の法整備を中国の特色のある社会主義法体系の健全化における重要な任務と位置付け，今後の立法活動の日程に組み入れると規定した．

　組織強化も図られた．2007年6月に国務院総理をトップとする「国務院省エネ・汚染物質削減対策指導小組」と「国家気候変化対策指導小組」を設置し，2008年3月に国家エネルギー委員会と国家エネルギー局の新設を決定し，国家発展改革委員会の中で気候変化対策局（中国語表記では応対気候変化司）を増設した[6]．地方政府でも同様な組織体制が整備されつつある．

　行動計画が制定された．2006年3月に策定された「経済と社会発展第11次5カ年計画」や2007年6月に公表の「中国気候変化対策の国家方案」などでは，2010年にGDP当たりのエネルギー消費量を2005年比で20％削減，一次エネ

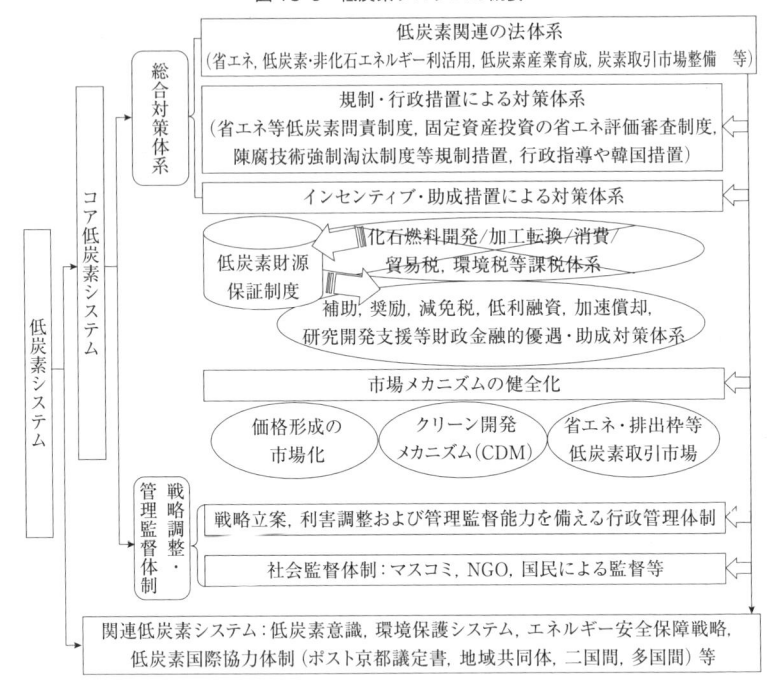

図13-6　低炭素システムの概要

```
                    ┌─ 低炭素関連の法体系
                    │   (省エネ,低炭素・非化石エネルギー利活用,低炭素産業育成,炭素取引市場整備 等)
            総合    │
            対策    ├─ 規制・行政措置による対策体系
            体系    │   (省エネ等低炭素問責制度,固定資産投資の省エネ評価審査制度,
                    │    陳腐技術強制淘汰制度等規制措置,行政指導や韓国措置)
                    │
                    └─ インセンティブ・助成措置による対策体系
   コア              ┌─ 化石燃料開発/加工転換/消費/
   低炭素            │   貿易税,環境税等課税体系
   システム   低炭素財源
              保証制度  ─ 補助,奨励,減免税,低利融資,加速償却,
                        研究開発支援等財政金融的優遇・助成対策体系

            ┌─ 市場メカニズムの健全化
            │   ┌ 価格形成の   ┌ クリーン開発    ┌ 省エネ・排出枠等
            │   │ 市場化        │ メカニズム(CDM)  │ 低炭素取引市場
低炭素      │
システム    戦略
            調整・  ─ 戦略立案,利害調整および管理監督能力を備える行政管理体制
            管理
            監督   ─ 社会監督体制：マスコミ,NGO,国民による監督等
            体制

関連低炭素システム：低炭素意識,環境保護システム,エネルギー安全保障戦略,
     低炭素国際協力体制(ポスト京都議定書,地域共同体,二国間,多国間)等
```

ルギー消費に占める非化石エネルギーの比率を7.5%から10%に，国土面積に占める森林面積の比率を18.2%から20%に高めることなどの行動目標と施策を明記した．エネルギー需給や再生可能エネルギー開発，原子力開発，低炭素技術の研究開発など分野別の5カ年計画や中長期計画も次々と制定された．また，国連に提出した2020年自主行動目標の実現を担保する全体計画としての第12次5カ年計画は2011年3月に公表され，分野別計画や地域別計画もこれから順次，作成・公表される予定である（李［2011c］）．

具体的な取り組みとして，政府規制や行政指導，そして経済的措置による対策は従来にない速さと整合性を持って展開されてきた．

省エネについては，2006年9月に省エネ目標を地域別に，2007年1月に低効率の小型石炭火力の強制廃止目標を発電所別に割り当てた．実効性を高める

---

6) 国家エネルギー局は2008年7月，国家エネルギー委員会は2010年1月にそれぞれ創設された．

ために，国務院が2005年12月に目標や規制の未達成の事業体があれば，所在地域と該当事業グループ全体に対し新規プロジェクトの審査を延期する「審査延期の連座制」の導入を決め，2007年1月に4地域と電力会社4社に初めて適用した．さらに，2007年6月に省エネ目標を達成できなければ，ほかの業績がよくても，責任者を昇進させないとする人事評価の「一票否決制度」を導入し，11月に計測・報告・検証可能な指標体系を公表した．また，乗用車の消費税を排気量に応じて徴収する，エネルギー多消費製品については輸出税を引き上げ，輸入税を引き下げる，小型石炭火力の売電価格を強制的に引き下げ，閉鎖後の代替電源の建設を優先的に考慮するなどのインセンティブ対策も導入した．

再生可能エネルギー開発では，発電事業と送配電事業を分離する「発送電分離」の改革を2002年に断行した．その後，2006年には，「再生可能エネルギー法」の施行に伴い，新エネルギー事業者が制限なしで優先的に送電線に接続できる制度[7]，送配電事業者にグリーン電力を割高な価格で買い取るよう義務付ける「固定価格買い取り制度（FIT）」，コスト上昇分を全国の農業以外の電力ユーザーに電力料金サーチャージを上乗せして吸収する「社会全体での費用負担制度」などを導入した[8]．

低炭素社会に欠かせない低炭素技術の開発と産業育成にも本格的に動き出した．2010年10月，国務院が「戦略的新興産業の育成と発展の加速に関する決定」を公表し，七つの産業を戦略的新興産業に指定した．それには，省エネ・環境産業，非化石エネルギー産業と新エネルギー自動車産業といった3大低炭素産業が含まれる（李［2010c，2011a］）．工業・情報化部が策定した「省エネ・新エネ自動車産業発展計画（草案）」によると，政府は環境対応車の研究開発や普及促進・産業育成に，2011年からの10年間で財政資金1,000億元を投入する．2020年までに，電気自動車中心の新エネ自動車について500万台の保有，生産量と市場規模の世界一を実現させ，ハイブリッド車中心の省エネ自動車につ

---

[7] 法律では，送配電事業者が再生可能エネルギー発電所から送電網までの引き込み施設の建設責任を負うと規定している．しかし，運営段階では，同制度が徹底されていない．国家電力監管委員会［2011］によると，2010年6月末時点で，送電可能な風力設備容量が2277万kWで，そのうち96.6%が送電網に連携できたが，引き込み施設の投資主体をみると，送配電事業者の比率が送電線距離ベースで43.0%，変電容量ベースで49.1%に過ぎない．

[8] 1000kWh当たりの電力料金サーチャージは，当初の1元から2010年に4元へ，2012年に8元へと段階的に引き上げられてきた．呉［2010］は2010年のサーチャージ収入を160億元と推定した．

いて年間生産・販売量を世界1の1,500万台へ拡大するという．

また，エネルギー安全保障については，政府は，一国が単独で主体的に取れる対策として，国内資源開発による自給率向上，備蓄制度の充実，海外調達先の多様化，自主開発の拡大，省エネルギーや石油代替エネルギーの開発促進などによる需要抑制を，国際協調型対策として，輸入国との協調や共同開発の展開，輸出国との対話やそれらへの支援など，国際的に見られるあらゆる対策を試みている．これらは日本のエネルギー安全保障の経験が大いに参考となった．特に自主開発では大きな成果を上げ，海外での石油と天然ガスの生産量は2004年の3,560万トンから2009年に1.1億トンへ，権益分は2,010万トンから5,500万トンへ急増した（中国投資諮詢網［2010］）．

中国の低炭素社会への取り組みの特徴として，①政府と議会が結束し，長期戦略として取り組むこと，②国際的に有効と実証された対策なら，何でも貪欲に取り入れること，③比較優位性を持たない分野についても，長期戦略の視点で果敢に技術開発や大規模な実証実験などに挑戦すること，④中国の実情や固有性に合わせた対策や制度を試行錯誤的に模索し続けていること，が挙げられる（李［2010b］）．

一方，法制度が健全ではない，技術水準が先進国と比べて低い，規制重視で市場志向の対策が欠如している，計画編成や管理技術に改善の余地が大きい，温暖化対策を含むエネルギー総合行政能力が欠如している，知的所有権の保護システムが十分に整備されていない，などの問題が指摘されている．いずれも早急かつ着実に解決しなければならない課題である（李［2011b］）．

4.2　日本への示唆

アジア諸国は，優先順位が異なるものの，エネルギー安全保障やCO_2排出量抑制などのエネルギー環境問題群に直面し，低炭素競争に晒されている．一方，アジアの大国として，日本は世界最高レベルの省エネ技術や環境技術を持ち，資金力も高く，石油備蓄制度などエネルギー安全保障対策の経験やノウハウも蓄積されている．それに対し，中国は市場容量，価格性能比でみるコスト競争力や資源などの面で比較優位である．

日中両国は従来，それぞれの比較優位性を主に自国の安全保障システムの構築や低炭素社会実現に利用してきた．しかし，この「一国主義」的なやり方が通じなくなってきた．お互いの比較優位性を生かして協力し合うこと，アジア

エネルギー環境共同体の構築を積極的に推進することが，今後の日中やアジア全体のエネルギー安全保障や低炭素社会の構築にとって必要不可欠である．重要な協力領域として，省エネルギー協力，クリーンコールテクノロジー普及協力，自然エネルギーによる化石エネルギーの代替促進協力，天然ガスパイプライン輸入の共同促進，共同備蓄制度の創設，汚染防止技術の移転，CO_2分離・貯蔵（CCS）技術の共同開発などが挙げられる（李［2004］）．これらの国際協力は，関係国のエネルギー・環境問題の解決に有効なだけでなく，省エネルギービジネス，環境ビジネス，供給拡大とインフラ整備ビジネスなどを中心とする巨大なビジネスチャンスをももたらすであろう．

近年における日中首脳外交を機に，温暖化防止を含む省エネ・環境分野の協力が戦略的互恵関係の構築の最も重要な分野と位置付けられ，協力環境が急速に改善され，技術協力を中心に協力が大きく推進された．しかし，協力がさらに進展する余地も大きい．

技術協力の本質は，「市場と技術との交換」である．日本では，技術協力のメリットは中国にあり，日本にはない，という漠然とした認識が蔓延している．しかし，しない場合のデメリットも考えて欲しい．EUなどは官民を上げて中国市場に進出してきている．中国の技術開発能力や進歩も決して侮るべきではない．日本の有識者や中国ビジネスに携わる産業界からは「日中の技術格差が急速に縮小しており，うかうかしていると追い抜かれてしまう」という危機感も出始めている．躊躇している間に，どちらかが市場を占領すると，日本の出番がなくなりかねない．中国以外の市場を開拓できなければ，日本が寄って立つ技術優位性という唯一の「資源」も枯渇してしまう．いまはまさにその優位性を最大限に生かす最後のチャンスなのである．つまり，日本にとって，技術協力は単なる国際貢献や温暖化防止に寄与するだけではなく，日本の技術を受け入れる市場を創出することになるので，日本の産業振興と技術優位性の維持にも役立つ．このようなプラス思考が日本にとって必要である．

昨今の技術協力の実態を調べると，日中両国に懸念や問題があることが分かった．

日本の懸念は知的所有権の保護である．つまり，先端技術を中国に売って模倣されてしまうと，技術の比較優位性がなくなり，商売が上がったりになる，という懸念である．日本を知的所有権の保護問題で他国と差別的に扱っているわけではないが，中国側の問題である．したがって，中国にとって，知的所有

権の保護システムの整備，日中両国にとって，問題が生じた場合に備えて，欧米同様の産業界へのバックアップ，つまり政府間の協議・解決体制の整備が必要である．

一方，中国側は，日本の技術は確かにレベルが高いが，値段も高い，導入後のケアが手薄，持ってきた主要設備と現地で調達した補助設備の繋がりについては無関心，人材育成や現場技術者との連携が弱い，単発・分散型の支援が多く，現地に根付かせる意欲に欠ける，資金以外の政府のバックアップが少なく，長続きしないのではないか，など日本側にも原因のある問題が多いと指摘している．中国側の支払い意志額を調査したうえ，日本側も技術選定やコスト削減方法，協力態勢，生産，部品調達まで総合的に戦略を検討し，欧米などに負けないほどのセールス外交を行うことも大切である．また，こういった協力や技術の市場を持続的に拡大させるためには，中国は省エネと環境保護活動をすれば得，しなければ損となる仕組み・システムを至急に構築することが重要である．その際，日本の中央から地域，産業界レベルまでの経験を生かす協力が期待される．

さらに，途上国の知的所有権の保護システムが短期間に整備できないという現実に立脚した新しいビジネスモデルの開発も必要であろう（李［2010a］）．

温暖化対策について，日本に期待するのは，京都議定書に定めた「2008〜2012年に1990年比6％削減」の目標の実現，長期目標だけではなく，「2020年に1990年比25％削減」という中期目標の明確化など，行動で世界に率先垂範を示すことである．ポスト京都議定書の枠組み作りに当たって，日本はCOP16の冒頭で，京都議定書に自国の目標を書き入れることを「いかなる条件でもいかなる状況でもあり得ない」として強硬に反対した．しかし，米国と同じ削減義務を中国にも求めるなら，受け入れられないだろう．性質は異なるが，日本が先進国の中で，中国が新興・途上国の中で，それぞれ最も意欲的な目標を打ち出している．両国がお互いに認め合い，国際交渉で米国の説得や途上国支援体制の構築に，実際の取り組みとして炭素抑制目標の実現の低コスト化，そして低炭素社会の構築に協力すべきであろう．

最後に，日中中心のアジア協力が目指すべきは「アジア共同体」の形成である．そのために，「エネルギー・環境共同体」や「低炭素社会共同体」の構築を先行させるのは近道となりうる．推進母体として，日中が戦略的互恵関係を進化させ，「アジアエネルギー・環境機構」や「アジア低炭素機構」のような

国際機関の創設に早急に踏み切ることが望まれる.

参考文献

Li ZhiDong [2003] "An econometric study on China's economy, energy & environment to the year 2030", *Energy Policy*, 31, pp. 1137-1150.

Li ZhiDong [2005] China's energy outlook to the year 2030, *International Journal of Global Energy Issues*, Vol. 24, Nos.3/4, pp. 144-169.

Li ZhiDong [2010] Quantitative Analysis of Sustainable Energy Strategies in China, *Energy Policy*, 38(5), pp. 2149-2160.

呉彊 [2010]「新エネルギー発展の基本動因と主要方向」中国能源, Vol. 32, No.6.

国家電力監管委員会 [2011]「風力発電と太陽光発電に関する監査報告」, http://www.serc.gov.cn/zwgk/jggg/201102/w020110211528940195724.pdf.

杜祥琬 [2011]「中国中長期エネルギー発展戦略研究報告の要点解説」, 科技日報 (3月3日).

中兼和津次 [1999]『中国経済発展論』有斐閣, pp.110-112.

中谷巌 [2004]『入門マクロ経済学 (第5版)』日本評論社.

中国国家発展計画委員会 [1998]『経済成長への科学技術進歩の寄与の測定――理論と実践』計画出版社, pp.1-12.

中国投資諮詢網 [2010]「中国の海外石油天然ガスの生産量2009年1.1億トン超す」, http://www.china5e.com/show.php?contentid=78595.

李志東 [2004]「中国のエネルギー・環境の動向」, 田辺靖雄『アジアエネルギーパートナーシップ』(第2章) エネルギーフォーラム, pp.35-60.

李志東 [2010a]「参議院国際・地球温暖化問題に関する調査会での意見陳述」, 参議院事務局「第174回国会・参議院・地球温暖化問題に関する調査会第1号, 平成22年2月10日」(国立印刷局).

李志東 [2010b]「ポスト京都議定書を見据えた中国の温暖化防止戦略と低炭素社会に向けた取り組み」エネルギーと動力, 第274号, pp.84-97.

李志東 [2010c]「電気自動車の購入を政府が補助, 5都市で一般向けに実験事業」日経エコロジー, 2010年9月号, pp.113.

李志東 [2011a]「電気自動車をエコカーの主軸に, 自動車大国から強国を目指す」日経エコロジー, 2011年3月号, pp.129.

李志東 [2011b]「低炭素システムに関する日中比較分析」, 薛進軍など『低炭素経済藍皮書：中国低炭素経済発展報告2010』(中国) 社会科学文献出版社, pp.215-234.

李志東 [2011c]「低炭素社会に向けた中国の総合エネルギー政策の動向」中国経済, 2011年10月号, pp.35-64.

索　引

欧文

A-B-M モデル　219
AK タイプ生産関数　150
anti-Kaldorian 効果　155
B-C-L モデル　213, 215
Bidding Rosca　213, 231
B レジーム　149
CO_2 排出集約度　281, 286, 294, 295
CO_2 排出総量　273
CO_2 排出大国　278
CO_2 排出の国際収支　290
　　──バランス　273
CO_2 排出量　272, 304
CO_2 貿易収支　274
CO_2 誘発構造　274, 290, 294
CO_2 誘発分析　295
Cronbach の a 係数　69
C レジーム　149
HPM（High Performance Manufacturing）　63
JIT 生産　68
M&A 市場　94
MTMM（Multi Trait Multi Method）　66
Mundell-Tobin 効果　162
Nash Assumption　192
Nash 均衡　191
PFI（Private Finance Initiative）　258
PFI 法　254
pull システム　61
push システム　62
Random Rosca　212
RAS 法　276
Rosca　207
　　──の持続性　223
　　──の持続性制約　229
SCM　68
Six Sigma　62
TOC（Theory of Constraints）　64
TPM（Total Productive Maintenance）　62, 68
TQC（Total Quality Control）　62
TQM（Total Quality Management）　62

ア行

アウタルキー経済　209
アジア・インフラ・デット・ファンド構想　261
アジア共同体　327
アジア経済研究所　275
アジア国際産業連関表　274
アジア債権市場　261
暗黙知　24
一般化フェレチェット分布　48
イベント・ウインドー　115
イベント・スタディー　103
移民　176
インターフェース　13, 35
インフラストラクチャー案件　256
インフラファンド　259
失われた 10 年　101, 106
エネルギー安全保障税　320
エネルギー安全保障問題　311
エネルギー需給モデル　302
エネルギーバランス表　277
エンゼルプラン　173, 178
追い貸し　102
オープン・アーキテクチャ　14, 41

カ行

カーボンリーケージ（Carbon leakage）　267
改革開放政策　305
外生国（ROW）　269, 294
回転貯蓄信用組合　207
外部環境　12, 17
外部操作　18
外部不経済　235, 246
価格弾力性　306

確証的因子分析　69
活動指標弾力性　306
合併の失敗　122
家庭優遇政策　181
株価の超過収益率（アブノーマル・リターン）　103, 115
株主資本主義　165
貨幣への逃避　132
環境税　307
環境負荷集約度　268
環境モデル　302
カンクン合意　299
カンバン・システム　71
官民連携（PPP）　254
機械語　25
　　　──のコード体系　14
企業活動基本調査　49
企業の異質性　48
企業の情報開示　98
企業ファイナンス論　143
企業ベル観　136
技術開発　69
技術進歩率　305
基準ケース　308, 311
機能　29
　　　──別パフォーマンス　30
ギフト関数　197
ギフト経済　191
ギフト動機　195
希望出生率（理想家族数）　177
逆炭素税　320
キャッシュフロー　255
競争の質　86
競争のルール　90
競争パフォーマンス　62, 65
競争力指標　74
共有地の悲劇　144
銀行による金融支援　120
均斉成長経路　153
金融再生プログラム　117
金融資本主義　141
金融ビジネス　107
国立景観訴訟　236
国立ブランド　237, 243

組み込みシステム　14, 42
クラウディング・アウト　161
経営構造の変化　115
景観法　239
形式知　24
ケインズ経済学　129
現金制約　148
建設反対運動　237
限定合理的　15, 19
権利行使価格　245
権利の確定　247
コア・システム　64
恒常成長経路　199
構成要素　16
構造方程式モデル　80
高付加価値生産システム　61
後方利他性　191
コースの定理　89, 236
コーディネーション・システム　13, 43
コーディネーション問題　36
コード体系　34
コーポレート・ガバナンス　95
国際間産業連関表　273
国際金融　253
国際産業連関モデル　269, 294
国際プロジェクトファイナンス　254, 262
国勢調査　182
国民生活白書　186
国連気候変動枠組み条約締約国第13会議（COP13）　299
子供・子育て応援プラン　173
コペンハーゲン合意　299

サ行

サーベンス・オクスリー法　91
再生可能エネルギー法　321
最善解　19
債務超過　105
作業の標準化　26
サブプライム・モゲージ問題　132
サプライチェーン　64
　　　──・マネジメント（SCM）　62
産業と技術の強国　308
参入の閾値　56

索　引

サンプル・セレクション・バイアス　111
事業権付与　256
事業仕分け　261
資材所要量計画（MRP）　61
市場と技術との交換　325
市場の高質化　91
市場の不完全性　209
市場メカニズムの有効性　129
システム　16
「実演」（demonstration）効果　181
シナジー効果　79
シナリオ分析　274
支払い不履行　224
資本集約型事業　256
資本分配率　304
シミュレーション分析　307
社会的資本　225
社外取締役　95
ジャスト・イン・タイム（JIT）　61
住宅価格関数　239
主観的割引率　156
シュタッケルベルクモデル　192
出生率　173
　　──低下　175
需要大国　308
省エネルギー法　321
証券委員会（SEC）　92
少子化社会対策大綱　178
消費性向　159
「消費ベース」のCO2排出量　273
「商品」としての企業　88
情報収集責任　91
情報処理　15
情報提供責任　91
情報の質　86
情報の非対称性　92
情報分析力　98
新エンゼルプラン　178
新古典派マクロ経済学　129
審査延期の連座制　323
新製品開発　68
人的資源管理　68
　　──マネジメント　64
信頼性テスト　69

スーパー尺度　73
スタグフレーション　161
すり合わせと作りこみ　39
政策コスト分析　263
清算価値（スクラップ・バリュー）　105
生産システム　61
生産性閾値　18
生産性の異質性　47
生産性の分布　49
政治影響力　185
正準相関分析　75
製造オペレーション　77
製造戦略　69
成長会計　305
製品アーキテクチャ　13, 41
製品からの利得　18
製品システム　16
製品全体の動作　16
製品操作　22
製品内部の内部動作　35
製品の機能　28
製品の質　86
製品の内部制御関数　34
政府開発援助　253, 262
世代間の所得再分配　174
世代重複モデル　193
ゼロ名目金利　133
選挙権拡大　174
選挙制度　174
　　──改革　174
潜在GDP　305
潜在成長率低下説　127, 138
潜在的な情報力　226
全要素生産性（TFP）　51, 305
戦略的互恵関係　325
相互干渉　37
組織インフラストラクチャ　64
ソフト・バジェット問題　102
ゾンビ企業　102

タ行

耐久財購入の必要性　209
第三ラウンド質問票調査　66
対数正規分布　51

代替エネルギー　316
代表なくして課税無し　187
代理投票　183
託児サービス支出　181
ただ乗り　226
タックス・ファイナンス　160
頼母子（または無尽）講　207
注意義務　95
中央制御プログラム　39
忠実義務　95
重複世代モデル　184
直接 CO_2 排出係数　273
追加可処分所得　180
定常マルコフ均衡　196
定常マルコフ戦略　192
低炭素経済　299
低炭素ケース　309, 310
低炭素システム　321
デットファンド新設プロジェクト　259
等価所得　179
統合型計量分析モデル（3E-Model）　300
動作関数（operation function）　18, 26
動作調整（コーディネーション）　21
動作要因　27
　　──の標準化　26
ドメイン（Demeny）投票　183
　　──方式　174
トリガー戦略　227

ナ行
内生国　269
内部情報　89
　　──取引　92
内部制御プログラム　37
内部動作　18
　　──関数　18
2世代重複モデル　147
日中韓国際産業連関表　276, 294
日本の製造事業所　77
日本の長期停滞　128
人間と機械の協業　13
人間の認識　22
　　──パターン　24
ネット現在価値　255

年金改革　177

ハ行
バイオマス系石油生産量　316
賠償金額の予見可能性　247
パス解析　80
発送電分離　323
パティション　24, 29
パフォーマンス　30
　　──指標　74
　　──評価尺度　63
バブルの発生　132
パレート分布　18, 53
比較優位　13
ビジネス判断ルール　95
丙午ショック　173, 178
標準化された作業　12
品質マネジメント　68
フィッシャー方程式　133
フェアな価格　98
賦課式公的年金制度　175
不完備契約の一般均衡理論　140
不完備契約理論　129
複数均衡　201
プット・オプション　245
　　──型の契約　245
　　──履行義務付き開発許可制度　245, 250
部品状態　18
部品動作　16
　　──監視関数　39
　　──のプロフィール　17
部品モジュール　41
フリー・キャッシュ・フロー問題　136
プロジェクトファイナンス　255
分業による協業　12
文脈依存型　22
文脈型操作関数　32
文脈型の認識　31
ヘドニック価格関数　239
ベンチャー資本市場　89
ポイズン・ピル　96
法的な権利に基づく補償請求　249
法的被信任義務　95

ポートフォリオ選択の歪み　129
ホールド・アップ問題　136, 140
ポスト京都議定書　299

マ行

マーシャルの k　130, 158
マクロ経済モデル　301
マクロレベルの排出係数　278
マニュアル化　13, 21
メンバー・エージェント　15
モジュール化　16
問題企業　102, 109
　　——リスト　103

ヤ行

有権者の年齢分布　182
有効需要不足説　127
ユーザー・インターフェース　27
ユーザーによる外部操作　35
ユーザーの命令　18
ユノカル基準　96
弱い企業統治　143
　　——のマクロ経済学　128

ラ行

リーマンショック　279
リクルート総合研究所　239
利潤圧縮　134
リストラ効果　103, 115
リストラクチャリング　123
理想出生率　177
利他性　191
リッカート尺度　67
流動性のわな　161
ルール 10b.5　92
レオンチェフ行列　271
レブロン・テスト　97
レベニューボンド（事業別歳入債）　262
レモン　132
労資協調主義　164
労働供給関数　145
労働シェア　134
労働市場の硬直性モデル　138
老年従属人口指数　175
ローン債権　261

執筆者紹介 (所属，執筆分担，＊は編著者，執筆順)

*浅 子 和 美　（編著者紹介欄参照，序章）
　奥 野 正 寛　（流通経済大学経済学部経済学科教授，第1章）
　渡 邊 泰 典　（多摩大学グローバルスタディーズ学部大学院経営情報学研究科准教授，第1章）
　若 杉 隆 平　（京都大学経済研究所教授，第2章）
　田 中 鮎 夢　（独立行政法人経済産業研究所研究員，第2章）
　松 井 美 樹　（横浜国立大学経営学部経営システム科学科教授，第3章）
　矢 野　　誠　（京都大学経済研究所所長，第4章）
　小 松 原　崇 史　（京都大学経済研究所特定助教，第4章）
　福 田 慎 一　（東京大学大学院経済学研究科教授，第5章）
　粕 谷 宗 久　（日本銀行調査統計局シニアエコノミスト，第5章）
　村 瀬 英 彰　（名古屋市立大学大学院経済学研究科教授，第6章）
*青 木 玲 子　（編著者紹介欄参照，序章，第7章）
　秋 山 太 郎　（横浜国立大学経済学部教授，第8章）
　藪 下 史 郎　（早稲田大学政治経済学術院教授，第9章）
　和 島 隆 典　（早稲田大学大学院経済学研究科研究生，第9章）
　山 崎 福 寿　（上智大学経済学部教授，第10章）
　瀬 下 博 之　（専修大学商学部教授，第10章）
　原 野　　啓　（(財)日本住宅総合センター副主任研究員，第10章）
　山 上 秀 文　（近畿大学経済学部教授，第11章）
　長 谷 部　勇 一　（横浜国立大学大学院国際社会科学研究科教授，第12章）
　藤 川　　学　（(株)地域計画連合代表取締役，第12章）
　シュレスタ，ナゲンドラ　（横浜国立大学経済学部附属貿易文献資料センター研究員，第12章）
　金　　　　丹　（東京工業大学大学院社会理工学研究科研究員，第12章）
　陳　延 天　（横浜国立大学大学院国際社会科学研究科博士課程後期，第12章）
　李　志 東　（長岡技術科学大学経営情報系教授，第13章）

《編著者紹介》

青木玲子（あおき・れいこ）
- 1981年　東京大学理学部数学科卒業.
- 1987年　スタンフォード大学大学院経済学部博士課程卒業（経済学Ph.D）.
  - ニューヨーク州立大学ストーニー・ブルック校経済学部准教授,
  - オークランド大学経済学部アソシエット・プロフェッサー等を経て,
- 現　在　一橋大学経済研究所教授.
- 主　著　AOKI, R. and SPIEGEL, Y.,'Per-Grant Patent Publication and Cumulative Innovation', *International Journal of Industrial Organization*, 27(3)：333-345, 2009.
  - AOKI, R., 'Effect of Credible Quality Investment with Bertrand and Cournot Competition', *Economic Theory*, 21：653-672, 2003.

浅子和美（あさこ・かずみ）
- 1974年　東京大学経済学部卒業.
- 1979年　イェール大学大学院経済学研究科卒業（経済学Ph.D.）.
  - 筑波大学社会工学系講師, 横浜国立大学経済学部教授等を経て,
- 現　在　一橋大学経済研究所教授.
- 主　著　『マクロ安定化政策と日本経済』（岩波書店, 2000年）.
  - 『世界同時不況と景気循環分析』（共編著, 東京大学出版会, 2011年）.

効率と公正の経済分析
──企業・開発・環境──

2012年3月30日　初版第1刷発行　　　　　検印廃止

定価はカバーに表示しています

編著者	青木玲子
	浅子和美
発行者	杉田啓三
印刷者	林　初彦

発行所　株式会社　ミネルヴァ書房
607-8494　京都市山科区日ノ岡堤谷町1
電話 075-581-5191 番
振替口座 01020-0-8076

©青木・浅子ほか, 2012　　　　太洋社

ISBN978-4-623-06174-7
Printed in Japan

ファイナンス・景気循環の計量分析
浅子和美・渡部敏明 編著　A5判　352頁　本体8500円

加納悟教授の追悼記念出版。近年注目が集まっている数理統計・計量経済学の論点について，分かりやすく解説する。

世帯内分配と世代間移転の経済分析
チャールズ・ユウジ・ホリオカ／財団法人家計経済研究所 編　A5判　192頁　本体3500円

綿密な調査のもと，新しい経済学の枠組みを用いて，複雑化する家族内の経済関係を明らかにする。

経済学の理論と発展
根岸　隆 著　四六判　304頁　本体3500円

理論経済学の大家にして，経済学史にも造詣深い著者が，さまざまな経済理論や論争を読み解く。

エッセー正・徳・善──経済を投企する
塩野谷祐一 著　四六判　306頁　本体3000円

三大倫理としての「正・徳・善」を，経済という社会活動と関連づけて考える。歴史的な存在了解を通じて組み立てる全42篇。

マクロ経済学入門
麻生良文 著　A5判　348頁　本体3500円

近年大きく変化するマクロ経済学の分析方法を分かりやすく解説。特に，古典派モデルの説明を充実させ，ケインジアン・モデルとの対比をより明快に説く。

──ミネルヴァ書房──

http://www.minervashobo.co.jp/